Das Ordnungsrecht der Wärmewende

Europäische Hochschulschriften

European University Studies

Publications Universitaires Européennes

Reihe II **Rechtswissenschaft**

Series II Law

Série II Droit

Band/Volume **5956**

Paul Steinbach

Das Ordnungsrecht der Wärmewende

Bestandsaufnahme, Bewertung, Tendenzen

PL ACADEMIC RESEARCH

Bibliografische Information der Deutschen Nationalbibliothek
Die Deutsche Nationalbibliothek verzeichnet diese Publikation in der Deutschen Nationalbibliografie; detaillierte bibliografische Daten sind im Internet über http://dnb.d-nb.de abrufbar.

Zugl.: Potsdam, Univ., Diss., 2017

517
ISSN 0531-7312
ISBN 978-3-631-73554-1 (Print)
E-ISBN 978-3-631-73557-2 (E-PDF)
E-ISBN 978-3-631-73558-9 (EPUB)
E-ISBN 978-3-631-73559-6 (MOBI)
DOI 10.3726/b11867

PL Academic Research ist ein Imprint der Peter Lang GmbH.
Peter Lang – Frankfurt am Main · Bern · Bruxelles · New York · Oxford · Warszawa · Wien

Diese Publikation wurde begutachtet.

www.peterlang.com

Vorwort

Diese Arbeit ist meine Promotionsschrift, die zwischen Juni 2015 und Januar 2017 in Berlin entstanden ist und im Sommersemester 2017 von der Universität Potsdam angenommen wurde. Rechtsprechung und Literatur konnten bis Februar 2017 berücksichtigt werden. Selbiges gilt für den Stand der energie- und umweltrechtlichen Gesetzgebung, die in der Arbeit untersucht wird.

Mein besonderer Dank gilt meinem Doktorvater Herrn Prof. Dr. Thorsten Ingo Schmidt, der mir jederzeit als interessierter, geduldiger und verbindlicher Ansprechpartner mit seinen Ratschlägen zur Seite gestanden hat. Mein Dank gilt auch Herrn Prof. Dr. Christian Bickenbach für die zügige Erstellung des Zweitgutachtens.

Meinem Kollegen Dr. Julian Asmus Nebel danke ich für die guten Diskussionen zum Energieeffizienzrecht. Von meinen Freundinnen und Freunden habe ich während der Höhen und Tiefen der Promotionszeit viele hilfreiche Kommentare, Anregungen und Ermutigungen zu meinen Thesen erhalten. Einige von ihnen haben zudem die mühevolle Durchsicht des Manuskripts auf sich genommen. Ohne Sophie Finkenauer, LL.M. (Köln/Paris I), Dr. Max Fabian Starke, LL.M. (Cambridge), Lars Tölke, Dr. Christopher Wolters und Dr. Philipp Meyer wäre die Arbeit nicht möglich gewesen.

Gewidmet ist die Arbeit meinen Eltern, die mich während der gesamten Jahre meiner juristischen Ausbildung und darüber hinaus unterstützt haben.

Berlin, im Juli 2017
Paul Steinbach

Inhaltsübersicht

Inhaltsverzeichnis

Abkürzungsverzeichnis

1. BImSchV	Verordnung über kleine und mittlere Feuerungsanlagen vom 26. Januar 2010 (BGBl. I S. 38), i. d. F. vom 31. August 2015 (BGBl. I S. 1474)
a. A.	andere(r) Ansicht
ABl.	Amtsblatt der EU
Abs.	Absatz
AEUV	Vertrag über die Arbeitsweise der EU (ABl. 2008 C 115, S. 47)
a. F.	alte Fassung
AöR	Archiv des Öffentlichen Rechts
APEE	Anreizprogramm Energieeffizienz der Bundesregierung
APEE-Richtlinie	Richtlinie zur Förderung der beschleunigten Modernisierung von Heizungsanlagen vom 16. Dezember 2015, BAnz AT vom 30. Dezember 2015, B1
AtomG	Gesetz über die friedliche Verwendung der Kernenergie und den Schutz gegen ihre Gefahren vom 15. Juli 1985 (BGBl. I S. 1565) i. d. F. vom 26. Juli 2016 (BGBl. I S. 1843)
Art.	Artikel
AT	Allgemeiner Teil
BAnz	Bundesanzeiger
BauGB	Baugesetzbuch vom 23. September 2004 (BGBl. I S. 2414), i. d. F. vom 20. Oktober 2015 (BGBl. I S. 1722).
BauO Bay	Bayerische Bauordnung vom 14. August 2007 (GVBl. S. 588) i. d. F. vom 9. Mai 2016 (GVBl. S. 89)
BauO Bbg-	Brandenburgische Bauordnung vom 19. Mai 2016 (GVBl. Nr. 14 v. 20. Mai 2016)
BauO Bbg a. F.	Brandenburgische Bauordnung vom 17. September 2008 (GVBl. S. 226)
BauO Bln	Bauordnung Berlin vom 29. September 2005 (GVBl. S. 495) i d. F. vom 29. Juni 2011 (GVBl. S. 315).
BauO Bremen	Bremische Landesbauordnung vom 6. Oktober 2009 (BremGBl. S. 401)
BauO BW	Bauordnung Baden-Württemberg vom 5. März 2010 (GBl. 2010, S. 357)
BauO Hessen	Hessische Bauordnung vom 15. Januar 2011 (GVBl. I S. 46, 180) i. d. F. vom 30. November 2015 (GVBl. S. 457)
BauO Hessen a. F.	Hessische Bauordnung vom 18. Juni 2002 (GVBl. S. 274)
BauO HH	Hamburgische Bauordnung vom 14. Dezember 2005 (HmbGVBl. 2005, S. 525) i.d.F. vom 17. Februar 2016 (HmbGVBl. S. 63)

BauO NRW	Bauordnung für das Land Nordrhein-Westfalen vom 1. März 2000 (GV S. 256) i. d. F. vom 20. Mai 2014 (GV S. 294)
BauO Rlp	Landesbauordnung Rheinland-Pfalz vom 24. November 1998 (GVBl. S. 365) i. d. F. vom 15. Juni 2015 (GVBl. S. 77)
BauO Saar	Landesbauordnung des Saarlandes vom 18. Februar 2004 (Amtsbl. S. 822 i. d. F. vom 15. Juli 2015 (Amtsbl. S. 632)
BauO SH	Landesbauordnung für das Land Schleswig-Holstein vom 22. Januar 2009 (GVOBl. S. 6) i. d. F. vom 14. Juni 2016 (GVOBl. S. 369)
Bauprodukte-Richtlinie	Richtlinie 1989/106/EWG des Rates vom 21. Dezember 1988 zur Angleichung der Rechts- und Verwaltungsvorschriften der Mitgliedsstaaten über Bauprodukte, ABl. L 40, S. 12.
Bauprodukte-Verordnung	Verordnung 305/2011/EU des Europäischen Parlaments und des Rates vom 9. März 2011 zur Festlegung harmonisierter Bedingungen für die Vermarktung von Bauprodukten, ABl. L 88, S. 5
Bd.	Band
BGB	Bürgerliches Gesetzbuch vom 2. Januar 2002 (BGBl. I S. 42, 2909; 2003 I S. 738), i. d. F. vom 24. Mai 2016 (BGBl. I S. 1190)
BGBl	Bundesgesetzblatt
BGH	Bundesgerichtshof
BHKW	Blockheizkraftwerk
BHO	Bundeshaushaltsordnung vom 19. August 1969 (BGBl. I S. 1284) i. d. F. vom 3. Dezember 2015 (BGBl. I S. 2178)
BImSchG	Bundes-Immissionsschutzgesetz vom 17. Mai 2013 (BGBl. I S. 1274), i. d. F. vom 7. Dezember 2016 (BGBl. I S. 2749)
BMWi	Bundesministerium für Wirtschaft und Energie
BR-Drs.	Bundesratsdrucksache
BReg	Bundesregierung
Ders.	Derselbe
Dies.	Dieselbe(n)
DÖV	Die Öffentliche Verwaltung
bspw.	beispielsweise
BT-Drs.	Bundestagsdrucksache
BVerfG	Bundesverfassungsgericht
BVerfGE	Entscheidungssammlung des Bundesverfassungsgerichts
BVerwG	Bundesverwaltungsgericht

BVerwGE	Entscheidungssammlung des Bundesverwaltungsgerichts
BWGZ	Die Gemeinde – Zeitung des Gemeindetages Baden-Württemberg
Bzw.	Beziehungsweise
Cal.	Kalorie(n)
CEN	Europäisches Komitee für Normung
CO_2	Kohlenstoffdioxid
CH_4	Methan
CuR	Contracting und Recht
Ders.	Derselbe
DIN	Deutsches Institut für Normung
DNotZ	Deutsche Notar-Zeitschrift
DV	Die Verwaltung
DVBl	Deutsches Verwaltungsblatt
DS	Der Sachverständige
EE-Richtlinie	Richtlinie 2009/28/EG des Europäischen Parlaments und des Rates vom 23. April 2009 (ABl. L 140, S. 16)
EE-Richtlinie a. F.	Richtlinie 2001/77/EG des Europäischen Parlaments und des Rates vom 27. September 2001 (ABl. L 283, S. 33)
Einl.	Einleitung
EE	Erneuerbare Energie(n)
EEG	Erneuerbare-Energien-Gesetz vom 21. Juli 2014 (BGBl. I S. 1066) i. d. F. vom 22. Dezember 2016 (BGBl. I S. 3106)
EEWärmeG	Erneuerbare-Energien-Wärmegesetz vom 7. August 2008 (BGBl. I S. 1658), i d. F. vom 20. Oktober 2015 (BGBl. I S. 1722)
EG	Europäische Gemeinschaften
EL	Ergänzungslieferung
EnEG	Energieeinsparungsgesetz vom 1. September 2005 (BGBl. I S. 2682) i. d. F. vom 4. Juli 2013 (BGBl. I S. 2197)
EnEG 1976	Energieeinsparungsgesetz vom 22. Juli 1976 (BGBl. I, S. 1873)
EnEG 1980	Energieeinsparungsgesetz vom 20. Juni 1980 (BGBl I S. 701)
EnEG 2005	Energieeinsparungsgesetz vom 1. September 2005 (BGBl. I S. 2682)
EnEG 2009	Energieeinsparungsgesetz vom 1. September 2005 (BGBl. I S. 2682) i. d. F. vom 28. März 2009 (BGBl I, S. 643)
Energieeffizienzrichtlinie	Richtlinie 2012/27/EU des Europäischen Parlaments und des Rates vom 25. Oktober 2012 (ABl. L 315, S. 1)
EnEV	Energieeinsparverordnung vom 24. Juli 2007 (BGBl. I S. 1519), i. d. F. vom 24. Oktober 2015 (BGBl. I S. 1789)

EnEV 2001	Energieeinsparverordnung vom 16. November 2001 (BGBl. I, S. 3085)
EnEV-UVO NRW	Verordnung zur Umsetzung der Energieeinsparverordnung in Nordrhein-Westfalen vom 31. Mai 2002 (GV NRW S. 210) i. d. F. vom 10. Mai 2016 (GV S. 246)
EnWG	Energiewirtschaftsgesetz vom 7. Juli 2005 (BGBl. I S. 1970, 3621), i. d. F. vom 22. Dezember 2016 (BGBl. I S. 3106)
EStG	Einkommensteuergesetz vom 8. Oktober 2009 (BGBl. I S. 3366, 3862) i. d. F. vom 23. Dezember 2016 (BGBl. I S. 3191)
ET	Energiewirtschaftliche Tagesfragen
EU	Europäische Union
EurUP	Zeitschrift für Europäisches Umwelt- und Planungsrecht
EuZW	Europäische Zeitschrift für Wirtschaftrecht
EVPG	Energieverbrauchsrelevante-Produkte-Gesetz vom 27. Februar 2008 (BGBl. I S. 258), i. d. F. vom 31. August 2015 (BGBl. I S. 1474)
EVPGV	Verordnung zur Durchführung des Gesetzes über die umweltgerechte Gestaltung energieverbrauchsrelevanter Produkte vom 14. August 2013 (BGBl. I S. 3221)
EWÄrmeG BW	Gesetz zur Nutzung erneuerbarer Wärmeenergie in Baden-Württemberg vom 17. März 2015 (GBl. 2015, 151)
EWärmeG BW a. F.	Gesetz zur Nutzung erneuerbarer Wärmeenergie in Baden-Württemberg vom 20. November 2007 (GBl. S. 531)
EWG Bln	Gesetz zur Umsetzung der Energiewende und zur Förderung des Klimaschutzes in Berlin vom 22. März 2016 (GVBl. S. 122)
FCKW	Flurchlorkohlenwasserstoff
ff.	folgende
G(V)Bl.	Gesetz- (und Verordnungs)blätter der Bundesländer
Gebäuderichtlinie a. F.	Richtlinie 2002/91/EG des Europäischen Parlaments und des Rates vom 16. Dezember 2002 über die Gesamtenergieeffizienz von Gebäuden (ABl. L 1, S. 65)
Gebäuderichtlinie	Richtlinie 2010/31/EU des Europäischen Parlaments und des Rates vom 19. Mai 2010 über die Gesamtenergieeffizienz von Gebäuden (ABl. L 153, 13)
GG	Grundgesetz für die Bundesrepublik Deutschland vom 23. Mai 1949 i. d. F. vom 23. Dezember 2014 (BGBl. I S. 2438)
Ggf.	Gegebenenfalls

GO BW	Gemeindordnung Baden-Württemberg vom 24. Juli 2000 (GBl. S. 581) i. d. F. vom 17. Dezember 2015 (GBl. 2016 S. 1)
GO NRW	Gemeindeordnung für das Land Nordrhein-Westfalen vom 14. Juli 1994 (GV S. 666) i. d. F. vom 15. November 2016 (GV S. 966)
GO RP	Gemeindeordnung Rheinland-Pfalz vom 31. Januar 1994 (GVBl. S. 153) i. d. F. vom 22. Dezember 2015 (GVBl. S. 477).
GO SH	Gemeindeordnung Schleswig-Holstein vom 28. Februar 2003 (GVOBl. S. 57) i. d. F. vom 03. August 2016 (GVOBl. S. 788)
Heizkostenverordnung	Verordnung über Heizkostenabrechnung vom 5. Oktober 2009 (BGBl. I S. 3250)
h. M.	herrschende Meinung
HmbKliSchG	Hamburgisches Gesetz zum Schutz des Klimas durch Energieeinsparung vom 25. Juni 1997 (HmbGVBl. S. 261) i. d. F. vom 17. Dezember 2013 (HmbGVBl. S. 503, 531)
HmbKliSchVO	Hamburgische Klimaschutzverordnung vom 11. Dezember 2007 (GVBl. 2008, S. 1)
Hrsg.	Herausgeber
i. d. F.	in der Fassung
IKEP	Eckpunktepapier für ein Integriertes Energie- und Klimaprogramm der Bundesregierung von August 2007
i. e. S.	im engeren Sinne
Insb.	insbesondere
IPCC	Intergovernmental Panel on Climate Change (zwischenstaatlicher VN-Ausschuss für Klimaänderungen)
i. V. m.	in Verbindung mit
i. w. S.	im weiteren Sinne
J	Joule
JURA	Juristische Ausbildung
juris	Online-Datenbank der juris GmbH (www.juris.de)
JuS	Juristische Schulung
JZ	JuristenZeitung
KfW	Kreditanstalt für Wiederaufbau
Klimaschutzplan NRW	Klimaschutzplan Nordrhein-Westfalen des Ministeriums für Klimaschutz, Umwelt, Landwirtschaft, Natur- und Verbraucherschutz i.d. F. vom 17. Dezember 2015
KommJur	Kommunaljurist
KSG Bremen	Bremisches Klimaschutz- und Energiegesetz vom 24. März 2015 (GBl. S. 124)

KSG BW	Klimaschutzgesetz Baden-Württemberg vom 23. Juli 2013 (GBl. S. 229)
KSG NRW	Gesetz zur Förderung des Klimaschutzes in Nordrhein-Westfalen vom 29. Januar 2013 (GV S. 29)
KSG RP	Landesgesetz zur Förderung des Klimaschutzes Rheinland-Pfalz vom 19. August 2014 (GVBl. S. 188) i. d. F vom 06. Oktober 2015 (GVBl. S. 283, 295)
KW	Kilowatt
kWh	Kilowattstunde(n)
KWK	Kraft-Wärme-Kopplung
KWK-G	Kraft-Wärme-Kopplungsgesetz vom 21. Dezember 2015 (BGBl. I S. 2498) i. d. F. vom 22. Dezember 2016 (BGBl. I S. 3106)
LG	Landgericht
LKV	Landes- und Kommunalverwaltung
LT-Drs.	Landtagsdrucksache
m	Meter
m^2	Quadratmeter
MAP	Marktanreizprogramm der Bundesregierung
MAP-Richtlinie	Richtlinie zur Förderung von Maßnahmen zur Nutzung erneuerbarer Energien im Wärmemarkt vom 11. März 2015, BAnz AT vom 25. März 2015, B1
Mio.	Million(en)
MKULNV NRW	Ministerium für Klimaschutz, Umwelt, Landwirtschaft Natur- und Verbraucherschutz des Landes Nordrhein-Westfalen
m. w. N.	mit weiteren Nachweisen
MBO 2002	Musterbauordnung des Jahres 2002
MBO 2012	Musterbauordnung des Jahres 2012
n. rk.	Nicht rechtskräftig
N_2O	Lachgas
NAPE	Nationaler Aktionsplan Energieeffizienz der Bundesregierung
NJW	Neue Juristische Wochenschrift
NordÖR	Zeitschrift für Öffentliches Recht in Norddeutschland
Nr.	Nummer
NuR	Natur und Recht
NVwZ	Neue Zeitschrift für Verwaltungsrecht
NVWZ-RR	Rechtsprechungsreport der Neue Zeitschrift für Verwaltungsrecht
NZBau	Neue Zeitschrift für Baurecht und Vergaberecht
NZM	Neue Zeitschrift für Mietrecht
O_3	troposphärisches Ozon

Ökodesign-Richtlinie a. F.	Richtlinie 2005/32/EG des Europäischen Parlaments und des Rates vom 6. Juli 2005 zur Schaffung eines Rahmens für die Festlegung von Anforderungen an die umweltgerechte Gestaltung energiebetriebener Produkte (ABl. L 191, S. 29)
Ökodesign-Richtlinie	Richtlinie 2009/125/EG des Europäischen Parlaments und des Rates vom 21. Oktober 2009 zur Schaffung eines Rahmens für die Festlegung von Anforderungen an die umweltgerechte Gestaltung energieverbrauchsrelevanter Produkte (ABl. L 285, S. 10)
OVG	Oberverwaltungsgericht
Pariser Abkommen	Übereinkommen der Mitgliedsstaaten der Klimarahmenkonvention der Vereinten Nationen vom 12. Dezember 2015
RdE	Recht der Energiewirtschaft
Richtlinie 78/170/EWG	Richtlinie des Rates vom 13. Februar 1978 betreffend die Leistung von Wärmeerzeugern zur Raumheizung und Warmwasserbereitung in neuen oder bestehenden nichtindustriellen Gebäuden sowie die Isolierung des Verteilungsnetzes für Wärme und Warmwasser in nichtindustriellen Neubauten (ABl. L 52, S. 32)
Richtlinie 92/42/EWG	Richtlinie 92/42/EWG des Rates vom 21. Mai 1992 über die Wirkungsgrade von mit flüssigen oder gasförmigen Brennstoffen beschickten neuen Warmwasserheizkesseln (ABl. L 167, S. 17)
Richtlinie 2010/30/EU	Richtlinie des Europäischen Parlaments und des Rates vom 19. Mai 2010 über die Angabe des Verbrauchs an Energie und anderen Ressourcen durch energieverbrauchsrelevante Produkte mittels einheitlicher Etiketten und Produktinformationen (ABl. L 153, S. 1)
RL	Richtlinie
Rn.	Randnummer
S.	Seite
SAVE-Richtlinie	Richtlinie 93/76/EWG des Rates vom 13. September 1993 zur Begrenzung der Kohlendioxidemissionen durch eine effizientere Energienutzung (ABl. L 237, S. 28)
SFP-VO	Verordnung der Landesregierung zum gebäudeindividuellen energetischen Sanierungsfahrplan Baden-Württemberg vom 28. Juli 2015 (GBl S. 749)
sog.	sogenannte(r)
TEHG	Treibhausgas-Emissionshandelsgesetz vom 21. Juli 2011 (BGBl. I S. 1475) i. d. F. vom 18. Juli 2016 (BGBl. I S. 1666)

u. a.	unter anderem
UAbs.	Unterabsatz
UPR	Umwelt- und Planungsrecht
VBlBW	Verwaltungsblätter Baden-Württemberg
VDI	Verein Deutscher Ingenieure
VG	Verwaltungsgericht
VGH	Verwaltungsgerichtshof
vgl.	vergleiche
VN	Vereinte Nationen
VO	Verordnung
Vorb.	Vorbemerkung
WärmeschutzVO 1977	Verordnung über einen energiesparenden Wärmeschutz bei Gebäuden vom 11. August 1977 (BGBl. I S. 1554)
WärmeschutzVO 1994	Wärmeschutzverordnung vom 16. August 1994 (BGBl. I Seite 2121)
WEG	Gesetz über das Wohnungseigentum und das Dauerwohnrecht vom 15. März 1951 i. d. F. vom 5. Dezember 2014 (BGBl. I S. 1962)
z. B.	zum Beispiel
ZfBR	Zeitschrift für deutsches und internationales Bau- und Vergaberecht
Ziff.	Ziffer
ZNER	Zeitschrift für Neues Energierecht
zul. abger.	zuletzt abgerufen
zul. geä.	zuletzt geändert
ZUR	Zeitschrift für Umweltrecht
ZWE	Zeitschrift für Wohnungseigentumsrecht

Erster Teil: Einführung

A. Problemaufriss

I. Ziele der Untersuchung

Die Energiewende hat in den vergangenen Jahren eine kaum überschaubare Vielzahl staatlicher und zivilgesellschaftlicher Initiativen zur Transformation der Energieversorgung hervorgebracht. Ein wesentlicher Teil dieser Initiativen greift dabei auf das Recht als gesellschaftliches Steuerungsinstrument zurück.[1] Auch im föderalen System der Bundesrepublik Deutschland ist eine starke Zunahme bundes- und landesrechtlicher Regelungen zu verzeichnen, deren Erfassung und Durchdringung zu einer Herausforderung für Rechtswissenschaft- und Praxis geworden ist.[2] Dies gilt auch deshalb, weil der politische Handlungsdruck, der aus den eingeleiteten Transformationsprozessen folgt, zu häufigen und wiederholten Reformen der Rechtsgrundlagen führt.[3]

Die vorliegende Arbeit untersucht einen Ausschnitt dieser Rechtsgrundlagen, nämlich das Ordnungsrecht der Wärmewende. Hierbei werden vier Ziele verfolgt. Erstens soll der einschlägige Normenbestand systematisch erfasst werden. Dies ermöglicht zweitens eine Untersuchung der rechtlichen Beziehungen zwischen den Rechtsgrundlagen, bspw. kompetenzrechtliche Fragen. Drittens wird der spezielle Beitrag aufgezeigt, den die einzelnen Rechtsgrundlagen zum Gelingen der Energiewende erbringen. Viertens werden Lücken des untersuchten Rechtsrahmens herausgearbeitet und Vorschläge zur Schließung derselben unterbreitet.

II. Gegenstand der Untersuchung

Die vorliegende Arbeit thematisiert die Wärmewende. Sie knüpft damit an ein jüngeres Schlagwort aus dem politischen Kontext an. Unter die Wärmewende fallen solche Ansätze, die erstens auf eine Transformation des Wärmeversorgungssystems – nicht hingegen des Stromversorgungssystems – zielen. Zweitens ist von der Wärmewende üblicherweise im Zusammenhang mit der Wärmeversorgung von Gebäuden die Rede. Bei einem solchen Verständnis ist damit die Wärmenutzung in gewerblichen und industriellen Prozessen (Prozesswärme)[4] ausgeklammert. Drittens

1 Prägend zum Verständnis des Rechts als Steuerungsinstrument *Voßkuhle*, in: Hoffmann-Riem/Schmidt-Aßmann/Voßkuhle, Verwaltungsrecht, Bd. I, S 1 ff.

2 Überblicke zum Recht der Energiewende finden sich bei *Kahl/Bews*, JURA 2014, 1004 ff. und *Burgi*, JZ 2013, 745 ff.

3 *Hofmann*, DV 2014, 349 (357) sieht in diesem kontinuierlichen Novellierungsbedarf ein Strukturmerkmal der Energiewende.

4 Prozesswärmeintensiv sind bspw. die Rohstahlproduktion, die Fertigung chemischer Erzeugnisse und die Zementindustrie, näher zu den Anwendungsbereichen *Erdmann/Zweifel*, Energieökonomik, S. 68.

steht auch hinter dem Gedanken der Wende ein spezifischer Gehalt, nämlich die Vorstellung einer Abkehr von der bisherigen Nutzung fossiler Ressourcen und die Zuwendung zu nachhaltigen Substitutionslösungen.[5]

Bereits bei einer gedanklichen Vorstrukturierung des potenziellen Normenbestandes der Wärmewende wird klar, dass dieser von unterschiedlichen Rechtsetzungsakteuren (EU, Bund, Länder, Kommunen (Gemeinden und Gemeindeverbänden)) erlassen ist. Zudem wird klar, dass das Recht der Wärmewende eine Vielzahl von Rechtsbeziehungen zwischen unterschiedlichen Adressaten (Gebäudeeigentümern, Mietern, Bauwirtschaft, Produzenten, Energieversorgern, Energiedienstleistern) regelt. Auch steht fest, dass das Recht der Wärmewende aus unterschiedlichsten Regelungen des Öffentlichen Rechts und des Privatrechts besteht, unterschiedliche Steuerungsformen zum Einsatz bringt und unterschiedlichen rechtlichen Maßstäben und tatsächlichen Einflüssen unterliegt. Eine erschöpfende Behandlung des Wärmewenderechts würde daher den Rahmen einer einzelnen Forschungsarbeit sprengen.

Indes sind gerade das Umwelt- und das Energierecht traditionell ordnungsrechtlich geprägte Rechtsbereiche.[6] Nach Zeiten eines eher zurückhaltenden Einsatzes von Ordnungsrecht in diesen Rechtsbereichen ist im vergangenen Jahrzehnt nunmehr wieder von einer „Renaissance des Ordnungsrechts" die Rede.[7] In der Annahme, dass diese These auch in Fragen der Wärmewende stichhaltig ist, widmet sich die vorliegende Arbeit daher dem Ordnungsrecht der Wärmewende. Ordnungsrecht wird durch die hoheitliche Auferlegung unmittelbarer Handlungs- oder Unterlassungspflichten gegenüber den Normunterworfenen gekennzeichnet, wobei die Einhaltung der Pflichten durch Zwangsbefugnisse und Sanktionen gestützt sowie durch Kontrollmöglichkeiten im Vollzug abgesichert ist.[8] Hinzu tritt schließlich das Merkmal einer Kostentragung der Adressaten für die Umsetzung der Ge- oder Verbote.[9] Es gilt, die Bedeutung dieses „klassischen" rechtlichen Steuerungsinstrumentes in Fragen der Wärmewende herauszuarbeiten.

Dieser Untersuchungsgegenstand bedarf schließlich noch drei Konkretisierungen. Erstens wird das bundes- und landesrechtliche Ordnungsrecht untersucht,

---

5 Siehe zu diesem Wärmewendebegriff die Eröffnungsrede von Bundesumweltministerin Barbara Hendricks zur Deutschen Wärmekonferenz 2014, http://bundesregierung.de/Content/DE/Artikel/2014/01/2014-01-28-waermemarkt-hendricks.html (zul. abger. am 7. Januar 2017).

6 Zu dieser Tradition *Kahl/Schmidt/Gärditz,* Umweltrecht, S. 107; *Keller*, Immissionsschutzrechtliche Instrumente, S. 20 und aus der älteren Literatur *Breuer*, NVwZ 1997, 833 (836).

7 Zur Renaissance im Energieeffizienzrecht *Koch*, NVwZ 2011, 641 (650); zur Renaissance im Recht der Wärmeversorgung *Wustlich*, ZUR 2007, 281 (282).

8 *Baehr,* Verhaltenssteuerung, :S 21; *Voßkuhle*, in: Hoffmann-Riem/Schmidt-Aßmann/Voßkuhle, Grundlagen des Verwaltungsrechts, Bd. I, S 9; *Keller*, Instrumente, S. 38; *Halama*, Gebäudesanierung, S. 27–28; ähnlich *Erbguth/Schlacke*, Umweltrecht, S. 86; *Kahl/Schmidt/ Gärditz*, Umweltrecht, S. 137 sowie *Lübbe-Wolff*, NVwZ 2001, 481 (481).

9 *Wustlich*, in: Danner/Theobald, EEWärmeG, Einl. Rn. 12.

wobei auch die Bezüge zum unionsrechtlichen Sekundärrecht aufgezeigt werden. Zweitens werden in erster Linie die gebäudebezogenen ordnungsrechtlichen Vorschriften analysiert. Hiervon spricht man, wenn Normen Fragen der baulichen und technischen Gestaltung von Gebäuden oder deren Nutzung regeln. Das gebäudebezogene Ordnungsrecht steht im Kontrast zum produktbezogenen Ordnungsrecht, das auf der vorgelagerten Stufe der Herstellung von Bausubstanz oder Anlagen anknüpft. Drittens liegt ein besonderer Fokus auf den Regelungen zu bestehenden Gebäuden, da gerade energetischen Sanierungen häufig ein großes Potenzial bei der Erreichung der Ziele der Wärmewende zugeschrieben wird.[10]

III. Gang der Untersuchung

Ein tiefergehendes Verständnis des Ordnungsrechts der Wärmewende erfordert eine knappe Auseinandersetzung mit dem Sachbereich der Wärmeversorgung. Daher werden die physikalischen, energiewirtschaftlichen, technischen, und politischen Grundlagen im ersten Teil der Arbeit skizziert.

Im zweiten Teil wendet sich die Arbeit dem gebäudebezogenen Ordnungsrecht zunächst abstrakt zu. Dieses wird rechtsdogmatisch präzisiert und zu anderen rechtlichen Instrumenten im Gebäudebereich abgegrenzt. Schließlich wird die spezielle Steuerungsleistung herausgearbeitet, die das Ordnungsrecht neben den anderen rechtlichen Instrumenten im Gebäudebereich erbringen kann.

Im dritten Teil geht die Untersuchung auf das Ordnungsrecht des Bundes, untergliedert nach den jeweiligen Rechtsgrundlagen, ein. Diese Darstellung umfasst Historie, Gegenstand und Inhalt der Rechtsgrundlagen. Soweit dies erforderlich ist, werden der unionsrechtliche Hintergrund aufgegriffen oder das Verhältnis der bundesrechtlichen Rechtsgrundlagen zueinander hinterfragt. Auf dieser Basis wird der individuelle Beitrag der jeweiligen Rechtsgrundlage für die Wärmewende herausgearbeitet und bewertet.

Im vierten Teil der Arbeit wird das Landesrecht der Wärmewende, entsprechend der vorgenannten Herangehensweise an das Bundesrecht, untersucht. Dabei stellt sich allerdings die zusätzliche Frage, welcher Gestaltungsspielraum den Landesgesetzgebern neben dem bestehenden Bundesrecht noch verbleibt. Daher werden die kompetenzrechtlichen Grundlagen analysiert und das Landesrecht diesbezüglich gewürdigt.

Im fünften und letzten Teil wird der Blick schließlich auf eine mögliche Fortentwicklung des Ordnungsrechts gerichtet. Zu diesem Zweck werden aktuelle Novellierungsvorschläge in die Untersuchung einbezogen und an den verfassungsrechtlichen (insbesondere grundrechtlichen) Maßstäben geprüft.

10 *Kloepfer*, Umweltrecht, S. 1613; *Wüstemann*, EU-Energieeffizienzrecht, S. 127; *Koch*, NVwZ 2011, 641 (644–645); *Ekardt/Heitmann*, RdE 2009, 118 (119); bereits frühzeitig *Kusche*, Kompetenzen, S. 81; *Beaucamp/Beaucamp*, NZM 2002, 323 (323).

B. Wärmebegriffe

Im allgemeinen Sprachgebrauch wird unter „Wärme“ eine mäßige Temperatur zwischen „Heiß“ und „Kalt“ verstanden.[11] Ein solches Verständnis taugt aber kaum zur juristischen Analyse. Eine Annäherung an ein juristisch verwendbares Verständnis von Wärme ist indes über die physikalischen Wärmebegriffe (I.) und den ökonomischen Wärmebegriff (II.) möglich.

I. Physikalischer Wärmebegriff

Mit dem Begriff der Wärme sind in der Physik zwei unterschiedliche Bedeutungsgehalte verbunden. Wärme lässt sich einerseits im Sinne der Elementarphysik, andererseits im Sinne der Thermodynamik verstehen.

1. Thermische Energie

Zunächst existiert der Begriff der Wärmeenergie oder – synonym – der thermischen Energie. Dieser bezeichnet, in Abgrenzung zu anderen Energieformen (mechanischer, chemischer oder elektromagnetischer Energie) diejenige Energie, welche in der ungeordneten Bewegung der Atome oder Moleküle eines Stoffes gespeichert ist.[12] Als Maßeinheit für thermische Energie wird entweder die Einheit Joule (J), die auch zur Quantifizierung anderer Energiearten üblich ist, oder die spezielle Einheit der Kalorie (cal) verwendet[13]. Thermische Energie ist somit ein Begriff der Elementarphysik und dient der modellhaften Beschreibung eines Zustands von Materie.

2. Thermodynamische Wärme

Die Vorstellung von thermischer Energie wird um den Wärmebegriff der sog. Thermodynamik ergänzt. Die Thermodynamik befasst sich als Teilgebiet der Physik mit der Umwandlung von Energieformen untereinander und soll Energieumwandlungsprozesse für den Menschen nutzbar machen.[14] In der Thermodynamik bezeichnet Wärme diejenige Energie, die allein aufgrund eines Temperaturunterschiedes zwischen zwei thermodynamischen Systemen vom System höherer Temperatur auf das System niedriger Temperatur übertragen wird.[15] Diese thermodynamische Definition von Wärme bildet gleichzeitig den sog. Nullten thermodynamischen

---

11 *Oschmann*, in: Müller/Oschmann/Wustlich, § 2 Rn. 11.

12 *Wesselak/Schabbach*, Energie, S. 10; *Erdmann/Zweifel*, Energieökonomik, S. 17; *Oschmann*, in: Müller/Oschmann/Wustlich, § 2 Rn. 11.

13 Wobei letztere Maßeinheit mittlerweile veraltet ist, siehe *Erdmann/Zweifel*, Energieökonomik, S. 16; *Wesselak/Schabbach*, Energie, S. 9 oder *Hahne*, Thermodynamik, S. 2.

14 *Hahne*, Thermodynamik, S. 1.

15 *Hahne*, Thermodynamik, S. 33; rezipiert bspw. in der Auslegung des rechtlichen Wärmebegriffs in § 3 Abs. 2, 3 BImSchG, hierzu *Thiel*, in: Landmann/Rohmer, BImSchG, § 3 Rn. 66.

Hauptsatz.[16] Wärme steht in der Thermodynamik im Gegensatz zu Arbeit. Arbeit ist diejenige Energie, die gerade auf anderem Wege zwischen zwei Systemen übertragen wird, wie z. B. mechanische Arbeit oder Volumenänderungsarbeit.[17] Thermodynamisch sind Wärme und Arbeit daher nicht als Parameter zur Beschreibung von Zuständen, sondern als Größen der Beschreibung von Prozessen zu verstehen.[18]

Das sog. Gleichgewichtspostulat besagt dabei, dass Wärme solange zwischen zwei thermischen Systemen Temperaturdifferenzen ausgleicht bis diese vollständig nivelliert sind.[19] Durch dieses Postulat wird gleichzeitig die Größe der Temperatur als thermischer Gleichgewichtszustand zwischen zwei thermodynamischen Systemen definiert.[20] Zeigt ein Thermometer ein bestimmtes Messergebnis an, so befindet sich das Thermometer mit seiner Umgebung im thermodynamischen Gleichgewicht.[21] Auch die Temperatur ist damit, wie bspw. die Dichte, eine Zustandsgröße zur Umschreibung von (veränderlichen) physikalischen Eigenschaften eines Systems.[22]

3. *Umwandlungsregeln*

Soweit es um die gezielte Nutzbarmachung von Wärme für menschliche Zwecke geht werden auch die Regeln zu den Eigenschaften von thermischer Energie bei einer Umwandlung in andere Energieformen relevant. Das allseits bekannte Beispiel eines Verbrennungsprozesses stellt eine solche Umwandlung von chemischer Energie, die in den entsprechenden Brennstoffen gespeichert ist, in thermische Energie dar. Für diese Umwandlungsprozesse sind die weiteren thermodynamischen Hauptsätze von Belang.[23]

Der sog. erste Hauptsatz der Thermodynamik befasst sich mit der Energiebilanz von thermodynamischen Systemen. Nach diesem Satz bleibt die Energiebilanz, als die Summe der denkbaren Energieformen eines Systems, bei Umwandlungen von Energieformen innerhalb eines geschlossenen Systems stets konstant.[24] Aus dem ersten Hauptsatz der Thermodynamik lässt sich daher – vereinfacht – ableiten, dass Energie nicht verloren oder verbraucht, sondern allein in andere Energieformen umgewandelt werden kann.[25]

---

16 *Weigand/Köhler/Wolfersdorf*, Thermodynamik, S. 89.

17 *Hahne*, Thermodynamik, S. 35–36.

18 *Weigand/Köhler/Wolfersdorf*, Thermodynamik, S. 10.

19 *Hahne*, Thermodynamik, S. 22, 34.

20 *Weigand/Köhler/Wolfersdorf*, Thermodynamik, S. 16–17; *Hahne*, Thermodynamik, S. 23.

21 *Hahne*, Thermodynamik, S. 23–24.

22 *Weigand/Köhler/Wolfersdorf*, Thermodynamik S. 5; *Hahne*, Thermodynamik, S. 6.

23 Bei den thermodynamischen Hauptsätzen handelt es sich um hergebrachte empirische Grundannahmen, *Hahne*, Thermodynamik, S. 43.

24 *Weigand/Köhler/Wolfersdorf*, Thermodynamik, S. 18.

25 *Hahne*, Thermodynamik, S. 63.

Der sog. zweite Hauptsatz der Thermodynamik enthält speziell für die Umwandlungsfähigkeit von Wärme in Arbeit eine maßgebliche Einschränkung des ersten Hauptsatzes. Nach diesem Erfahrungssatz ist die vollständige Umwandlung von Wärme in Arbeit physikalisch unmöglich.[26] Dies ergibt sich aus der über den nullten Hauptsatz definierten Eigenschaft von Wärme, wonach diese immer nur in Richtung eines niedrigeren Temperaturniveaus übertragen wird.[27] Konsequenz hieraus ist, dass bei jeder Umwandlung von Wärme in Arbeit ein gewisser, zumeist nicht weiter nutzbarer Wärmeanteil nicht umgewandelt, sondern an die Umgebung abgegeben wird.[28] Global betrachtet stellt dies kein Problem für die menschliche Existenz dar, weil der Erde als thermodynamischem System stetig Wärme im Wege solarer Strahlung zugefügt wird.[29] Von Belang ist die Regel hingegen bei der Beurteilung jeder Art von Prozessen, in denen Wärme in Arbeit umgewandelt wird.

Als Maß für eine Umwandlung von oder in Wärmeenergie lassen sich als Bewertungsgrößen sog. Wirkungsgrade für Prozesse heranziehen, im Fall der Umwandlung von Wärme in Arbeit der sog. Carnot-Wirkungsgrad.[30] Das klassische Ziel der Ingenieurskunst besteht daher darin, die Verluste an Wärmeenergie bei Energieumwandlungen niedrig zu halten und entsprechend hohe Wirkungsgrade zu erzielen.[31]

II. Energieökonomie

Ohne Zweifel entzieht sich ein Großteil der physikalisch definierten Wärme von vorneherein jeglicher menschlichen Steuerung.[32] Wärme kann allerdings auch innerhalb der ökonomischen Energiebegriffe verortet werden. Diese zielen gerade auf die Umschreibung des jeweiligen ökonomischen Aufwandes zur Nutzbarmachung von Energie für menschliche Zwecke.[33]

1. Primär- und Sekundärenergie

Primärenergie ist in der Energiewirtschaft solche Energie, die in der Natur in Reinform vorkommt, bspw. in Rohöl und Erdgas gespeicherte chemische Energie als fossile Primärenergie oder in Wind gespeicherte Bewegungsenergie als erneuerbare Primärenergie.[34] Primärenergien müssen daher erst umgewandelt werden, um für

---

26 *Weigand/Köhler/Wolfersdorf*, Thermodynamik, S. 30.

27 *Weigand/Köhler/Wolfersdorf*, Thermodynamik, S. 89.

28 Sog. „Entropie“, siehe *Hahne*, Thermodynamik, S. 140; *Weigand/Köhler/Wolfersdorf*, Thermodynamik, S. 28; *Wesselak/Schabbach*, Energie, S. 14.

29 *Erdmann/Zweifel*, Energieökonomik, S. 17.

30 *Hahne*, Thermodynamik, S. 81.

31 *Erdmann/Zweifel*, Energieökonomik, S. 23.

32 Allgemein zu allen Energieformen *Erdmann/Zweifel*, Energieökonomik, S. 2.

33 *Erdmann/Zweifel* ,Energieökonomik, S. 20.

34 *Keyhanian*, Instrumente, S. 33; *Erdmann/Zweifel*, Energieökonomik, S. 24, verrechtlicht bspw. in der Definition des § 2 Abs. 1 Satz 1 HmbKliSchG.

menschliche Zwecke nutzbar gemacht zu werden. Erdwärme (Geothermie) sowie solare Strahlungswärme stellen hingegen besondere Arten von erneuerbarer Primärenergie dar, die zur Nutzbarmachung keiner weiteren Umwandlung bedürfen.

Als Sekundärenergie wird diejenige Energie bezeichnet, die durch technische Umwandlung aus Primärenergie gewonnen wurde.[35] Bei der Wärmeversorgung von Gebäuden ist eine klassischerweise relevante Sekundärenergie bspw. die in Heizöl gespeicherte Energie, da Heizöl ein Raffinerieprodukt von Erdöl ist.[36] Auch Fernwärme als Umwandlungsprodukt aus den jeweiligen Brennstoffen lässt sich als ein Beispiel von Sekundärenergie anführen.[37]

Soll es nicht allein auf die Stufe der technischen Umwandlung, sondern auch auf den diese Energie speichernden Stoff ankommen, wird zur Präzisierung häufig der Begriff des Energieträgers verwendet.[38] Sollen Primär- oder Sekundärenergiemengen quantifiziert werden, so sind hierfür entweder Angaben zum Energiebedarf oder alternativ zum Energieverbrauch gebräuchlich. Während Angaben zum Energiebedarf auf Berechnungen bzw. Simulationen beruhen, sind Verbrauchsgrößen messabhängig.[39]

2. *End- und Nutzenergie*

Ferner wird in der Energiewirtschaft zwischen End- und Nutzenergie unterschieden. Diese Begriffe sind dabei nicht trennscharf von den vorgenannten Begriffen der Primär- und Sekundärenergie abzugrenzen.

Endenergie ist die nutzbare, in die Sphäre des Konsumenten überführte Primär- (oder häufig Sekundär-)Energie.[40] Im Gebäudebereich ist Endenergie bspw. in Form von. Heizöl, Erdgas, Holzpellets, Fernwärme oder Strom relevant. Das jeweilige Maß von Endenergie ist somit regelmäßig an der „Schnittstelle" der Gebäudegrenze zu bestimmen.[41] Nutzenergie ist demgegenüber die letztmalig zu „Konsumzwecken" umgewandelte oder bereitgestellte Primär- (oder häufig Sekundär-)Energie.[42] Im Falle von Nutzwärme in Gebäuden geht es in erster Linie um Raumwärme oder Warmwasser.

---

35 *Keyhanian*, Instrumente, S. 33.

36 Als ein solches einsatzfähiges Produkt steht Heizöl in der Wärmeversorgung vor allem in Konkurrenz zu Erdgas, *Erdmann/Zweifel*, Energieökonomik, S. 180, 182.

37 *Erdmann/Zweifel.*, Energieökonomik, S. 182.

38 *Oschmann*, in: Müller/Oschmann/Wustlich, § 2 Rn. 6.

39 Zur Unterscheidung zwischen Bedarf und Verbrauch im Recht der EnEV *Mechel*, ZUR 2011, 184 (188).

40 *Hinz*, NZM 2013, 209 (220); § 2 Abs. 1 Satz 2 HmbKliSchG spricht von den „vom Letztverbraucher unmittelbar eingesetzten Energien".

41 *Mechel*, ZUR 2011, 184 (185).

42 *Hinz*, NZM 2013, 209 (212); *Keyhanian*, Instrumente, S. 33. § 2 Abs. 1 Satz 3 HmbKliSchVO bezeichnet diese als „in Wärme, Kraft oder Licht umgewandelte Energien".

Aus dem Vorgesagten ergibt sich daher, dass Endenergie entgegen der Konnotation des Begriffs gerade nicht bedeutet, dass diese Energie nicht weiter umgewandelt oder transportiert wird. Vielmehr treten gerade auf der Stufe zwischen Endenergie und Nutzenergie häufig anlagenbedingte Umwandlungsverluste sowie gebäudeinterne Leitungsverluste in Form von an die Umgebung abgegebener Wärme ein.[43] Insbesondere das Verhältnis zwischen End- und Nutzenergie bestimmt daher wesentlich über die Energieeffizienz eines Gebäudes.[44]

3. *Energiedienstleistung*

Der menschliche „Wärmekonsum" im Sinne eines Genusses von bereitgestellter Nutzenergie, bspw. das Empfinden eines angenehm beheizten Raums, ist schließlich keine im engeren Sinne ökonomische Größe. Zur Umschreibung findet sich in der Literatur zunächst der Begriff der Energiedienstleistung[45]. Mit etwas subjektiverem Einschlag wird auch von Wärmeempfinden gesprochen.[46] Schließlich ist, speziell in Bezug auf den Genuss von Raumwärme, teilweise auch von Innenraumklima die Rede.[47]

4. *Statistische Erfassungen*

Der volkswirtschaftliche Wärmebedarf- oder Verbrauch im Gebäudebereich wird in den volkswirtschaftlichen Energiebilanzen regelmäßig nicht im Einzelnen ausgewiesen.[48] Dennoch lässt sich die wirtschaftliche Bedeutung von Fragen der Wärmeversorgung zwei anderen Kennwerten mittelbar entnehmen.

So führen einschlägige Veröffentlichungen erstens separate Werte für die Anteile von Wärme als Nutzenergie an der insgesamt verbrauchten Sekundär- oder Endenergie auf. Aktuellen Bilanzen zufolge wird gut die Hälfte der in Deutschland aufgewandten Endenergie für Raum- und Prozesswärme sowie für Trinkwassererwärmung benötigt.[49] Zweitens existieren im Rahmen anderer statistischer Aufschlüsselungen ebenfalls Kennziffern zum Energiebedarf des Gebäudebereichs. So entfallen etwa 35 % des gesamten Endenergiebedarfs auf diesen Bereich.[50] Von

---

43 *Erdmann/Zweifel*, Energieökonomik, S. 24, 28; *Wesselak/Schabbach*, Energie, S. 12.
44 *Hinz*, NZM 2013, 209 (220).
45 *Jarass*, Energienachfrage, wirtschaftliche Entwicklung und Preise, Glossar XI.
46 So bspw. in Bezug auf den Wärmebegriff des § 3 Abs. 3 BImSchG *Jarass*, BImSchG, § 3 Rn. 6,der auf die Spürbarkeit derselben als Immission abstellt.
47 Siehe z. B. die Definition in Art. 2 Nr. 1 Gebäuderichtlinie.
48 Die offiziellen volkswirtschaftlichen Statistiken für die Bundesrepublik Deutschland werden jährlich von der Arbeitsgemeinschaft Energiebilanzen erarbeitet und unter http://www.ag-energiebilanzen.de/ veröffentlicht (zul. abger. am 7. Januar 2017).
49 *Wesselak/Schabbach*, Energie, S. 58–59.
50 *Bundesregierung*, Energieeffizienzstrategie Gebäude, S. 2.

den vorgenannten 35 % entfallen dabei ca. 21,3 % auf Wohngebäude und ca. 13,7 % auf Nichtwohngebäude.[51]

III. Zusammenfassung

Der physikalische Wärmebegriff und die physikalischen Wärmeeigenschaften bilden die naturwissenschaftliche Grundlage für das Verständnis von Wärme. Wärme ist eine Form von Energie, die bei einer modellhaften Betrachtung in der ungeordneten Bewegung elementarer Teilchen gespeichert ist und bei einer prozesshaften Betrachtung alleine aufgrund des Temperaturunterschieds zwischen Systemen übertragen wird. Wärme lässt sich nicht vollständig in andere Energieformen umwandeln, sondern wird stets zu einem gewissen Teil irreversibel an die Umgebung abgegeben.

Im energiewirtschaftlichen Kontext lässt sich Wärme zunächst innerhalb der Begrifflichkeiten der Primär- und Sekundärenergie verorten, welche zwei unterschiedliche Stufen im Prozess der erstmaligen Umwandlung von natürlicher Energie beschreiben. Ferner existiert in der Energieökonomie eine separate Differenzierung zwischen End- und Nutzenergie. Diese beschreibt zwei unterschiedliche Stufen im Prozess der letztmaligen Umwandlung von gebrauchsfertig bereitgestellter Energie in zu menschlichen Zwecken verfügbarer Energie. Auch an der in einem Gebäude benötigten End- oder Nutzenergie hat Wärme daher einen großen Anteil. Schließlich wird der menschliche „Konsum“ von Wärme als sog. Energiedienstleistung bezeichnet. Zur Quantifizierung von Wärmemengen werden regelmäßig berechnungsabhängige Bedarfswerte oder messabhängige Verbrauchswerte angegeben.

C. Wärmeversorgung von Gebäuden

Nachdem die unterschiedlichen Wärmebegriffe geklärt sind, soll nunmehr herausgearbeitet werden, welche praktische Rolle Wärme als End- oder Nutzenergie im Gebäudebereich spielt. Wärme wird im Wege unterschiedlichster technischer Lösungen bereitgestellt. Da diese technischen Lösungen in den rechtlichen Pflichten vielfach aufgegriffen werden, soll deren Darstellung zunächst im Vordergrund stehen (I.). Ferner interessiert auch die derzeitige Struktur des Immobiliensektors in Deutschland, welche anschließend skizziert wird (II.). Denn die Kenntnis dieser Struktur schärft den Blick für die Reichweite der untersuchten Rechtsgrundlagen. Schließlich werden die besonderen praktischen Herausforderungen bei der Durchführung energetischer Sanierungen umrissen (III.) Dies ermöglicht es zu bewerten, ob diesen Herausforderungen im aktuellen Recht ausreichend Rechnung getragen wird.

51 *Bundesregierung*, Energieeffizienzstrategie Gebäude, S. 38.

I. Technische Lösungen

Technische Lösungen zur Wärmeversorgung werden im Folgenden anhand der hypothetischen technischen Stufen der Wärmegewinnung, des Wärmetransports, des Wärmeverbrauchs sowie der Wärmespeicherung erörtert.[52]

1. *Wärmegewinnung*

Obwohl sich Wärme als Energieform im physikalischen Sinne nicht „erzeugen" lässt,[53] kann aus technischer Sicht dennoch von einer Erzeugung gesprochen werden, wenn andere Energieformen zielgerichtet zum Zwecke der Bereitstellung von Nutzwärme umgewandelt werden.[54] Da Wärme außerdem in einigen Primärenergien von Natur aus verfügbar ist, ist im Folgenden – insoweit dem Begriff der Erzeugung übergeordnet – von Möglichkeiten der Wärmegewinnung die Rede.

a) Verbrennungsprozesse

Der weit überwiegende Teil der Nutzwärme in Deutschland wird aktuell durch Verbrennungsprozesse erzeugt.[55] Verbrennungsprozesse sind chemische Reaktionen unter Einsatz von Kohlenstoffen oder Wasserstoffen, welche gewöhnlich mit Sauerstoff reagieren.[56] Bei Verbrennungsprozessen werden molekulare Bindungsenergien (chemische Energie) aufgehoben und Wärmeenergie freigesetzt.[57] Das jeweilige chemisch-energetische Potenzial eines Brennstoffes zur Bereitstellung von Wärme wird entweder als Heizwert (Betrachtung der in Verbrennungsgasen enthaltenen Wärme) oder als Brennwert (zusätzliche Betrachtung der in Kondensationsprodukten, z. B. Wasser, enthaltenen Wärme) bezeichnet.[58]

Betrachtet man nicht allein den Brennstoff, sondern den Verbrennungsprozess in einer technischen Anlage, so ist das Verhältnis zwischen eingesetzter chemischer Energie und freigesetzter Wärmeenergie von zentraler Bedeutung. Dieses wird, insoweit anlagen- bzw. prozessbezogen, auch als Wirkungsgrad bezeichnet.[59] Bezieht man in die vorgenannte Betrachtung zusätzlich Faktoren wie die zeitliche Dauer eines Verbrennungsprozesses sowie das typisches Nutzungsverhalten einer Anlage

---

52 Eine solche Stufenbetrachtung von Energieversorgungssystemen findet sich bspw. bei *Danner*, in: Danner/Theobald, Einl. Rn. 1.

53 Zum physikalischen Wärmebegriff bereits unter Teil 1 B. I.

54 Vgl. *Erdmann/Zweifel*, Energieökonomik, S. 17.

55 *Müller*, in: Müller/Oschmann/Wustlich, Einl. Rn. 5; *Kusche*, Kompetenzen, S. 5.

56 *Hahne*, Thermodynamik, S. 397.

57 *Erdmann/Zweifel*, Energieökonomik, S. 18. Hierbei ist in der Thermodynamik auch von der sog. „Reaktionsenthalpie" die Rede, *Hahne*, Thermodynamik, S. 398.

58 *Hahne*, Thermodynamik, S. 400; *Erdmann/Zweifel*, Energieökonomik, S. 21; *Wesselak/Schabbach*, Energie, S. 11.

59 *Kusche*, Kompetenzen, S. 60.

ein, bspw. die Nutzung einer Anlage unter unterschiedlichen Auslastungsbedingungen innerhalb eines Jahres, so ist auch von (Jahres)nutzungsgraden die Rede.[60]

Wärme wird im Gebäudebereich dabei klassischerweise in dezentralen Hausanlagen im Wege der Verbrennung fossiler Energieträger erzeugt. Das durchschnittliche Alter dezentraler Hausanlagen beträgt aktuellen Zahlen zufolge 16 bis 20 Jahre.[61] Dabei kommen im derzeitigen Gebäudebestand überwiegend Erdgasheizungen (Zentral- oder Gasetagenheizungen) zum Einsatz.[62] Den zweitgrößten Anteil haben Hausanlagen zur Verbrennung von Heizöl (Heizkessel).[63] Neben den mittlerweile technisch veralteten Standardheizkesseln existieren bereits seit längerer Zeit sog. Niedertemperaturheizkessel, in denen Wärme auf dem jeweils benötigten Temperaturniveau erzeugt wird.[64] Sog. Brennwertkessel, die den aktuellen Stand der Technik darstellen, nutzen darüber hinaus neben der originären Verbrennungswärme noch die Wärme des erzeugten Wasserdampfs.[65] Bei der Wahl konventioneller häuslicher Erzeugungsanlagen stellt sich daher klassischerweise die Frage, ob der Einsatz eines Brennkessels oder alternativ eine Erdgasheizung zum Einsatz kommen soll[66]. Die vorgenannte praktische Bedeutung von Anlagen auf Basis fossiler Brennstoffe basiert auf den klassischen Vorteilen derselben. Solche Anlagen sind zur vollständigen Deckung des Wärmebedarfs unterschiedlichster Gebäudearten technisch bewährt und sind zudem häufig relativ investitionskostenarm. Daher ist die Entwicklung der Energiebezugspreise für Erdgas und Heizöl das wesentliche Kriterium für oder gegen den Einsatz solcher Anlagen. Aus ökologischer Sicht ist die Verbrennung von Erdgas regelmäßig emissionsärmer als die Verbrennung von Heizöl, weshalb Erdgas auch als „Brückenenergie“ in der Energiewende gilt.[67]

Mit steigender Tendenz kommen ferner Hausanlagen zum Einsatz, in denen erneuerbare Energieträger verbrannt werden.[68] Dabei hat Biomasse in Form von Holz

---

60 Vgl. FG Baden-Württemberg, Urt. v. 17. November 2009 (11 K 553/04), juris Rn. 38 zur Auslegung des ehem. Mineralölsteuergesetzes.

61 *Bundesregierung*, Energieeffizienzstrategie Gebäude, S. 20.

62 Im Jahr 2011 waren von ca. 21. Mio. Wärmeerzeugungsanlagen in Gebäuden ca. 10 Millionen Gasheizungen, *Bundesregierung* Energieeffizienzstrategie Gebäude, S. 19–20.

63 Im Jahr 2011 waren von ca. 21. Mio. Wärmeerzeugungsanlagen in Gebäuden ca. 6 Millionen Ölheizkessel, *Bundesregierung*, Energieeffizienzstrategie Gebäude, S. 19–20.

64 *Bundesregierung*, Zweiter Erfahrungsbericht EEWärmeG; S. 17; *Kusche*, Kompetenzen, S. 61.

65 *Bundesregierung*, Zweiter Erfahrungsbericht EEWärmeG, S. 17; *Kusche*, Kompetenzen, S. 61.

66 *Nast u. a.*, Untersuchungen zum EEWärmeG, S. 55.

67 Zu dieser Rolle *Altenschmidt*, NVwZ 2015, 559 (560) sowie Ennuschat, NVwZ 2015, 1553 (1555).

68 Im Jahr 2011 waren von ca. 21. Mio Wärmeerzeugungsanlagen in Gebäuden ca. 0,8 Millionen Biomassekessel, *Bundesregierung*, Energieeffizienzstrategie Gebäude, S. 19–20.

aktuell den weitaus größten Marktanteil.[69] Je nach Anlagentyp kann Holz in Form von Scheitholz oder alternativ in Form von Holzhackschnitzeln (sog. Pellets) eingesetzt werden.[70] Zweitwichtigster Biomassebrennstoff ist derzeit Biogas.[71] Größere Potenziale zu einer langfristigen Steigerung des Anteils von Biomasse-Verbrennungsanlagen zur Wärmeerzeugung bestehen nach allgemeiner Meinung allerdings nicht.[72] Dies liegt vornehmlich an der rohstoffseitigen Begrenzung des Biomassevolumens. So besteht häufig eine Flächenkonkurrenz zwischen der Anpflanzung von Biomasse und der Landwirtschaft.[73] Zudem steht die Biomasse in einer Nutzungskonkurrenz. bspw. im Fall der alternativen Einsatzmöglichkeit von flüssiger Biomasse im Gebäudebereich einerseits und im Verkehrssektor andererseits.[74]

Alternativ zur dezentralen Wärmeerzeugung kommt auch die zentrale Wärmeerzeugung in Heizkraftwerken zum Einsatz. In Heizkraftwerken werden üblicherweise fossile Primärenergien wie Braunkohle verbrannt. Je nach der räumlichen Struktur des angeschlossenen Versorgungsgebietes kann die zentrale Wärmeerzeugung in ihrer Gesamtbilanz dabei deutlich energieeffizienter sein als Lösungen einer allein dezentral organisierten Erzeugung. Insgesamt überwiegt aber derzeit die dezentrale Wärmeerzeugung.[75]

b) Sektorenkopplung

In verschiedenen Anwendungsfällen findet eine Wärmegewinnung durch Umwandlung von elektrischer Energie in Wärmeenergie statt.[76] Solche Prozesse sind daher Ausdruck der Sektorenkopplung zwischen Wärmeversorgungs- und Stromversorgungssektor.[77] Der zur Wärmegewinnung genutzte Strom wird dabei regelmäßig den allgemeinen Versorgungsnetzen entnommen. Ökologische und ökonomische

69 *Bundesregierung*, Zweiter Erfahrungsbericht EEWärmeG, S. 11; *Kusche*, Kompetenzen, S. 73.

70 Dabei haben Pellets auf den Energiemärkten aber derzeit eine untergeordnete Bedeutung, siehe *Bundesregierung*, Zweiter Erfahrungsbericht EEWärmeG, S. 22.

71 *Bundesregierung*, Zweiter Erfahrungsbericht EEWärmeG, S. 11.

72 *Wesselak/Schabbach*, Energie, S. 54; *Müller*, in: Müller/Oschmann/Wustlich, Einl. Rn. 8; *Wustlich*, in: Danner/Theobald, EEWärmeG, Einl. Rn. 9.

73 *Bundesregierung*, Energieeffizienzstrategie Gebäude, S. 12; *Koch*, NVwZ 2011, 641 (651).

74 *Bundesregierung*, Energieeffizienzstrategie Gebäude, S. 12; *Wustlich*, in: Danner/Theobald, EEWärmeG, Einl. Rn. 20.

75 *Kahl/Schmidtchen*, Kommunaler Klimaschutz, S. 13–14; *Klemm*, CuR 2008, 124 (125).

76 Auch ein wesentlicher Teil der Anlagen zur Kälteerzeugung wird mit Strom betrieben. Derzeit sind im Gebäudebestand etwa 8 Millionen strombetriebene Klimaanlagen installiert, vgl. *Bundesregierung*, Energieeffizienzstrategie Gebäude, S. 24.

77 *Bundesregierung*, Energieeffizienzstrategie Gebäude, S. 56.

Bewertungen solcher Lösungen müssen sich daher regelmäßig auch mit den komplexen Zusammenhängen des Stromversorgungssektors auseinandersetzen.[78]

Klassische Beispiele für eine Wärmegewinnung aus Strom sind strombasierte Heizkörper oder sog. Nachtspeicherheizungen zur Raumwärmebereitstellung.[79] Als technische Pendants zur Warmwassererzeugung werden klassischerweise Durchlauferhitzer installiert, die seit langer Zeit marktüblicher Standard sind.[80] Schließlich lässt sich mittlerweile auch mittels sog. Wärmepumpen ein geringes Temperaturniveau an lokal vorhandener Erdwärme auf ein menschlich nutzbares Temperaturniveau steigern.[81] Wärmepumpen können alternativ auch zur Nutzbarmachung von sog. Umweltwärme aus Luft und Wasser verwendet werden.[82] Wärmepumpen erzielen vor allem bei niedrigen Temperaturdifferenzen hohe Wirkungsgrade.[83] Obgleich Wärmepumpen mittlerweile nicht unbedeutende Marktanteile gewonnen haben[84] eignen diese sich technisch nur selten zur vollständigen Abdeckung des Raumwärmebedarfs von Gebäuden. Zudem sind Investitionskosten in Wärmepumpenanlagen häufig verhältnismäßig hoch.[85] Aus diesem Grund kann insoweit von einer strombasierten Ergänzungstechnik gesprochen werden.

Schließlich spielt mit der sog. Kraft-Wärme-Koppelung (KWK) eine technische Lösung zur Erzeugung von Wärme neben Strom eine mittlerweile große Rolle. Bei KWK ging es traditionellerweise zunächst um die Auskoppelung von ungenutzter Prozesswärme aus der zentralen Stromerzeugung in Heizkraftwerken.[86] Aus technischen Gründen kommt eine solche Auskopplung bspw. dann in Betracht, wenn Stromerzeugungsturbinen mit erhitztem Wasserdampf betrieben werden, der nach

---

78 *Oschmann*, in: Müller/Oschmann/Wustlich, § 2 Rn. 6 mit Hinweis auf die derzeit weit überwiegende Stromerzeugung auf Basis fossiler Energien; siehe auch *Heye*, Treibhausgasreduktion, S. 37 mit Hinweis auf die regemäßig hohen Leitungsverluste beim Stromtransport.

79 *Erdmann/Zweifel*, Energieökonomik, S. 21. Im Jahr 2011 waren von ca. 21. Mio. Wärmeerzeugungsanlagen in Gebäuden ca. 2 Mio. Nachtstromspeicherheizungen, *Bundesregierung*, Energieeffizienzstrategie Gebäude, S. 19–20.

80 *Heye*, Treibhausgasreduktion, S. 37.

81 Ein arbeitsverbrauchender Prozess, der durch eine Wärmeabfuhr auf einem über der Umgebungstemperatur liegenden Temperaturniveau gekennzeichnet ist, wird in der Thermodynamik auch als „Wärmepumpenprozess“ bezeichnet, *Weigand/Köhler/Wolfersdorf*, Thermodynamik, S. 96.

82 *Oschmann*, in: Müller/Oschmann/Wustlich, § 2 Rn. 23; siehe auch die Absatzzahlen für Wärmepumpen aus dem Jahr 2014 in *Bundesregierung*, Energieeffizienzstrategie Gebäude, S. 13.

83 *Bundesregierung*, Energieeffizienzstrategie Gebäude, S. 20.

84 Im Jahr 2011 waren von ca. 21. Mio. Wärmeerzeugungsanlagen in Gebäuden ca. 1,5 Millionen Wärmepumpen, *Bundesregierung*, Energieeffizienzstrategie Gebäude, S. 19–20. Wärmepumpen hatten in Deutschland im Jahr 2014 einen Anteil von ca. 2,3 % am Primärenergieverbrauch erneuerbarer Energien.

85 *Wesselak/Schabbach*, Energie, S. 46.

86 *Kusche*, Kompetenzen, S. 62.

dem Betrieb von Turbinen nutzbar gemacht werden kann. Das ausgekoppelte Wärmemedium kann, je nach Temperaturniveau und örtlichen Gegebenheiten, entweder vor Ort zu Heiz- oder anderweitigen Prozesszwecken genutzt werden oder in ein Wärmenetz eingespeist werden. Der ausgekoppelte Wasserdampf könnte allerdings alternativ zum Antrieb einer weiteren Stromerzeugungsturbine genutzt werden. Daher verringert der Einsatz von KWK zwar den Stromwirkungsgrad einer Anlage, erhöht aber gleichzeitig den Gesamtwirkungsgrad. Eine wirtschaftliche Frage ist dabei, ob eine KWK-Anlage in Anpassung an den Bedarf des Stromnetzes (stromgeführt) oder in Anpassung an den Wärmebedarf (wärmegeführt) betrieben wird.

Die dezentrale Ausführung von KWK-Anlagen sind sog. Mini-KWK-Anlagen bzw. Blockheizkraftwerke (BHKW).[87] Solche Anlagen werden regelmäßig auch im Wohngebäudebereich bei Ein- und Mehrfamilienhäusern eingesetzt.[88] BHKW werden im häuslichen Bereich ausschließlich wärmegeführt eingesetzt und aus ökonomischen Gründen häufig nicht zur Deckung des gesamten Wärmebedarfs von Gebäuden ausgelegt. Ein ökonomischer Betrieb von BHKW zielt vielmehr auf einen zeitlich ausgewogenen Betrieb und die Erreichung einer möglichst hohen Anzahl von Volllaststunden pro Jahr ab. Dies bringt häufig die Notwendigkeit einer zusätzlichen Wärmequelle (z.B. Heizkessel) mit sich.[89] BHKW-Anlagen sind allerdings derzeit noch weit von einem standardmäßigen Einsatz entfernt.[90]

c) *Erneuerbare Energien*

Neben der bereits dargestellten Verbrennung von Biomasse bestehen schließlich auch Möglichkeiten der „rein“ erneuerbaren Wärmegewinnung.

Als wichtigste Technologie ist hierbei die sog. Solarthermie zu nennen. Solarthermische Anlagen nutzen, wie die Paralleltechnologie der Photovoltaik im Strombereich, solare Strahlungsenergie. Diese kann in solarthermischen Anlagen mittels sog. Kollektoren (Flachkollektoren oder Vakuumröhrenkollektoren) absorbiert und in thermische Energie umgewandelt werden.[91] Diese thermische Energie kann über verschiede Wärmeleiter (Metalle wie Kupfer oder Aluminium) in ein Leitmedium (häufig Wasser) abgegeben und sodann gebäudeintern transportiert werden.[92] Neben den ökologischen Vorteilen einer rein erneuerbaren Energiegewinnung liegt der größte Nutzen dieser Technologie in den Vorteilen einer Energieautarkie. Denn

---

87 *Kusche,* Kompetenzen, S. 62.

88 Zum BHKW-Einsatz *Suilmann,* ZWE 2014, 302 (302).

89 Zu beiden Aspekten *Suilmann,* ZWE 2014, 302 (302).

90 So hatten BHKW-Anlagen im Jahr 2014 einen bundesweiten Anteil von 0,2 % an der Wärmeerzeugung, *Bundesregierung,* Zweiter Erfahrungsbericht zum EEWärmeG, S. 18.

91 *Wesselak/Schabbach,* Energie, S. 32; *Schmidt,* Solarenergie, S. 20; *Kusche,* Kompetenzen, S. 70.

92 *Wesselak/Schabbach,* Energie, S. 36–37.

solare Strahlungsenergie ist grundsätzlich in unbegrenztem Maße vorhanden.[93] Indes steht auch der Einsatz von Solarthermie aktuell noch unter einigen technischen und wirtschaftlichen Vorbehalten. Solarthermische Anlagen decken zunächst regelmäßig nicht den vollen, sondern nur den anteiligen Wärmebedarf eines Gebäudes[94], häufig allein den Warmwasserbedarf in Höhe von 35 % bis maximal 60 %.[95] Als ökonomisches Hindernis werden häufig vergleichsweise hohe Investitionskosten angeführt.[96] Schließlich steht die Solarthermie in einer Flächenkonkurrenz zur Photovoltaik, da insbesondere geeignete Dachflächen häufig nur in geringem Umfang verfügbar sind.[97]

Eine zweite, rein regenerative Primärenergie ist die sog. Erdwärme (Geothermie).[98] Geothermie bezeichnet den Prozess einer Freisetzung von Wärme in oberen Gesteinsschichten der Erdoberfläche[99], die vornehmlich aus nuklearen Kettenreaktionen im Erdinneren stammt.[100] Geothermie ist daher witterungsunabhängig verfügbar.[101] Das nutzbare Temperaturniveau von Erdwärme ist dabei je nach geographischer Lage des Einsatzortes, vor allem aber je nach Tiefe der vorzunehmenden Bohrungen, unterschiedlich.[102] In einer Tiefe von bis zu 400 m überschreitet die Temperatur der Bodenschichten in der Regel nie die Grenze von 25 Grad Celsius, erst ab einer Tiefe von 1.500 m und mehr werden Temperaturen ab 60 Grad Celsius erreicht.[103] Besonders tiefliegende Geothermie eignet sich daher zur potenziellen Abdeckung einer Grundlast für ein lokales Wärmeversorgungsgebiet.[104] Technisch ist eine solche Versorgung durch eine Entnahme von tiefliegendem Warm- oder Heißwasser im Wege von Bohrungen sowie durch den Einsatz von Sonden oder Kollektoren möglich.[105] Insbesondere bei oberflächennaher Geothermie können Sonden in Kombination mit Wärmepumpen[106] Heizwärme produzieren.[107] Problematisch sind bei tiefliegender Geothermie einerseits hohe Erschließungskosten, andererseits

93 *Kusche*, Kompetenzen, S. 70.

94 *Kusche*, Kompetenzen, S. 71. Laut *Wesselak/Schabbach*, Energie, S. 39 können solche Anlagen den Heizwärmebedarf von Gebäuden bis einer Größenordnung von maximal 20–30 % decken.

95 *Wesselak/Schabbach*, Energie, S. 38–39; *Schmidt*, Solarenergie, S. 22.

96 *Wustlich*, in: Danner/Theobald, EEWärmeG, Einl. Rn. 10; *Milkau*, ZUR 2008, 561 (565).

97 *Bundesregierung*, Energieeffizienzstrategie Gebäude, S. 14; *Wustlich*, in: Danner/Theobald, EEWärmeG, Einl. Rn. 26.

98 *Wesselak/Schabbach*, Energie, S. 42.

99 *Oschmann*, in: Müller/Oschmann/Wustlich, § 2 Rn. 15.

100 *Oschmann*, in: Müller/Oschmann/Wustlich, § 2 Rn. 17; *Kusche*, Kompetenzen, S. 75.

101 *Guckelberger*, NuR 2015, 217 (218).

102 *Oschmann*, in: Müller/Oschmann/Wustlich, § 2 Rn. 18; *Kusche*, Kompetenzen, S. 75.

103 *Wesselak/Schabbach*, Energie, S. 41.

104 *Wesselak/Schabbach*, Energie, S. 42.

105 *Wesselak/Schabbach*, Energie, S. 40; Guckelberger, NuR 2015, 217 (218).

106 *Oschmann*, in: Müller/Oschmann/Wustlich, § 2 Rn. 19.

107 *Wesselak/Schabbach*, Energie, S. 44–45.

bei Bohrungen zu beachtende Umweltrisiken für das Grundwasser.[108] Zudem unterliegt gerade die oberflächennahe Geothermie saisonalen Schwankungen. [109]

Insgesamt haben erneuerbare Energien einen Gesamtanteil von 12 % an der Deckung des Endenergiebedarfs für Wärme und Kälte.[110] In dieser Zahl ist allerdings auch die Nutzung von Biomasse im Verbrennungswege enthalten. Die „rein" erneuerbare Wärmegewinnung hat derzeit noch eine vergleichsweise geringe Bedeutung.[111] Vor allem aus der Entwicklung verbesserter technischer Lösungen und einer entsprechenden Marktreife können sich insoweit Chancen für einen zukünftig breiteren Einsatz ergeben.[112]

2. *Wärmetransport*

Wärme muss, soweit sie nicht unmittelbar am Gewinnungsort genutzt wird, leitungsgebunden transportiert werden. Da die physikalischen Möglichkeiten der Wärmeübertragung durch Wärmeleitung oder Wärmestrahlung technisch kaum umgesetzt werden können, findet der Wärmetransport in der Praxis regelmäßig durch sog. Konvektion statt. Hierbei wird ein Transportmedium, also entweder eine geeignete Flüssigkeit oder ein geeignetes Gas, eingesetzt.[113] Insbesondere Wasser und Wasserdampf eignen sich aufgrund einer hohen Wärmespeicherkapazität besonders gut als Transportmedien.[114]

Anders als elektrische Energie kann Wärme aufgrund der physikalischen Eigenschaften der Transportmedien nicht über größere Entfernungen transportiert werden. Dies liegt an Reibungsverlusten, worunter unvermeidbare Wärmeübertragungen des Transportmediums an die Leitungssysteme (wie z. B. die Rohrleitungen) zu verstehen sind. Ein leitungsgebundener Wärmetransport ist daher zunächst in gebäude- oder anlageninternen Netze sinnvoll.[115]

Darüber hinaus existieren allerdings auch Fernwärmenetze, vor allem im örtlichen und in Einzelfällen im regionalen Bereich. Hohe Investitionskosten für die Netzinfrastruktur führen allerdings dazu, dass Fernwärmenetze für die Betreiber nur im Fall einer hohen Wärmeanschlussdichte wirtschaftlich rentabel sind.[116]

---

108 *Wesselak/Schabbach*, Energie, S. 43.
109 *Wesselak/Schabbach*, Energie, S. 43.
110 *Bundesregierung*, Zweiter Erfahrungsbericht zum EEWärmeG, S. 11.
111 Aktuell hat die Holzverbrennung mit einem Anteil von ca. 90 % den weitaus größten Anteil am Einsatz Erneuerbarer Energien in der Wärmeversorgung, *Bundesregierung*., Zweiter Erfahrungsbericht zum EEWärmeG, S. 12.
112 Zu dieser Erwartungshaltung *Ziehm*, ZUR 2010, 411 (412).
113 Zum Begriff des Mediums *Weigand/Köhler/Wolfersdorf*, Thermodynamik S. 99.
114 *Wesselak/Schabbach*, Energie, S. 17.
115 Zu den vergleichsweise geringen Wärmeverlusten bei gebäudeinternem Transport vgl. *Meyer-Harport*, NZM 2006, 524 (526).
116 *Erdmann/Zweifel*, Energieökonomik, S. 319; *Kusche*, Kompetenzen, S. 65; *Lotakow/Götz*, KommJur 2016, 121 (122).

Eine solche Anschlussdichte findet sich vor allem im urbanen Bereich oder größeren Ballungsgebieten.[117] Die Netzinfrastruktur der Wärmeversorgung ist daher deutlich kleinteiliger als die Netzinfrastruktur der Stromversorgung.[118] Andererseits bieten Fernwärmenetze gegenüber Hausanlagen den Vorteil einer hohen Flexibilität für potenzielle Zusatzanschlüsse auf Einspeisungs- und Entnahmeseite. Technisch unproblematisch können an Netze bspw. zentrale KWK-[119] oder dezentrale BHKW-Anlagen[120], Industrieanlagen sowie auch großflächigere Solarthermieanlagen angeschlossen werden.[121] Auf Entnahmeseite bietet ein Netzanschluss bspw. dann eine flexible Versorgungsalternative, wenn Häuser aus städtebaulichen Gründen nicht äußerlich saniert werden sollen.[122]

3. *Wärmeverbrauch*

Betrachtet man die Stufe des Wärmeverbrauchs im Gebäudebereich, so wird Nutzwärme im Wesentlichen in Form von Raumwärme und Warmwasser benötigt.[123] Abseits dieser Grobkategorisierung ist eine weitergehende schematische Betrachtung mit Blick auf die Vielzahl der jeweiligen Nutzungszwecke von Gebäuden kaum möglich. Das Spektrum reicht hier vom gelegentlich genutzten, beheizten privaten Gartenhaus bis zum städtischen Hallenbad, das täglich für die Allgemeinheit geöffnet ist.

Der jeweilige Nutzwärmebedarf eines Gebäudes hängt insoweit von einer Vielzahl individueller Faktoren ab. Dies können, neben den Faktoren der Wärmeerzeugung und des Wärmetransports, bauliche Faktoren oder Umgebungsfaktoren wie die Ausrichtung und Lage eines Gebäudes (bspw. Sonnenexposition,[124] Windexposition oder Ausrichtung von Fensterflächen)[125], die Gebäude- oder Raumgröße oder die Bauweise (bspw. Außenwandflächen oder kompakte Bauweise)[126] sein. Ferner sind auch Nutzungsfaktoren wie der jeweilige Nutzungszweck des Gebäudes, der hierfür erforderliche Flächen- und Hygienebedarf[127], das jeweils gewünschte Temperaturniveau oder im Bereich der Raumwärme das Lüftungsverhalten[128] von Bedeutung.

---

117 *Bundesregierung*, Energieeffizienzstrategie Gebäude, S. 22.
118 *Wustlich*, in: Danner/Theobald, EEWärmeG, Einl. Rn. 10.
119 *Kusche*, Kompetenzen, S. 65.
120 *Bundesregierung*, Zweiter Erfahrungsbericht EEWärmeG, S. 16.
121 Zu den Flexibilitätsvorteilen von Fernwärmenetzen vgl. *Bundesregierung*, Energieeffizienzstrategie Gebäude, S. 22.
122 *Wustlich*, in: Danner/Theobald, EEWärmeG, Einl. Rn. 9.
123 *Keyhanian*, Instrumente, S. 370–378.
124 *Bundesregierung*, Energieeffizienzstrategie Gebäude, S. 15.
125 *Heye*, Treibhausgasreduktion, S. 34–35.
126 *Heye*, Treibhausgasreduktion, S. 35.
127 *Keyhanian*, Instrumente, S. 375.
128 *Keyhanian*, Instrumente, S. 377; *Heye*, Treibhausgasreduktion, S. 43.

Zentral für den Wärmebedarf- bzw. Verbrauch ist schließlich der Aspekt der Wärmespeicherung. Hierunter lässt sich zweierlei verstehen. Einerseits sorgt die Dämmung der Gebäudehülle für eine langfristige Bereitstellung von Nutzwärme.[129] Im Gebäudebestand stellen nachträgliche Dämmungsmaßnahmen an der Gebäudehülle den praktisch wichtigsten Anwendungsfall energetischer Sanierungen dar.[130] Hierbei geht es im Kern darum, Transmissionsverluste an die Gebäudeumgebung zu minimieren.[131] Das jeweils erzielbare Maß an Dämmung hängt wieder von einer Vielzahl gebäudeindividueller Faktoren ab. Hierzu zählt zunächst das Wärmeübertragungsverhalten der maßgeblichen Übertragungsflächen wie Außenwände, Dachflächen, Geschossdecken, Fensterflächen und Bodenflächen im Keller.[132] Je nach baulicher Gestaltung sind ferner bestimmte besonders wärmedurchlässige Stellen in der Gebäudestruktur wie Kanten oder Winkel (sog. Wärmebrücken[133]) nicht zu vermeiden. Auch die Wärmeleitfähigkeit der verwendeten Baustoffe, die mit dem spezifischem Gewicht und dem Feuchtigkeitsgehalt des jeweiligen Materials steigt, ist von Bedeutung.[134]

Andererseits kann erzeugte Nutzwärme auch in separaten Einheiten zum Zwecke einer späteren Nutzung im engeren Sinne „gespeichert" werden. Hierbei lässt sich erneut zwischen dezentralen und zentralen Wärmespeichern unterscheiden. Erstere existieren als technische Lösung, bspw. im Falle von Warmwasserspeichern in Form von isolierten Tanks. Warmwasserspeicher werden insbesondere beim Teillastbetrieb von Heizungsanlagen benötigt.[135] Dem Aspekt der zentralen, gebäudeexternen Wärmespeicherung kommt demgegenüber erst in neuerer Zeit eine zunehmende Bedeutung zu. Dies liegt vor allem daran, dass solche sog. Saisonspeicher mittlerweile wirtschaftlich sinnvoll an Fernwärmenetze angebunden werden können. [136] Außerdem spricht auch der Aspekt der Sektorenkopplung für eine zunehmende Bedeutung von Wärmespeichern. Denn Wärmespeicher sind im Hinblick auf Investitionskosten, Haltbarkeit und Kapazitäten zunehmend gegenüber Stromspeichern im Vorteil und eignen sich daher potenziell auch zur koordinierten Speicherung überschüssigen Stroms im Versorgungsnetz.[137]

Prinzipiell vergleichbar mit dem Aspekt der Wärmespeicherung sind schließlich heizwärmebezogene Lösungen zur sog. Wärmerückgewinnung. Dabei geht es um die Verhinderung von Wärmeverlusten an die Umgebung, die durch Lüftungsvorgänge

---

129 Zum Aspekt der Wärmedämmung als Wärmespeicherung vgl. *Frenz,* in: Frenz/Lülsdorf, EnEG, § 1 Rn. 7 und *Mechel,* ZUR 2011, 184 (187).
130 *Heye,* Treibhausgasreduktion, S. 35.
131 *Keyhanian,* Instrumente, S. 376.
132 *Bundesregierung,* Energieeffizienzstrategie Gebäude, S. 15; *Heye,* Treibhausgasreduktion, S. 34.
133 *Bundesregierung,* Energieeffizienzstrategie Gebäude, S. 18.
134 *Meyer,* Die EnEV, S. 15.
135 *Behnke,* 1. BImSchV, S. 7.
136 *Wustlich,* in: Danner/Theobald, EEWärmeG, Einl. Rn. 9.
137 Zum Aspekt der Sektorenkopplung bereits unter Teil 1 C. I. b).

notwendigerweise eintritt. Bei einer Wärmerückgewinnung wird daher Restwärme aus der gebäudeinternen Abluft durch sog. „Wärmetauscher“ auf die von außen zugeführte Kaltluft übertragen.[138] Vor allem in Nichtwohngebäuden mit einem hohen Bedarf an Luftaustausch, bspw. größeren Bürobauten, sowie in gut gedämmten Wohngebäuden ist eine solche Wärmerückgewinnung von praktischer Relevanz.[139]

II. Struktur des Gebäudebestands

Der Gebäudebestand lässt sich zunächst prinzipiell in Wohngebäude einerseits und Nichtwohngebäude andererseits unterteilen. In Deutschland existieren aktuell etwa 17 Millionen Wohngebäude.[140] Demgegenüber variieren die verfügbaren Angaben zum Bestand an Nichtwohngebäuden zwischen ca. 1,5 Millionen[141] und rund 3 Millionen.[142]

Ungefähr 43 % der vorhandenen Wohngebäude werden von den Eigentümern selbst genutzt, während ca. 57 % der bestehenden Wohngebäude vermietet sind. In diesen vermieteten Gebäuden wurden ca. 23 Millionen Mietwohnungen gebildet, von welchen ca. 15 Millionen von privaten Vermietern und ungefähr 8 Millionen von gewerblichen Vermietern bereitgestellt werden.[143] Im Bereich der Nichtwohngebäude existieren demgegenüber keine validen Zahlen zur Eigen- oder Fremdnutzung, allerdings Angaben zur Untergliederung des Gebäudebestands in einzelne Nutzungsarten. Rund 60 % der Nichtwohngebäude werden zu gewerblichen oder industriellen Zwecken genutzt, 10 % für Handel oder Dienstleistungen, 10 % der Nichtwohngebäude sind Verwaltungsgebäude, 5 % dienen Beherbergungs- und Gastronomiebetrieben und 5 % sind dem Bildungsbereich zuzuordnen. Die restlichen Nichtwohngebäude werden zu diversen weiteren Zwecken (bspw. Krankenhäuser, Sport, Kultur) genutzt.[144]

Von besonderer Relevanz für die vorliegende Arbeit sind die Kennzahlen zur energetischen Beschaffenheit des dargestellten Gebäudebestands. Rund 13 % des Gebäudebestands wurde vor dem Jahr 1919 errichtet, ca. 26 % der Gebäude stammen noch aus der Zeit vor der nachkriegsbedingten Baukonjunktur ab dem Jahr 1948. Insgesamt rund 64 % des Gebäudebestands wurde vor dem Jahr 1979 gebaut, in dem die sogenannte Wärmeschutzverordnung erstmals energetische Standards für die Errichtung von Gebäuden setzte,[145] geschaffen. Auf die Phase bis zum Beginn

138 *Bundesregierung*, Energieeffizienzstrategie Gebäude, S. 24.
139 *Bundesregierung*, Energieeffizienzstrategie Gebäude, S. 23–24.
140 *Wustlich*, in: Danner/Theobald, EEWärmeG, Einl. Rn. 7.
141 *Wustlich*, in: Danner/Theobald, EEWärmeG, Einl. Rn. 7.
142 *Bundesregierung*, Energieeffizienzstrategie Gebäude, S. 31.
143 *Bundesregierung*, Energieeffizienzstrategie Gebäude, S. 28.
144 *Bundesregierung*, Energieeffizienzstrategie Gebäude, S. 31.
145 *Cziesielski/Belaschk*, DS 2005, 126 (128).

der neueren Standardsetzung mit der Energieeinsparverordnung des Jahres 2002 entfallen schließlich weitere 30 % der Gebäude.[146]

Nach der allgemeinen Einschätzung in Wissenschaft und Politik zeichnet sich insoweit vor allem der ältere Gebäudebestand aus den Jahren vor 1979 durch einen hohen flächenbezogenen Energieverbrauch aus.[147] Besonders im Bereich älterer Bestandsgebäude liegt insoweit regelmäßig ein großes Potenzial zur Energieeinsparung.[148] Das Gewicht dieses Potenzials lässt sich mit Blick auf zwei Erwägungen noch weiter verdeutlichen. Erstens führt die demographische Entwicklung Deutschlands zur Annahme eines langfristig sinkenden Neubaubedarfs, weshalb gerade den energetischen Eigenschaften des Gebäudebestands zukünftig eine steigende Bedeutung zukommen wird.[149] Zweitens haben Gebäude regelmäßig eine technische Lebensdauer zwischen 50 und 100 Jahren, weshalb eine alleinige Steuerung der energetischen Eigenschaften von Neubauvorhaben nur sehr langfristig Wirkung zeigen kann.[150]

III. Energetische Sanierungen

Zur Verbesserung der energetischen Eigenschaften von Bestandsgebäuden muss nach allgemeiner Ansicht eine bestimmte jährliche Sanierungsrate erzielt werden. Die Sanierungsrate lag in Deutschland in den vergangen Jahren indes im niedrigen einstelligen Bereich.[151] Aktuellere Zahlen führen eine Quote von ca. 1 % bis 1,1 % an.[152] Eine Steigerung der Sanierungsrate ist allerdings mit der Bewältigung einer Reihe von praktischen Problemen verbunden, die bei energetischen Sanierungen im Gebäudebestand auftreten können.

Ein zentraler Aspekt ist erstens die technische Machbarkeit von Sanierungen. Insoweit geht es aus planerischer Sicht vor allem darum, gebäudeindividuelle Möglichkeiten für unterschiedliche bauliche oder technische Maßnahmen unter Beachtung der vorhandenen Struktur (Lage, Grundriss, Bauart, Standfestigkeit, Baustoffe, Gestaltungsaspekte) sowie der jeweiligen energetischen Eigenschaften (Bedarf, Nutzungszweck) auszuloten.[153]

---

146 *Bundesregierung*, Energieeffizienzstrategie Gebäude, S. 26–27.

147 *Bundesregierung*, Energieeffizienzstrategie Gebäude, S. 27; *Beaucamp/Beaucamp*, NZM 2002, 323 (323).

148 Siehe bereits die Nachweise in Fn. 21.

149 *Wustlich*, in: Müller/Oschmann/Wustlich, § 3 Rn. 118; *Ekardt/Heitmann*, RdE 2009, 118 (120).

150 *Reimer*, in: Schulze-Fielitz/Müller, EU-Klimaschutzrecht, S. 155.

151 *Böhm/Schwarz*, NVwZ 2012, 129 (129).

152 *Bundesregierung*, Energieeffizienzstrategie Gebäude, S. 33; *Mechel*, ZUR 2011, 184 (185).

153 Zur umfangreichen technischen Normung im einschlägigen Recht noch unter Teil 3 A. III. 2.

Hinzu treten zweitens wirtschaftliche Fragen. So müssen für Sanierungen regelmäßig erhebliche finanzielle Investitionen aufgebracht werden.[154] Ferner ist zu erwägen, ob sich Sanierungen finanziell „lohnen". So kann durch Sanierungen einerseits eine Werterhöhung von Immobilien herbeigeführt werden, die zu besseren Verkaufs- bzw. Neuvermietungsmöglichkeiten führt.[155] Andererseits besteht gerade bei energetischen Sanierungen auch die zentrale Erwartung, dass sich Anfangsinvestitionen über eine Verringerung laufender Kosten wieder amortisieren. Zwar wurden zur Beurteilung solcher Fragen mittlerweile diverse Methoden entwickelt.[156] Diese ändern aber nichts daran, dass zum Zeitpunkt von Sanierungen Prognosen über zukünftige Kostenentwicklungen zu treffen sind und wirtschaftliche Risiken verteilt werden müssen. Gerade bei hohen Investitionen und langen Amortisationszeiten stellen solche Prognosen eine Herausforderung dar.[157] So bilden bspw. witterungsabhängige oder saisonale Schwankungen bei der Nachfrage nach Heizwärme[158] oder die Preisentwicklung der Heizöl- oder Erdgaspreise an den Weltmärkten[159] erhebliche Unsicherheitsfaktoren.

Drittens kann auch die Nutzungsstruktur eines Gebäudes von Bedeutung sein. Vor allem für fremdgenutzten Wohn- oder Gewerberaum wird in diesem Kontext häufig das sog. Kosten-Nutzen-Dilemma als besondere Herausforderung angeführt. Dieses Dilemma besteht darin, dass Investitionen für Sanierungen häufig zunächst vom Gebäudeeigentümer aufgebracht werden müssen, die finanziellen Nutzen (insb. verringerte Heizkosten) demgegenüber bei den Nutzern des Gebäudes (bspw. Mietern) liegen.[160]

Schließlich spielen auch öffentliche Interessen wie die Sozialverträglichkeit von Sanierungen, der Schutz vor steigenden Mietkosten, Fragen der baulichen Stadtentwicklung oder der Denkmalschutz eine Rolle.[161] Stadtentwicklungs- oder Denkmalschutzfragen können im gesamten Gebäudebestand auftreten. Das Bedürfnis nach einer sozialpolitischen Abfederung energetischer Sanierungen verschärft sich vor allem in größeren Ballungsgebieten mit einem ohnehin erheblichen Preisdruck auf

---

154 *Bürger u. a.*, Klimaschutz im Gebäudebereich, S. 20; *Böhm/Schwarz* NVwZ 2012, 129 (133).

155 *Erdmann/Zweifel*, Energieökonomik, S. 82.

156 Dies sind die Amortisationsmethode, die Annuitätenmethode sowie die Kapitalmethode, näher *Bundesregierung*, Energieeffizienzstrategie Gebäude, S. 66.

157 Zu entsprechenden Risiken für Privathaushalte *Erdmann/Zweifel*, Energieökonomik, S. 83

158 *Wesselak/Schabbach*, Energie, S. 6.

159 Zur Auswirkung der Weltmarktpreise auf die Wärmeversorgungslösungen bereits unter Teil 1 C. I. 1. a).

160 Ausführlich zum Kosten-Nutzen-Dilemma *Halama*, Gebäudesanierung, S. 30; eine knappe Zusammenfassung jeweils bei *Erdmann/Zweifel*, Energieökonomik, S. 82: *Mechel*, ZUR 2011, 184 (189) und *Ekardt/Heitmann*, RdE 2009, 118 (120–121).

161 *Bundesregierung*, Energieeffizienzstrategie Gebäude, S. 66.

die Wohnungsmärkte. Umgekehrt können in Abwanderungsregionen, in denen sich ein zunehmender Leerstand einstellt, Fragen der Sinnhaftigkeit energetischer Sanierungen auftreten.[162]

Bereits diese kursorische Betrachtung der vorgenannten praktischen Herausforderungen verdeutlicht, dass eine politische und ggf. rechtliche Steuerung von Sanierungen auf eine Vielzahl tatsächlicher Besonderheiten Rücksicht nehmen muss, um sich nicht dem in der Energiewende häufig bemühten Vorwurf eines wenig koordinierten „Dickichts staatswirtschaftlicher Eingriffe" auszusetzen.[163]

IV. Zusammenfassung

Bei den technischen Stufen der Wärmeversorgung von Gebäuden lässt sich im Wege einer hypothetischen Betrachtung zwischen Wärmegewinnung, Wärmetransport und Wärmeverbrauch differenzieren.

In der Wärmegewinnung wird derzeit weit überwiegend auf die Verbrennung fossiler Primärenergieträger (Gas sowie Erdöl) gesetzt, welche durch den zunehmenden Einsatz von Biomasse, vornehmlich Holz, ergänzt werden. Als bedeutsam ist auch die Wärmeerzeugung aus oder neben Strom durch Wärmepumpen oder Kraft-Wärme-Kopplungsanlagen zu erwähnen. Rein regenerative Wärmequellen wie solare Strahlungsenergie oder Erdwärme stehen zwar, bspw. mittels Solarthermieanlagen oder Erdwärmekollektoren, ebenfalls zur Verfügung. Sie spielen indes aus unterschiedlichen Gründen wie hohen Investitionskosten, Flächenkonkurrenz oder begrenzter Leistungsfähigkeit noch keine zentrale Rolle im Gesamtsystem.

Ein leitungsgebundener Wärmetransport ist, durch physikalische Eigenschaften von Wärme bedingt, regelmäßig nur über geringe Distanzen möglich, sodass hier vor allem lokale Fernwärmenetze in Ballungsgebieten sowie der gebäudeinterne Transport bedeutsam sind.

In Gebäuden wird Nutzwärme in Form von Raumwärme und Warmwasser zur Verfügung gestellt, wobei das jeweilige Maß an Energiekonsum von einer Vielzahl von gebäude- und nutzungsindividuellen Umständen abhängt. Für dieses Maß spielen schließlich auch die Kapazitäten der gebäudeinternen und gebäudeexternen Wärmespeicherung, insbesondere die Wärmedämmung von Außenhüllen, eine entscheidende Rolle.

Der Gebäudebestand in Deutschland lässt sich hinsichtlich seiner Nutzungsarten zunächst in Wohn- und Nichtwohngebäude aufteilen. Rein zahlenmäßig überwiegen derzeit Wohngebäude, hinsichtlich derer sich weiter zwischen zwei wenigstens annähernd gleichen Anteilen eigen- und fremdgenutzter Gebäude differenzieren lässt. In Bezug auf die Altersstruktur und die korrespondierenden energetischen Eigenschaften überwiegen derzeit Gebäude aus der unmittelbaren Nachkriegszeit,

---

162 *Bürger u. a.*, Klimaschutz im Gebäudebereich, S. 26.

163 Zu dieser Kritik an der Energiewende aus Sicht der Industrie *Teyssen*, EurUP 2013, 211 (212).

von denen eine große Anzahl ohne Beachtung jeglicher (wärme)energetischer Standards errichtet wurde. Die vorgenannte Struktur deutet bereits auf das hohe Potenzial energetischer Sanierungen im Gebäudebestand hin.

Solche Sanierungen sind aber regelmäßig mit verschiedenen praktischen Herausforderungen konfrontiert. Hierzu zählen in zentraler Weise die technische Machbarkeit, die Wirtschaftlichkeit, die Beachtung öffentlicher Interessen sowie die Nutzungsstruktur eines Gebäudes. Diesen Aspekten muss auch im Rahmen der Wärmewende Rechnung getragen werden.

D. Wärmewende

Das politische Konzept der Wärmewende wurde bereits angesprochen.[164] Im Folgenden sollen zunächst die Historie des Konzeptes skizziert (I.) und anschließend dessen Ziele und Inhalte beleuchtet werden (II.). Schließlich wird der Aspekt der Steuerung der Wärmewende über Ziele und Programme betrachtet (III.).

I. Historie

Wenngleich die Energiewende kein Begriff mit einer klar umrissenen Konnotation ist, so ist sie doch das zentrale energiepolitische Leitbild der letzten Jahre.

Der Beginn der Energiewende im weiten Sinne lässt sich aus globaler Perspektive auf das Entstehungsjahr der Klimarahmenkonvention der Vereinten Nationen (9. Mai 1992) datieren.[165] Bei einem solchen weiten Verständnis sind unter die Energiewende folglich solche staatlichen Bemühungen zu fassen, die im Zusammenhang mit der Umsetzung dieser Rahmenkonvention und des Kyoto-Protokolls aus dem Jahr 1997 stehen. In diesem Sinne bezeichnet der Begriff der Energiewende eine langfristige Transformation globaler Energieversorgungssysteme mit dem Kernziel des Ausstiegs aus der treibhausgasintensiven Nutzung fossiler Primärenergieträger.[166]

Als Energiewende in einem engeren Sinne lässt sich eine eher national initiierte Energiepolitik bezeichnen, deren Startpunkt im Atomausstieg unter dem Bundeskabinett des ehemaligen Bundeskanzlers Gerhard Schröders gesehen werden kann. Bei einem solchen Verständnis begann die Energiewende mit dem Ausstieg aus der Kernenergienutzung zur Stromerzeugung, der mit einer Vereinbarung zwischen der Bundesregierung und den Energieversorgungsunternehmen vom 14. Juni 2000[167]

---

164 Einleitend unter Teil 1 A. I.

165 Abrufbar unter http://unfccc.int/resource/docs/convkp/convger.pdf (zul. abger. am 7. Januar 2017).

166 Zu diesem Startpunkt *Kahl/Bews*, JURA 2014, 1004 (1004); ähnlich *Kusche*, Kompetenzen, S. 18–19.

167 Abrufbar unter http://www.bmub.bund.de/fileadmin/bmu-import/files/pdfs/allgemein/application/pdf/atomkonsens.pdf (zul. abger. am 7. Januar 2017).

eingeleitet wurde. Alle nationalen Schritte zur Transformation der Energieversorgung, die aufgrund dieses Abkommens notwendig wurden, bilden somit die Energiewende.[168]

Schließlich – und im allgemeinen Begriffsverständnis vorherrschend – lässt sich der Beginn einer Energiewende im engsten Sinne auf die 13. Novelle des Atomgesetzes (AtomG) vom 31. Juli 2011 datieren.[169] Durch diese Gesetzesnovelle reagierte das zweite Bundeskabinett unter Bundeskanzlerin Angela Merkel auf die Havarie der Atomreaktoren im japanischen Fukushima und schloss die Verlängerung bestehender Betriebsgenehmigungen der bestehenden Kernkraftwerke in Deutschland gesetzlich aus.[170] Dieser Schritt hat damit den (wohl) endgültigen Ausstieg aus der Kernenergienutzung begründet.[171] Dieser letztgenannte Begriff der Energiewende bezeichnet daher die Intensivierung der Transformationsprozesse seit dem Jahr 2011.[172]

Als Wärmewende wurde bereits einleitend die Transformation des Energieversorgungssystems im Bereich der gebäudebezogenen Wärmeversorgung definiert.[173] Für die gebäudebezogene Wärmeversorgung war und ist die Kernenergienutzung allerdings nicht von Bedeutung. Ist von der Wärmewende die Rede, so wird der Sache nach auf den an erster Stelle genannten, globalen Kontext des Ausstiegs aus der Nutzung fossiler Primärenergien Bezug genommen.

II. Konzept

Durch die Wärmewende soll ein spezieller Weg zur Erreichung der traditionellen Ziele der Energiepolitik eingeschlagen werden. Die Wärmewende beruht im Kern auf den Säulen einer vermehrten Nutzung erneuerbarer Energien und einer Steigerung der Energieeffizienz. Dabei entstehen allerdings auch Zielkonflikte.

1. Energiepolitisches Zieldreieck

Traditionell gilt in der Energiepolitik das sog. „Dreieck" energiepolitischer Ziele aus Versorgungssicherheit, Preiswürdigkeit und Umweltschutz als zentrales Leitbild.[174]

---

168 Zu diesem Startpunkt *Kahl/Bews*, JURA 2014, 1004 (1004).

169 Dreizehntes Gesetz zur Änderung des Atomgesetzes vom 31. Juli 2011 (BGBl. I S. 1704), zu diesem Startpunkt *Kloepfer*, Umweltrecht, S. 1606; *Erbguth/Schlacke*, Umweltrecht, S. 474; *Hofmann*, DV 2014, 349 (350); *Kahl/Bews*, JURA 2014, 1004 (1005) und *Burgi*, JZ 2013, 745 (745).

170 § 7 Abs. 1 a) AtomG.

171 *Gawel u. a.*, ZUR 2014, 219 (223).

172 *Härtel*, in: Hecker/Hendler/Proelß/Reiff, Jahrbuch Umwelt- und Technikrecht 2012, S. 28; *Hofmann*, DV 2014, 349 (350); vgl. auch den Energiewendebegriff bei *Danner*, in: Danner/Theobald, Einl. Rn. 22–24 d) und *Burgi*, JZ 2013, 745 (747).

173 Siehe bereits unter Teil 1 A. I.

174 *Guckelberger*, NuR 2015, 217 (217). Dieses „klassische" Zieldreieck kam bspw. noch in § 1 Abs. 1 EnWG i. d. F. des Jahres 1998 (BGBl. I S. 730) zum Ausdruck.

a) Versorgungssicherheit

Der Begriff der Versorgungssicherheit steht für eine langfristige, planbare und breitenwirksame Verfügbarkeit energetischer Ressourcen. Die Versorgungssicherheit steht und fällt einerseits mit dem volkswirtschaftlichen Energiebinnenkonsum, andererseits mit dem verfügbaren Angebot an Wärmeenergie und den zur Erzeugung notwendigen Ressourcen. Vor allem die erschließbaren Vorkommen an Erdöl[175] sowie an Erdgas sind dabei in Deutschland begrenzt.[176] Deutschland ist daher grundsätzlich stark von den Importen fossiler Energieträger am Weltmarkt abhängig.[177] Preisschwankungen an den Weltmärkten[178] und die weltweit steigende Nachfrage nach Energie[179] stehen der Versorgungssicherheit entgegen. Ein hohes Maß an Versorgungssicherheit kann daher vor allem durch die Nutzung regionaler, beständig abrufbarer Ressourcen gewährleistet werden.[180]

b) Preiswürdigkeit

Über die Preiswürdigkeit der Energieversorgung wird die allgemeine Zugänglichkeit energetischer Ressourcen für Bürger, Unternehmen und Verwaltung sichergestellt. Bei der Steuerung von Energiepreisen geht es insoweit regelmäßig darum, finanzielle Ressourcen aus volkswirtschaftlicher Gesamtperspektive möglichst schonend in Anspruch zu nehmen. Im Zuge der Liberalisierung der Energiewirtschaft soll eine solche Preiswürdigkeit vor allem durch einen vermehrten Wettbewerb erreicht werden.[181]

c) Umwelt- und Klimaschutz

Darüber hinaus zielt die Energiepolitik auch auf den Schutz der Umwelt, insbesondere der menschlichen Gesundheit. In wissenschaftlicher Hinsicht ist unbestritten, dass Schwefeldioxidemissionen aus Verbrennungsprozessen Atemreizungen und durch „sauren Regen" Waldsterben verursachen kann.[182] Stickstoffoxide können Augen- und Atemwegserkrankungen und „Sommersmog" herbeiführen.[183] Kohlenmonoxid kann den Sauerstofftransport im menschlichen Organismus beeinträchtigen.[184] Mit (Fein)staubemissionen[185] können eine Reihe der vorgenannten

---

175 *Keyhanian*, Instrumente, S. 43–44.

176 Differenzierend zu den einzelnen fossilen Primärenergieträgern *Keyhanian*, Instrumente, S. 42–43.

177 *Ekardt/Heitmann*, RdE 2009, 118 (119).

178 *Halama*, Gebäudesanierung, S. 8.

179 *Kusche*, Kompetenzen, S. 2.

180 *Milkau*, EE im Wärmemarkt, S. 28.

181 *Danner*, in: Danner/Theobald, EnWG, § 1 Rn. 19.

182 *Wustlich*, Atmosphäre, S. 55.

183 *Wustlich*, Atmosphäre, S. 56.

184 *Wustlich*, Atmosphäre, S. 56.

185 *Wustlich*, Atmosphäre, S. 56.

sowie weitere gesundheitliche Beeinträchtigungen einhergehen.[186] Im Rahmen des Umweltschutzzieles sollen diese Effekte möglichst gemindert werden.[187]

Schließlich ist der Atmosphären- bzw. Klimaschutz als Teilaspekt des Umweltschutzes gesondert zu erwähnen.[188] Der Klimaschutz ist mittlerweile zu einem wichtigen, wenn nicht zu dem dominanten Aspekt der nationalen und globalen Energiepolitik geworden.[189] Die wissenschaftlichen Auffassungen zur generellen Wirkungsweise der Treibhausgase Kohlenstoffdioxid (CO_2), Methan (CH_4), Lachgas (N_2O), Fluorchlorkohlenwasserstoff (FCKW) und Ozon (O_3)[190] auf das globale Klima, der sog. anthropogene Treibhauseffekt, lassen sich mittlerweile als konsensual bezeichnen.[191] Treibhausgase werden durch die Verbrennung fossiler Energieträger freigesetzt. Solche Verbrennungsprozesse erhöhen die Treibhausgaskonzentrationswerte in der Atmosphäre grds. ausgleichslos.[192] Allein die Nutzung regenerativer Energieträger wie bspw. von Holz, Biogas oder Pflanzenölen[193] weist den Vorteil auf, dass freigesetzte Treibhausgase der Atmosphäre durch Fotosyntheseprozesse in (hypothetisch) nachwachsenden Pflanzen mittelfristig wieder entzogen werden können.[194] Hierfür ist allerdings eine entsprechende Nachpflanzung der jeweiligen Brennstoffe notwendig.[195] Die steigende Konzentration an Treibhausgasen in der Atmosphäre wird in zunehmendem Maße nicht mehr durch sog. Treibhausgassenken, bspw. Waldgebiete, abgebaut.[196] Treibhausgaspartikel verhindern die Abstrahlung von solarer Strahlung, die auf der Erdoberfläche reflektiert wird, in das Weltall.[197] Die hiermit verbundene Rückstrahlung wird durch die Erdoberfläche sowie die globalen Luft- und Wassermassen absorbiert, woraus in der Langfristperspektive eine Erwärmung des Klimas resultiert.[198] Der aktuelle fünfte Sachstandsbericht

---

186 *Keyhanian*, Instrumente, S. 372; zur Verbreitung dieser Luftschadstoffe seit Beginn der Industrialisierung *Koch*, Umweltrecht, S. 205–207.

187 *Keyhanian*, Instrumente, S. 39.

188 Erstgenannter Begriff bspw. bei *Wustlich*, Atmosphäre, S. 1 ff. Eingebürgert hat sich hingegen der zweitgenannte Begriff, der im Folgenden zugrunde gelegt wird.

189 So auch das Echo in der Rechtswissenschaft, siehe *Kahl/Schmidt/Gärditz*, Umweltrecht, S. 217; *Gärditz*, JuS 2008, 324 (324); *Kusche*, Kompetenzen, S. 3 und *Hofmann*, DV 2014, 349 (350).

190 *Wustlich*, Atmosphäre, S. 46; *Kusche*, Kompetenzen, S. 6.

191 Zum Begriff des anthropogenen Klimawandels und zur Abgrenzung gegenüber dem natürlichen Klimawandel *Kusche*, Kompetenzen, S. 6–7.

192 *Wesselak/Schabbach*, Energie, S. 16.

193 Zum rechtlichen Biomassebegriff des EEWärmeG *Oschmann*, in: Müller/Oschmann/Wustlich, § 2 Rn. 31 und 37.

194 *Wesselak/Schabbach*, Energie, S. 16.

195 *Kusche*, Kompetenzen, S. 77.

196 *Wustlich*, Atmosphäre, S. 47.

197 *Milkau*, EE im Wärmemarkt, S. 26; *Wustlich*, Atmosphäre, S. 44; *Kusche*, Kompetenzen, S. 6.

198 *Kahl/Schmidt/Gärditz*, Umweltrecht, S. 215.

des International Panel on Climate Change (IPCC) aus dem Jahr 2014 hält diesen Zusammenhang für äußerst wahrscheinlich.[199]

Kennzeichnend für den anthropogenen Treibhauseffekt und den Klimawandel sind dabei die globalen Zusammenhänge.[200] Denn zum einen vermischen sich einzelne Emissionsbeiträge in der Atmosphäre auf untrennbare Art und Weise, sodass sie nicht mehr einzelnen Staaten oder gar einzelnen Emittenten zugeordnet werden können.[201] Zum anderen sind die potenziellen Folgen des Klimawandels nicht mehr regionaler oder lokaler Art sind, sondern treffen prinzipiell die gesamte Staatengemeinschaft.[202] Die wissenschaftlichen Prognosen zu den mittel- und langfristig denkbaren Folgen des Klimawandels für Menschen, Arten und Ökosysteme sind allerdings uneinheitlich.[203] Örtlich und zeitlich präzise Vorhersagen sind im Rahmen der derzeitigen Modelle kaum möglich, weshalb sich die Naturwissenschaft auf die Prognose allgemeiner Trends und regional wahrscheinlicher Szenarien beschränkt.[204]

Für die allermeisten Länder werden Auswirkungen auf den Wasserhaushalt, die Verschiebung von Regenzonen sowie der Anstieg des Meeresspiegels prognostiziert.[205] Hinzu kommen eher regionale Effekte mit dennoch global spürbaren Auswirkungen wie eine vermehrte Wüstenbildung, die Zerstörung des Regenwaldes, Transformationen des Monsuns oder eine Abschwächung des Nordatlantikstroms.[206] In Deutschland wird mit dem vermehrten Auftreten extremer Wetterereignisse gerechnet.[207] Dabei sind die potenziellen Folgen des Klimawandels für den Menschen mitunter ambivalent, wenn bspw. klimawandelbedingten Ertragsschwankungen in der landwirtschaftlichen Produktion eine mögliche Nutzung neuer Kulturpflanzenarten gegenübersteht.[208] Szenarien für andere geographische Regionen, insbesondere für Länder des globalen Südens, zeichnen hingegen meist ein deutlich negativeres Bild.[209] Der IPCC folgert daher insgesamt, dass ein kontinuierlicher Ausstoß von Treibhausgasen zu „meist negativen Folgen für Biodiversität, Ökosystemdienstleistungen und wirtschaftliche Entwicklung führen und die Risiken für Lebensgrundlagen, Ernährungssicherung und menschliche Sicherheit erhöhen würde".[210]

---

199 *IPCC*, Fünfter Sachstandsbericht, S. 1. Auch nach *Groß*, ZUR 2009, 364 (364) sind mittlerweile alle seriösen wissenschaftlichen Zweifel am Treibhauseffekt wiederlegt.

200 *Schröder*, Klimavorsorge, S. 5; *Wustlich*, Atmosphäre, S. 52.

201 *Wustlich*, Atmosphäre, S. 52.

202 *Wustlich*, Atmosphäre S. 53.

203 *Wustlich*, Atmosphäre, S. 49; *Kusche*, Kompetenzen, S. 7.

204 *Wustlich*, Atmosphäre, S. 54; *Köck*, ZUR 2011, 15 (16). *Wolf*, ZUR 2009, 571 (571) spricht insoweit von einer „erheblichen Streubreite".

205 *Milkau*, EE im Wärmemarkt, S. 27; *Erdmann/Zweifel*, Energieökonomik, S. 346; *Keyhanian*, Instrumente, S. 37–38.

206 *Prall/Ewer*, in: Koch, Umweltrecht, S. 529.

207 *Schönthaler u. a.*, Monitoringbericht 2015, S. 14; *Köck*, ZUR 2011, 15 (17).

208 *Schönthaler u. a.*, Monitoringbericht 2015, S. 104, 114.

209 *Wustlich*, Atmosphäre, S. 53.

210 *IPCC*, Fünfter Sachstandsbericht, S. 2.

Aufgrund der vorgenannten Effekte gebührt dem Klimaschutz in Form einer Reduzierung von Treibhausgasemissionen besondere Aufmerksamkeit.

2. *Säulenmodell*

Im Energiewendekonzept haben sich zwei feste Kategorien[211] von Maßnahmen entwickelt, durch welche die Ziele von Versorgungssicherheit, Preiswürdigkeit und Umweltschutz auch im Fall eines weitgehenden Ausstiegs aus der Nutzung fossiler Ressourcen erreichbar sein sollen. Diese beiden Maßnahmenkategorien lassen sich allerdings – je nach Perspektive – auch als eigenständige Ziele der Energiewende im engeren Sinne begreifen.[212] Die Rede ist vom Ausbau der Erneuerbare-Energien-Nutzung einerseits und von der Steigerung der Energieeffizienz andererseits. Diese beiden Säulen sollen im Folgenden unter Beachtung der Besonderheiten im Bereich der Wärmeversorgung umrissen werden. Der Energiesuffizienz kommt schließlich nur geringe Bedeutung zu.

a) Erneuerbare Energien

Ein vermehrter Ausbau der Erneuerbare-Energien-Nutzung in der Wärmeversorgung knüpft an die Stufe der Wärmegewinnung an. Der Marktanteil von Technologien wie Solarthermie oder Geothermie zur Warmwasser- oder Raumwärmeerzeugung soll erhöht werden.

Durch die Verdrängung von Öl- oder Gasverbrennungsanlagen werden weniger fossiler Primärenergien verbrannt.[213] Durch einen solchen Substitutionsprozess[214] können somit umwelt- und klimaschädliche Emissionen verringert und Umwelt- und Klimaschutzziele erreicht werden.[215] Im speziellen Fall der Verbrennung erneuerbarer Primärenergien zur Wärmeerzeugung gilt dies zwar nicht unmittelbar. Aufgrund der hypothetischen Ausgleichsmöglichkeiten sind solche Verbrennungsprozesse aber weniger schadstoffarm, insbesondere regelmäßig CO_2-neutral.[216] Durch den Rückgriff auf unerschöpflich vorhandene regenerative Ressourcen wie Sonnenenergie oder Erdwärme lässt sich zudem die Versorgungssicherheit langfristig verbessern.[217] Mit Blick auf das Ziel der Preiswürdigkeit ist die vermehrte

211 Die Terminologie ist nicht einheitlich. *Härtel*, in: Hecker/Hendler/Proelß/Reiff, Jahrbuch Umwelt- und Technikrecht 2012,S. 29 spricht von „Faktoren"; *Knauff*, DV 2014, 407 (408) von „Säulen"; *Brüning*, KommJur 2014, 121 (122) von „Kategorien".

212 So weist § 1 Abs. 1 EnWG in seiner aktuellen Fassung sowohl die Effizienz als auch die Nutzung erneuerbarer Energien als eigene Ziele des Energiewirtschaftsrechts aus.

213 *Koch*, NVwZ 2011, 641 (651).

214 *Müller*, in: Müller/Oschmann/Wustlich, Einl. Rn. 23.

215 *Keyhanian*, Instrumente, S. 38.

216 *Koch*, NVwZ 2011, 641 (651).

217 *Wesselak/Schabbach*, Energie, S. 96; *Mechel*, ZUR 2011, 184, (184); *Fischer/Klinski*, ZUR 2007, 8 (9).

Erneuerbare-Energien-Nutzung schließlich ambivalent. So kann eine (jedenfalls anteilige) Energieautarkie einerseits – je nach Marktentwicklung – Energiebezugskosten verringern, andererseits jedoch investitionskostenintensiv sein. Die Frage nach der Wirtschaftlichkeit ist dabei auch eine prognostische Frage.[218]

b) Energieeffizienz

Im technisch-ökonomischen Sinne[219] beschreibt Energieeffizienz das Verhältnis zwischen „Energieinput" einerseits und „Energieoutput" andererseits.[220] Energieeffizienz ist ein daher eine Verhältnisbegriff.[221] Soll das vorgenannte Verhältnis verbessert werden, so muss der Energieinput bei gleichbleibendem Energieoutput verringert werden oder alternativ der Energieoutput bei konstantem Energieinput erhöht werden.[222]

Energieeffizienz ist dabei ein gewissermaßen universelles Konzept, welches alternativ an einzelne Stufen der Gewinnung, des Transportes oder der Nutzung von Wärmeenergie sowie auch an den Gesamtprozessen anknüpfen kann.[223] Je nach dem betrachteten Ausschnitt können sowohl das Gesamtverhältnis zwischen eingesetzter Primärenergie und letztlich benötigter Nutzwärme als auch einzelne Verhältnisse auf den Stufen der Energieerzeugung, der Energieumwandlung, des Energietransports oder der Energiespeicherung beschrieben werden. So können bspw. auf der Erzeugungsstufe durch den Austausch von Verbrennungsanlagen die Nutzungsgrade verbessert werden,[224] Brennstoffe niedrigeren Brennwertes gegen Brennstoffe höheren Brennwerts ausgetauscht werden,[225] oder durch den Einsatz von KWK-Anlagen der Ertrag an Sekundärenergie in Form der gleichzeitigen Strom- und Wärmeerzeugung verbessert werden.[226] Auf der Transportstufe kann in städtischen

---

218 Zu den ökonomischen Bedingungen der EE-Nutzung siehe bereits unter Teil 1 C. I. 1. c).

219 Energieeffizienz wird teilweise auch weiter im Sinne einer ökologischen Ressourceneffizienz verstanden, s. *Reimer/Tölle*, ZUR 2013, 589 (596) sowie *Pielow*, ZUR 2010, 115 ff.; kritisch zur juristischen Unschärfe eines solchen Begriffs *Reimer*, in: Schulze-Fielitz/Müller, EU-Klimaschutzrecht, S. 178.

220 *Kahl/Schmidt/Gärditz,* Umweltrecht, S. 265–266; *Kahl/Schmidtchen*, Kommunaler Klimaschutz S. 3.

221 *Halama*, Gebäudesanierung, S. 10; *Britz*, UPR 2004, 55 (57); sowie *Reimer*, in: Schulze-Fielitz/Müller, EU-Klimaschutzrecht, S. 149 zur europäischen Perspektive. *Keyhanian*, Instrumente, S. 49 spricht diesbezüglich von „relativer Energieeinsparung".

222 *Kahl/Schmidt/Gärditz,* Umweltrecht, S. 265–266; ähnlich *Härtel*, in: Hecker/Hendler/Proelß/Reiff, Jahrbuch Umwelt- und Technikrecht 2012,S. 29.

223 Zur Universalität des Energieeffizienzkonzepts *Kloepfer*, S. 1612; *Knauff*, DV 2014, 407 (408) und *Wustlich*, ZUR 2007, 281 (281).

224 *Erdmann/Zweifel*, Energieökonomik, S. 78.

225 *Keyhanian*, Instrumente, S. 47.

226 Zum Musterbeispiel der KWK als Effizienztechnologie *Keyhanian.*, Instrumente, S. 50.

Bereichen eine Umstellung auf einen Heizwärmebezug aus KWK-gespeisten Wärmenetzen erfolgen.[227] Auf der Verbrauchsstufe stehen schließlich gebäudespezifische Möglichkeiten zur verbesserten Wärmedämmung der Gebäudehülle[228] oder der gebäudeinternen Rohrleitungen[229] im Vordergrund.

Im Gegensatz zur vermehrten Nutzung erneuerbarer Energien erfreut sich das Konzept der Energieeffizienz einer allgemeinen Beliebtheit. Denn Energieeffizienz verheißt eine grundsätzlich konfliktfreie Förderung aller energiepolitischen Ziele, ohne dass hiermit spürbare Einbußen für die vom Menschen benötigten Energiedienstleistungen einhergehen.[230] Durch einen verringerten Primärenergiebedarf lassen sich im Idealfall gleichzeitig Versorgungssicherheit verbessern, Umwelteinwirkungen verringern und Kosten senken.[231] Als spezielles Problem des Effizienzkonzepts haben sich allerdings sog. „Rebound-Effekte" herausgestellt. Hiermit werden – vornehmlich psychologisch begründete[232] – Effekte einer nachträglichen Nutzungsintensivierung bezeichnet, durch welche ein ursprünglich geplanter energetischer Ertrag einer Effizienzmaßnahme wieder neutralisiert wird.[233] So kann nach einer Sanierung der Gebäudehülle der Effekt auftreten, dass Räume tatsächlich über längere Zeiträume beheizt werden als dies vor der Sanierung der Fall war.[234] Die Suche nach befriedigenden Lösungen zur Verringerung solcher Effekte ist wesentliche Herausforderung beim praktischen Einsatz des Effizienzkonzepts.

c) Energiesuffizienz

Gerade auch zur Vermeidung von „Rebound-Effekten" soll das Effizienzkonzept nach teilweise vertretener Ansicht durch eine dritte Säule der Energiesuffizienz ergänzt werden.[235] Energiesuffizienz verlangt den Verbrauchern Einschränkungen

---

227 *Keyhanian,* Instrumente, S. 378; *Wesselak/Schabbach,* Energie, S. 96; *Wustlich,* ZUR 2007, 281 (281).

228 *Keyhanian,* Instrumente, S. 378–379; *Wesselak/Schabbach,* Energie, S. 96; *Wustlich,* ZUR 2007, 281 (281).

229 *Keyhanian,* Instrumente, S. 379.

230 *Wustlich,* ZUR 2007, 281 (282).

231 *Britz,* Energieeffizienzrecht, S. 65; *Härtel,* in: Hecker/Hendler/Proelß/Reiff, Jahrbuch Umwelt- und Technikrecht 2012,S. 28. Zu diesen Erwartungen an das Energieeffizienzrecht der EU *Reimer,* in: Schulze-Fielitz/Müller, EU-Klimaschutzrecht, S. 149.

232 Zur Forschungsrichtung der sog. „Behavioural Economics" *Ekardt/Heitmann,* RdE 2009, 118 (121).

233 *Reimer/Tölle,* ZUR 2013, 589 (596); *Reimer,* in: Schulze-Fielitz/Müller, EU-Klimaschutzrecht, S. 172.

234 *Bundesregierung,* Energieeffizienzstrategie Gebäude, S. 67.

235 *Härtel,* in: Hecker/Hendler/Proelß/Reiff, Jahrbuch Umwelt- und Technikrecht 2012,S. 34–35; *Reimer,* in: Schulze-Fielitz/Müller, EU-Klimaschutzrecht, S. 177–178; *Wustlich,* ZUR 2007, 281 (281).

beim Maß der in Anspruch genommenen Energiedienstleistungen ab.[236] Energieeffizienz und Energiesuffizienz werden insoweit auch unter den einheitlichen Begriff der Energieeinsparung zusammengefasst.[237] Als Beispiel eines Suffizienzansatzes in der Wärmeversorgung lässt sich eine tages- oder jahreszeitenabhängige Begrenzung für die Beheizung von Räumen anführen.

Energiesuffizienz kann dabei vor allem durch preisliche Effekte oder rechtliche Regulierung erreicht werden, ist aber ebenso durch einen gesellschaftlichen Wertewandel denkbar.[238] Im Rahmen der rechtlichen Steuerung ist die Idee allerdings bisher kaum in Erscheinung getreten.[239] Die Unbeliebtheit dieses Ansatzes lässt sich dabei wohl darauf zurückführen, dass Energiesuffizienz einerseits menschliche Verhaltensänderungen fordert,[240] andererseits auch Wohlstandsverluste befürchtet werden.[241]

3. *Zielkonflikte*

Bereits innerhalb des energiepolitischen Dreiecks ergeben sich diverse klassischerweise Zielkonflikte.[242] Im Rahmen der Energiewende lassen sich Zielkonflikte, bspw. durch die Vorteile des Effizienzkonzeptes, zwar an einigen Stellen aufgelösen. Gleichzeitig entstehen jedoch an anderer Stelle neue Zielkonflikte, die auch den Gesetzgeber vor neue Herausforderungen stellen.[243]

So wird im Bereich der Stromversorgung häufig betont, dass sich eine kurzfristige Umstellung auf die Nutzung erneuerbarer Energien und der hiermit verbesserte Umwelt- und Klimaschutz aufgrund der volatilen Verfügbarkeit erneuerbarer Energien negativ auf die Versorgungssicherheit auswirkt.[244] Solche Erwägungen greifen im überwiegend dezentral organisierten Wärmeversorgungssystem, das nicht wie das

---

236 *Wolf*, ZUR 2009, 571 (571); *Keyhanian*, Instrumente, S. 48 spricht insoweit von „absoluter Energieeinsparung".

237 *Sailer*, NVwZ 2011, 718 (722). Zu Energieeinsparungen als „Energiequelle" vgl. auch *Kusche*, Kompetenzen, S. 79.

238 *Erdmann/Zweifel*, Energieökonomik, S. 78–79.

239 Zutreffend beschreibt *Keyhanian*, Instrumente, S. 51 den Emissionshandel, der auf die volkswirtschaftliche Gesamtverringerung der Treibhausgasemissionen abzielt, als Suffizienzansatz.

240 *Keyhanian*, Instrumente, S. 52.

241 *Reimer/Tölle*, ZUR 2013, 589 (597).

242 Zur Notwendigkeit einer Balance zwischen Versorgungssicherheit, Preisverträglichkeit und Umweltschutz *Theobald*, in: Danner/Theobald, EnWG, § 1 Rn. 7–8.

243 *Hofmann*, DV 2014, 349 (350) spricht von einer „höchst schwierigen" Abwägungslage.

244 *Härtel*, in: Hecker/Hendler/Proelß/Reiff, Jahrbuch Umwelt- und Technikrecht 2012, S. 29; *Erdmann/Zweifel*, Energieökonomik, S. 123–124. *Altenschmidt*, NVwZ 2015, 559 (559–560) betont darüber hinaus mögliche Einflüsse politischer Krisen auf die Verfügbarkeit fossiler Energieträger, die solche Zielkonflike weiter verschärfen können.

Stromversorgungssystem von einer kontinuierlichen Netzstabilität abhängig ist, nur bedingt. Sie sind aber, bspw. mit Blick auf die witterungsbedingten Einschränkungen der Solarthermie, auch nicht von der Hand zu weisen.

Beispielhaft anführen lässt sich auch der Konflikt zwischen einem zu starken Ausbau erneuerbarer Energien einerseits und der Preiswürdigkeit der Energieversorgung andererseits, der erneut in der Stromversorgung besonders deutlich wird.[245] Betrachtet man erneuerbare Energien und Energieeffizienz als eigene Ziele, so können sich schließlich auch hier entsprechende Zielkonflikte ergeben. So wird in der Wärmeversorgung bspw. ein gewisser Wettbewerb zwischen potenziellen Maßnahmen zur Wärmeerzeugung auf Basis erneuerbarer Energien einerseits und einer möglichen Steigerung der Energieeffizienz in Gebäuden andererseits beschrieben.[246]

Insgesamt wird im Rahmen der Energiewende von einigen Stimmen eine zunehmende Unausgewogenheit zulasten von Preiswürdigkeit und Versorgungssicherheit und zugunsten des Umwelt- und des Klimaschutzes bemängelt.[247] Die Auflösung solcher Konflikte ist daher eine zentrale Aufgabe der Steuerung durch Recht.

III. Politische Steuerung

Die politische Steuerung der Wärmewende mittels Zielen und Programmen findet auf allen Ebenen statt.

Von überragender Bedeutung sind zunächst die Klimaschutzziele der Vereinten Nationen. So haben sich die Vertragsstaaten der Klimarahmenkonferenz der VN im Dezember 2015 unter Einbeziehung der USA und Chinas auf einen neues Klimaschutzabkommen geeinigt. Dieses sog. Pariser Abkommen soll das im Jahr 2020 auslaufende Kyoto-Protokoll aus dem Jahr 1997 ersetzen.[248] Das Pariser Abkommen zielt darauf ab, den Anstieg der durchschnittlichen Erdtemperatur deutlich unter 2°C über dem vorindustriellen Niveau zu halten (Art. 2 Abs. 1 a) Pariser Abkommen). Zur Erreichung dieses Ziels sind alle Vertragsparteien verpflichtet, individuelle Klimaschutzbeiträge zu definieren und umzusetzen (Art. 4 Abs. 2 Pariser Abkommen). Wenngleich das Pariser Abkommen noch zur Ratifizierung aussteht und die individuellen Klimaschutzbeiträge noch nicht definiert sind, so ist zu erwarten, dass vom 2°C-Ziel künftig eine erhebliche Steuerungswirkung für die Politik der EU und Deutschlands ausgehen wird.

Unterhalb der UN-Ebene haben sich mittlerweile diverse politische Einsparziele und programmatischer Vorgaben herausgebildet, die speziell den Bereich der

---

245 Paradigmatisch für diesen Konflikt lassen sich im Bereich der Stromversorgung die kostensteigernden Effekte der EEG-Umlage auf die Strompreise anführen. Hierzu *Franzius*, DV 2015, S. 175 (178).

246 *Bundesregierung*, Energieeffizienzstrategie Gebäude, S. 8.

247 *Danner*, in: Danner/Theobald, Einl. Rn. 75; aus Sicht der Industrie *Teyssen*, EurUP 2013, 211 (212).

248 Abrufbar unter http://www.bmub.bund.de/fileadmin/Daten_BMU/Download_PDF/Klimaschutz/paris_abkommen_bf.pdf (zul. abger. am 7. Januar 2017).

Wärmeversorgung in Bezug nehmen.[249] Das gilt sowohl für die Unions- als auch für die Bundes- und Landesebene.[250]

1. *Europäische Union*

Waren die energiepolitischen Bestrebungen der EU lange Zeit in erster Linie auf die Realisierung eines Energiebinnenmarktes ausgerichtet, so ist in den vergangenen Jahren eine deutliche Verlagerung in Richtung Umwelt- Klima- und Ressourcenschutz erkennbar.[251] Bei solchen Initiativen kann sich die EU insbesondere seit dem Vertrag von Lissabon auf substanzielle primärrechtliche Kompetenzen stützen.[252] So verfügt die EU über eine bereichsspezifische Kompetenz zur Verwirklichung der Ziele einer Förderung der Energieeffizienz und der Entwicklung erneuerbarer Energiequellen (Art. 194 Abs. 1 lit. c) AEUV).

Die zunehmende politische Bedeutung findet vor allem in den neueren Einsparzielen der EU Ausdruck. Solche Einsparziele hat der Europäische Rat im Jahr 2007 erstmals verabschiedet und im Jahr 2014 aktualisiert. Die Einsparziele des Jahres 2007 bezogen sich zunächst auf einen Zeitraum bis zum Jahr 2020. Bis dahin sollten nach den Vorstellungen des Europäischen Rates dreierlei Vorgaben erreicht werden. Die Treibhausgasemissionen der Mitgliedsstaaten sollten bis zu diesem Jahr um 20 % gegenüber der Basis des Jahres 1990 gesenkt, der Anteil erneuerbarer Primärenergien am Gesamtenergieverbrauch auf insgesamt 20 % erhöht sowie der Gesamtenergieverbrauch gegenüber den Ausgangsprognosen des Jahres 2007 um 20 % gesenkt werden.[253] Nach den aktualisierten Zielen aus dem Jahr 2014 sollen die Treibhausgasemissionen nunmehr bis zum Jahr 2030 um 40 % gegenüber der Basis des Jahres 1990 gesenkt, der Anteil erneuerbarer Primärenergien am Gesamtenergieverbrauch auf insgesamt 27 % erhöht sowie der Gesamtenergieverbrauch gegenüber den Ausgangsprognosen um mindestens 27 % gesenkt werden.[254]

Die Bedeutung des Gebäudebereichs sowie von energetischen Sanierungen wurde von den Organen der EU in der Vergangenheit regelmäßig besonders betont. Nach Erwägungsgrund Nr. 47 der EE-Richtlinie aus dem Jahr 2009 sollten „Vorschriften und Verpflichtungen an die Nutzung von Energie aus Erneurbaren Quellen in neuen und renovierten Gebäuden in einem breiter gefassten Gemeinschaftsumfeld

---

249 Siehe auch *Britz*, Energieeffizienzrecht, S. 79–80 zur Steuerungswirkung politischer Ziele und Programme in Fragen der Energieeffizienz.

250 Zur kommunalen Steuerung durch örtliche Bauvorschriften siehe noch unter Teil 4 C. II.

251 *Kahl/Bews*, JURA 2014, 1004 (1006).

252 Zur besonderen Bedeutung des Lissabon-Vertrags für die Erweiterung der Unionskompetenzen in der Energiepolitik *Danner*, in: Danner/Theobald, Einl. Rn.25.

253 Übermittlungsvermerk zu den Schlussfolgerungen des Vorsitzes des Europäischen Rates v. 8–9. März 2007, Dok-Nr. 7224/07, S. 12, 20, 21.

254 Übermittlungsvermerk zu den Schlussfolgerungen des Vorsitzes des Europäischen Rates v. 23–24. Oktober 2014, Dok-Nr. 169/14, S. 1, 5.

gefördert werden." Auch nach Erwägungsgrund Nr. 17 der Energieeffizienzrichtlinie aus dem Jahr 2012 ist der Gebäudebestand der „Einzelsektor mit dem größten Energieeinsparpotenzial". Aktuell hat die Kommission im Februar 2016 eine Strategie der EU für die Wärme- und Kälteerzeugung im Gebäudebereich vorgelegt.[255] In dieser Strategie wird bekräftigt, dass bestehende Gebäude renoviert und gleichzeitig stärkere Anstrengungen auf den Gebieten Energieeffizienz und erneuerbare Energien unternommen werden müssen.[256]

2. *Bund*

Politische Ziele und Programme in Fragen der Energieversorgung und des Umweltschutzes haben auf Bundesebene eine lange Tradition.[257] Betrachtet man das vergangene Jahrzehnt, so bildete das Integrierten Energie- und Klimaprogramm der Bundesregierung von August 2007 (IKEP) die erste Grundlage für eine Intensivierung der Bemühungen um die Wärmewende.[258] Das IKEP enthielt einen sektorenübergreifendes Programm zur Transformation der nationalen Energieversorgung. Auch für den Gebäudebereich kündigte die Bundesregierung im IKEP ein Reihe von Maßnahmen an, so bspw. eine Anhebung der Effizienzstandards für Gebäude und Produkte[259], einen Ausbau der Förderregelungen zur Kraft-Wärme-Kopplung[260], eine Novellierung des Gebäudeeffizienzrechts[261] und des Betriebskostenrechts[262], eine Aufstockung bestehender Förderprogramme für Gebäudesanierungen[263] und die Erarbeitung rechtsverbindlicher Regelungen zur Erneuerbare-Energien-Nutzung.[264]

Das IKEP wurde im Hinblick auf den Gebäudebereich in einer Reihe nachfolgender Programme aktualisiert und vertieft. So kündigte das Energiekonzept der Bundesregierung vom 28. September 2010 die Absicht einer Verdopplung der damals bestehenden Sanierungsrate von ca. 1 % auf ca. 2 % an.[265] Erstmals wurden im Energiekonzept 2010 ein spezielles Leitbild sowie quantitative Ziele für den Gebäudebereich definiert. So soll bis zum Jahr 2050 ein „klimaneutraler Gebäudebestand" erreicht werden, in dem Gebäude nur noch einen sehr geringen Energiebedarf

255 Mitteilung der Kommission vom 16. Februar 2016, Dok-Nr. 51/16.
256 Mitteilung der Kommission vom 16. Februar 2016, Dok-Nr. 51/16, S. 2–3.
257 Vertiefend zu den frühen Programmen der 1990er Jahre *Kusche*, Kompetenzen, S. 32.
258 Siehe *Kloepfer*, Umweltrecht, S. 1544 sowie *Wustlich*, ZUR 2008, 113 (114) zur prägenden Bedeutung des IKEP für das deutsche Klimaschutzrecht.
259 *Bundesregierung*, IKEP, S. 7.
260 *Bundesregierung*, IKEP, S. 9.
261 *Bundesregierung*, IKEP, S. 22–23.
262 *Bundesregierung*, IKEP, S. 24.
263 *Bundesregierung*, IKEP, S. 25.
264 *Bundesregierung*, IKEP, S. 27–28.
265 *Bundesregierung*, Energiekonzept 2010, S. 27.

aufweisen, der überwiegend durch erneuerbare Energien gedeckt wird.[266] Bis zum Jahr 2050 ist eine Minderung des Primärenergiebedarfs in der Größenordnung von 80 % gegenüber dem Basisjahr 2010 beabsichtigt.[267] Als Zwischenziel soll bis zum Jahr 2020 eine Reduzierung des Wärmebedarfs von Gebäuden um 20 % gegenüber dem Basisjahr 2010 erreicht werden.[268] Entsprechend dem IKEP sieht das Energiekonzept 2010 hierzu erneut ein Bündel an weiteren Einzelmaßnahmen vor. Hierunter sollten u. a. eine Novelle des Mietrechts[269], steuerliche Sanierungsanreize[270] sowie die Entwicklung eines Energiedienstleistungsmarktes um das sog. Wärmecontracting fallen.[271] Bemerkenswert ist auch die Ankündigung einer Forcierung der wissenschaftlichen Bemühungen um sog. Sanierungsfahrpläne.[272]

Weiterentwicklungen des vorgenannten Maßnahmenbündels wurde schließlich auch im Nationalen Aktionsplan Energieeffizienz (NAPE) von Dezember 2014[273] sowie in der Energieeffizienzstrategie Gebäude von November 2015[274] angekündigt. In der Energieeffizienzstrategie Gebäude hat die Bundesregierung festgestellt, dass die jährliche Sanierungsrate trotz der bisher umgesetzten Maßnahmen weiterhin bei ca. 1,1 % liegt.[275] In den Zielszenarien der Energieeffizienzstrategie Gebäude muss die Sanierungsrate mittelfristig auf einen Wert zwischen 1,3 % und 2 % gesteigert werden, um die politischen Einsparziele zu erreichen.[276]

3. *Länder*

Die politischen Entwicklungen auf Landesebene werden im Bereich der Energiewende stark durch die Entwicklungen auf den übergeordneten staatlichen bzw. suprastaatlichen Ebenen angetrieben.[277] Dennoch existieren auch in den Bundesländern nennenswerte Konzepte im Bereich der Energiepolitik.[278]

Als Beispiel jüngeren Datums lässt sich die Energiestrategie 2030 der brandenburgischen Landesregierung nennen. Diese Strategie wurde dem Landtag im

---

266 *Bundesregierung*, Energiekonzept 2010, S. 27.
267 *Bundesregierung*, Energiekonzept 2010, S. 27.
268 *Bundesregierung*, Energiekonzept 2010, S. 27.
269 *Bundesregierung*, Energiekonzept 2010, S. 28.
270 *Bundesregierung*, Energiekonzept 2010, S. 29.
271 *Bundesregierung*, Energiekonzept 2010, S. 29.
272 *Bundesregierung*, Energiekonzept 2010, S. 28. Zum Instrument der Sanierungsfahrpläne noch unter Teil 4 B. III. 3. d) sowie Teil 5 A. II.
273 *Bundesregierung*, NAPE, S. 19 ff.
274 *Bundesregierung*., Energieeffizienzstrategie Gebäude, S. 71 ff.
275 *Bundesregierung*, Energieeffizienzstrategie Gebäude, S. 34.
276 *Bundesregierung*, Energieeffizienzstrategie Gebäude, S. 34. Auch *Bürger u. a.*, Klimaschutz im Gebäudebereich, S. 23, halten die derzeitige Sanierungsquote für „deutlich zu niedrig".
277 *Braun*, NordÖR 2008, 253 (253).
278 Vertiefend zur Historie ab Beginn der 1990er Jahre *Kusche*, Kompetenzen, S. 34 ff.

März 2013[279] nebst eines begleitenden Maßnahmenplans[280] zur Beratung vorgelegt. Bis zum Jahr 2030 soll der Endenergieverbrauch in Brandenburg durch Energieeffizienzmaßnahmen um ca. 23 % gegenüber dem Basiswert des Ausgangsjahres 2007 gesenkt werden. Der Anteil erneuerbarer Energien am Endenergieverbrauch soll bis zum Zieljahr auf 40 %, speziell in der Wärmeversorgung auf 39 %, erhöht werden.[281] Die Energiestrategie 2030 ist hinsichtlich ihrer Umsetzung dabei nicht passgenau auf den Gebäudebereich, sondern vielmehr auf sog. Handlungsfelder[282] zugeschnitten. Dem Maßnahmenplan, der ebenfalls nach den vorgenannten Handlungsfeldern gegliedert ist, lassen sich konkrete Einzelmaßnahmen entnehmen. So führt dieser Plan bspw. Informationskampagnen zu Energiekosteneinsparungen im privaten Bereich[283] oder die Aktualisierung einer Solarflächenanalyse für potenziell solarthermiegeeignete Brach- oder Konversionsflächen[284] auf.

Auch in anderen Bundesländern existieren entsprechende Pläne und Programme. So hat die nordrhein-westfälischen Landesregierung im Zuge der neueren Landesklimaschutzgesetzgebung[285] im Dezember 2015 einen umfassenden Klimaschutzschutzplan vorgelegt. Der Klimaschutzplan NRW verzichtet zwar auf quantitative Ziele für den Gebäudebereich, bekräftigt indes das bundespolitische Leitbild eines langfristig klimaneutralen Gebäudebestands bis zum Zieljahr 2050.[286] Zur Erreichung dieser Ziele zeigt der Klimaschutzplan sowohl übergeordnete Strategien als auch konkrete Einzelmaßnahmen auf. Im Rahmen der Strategien wird in NRW ebenfalls eine durchschnittliche energetische jährliche Sanierungsrate von zwei Prozent angestrebt.[287] Neben der Notwendigkeit einer Erhöhung der Sanierungsrate wird dabei auch die Erhöhung der Sanierungstiefe im Sinne eines ausreichend ambitionierten energetischen Niveaus der einzelnen Sanierungen herausgestellt.[288] Im Rahmen der Einzelmaßnahmen sind im Klimaschutzplan NRW verschiedene haushaltsabhängige Förderprogramme für Gebäudesanierungen, Beratungsangebote[289] sowie die Prüfung einer haushaltsunabhängigen Förderung für die Installation von Erneuerbare-Energien-Wärmeerzeugungsanlagen im Gebäudebestand[290] vorgesehen.

279 LT-Drs. 5/4864 v. 7. März 2013.
280 LT-Drs. 5/4865 v. 7. März 2013.
281 LT-Drs. 5/4864 v. 7. März 2013, S. 45.
282 Insgesamt hat die Brandenburgische Landesregierung sieben unterschiedliche Handlungsfelder definiert, LT-Drs. 5/4864 v. 7. März 2013, S. 37.
283 LT-Drs. 5/4864 v. 7. März 2013, S. 12.
284 LT-Drs. 5/4865 v. 7. März 2013, S. 22.
285 Zur Klimaschutzgesetzgebung der Länder noch ausführlich unter Teil 4 D. I.
286 *MKULNV NRW*, Klimaschutzplan NRW, S. 278.
287 *MKULNV NRW*, Klimaschutzplan NRW, S. 55.
288 *MKULNV NRW*, Klimaschutzplan NRW, S. 106.
289 *MKULNV NRW*, Klimaschutzplan NRW, S. 108–109.
290 *MKULNV NRW*, Klimaschutzplan NRW, S. 111.

IV. Zusammenfassung

Die Wärmewende hat sich in jüngerer Zeit zu einem politischen Konzept verfestigt. Sie steht weniger mit den bundespolitischen Entwicklungen um den Ausstieg aus der kernenergiebasierten Stromerzeugung, als vielmehr mit dem langfristigen globalen Prozess eines Ausstiegs aus der Nutzung fossiler Ressourcen in Verbindung.

Inhaltlich setzt das Konzept der Wärmewende auf die beiden Säulen einer Steigerung der Energieeffizienz und einer vermehrten Nutzung erneuerbarer Energien. Für eine Verbesserung der Energieeffizienz bestehen im Gebäudebereich mannigfaltige Anknüpfungspunkte, so bspw. eine Verbesserung der Nutzungsgrade von Anlagen, einer Erhöhung der Netzanschlussdichte von Wärmenetzen oder eine Verbesserung der Wärmedämmung. Eine Erneuerbare-Energien-Förderung muss im Wärmebereich demgegenüber vornehmlich auf einen Austausch fossiler Erzeugungsanlagen und eine entsprechende Erhöhung der Anteile von Technologien wie Geothermie oder Solarthermie setzen. Durch den Erneuerbare-Energien-Ausbau und die Steigerung der Energieeffizienz sollen die energiepolitischen Ziele der Versorgungssicherheit, der Preiswürdigkeit und des Umwelt- und Klimaschutzes in der Wärmeversorgung trotz des grundlegenden Umbaus des Systems weiterhin erreicht werden. Hierbei ergeben sich indes Zielkonflikte.

Der Blick auf die Grundzüge der politischen Steuerung verdeutlicht, dass die Wärmewende zunehmend in das Bewusstsein von Entscheidungsträgern rückt. Es existiert ein dichtes Nebeneinander von Zielen der EU, des Bundes und der Länder. Auf Bundes- und Landesebene wird bis zum Jahr 2050 ein klimaneutraler Gebäudebestand anvisiert. Zur Erreichung dieses Ziels finden sich sowohl auf Bundes- als auch auf Landesebene quantitative Einsparziele, die speziell auf den Gebäudebereich zugeschnitten sind. Regelmäßig sind diese Zielvorgaben mit begleitenden Maßnahmenkatalogen verbunden. Diese sehen den Einsatz von Ordnungsrecht parallel zum Einsatz von Finanzierungs- Informations- und Planungsinstrumenten vor. Zur Erreichung eines klimaneutralen Gebäudebestandes im Jahr 2050 ist allerdings eine weitere Steigerung der Sanierungsrate notwendig. Mittel- bis langfristig entsteht damit ein Bedarf an einer weiteren Optimierung der eingesetzten Steuerungsmittel.

Zweiter Teil: Funktionen des gebäudebezogenen Ordnungsrechts

Im Folgenden wird das gebäudebezogene Ordnungsrecht zunächst abstrakt in die Dogmatik der rechtlichen Steuerungsinstrumente eingeordnet (A.). Anschließend werden die übrigen rechtlichen Steuerungsinstrumente der Wärmewende dargestellt, die aktuell im Gebäudebereich zum Einsatz kommen (B.). Dies ermöglicht es zu klären, welche spezielle Leistung das gebäudebezogene Ordnungsrecht neben den anderen Steuerungsinstrumenten noch erbringen kann, um die Ziele der Wärmewende zu erreichen (C.).

A. Einordnung als rechtliches Instrument

Unter einem Instrument wird allgemein ein Werkzeug oder Hilfsmittel verstanden, mit dem eine Bandbreite von Handlungen zur Erreichung eines bestimmten Ziels hervorgerufen werden kann.[1] Rechtlich ist ein Instrument im Sinne der Steuerungsperspektive dann, wenn es aus Rechtsvorschriften besteht und aus diesem Grund als normatives Werkzeug zur Verfolgung politischer Ziele angesehen werden kann.[2] Rechtliche Instrumente sind daher gegenüber rein politischen Instrumenten wie der staatlichen Informationspolitik oder der staatlichen Umwelterziehung abzugrenzen.[3]

Rechtliche Instrumente können auf unterschiedliche Weise differenziert werden. Einerseits kann nach der Rechtsform zwischen Normen (insb. Gesetze und Rechtsverordnungen) sowie Einzelakten (Verwaltungsakten und öffentlich-rechtlichen Verträgen) unterschieden werden.[4] Alternativ können rechtliche Instrumente auch nach ihrem Regelungsgehalt unterscheiden werden. So können rechtliche Instrumente eingreifen, leisten oder planen.[5] Eine dritte, vor allem im Umweltrecht sehr gängige Differenzierung unterscheidet schließlich nach der Wirkungsweise und dem bezweckten Verhalten des Adressaten.[6] Nach dieser Kategorisierung existieren Instrumente direkter Verhaltenssteuerung, Instrumente indirekter Verhaltenssteuerung,

1 *Keller*, Instrumente, S. 19; *Schomerus*, NVwZ 2009, 418 (419).
2 *Keller*, Instrumente, S. 19; *Michael*, in: Hoffmann-Riem/Schmidt-Aßmann/Voßkuhle, Grundlagen des Verwaltungsrechts, Bd. II, S. 1643.
3 *Keller*, Instrumente, S. 20.
4 *Kloepfer*, Umweltrecht, S. 237; *Keller*, Instrumente, S. 20.
5 *Kloepfer*, Umweltrecht, S. 237; *Keller*, Instrumente, S. 20.
6 Begründet von *Kloepfer*, Umweltrecht, S. 239; angewendet bspw. von *Bürger u.a.*, Klimaschutz im Gebäudebereich, S. 27 ff.

Planungsinstrumente, informationelle Instrumente, betriebsorganisatorische Instrumente, kooperative Instrumente sowie privatrechtliche Instrumente.[7]

Nach der letztgenannten Betrachtungsweise werden solche Rechtsvorschriften als Instrumente direkter Verhaltenssteuerung beschrieben, die ihren Adressaten ein bestimmtes Verhalten mit dem Modus des Befehls aufgeben.[8] Nichts anderes ist mit dem Begriff des Ordnungsrechts gemeint, das auf Verpflichtungen, ein zwangweise Durchsetzung und eine Kostentragung der Adressaten setzt.[9] Die Annahme von Ordnungsrecht setzt dabei regelmäßig eine Gesamtbetrachtung verschiedener, ineinandergreifender Normen voraus. Zum Ordnungsrecht zählen zum einen materiell-rechtliche Rechtsvorschriften wie gesetzlichen Ge- und Verbote oder gesetzliche Umweltpflichten.[10] Zum anderen fallen auch Rechtsvorschriften mit formell-rechtlichem Charakter, namentlich administrative Kontrollinstrumente wie präventive gesetzliche Verbote mit Genehmigungsvorbehalt, repressive gesetzliche Verbote mit Befreiungsvorbehalt, gesetzliche Anzeigepflichten oder gesetzliche Ermächtigungsgrundlagen für behördliches Handeln, unter das Ordnungsrecht.[11]

Gerade beim Einsatz von Ordnungsrecht im Gebäudebereich entspricht das letztgenannte Merkmal der Kostentragung auch dem sog. umweltrechtlichen Verursacherprinzip. Denn das umweltrechtliche Verursacherprinzip streitet für eine Finanzierung von Maßnahmen zur Reduktion von Umweltbelastungen durch die jeweiligen Verursacher. [12]

B. Angrenzende Instrumente

Neben dem gebäudebezogenen Ordnungsrecht kommt im Gebäudebereich derzeit eine Reihe weiterer rechtlicher Instrumente zum Einsatz. Zu nennen ist hierbei zunächst das produktbezogene Ordnungsrecht (I.). Ferner existiert eine Vielzahl rechtlich geregelter Förderprogramme, die vorrangig auf ökonomische Anreize setzen (II.). Aber auch den kommunalen Planungsinstrumenten (III.), unterschiedlichen Instrumenten rechtlich geregelter Information (IV.) sowie der gesetzlichen Ausgestaltung privatrechtlicher Beziehungen (V.) kommt Bedeutung zu.

---

7 *Kloepfer*, Umweltrecht, S. 239; *Erbguth/Schlacke*, Umweltrecht, S. 35; *Kahl/Schmidt/Gärditz*, Umweltrecht, S. 129.

8 *Kloepfer*, Umweltrecht, S. 260; *Halama*, Gebäudesanierung, S. 27; *Erbguth/Schlacke*, Umweltrecht, S. 87; *Lee*, Instrumentenmix, S. 46–47.

9 .Zur Definition von Ordnungsrecht siehe bereits unter Teil 1 A. II.

10 *Erbguth/Schlacke*, Umweltrecht, S. 87–88; *Breuer*, NVwZ 1997, 833 (836); zur Differenzierung zwischen gesetzlichen Ge- und Verboten und Umweltpflichten *Kloepfer*, Umweltrecht, S. 305–306.

11 *Erbguth/Schlacke*, Umweltrecht, S. 89; *Kloepfer*, Umweltrecht, S. 261; *Breuer*, NVwZ 1997, 833 (835–836).

12 *Müller*, Schriftliche Stellungnahme vom 16. Februar 2016, S. 6; *Kahl/Schmidtchen*, Kommunaler Klimaschutz S. 32; *Ekardt/Heitmann*, RdE 2009, 118 (123); allgemein zum Verursacherprinzip *Kloepfer*, Umweltrecht, S. 193 ff.

I. Produktbezogenes Ordnungsrecht

Die energetischen Eigenschaften von Baumaterialien und technischen Anlagen prägen den Nutzenergiebedarf eines später errichteten Gebäudes wesentlich vor. Daher bedarf es rechtlicher Vorschriften, die bereits anlässlich der Herstellung oder Vermarktung solcher Gegenstände optimierte energetische Eigenschaften sicherstellen. Diesbezügliche Vorschriften werden auch als produktbezogenes Ordnungsrecht bezeichnet. Im produktbezogenen Ordnungsrecht kann, vornehmlich aus historischen Gründen, zwischen zwei unterschiedlichen Normenbeständen unterschieden werden. Dies sind das Bauprodukte-Recht und das Ökodesign-Recht.

1. Bauprodukte-Recht

Der erste Rechtsakt des Europäischen Bauprodukte-Rechts war die im Jahr 1989 erlassene Bauprodukte-Richtlinie. Ziel der Bauprodukte-Richtlinie war allerdings weder der Klima- noch der Umweltschutz, sondern allein die Sicherstellung eines funktionsfähigen Binnenmarktes für Bauprodukte.[13] Dieses Ziel sollte folglich durch einer Harmonisierung der mitgliedsstaatlichen Anforderungen an Bauprodukte erreicht werden.[14] Nach Art. 2 Abs. 1 Bauprodukte-Richtlinie sollten Bauprodukte nur in den Verkehr gebracht werden können, soweit der Hersteller unionsrechtlich harmonisierte Standards durch die Hersteller wahrt. Bauprodukte waren nach Art. 4 Abs. 6 Bauprodukte-Richtlinie durch die Hersteller zudem eigenverantwortlich mit einer „CE“-Kennzeichnung zu versehen, welche die Konformität mit den harmonisierten Standards zum Ausdruck bringen sollte. Harmonisierte Standards waren allerdings nicht unmittelbar in der Bauprodukte-Richtlinie normiert, sondern sollten nach den Maßgaben von Art. 3 Abs. 3 i. V. m. Art. 12 Bauprodukte-Richtlinie auf der Basis sog. Grundlagendokumente der Kommission für einzelne Produktgruppen von Fachgremien sukzessive erarbeitet werden. In den Grundlagendokumenten der Kommission spielten indes auch die energetischen Eigenschaften von Gebäuden eine gewisse Rolle. So sah das Grundlagendokument Nr. 6 aus dem Jahr 1994 bspw. eine Standardisierung von Bauprodukten zum Zwecke der Energieeinsparung und des Wärmeschutzes vor.[15]

---

13 Laut Erwägungsgrund Nr. 7 Bauprodukte-Richtlinie soll insoweit der „größte Nutzen für einen einheitlichen Binnenmarkt“ erzielt werden.

14 *Keyhanian*, Instrumente, S. 380.

15 Mitteilung der Kommission über die Grundlagendokumente der Richtlinie des Rates 89/106/EWG, Grundlagendokument Nr. 6, ABl. 1994 C 62, 148. Nach *Nolte*, in: Simon/ Busse, Vorbem. Art. 9 Rn. 2 betraf diese Standardisierung die Eigenschaften der Wärmeleitfähigkeit, der spezifischen Wärmekapazität sowie des Wärmeausdehnungskoeffizienten.

Die Bauprodukte-Richtlinie wurde im Jahr 2011 durch die Bauprodukte-Verordnung abgelöst. Nach der Bauprodukte-Verordnung wurde das Modell produktgruppenspezifischer Standards im Grundsatz beibehalten, jedoch rechtstechnisch vereinfacht.[16] Die Bauprodukte-Verordnung sieht dem Grunde nach zwei Arten technischer Standards vor, über die energetische Eigenschaften von Bauprodukten definiert werden können.[17] Dies sind einerseits sog. Harmonisierte Normen gem. Art. 17 Bauprodukte-Verordnung, die von der europäischen Normungsorganisation CEN erarbeitet werden.[18] Ferner existieren sog. Europäische technische Bewertungen nach Art. 21 Bauprodukte-Verordnung, die von nationalen Bewertungsstellen erarbeitet werden können, soweit es an Harmonisierten Normen fehlt.[19] Weiterhin besteht nach Art. 4 Abs. 2 i. V. m. Art. 8 Abs. 2 Bauprodukte-Verordnung eine Pflicht zur CE-Kennzeichnung durch die Hersteller. Zudem müssen Bauprodukte nach Art. 4 Abs. 1 Bauprodukte-Verordnung vom Hersteller nunmehr mit einer sog. Leistungserklärung versehen werden, die nach Art. 6 Bauprodukte-Verordnung die wesentlichen technischen – und damit auch energetischen – Merkmale eines Bauproduktes angibt.

2. *Ökodesign-Recht*

Ebenfalls auf der unionsrechtlichen Ebene, allerdings erst im vergangenen Jahrzehnt hat sich das sog. Ökodesign-Recht entwickelt. Im Gegensatz zum Bauprodukterecht wird mit dem Ökodesign-Recht eine primär energiepolitische Zielsetzung verfolgt. Ziel ist es, energieineffiziente Produkte vom Markt zu verdrängen.[20] Insoweit ist auch von „produktbezogenem Umweltschutz“ die Rede.[21] Mit der Ökodesign-Richtlinie a. F. wurde im Jahr 2005 eine entsprechende Rechtsgrundlage geschaffen, die im Jahr 2009 novelliert wurde. Gegenstand der Ökodesign-Richtlinie sind Anforderungen an energieverbrauchsrelevante Produkte.[22] Zur Verdrängung ineffizienter energieverbrauchsrelevanter Produkte von den Märkten sieht Art. 15 Ökodesign-Richtlinie – konzeptionell ähnlich dem Bauproduktenrecht – eine sukzessive Erarbeitung produktgruppenspezifischer Standards in separaten Durchführungsverordnungen vor.[23] Von Relevanz für die Wärmewende sind bspw. zwei im Jahr 2013 erlassene

16 *Abend*, EuZW 2013, 611 (611–612).
17 Nach *Abend*, EuZW 2013, 611 (613, Fn. 18) gab es bereits im Jahr 2013 420 harmonisierte Normen und mehr als 2500 Europäische Technische Bewertungen.
18 *Wirth*, NZBau 2013, 193 (194).
19 *Eisenberg*, NZBau 2013, 675 (676).
20 *Erbguth/Schlacke*, Umweltrecht, S. 486.
21 *Koch*, NVwZ 2011, 641 (646).
22 *Koch*, NVwZ 2011, 641 (646).
23 Zu diesem Rechtsetzungsverfahren *Jesse*, Instrumentenverbund, S. 20 sowie *Dietrich*, NVwZ 2012, 598 (599).

Durchführungsverordnungen für Heizgeräte[24] sowie für Warmwasserbereiter und Warmwasserspeicher[25].

Im nationalen Recht werden die Standards der vorgenannten Durchführungsverordnungen über die Regelungen des Energieverbrauchsrelevante-Produkte-Gesetzes (EVPG) verbindlich.[26] Nach § 4 Abs. 1 Nr. 1 EVPG ist das Inverkehrbringen von Produkten, die nicht den europäischen Standards des Ökodesign-Rechts entsprechen, verboten. Wiederum parallel zum Bauproduktenrecht sehen § 4 Abs. 1 Nrn. 2 und 3 EVPG im Falle der Konformität mit den vorgenannten Standards eine CE-Kennzeichnung der Produkte sowie eine Beifügung sog. Konformitätserklärungen anlässlich von deren Vermarktung vor.[27]

Sowohl das Bauprodukterecht als auch das Ökodesign-Recht leisten daher bereits im Rahmen der Herstellung und Vermarktung von Materialien und Anlagen einen erheblichen, wenngleich schwer messbaren Beitrag zur Wärmewende.

II. Ökonomische Instrumente

Kehrt man zur Differenzierung von rechtlichen Instrumenten nach dem bezweckten Verhalten der Adressaten zurück,[28] so zählen zu den Instrumenten einer indirekten Verhaltenssteuerung solche Rechtsvorschriften, die beeinflussend oder motivierend auf Entscheidungen der Bürger Einfluss nehmen.[29] In diese Kategorie gehören Rechtsvorschriften, die den Einsatz von Finanzmitteln regeln. Über einen rechtlich angeleiteten Einsatz von Finanzmitteln werden wirtschaftliche Anreize zu einem bestimmen Verhalten gesetzt.[30] Solche Instrumente setzen damit im Kern auf die Ausnutzung marktwirtschaftlicher Mechanismen, um die jeweiligen Steuerungsziele zu erreichen.[31] Im Unterschied zu den Instrumenten direkter Verhaltenssteuerung liegt die Verantwortung für Entscheidungen für oder gegen eine bestimmte Verhaltensweise daher bei den Normadressaten.[32]

---

24 Verordnung 813/2013/EU der Kommission vom 2. August 2013 zur Durchführung der Richtlinie 2009/125/EG des Europäischen Parlaments und des Rates im Hinblick auf die Festlegung von Anforderungen an die umweltgerechte Gestaltung von Raumheizgeräten und Kombiheizgeräten, ABl. L 239, 136.

25 Verordnung 814/2013/EU der Kommission vom 2. August 2013 zur Durchführung der Richtlinie 2009/125/EG des Europäischen Parlaments und des Rates im Hinblick auf die Festlegung von Anforderungen an die umweltgerechte Gestaltung von Warmwasserbereitern und Warmwasserspeichern, ABl. L. 239, 162.

26 *Jesse*, Instrumentenverbund, S. 24.

27 *Koch*, NVwZ 2011, 641 (646). Näher zu den Voraussetzungen für eine Vermarktung *Dietrich*, NVwZ 2012, 598 (600).

28 Hierzu bereits unter Teil 2 A.

29 *Kloepfer*, Umweltrecht, S. 360; *Halama*, Gebäudesanierung, S. 28.

30 *Lübbe-Wolff*, NVwZ 2001, 481 (485); *Lee*, Instrumentenmix, S. 52.

31 So bereits *Salje*, ET 1982, 674 (677).

32 *Erbguth/Schlacke*, Umweltrecht, S. 113; *Kloepfer*, Umweltrecht, S. 283.

Ökonomische Instrumente werden weiter in direkte Finanzhilfen (Subventionen) und steuerliche Belastungen unterteilt.[33] Vor allem die erstgenannten, häufig als besonders wirksam empfundenen[34] direkten Finanzhilfen kommen in der Wärmewende in erheblichem Umfang zum Einsatz.[35] Dies ist nach allgemeiner Meinung vor dem Hintergrund des umweltrechtlichen Verursacherprinzips, das gerade für eine Kostentragung der Gebäudeeigentümer als Verursacher von energienutzungsbedingten Emissionen spricht, nicht unbedenklich.[36] Neben den Bundesländern, deren finanzielle Förderprogramme aufgrund ihrer Vielzahl und Diversität kaum zu erfassen sind,[37] unterstützt auch der Bund die Durchführung von Energieeffizienzmaßnahmen sowie die Installation von Wärmeerzeugungsanlagen auf Basis erneuerbarer Energien. Die zentralen Bausteine der Bundesförderung, das Marktanreizprogramm, das CO_2-Gebäudesanierungsprogramm, das Anreizprogramm Energieeffizienz und das Kraft-Wärme-Kopplungsgesetz werden im Folgenden dargestellt.[38]

1. *Marktanreizprogramm*

Ein erster zentraler Baustein der Bundesförderung ist das sog. Marktanreizprogramm (MAP). Die Grundzüge dieses Förderprogramms sind rechtlich in den §§ 13–16 des Erneuerbare-Energien-Wärme-Gesetzes (EEWärmeG) verankert. Die Förderdetails sind auf Grundlage von § 13 Abs. 2 EEWärmeG in einer Förderrichtlinie des Bundesministeriums für Wirtschaft und Energie, deren aktuelle Fassung aus dem Jahr 2015 stammt, niedergelegt (MAP-Richtlinie).

Begünstigte der Förderung können nach der weit gefassten Bestimmung der Ziffer III. Nr. 1 MAP-Richtlinie diverse private Akteure (Privatpersonen, freiberuflich Tätige, Unternehmen oder sonstige juristische Personen des Privatrechts) sein. Dies gilt nach Ziffer III. Nr. 2 MAP-Richtlinie, soweit diese Begünstigten als Eigentümer

---

33 *Kloepfer*, Umweltrecht, S. 368; ähnlich *Kahl/Schmidt, Reiner, Gärditz, Ferdinand*, Umweltrecht, S. 153. Siehe auch *Erbguth/Schlacke*, Umweltrecht, S. 114 zur weiteren Feindifferenzierung;

34 *Knauff*, DV 2014, 407 (430).

35 Demgegenüber konnte über neuere Vorschläge zum Einsatz abgabenrechtlicher Instrumente (vgl. den Gesetzentwurf der Bundesregierung zur steuerlichen Förderung von energetischen Sanierungsmaßnahmen an Wohngebäuden, BT-Drs. 17/6074 vom 06. Juni 2011) bislang keine politische Einigung erzielt werden.

36 *Kahl/Schmidtchen*, Kommunaler Klimaschutz, S. 32; *Ekardt/Heitmann*, RdE 2009, 118 (123). Zum Konflikt zwischen staatlicher Förderung und Verursacherprinzip bereits unter Teil 2 A.

37 Übersichten bieten bspw. gemeinnützige Beratungsgesellschaften wie die co_2online gGmbH an, siehe http://www.co2online.de/foerdermittel/ (zul. abger. am 7. Januar 2017).

38 Eine umfassende Analyse dieser und weiterer ökonomischen Instrumente findet sich bei *Bürger u. a.*, Klimaschutz im Gebäudebereich, S. 37 ff.

oder sonstige zivilrechtlich Berechtigte über die zu sanierende Gebäudesubstanz verfügen können.[39] Die Förderung nach der MAP-Richtlinie ist daher gebäudebezogen.

Förderfähig sind nach § 14 Abs. 1 Nrn. 1 bis 3 EEWärmeG u.a. „Maßnahmen für die Erzeugung von Wärme wie insbesondere die Errichtung oder Erweiterung von solarthermischen Anlagen, Anlagen zur Nutzung von Biomasse, Anlagen zur Nutzung von Geothermie und Umweltwärme". Bereits aus dem Wortlaut des Gesetzes ergibt sich somit, dass das MAP speziell auf eine Förderung des Erneuerbare-Energien-Einsatzes in der Wärmeerzeugung ausgerichtet ist.

Zweitens sind nach § 14 Abs. 1 EEWärmeG „Maßnahmen" der „Errichtung bzw. Erweiterung von Anlagen" förderfähig. Die gesetzliche Grundlage lässt damit eine Förderung von Sanierungen zu, schließt eine Förderung in Neubaukonstellationen aber nicht per se aus. Nach der MAP-Richtlinie ist die Förderung demgegenüber auf energetische Sanierungsmaßnahmen von Bestandsgebäuden beschränkt Denn gem. Ziffer II. MAP-Richtlinie müssen förderfähige Anlagen „dazu bestimmt sein, Wärme oder Kälte für Gebäude bereitzustellen, in denen zum Zeitpunkt der Inbetriebnahme bereits seit mehr als zwei Jahren ein anderes Heizungs- bzw. Kühlsystem installiert ist (Gebäudebestand), das ersetzt oder unterstützt werden soll". Im Einzelnen sieht die MAP-Richtlinie Förderungen in Form von Investitionszuschüssen durch das Bundesamt für Wirtschaft und Ausfuhrkontrolle (BAFA) nach den genaueren Bestimmungen von Ziffer IV[40] sowie vergünstigte Darlehen der Kreditanstalt für Wideraufbau (KfW) nach den Maßgaben von Ziffer V[41] vor.

Nach § 15 Abs. 1 EEWärmeG ist eine Förderfähigkeit schließlich ausgeschlossen, soweit Maßnahmen der Erfüllung ordnungsrechtlicher Erneuerbare-Energien-Nutzungspflichten nach dem EEWärmeG oder dem Landesrecht dienen. Förderfähig sind somit allein überobligatorische, also über ordnungsrechtliche Anforderungen hinausgehende, Sanierungsmaßnahmen. Dieser Ausschluss beruht auf dem haushaltsrechtlichen Subsidiaritätsgrundsatz, wonach Bundesmittel nicht eingesetzt werden sollen, soweit der Förderzweck gleichermaßen durch Eigenmittel der Verpflichteten erreicht wird.[42] Da im Bundesrecht – wie zu zeigen sein wird[43] – derzeit aber keine ordnungsrechtlichen Anforderungen für den Bestandsgebäudebereich geregelt sind, spielt der vorgenannte Förderausschluss bislang keine Rolle.

---

39 Nach Ziffer III Nr. 2 Satz 2 MAP-Richtlinie müssen Mieter oder Contractoren eine schriftliche Erlaubnis des Eigentümers vorlegen.

40 Förderung gem. Ziffer IV. MAP-Richtlinie.

41 Förderung gem. Ziffer V. MAP-Richtlinie.

42 *Kahl/Schmidtchen*, Kommunaler Klimaschutz. 34; *Wustlich*, in: Danner/Theobald, EEWärmeG, § 15 Rn. 8; *Jesse*, Instrumentenverbund, S. 273 verweist auf § 23 BHO.

43 Zum EEWärmeG des Bundes noch unter Teil 3 B. II.

2. CO_2-*Gebäudesanierungsprogramm*

Parallel zur Förderung des Erneuerbare-Energien-Einsatzes wird vom Bund auch die energieeffiziente bauliche Gestaltung umfangreich finanziell gefördert. Anders als die vorangehend dargestellte Förderung Erneuerbarer Energien ist die Energieeffizienzförderung des Bundes allerdings nicht gesetzlich geregelt. Aufgrund der Vielschichtigkeit des Energieeffizienzkonzeptes, das auf allen Stufen des Wärmeversorgungssystems ansetzen kann,[44] ist die bundesrechtliche Energieeffizienzförderung zudem hinsichtlich der Fördergegenstände breiter angelegt.

Als zentrales Förderprogramm zur Gebäudeeffizienz ist zunächst das CO_2-Gebäudesanierungsprogramm der Bundesregierung zu nennen.[45] Zum CO_2-Gebäudesanierungsprogramm existieren, wiederum abweichend vom Erneuerbare-Energien-Bereich, keine Förderrichtlinien.[46] Vielmehr beruhen die Grundzüge der Förderung nach diesem Programm allein auf den Maßgaben, die die Bundesregierung in den politischen Grundlagendokumenten für den Gebäudebereich beschlossen hat.[47] Die Förderdetails der Effizienzförderung sind in Förderbestimmungen definiert, die von der Kreditanstalt für Wiederaufbau (KfW) als ausführender Förderbank themenspezifisch festgelegt sind. Die KfW bietet sowohl für den Neubaubereich als auch für den Bestandsgebäudebereich eine Vielzahl von Förderprogrammen mit Zuschüssen oder vergünstigten Darlehen an. In Sanierungskonstellationen sind bspw. Programme einschlägig, die von der KfW unter der Sammelbezeichnung „Energieeffizient Sanieren“ geführt werden und vor allem Sanierungen an der Gebäudehülle unterstützen.[48] Bekannt sind die vorgenannten KfW-Programme aufgrund der energetischen Gebäudestandards, welche die KfW in den jeweiligen Förderbestimmungen als Zielniveaus für Sanierungen definiert hat (sog. KfW-Standards).[49] Parallel zu § 15 Abs. 1 EEWärmeG gehen die KfW-Standards für die Energieeffizienzförderung regelmäßig deutlich über die – in Effizienzfragen tatsächlich bestehenden[50] – ordnungsrechtlichen Anforderungen des Bundes hinaus.[51] Auch die finanzielle Förderung von energieeffizienten Sanierungen ist somit auf die Durchführung überobligatorischer Sanierungsmaßnahmen ausgerichtet.

---

44 Zur Universalität es Effizienzkonzepts bereits unter Teil 1 D. II. 2. b).

45 Vertiefend zur Historie des Programms *Wüstemann*, EU-Energieeffizienzrecht, 2011, S. 143.

46 Aus diesem Grund stellt das Programm zwar kein „rechtliches“ Instrument dar, wird aufgrund seiner hohen praktischen Bedeutung aber ebenfalls dargestellt.

47 Zu Energiekonzept 2010 und NAPE bereits unter Teil 1 D. III. 2.

48 Aktuell zählen hierzu die KfW-Förderprogramme Nr. 151, 152, 430 sowie 431, siehe die Liste unter https://www.kfw.de/inlandsfoerderung/Privatpersonen/Bestandsimmobilie/Förderprodukte/Förderprodukte-für-Bestandsimmobilien.html (zul. abger. am 7. Januar 2017).

49 So nimmt bspw. die *Bundesregierung*, Energieeffizienzstrategie Gebäude, S. 58 auf die aktuellen KfW-Energieeffizienzstandards Bezug.

50 Siehe zum Ordnungsrecht der EnEV noch ausführlich unter Teil 3 A. III.

51 *Bundesregierung*, Energieeffizienzstrategie Gebäude, S. 69.

3. *Anreizprogramm Energieeffizienz*

Im sog. Anreizprogramm Energieeffizienz (APEE) hat der Bund eine weitere, spezifisch anlagenbezogene Förderung aufgelegt. Rechtsgrundlage des APEE ist eine Förderrichtlinie aus dem Jahr 2015 (APEE-Richtlinie). Der Fokus des Programms liegt gem. Ziffer I.1 APEE-Richtlinie auf der Unterstützung von Maßnahmen zur Optimierung der Effizienz des gesamten Heizsystems in bestehenden Gebäuden. Folglich setzt eine Förderung im Rahmen des APEE nach Ziffer II.1 bis 3 APEE-Richtlinie erstens den Einbau einer MAP-geförderten Heizungsanlage auf Basis erneuerbarer Energien, zweitens die Ersetzung einer besonders ineffizienten alten Heizungsanlage (regelmäßig auf fossiler Basis) sowie drittens eine technische Optimierung des Gesamtheizungssystems voraus. Auch im Rahmen des APEE ist eine Förderung damit von der Verwendung von Wärmeerzeugungstechnik auf Basis erneuerbarer Energien abhängig. Eine rein fossile, wenngleich energieeffiziente Erzeugung, bspw. durch Erdgasheizungen neueren Datums, ist daher nicht förderfähig.

4. *Kraft-Wärme-Kopplungs-Gesetz*

Die vorgenannte „Lücke“ bei der anlagenspezifischen Förderung einer effizienten Erzeugung wird durch die Förderung im Rahmen des Kraft-Wärme-Kopplungsgesetzes (KWK-G) geschlossen. Wie bereits einleitend geklärt wurde,[52] erzielen Kraft-Wärme-Kopplungsanlagen zur gleichzeitigen Strom- und Wärmeerzeugung regelmäßig hohe Gesamtwirkungsgrade und sind daher besonders energieeffizient. Die finanzielle Förderung nach dem KWK-G knüpft nach der Zielbestimmung in § 1 Abs. 1 des Gesetzes allerdings nicht an die Wärmeerzeugung, sondern allein an die Stromerzeugung aus KWK-Anlagen an. Nach den §§ 5 ff. KWK-G sind die Netzbetreiber zur Zahlung einer Zusatzvergütung[53] an die Anlagenbetreiber verpflichtet, soweit Strom aus neu in Betrieb genommenen, modernisierten oder nachgerüsteten KWK-Anlagen in das allgemeine Versorgungsnetz eingespeist wird. Die Vergütungspflicht trifft daher nicht den Staat, sondern zunächst die Netzbetreiber. In den §§ 26 bis 29 sieht das KWK-G allerdings einen sog. Umlagemechanismus vor, innerhalb dessen die Netzbetreiber die Förderkosten im Vertragswege auf die Letztverbraucher umlegen können, die an das Stromnetz angeschlossenen sind.

Die Förderung einer energieeffizienten Wärmeerzeugung findet im speziellen Fall der KWK somit mittelbar über die finanzielle Förderung des erzeugten Stroms statt. Insoweit nutzt der Gesetzgeber bei der finanziellen Förderung die technischen Vorteile der Sektorenkopplung aus.

---

52 Zur KWK als Technologie der Sektorenkopplung bereits unter Teil 1 C. I. 1. b).

53 Die Höhe der Zuschlagszahlung ist gemäß § 5 Abs. 1 KWK-G – je nach Anlagengröße – entweder gesetzlich festgelegt oder alternativ im Wege von Ausschreibungen zu ermitteln.

III. Planungsrechtliche Instrumente

Neben den ordnungsrechtlichen Instrumenten und den finanziellen Förderinstrumenten existieren drittens planungsrechtliche Instrumente mit Bezug zur Wärmewende. Planungsrechtliche Instrumente ermöglichen den staatlichen Akteuren ein zukunftsgerichtetes, methodisch fundiertes Angehen komplexer Sachfragen.[54] Speziell in den letzten Jahren wurden dabei rechtliche Voraussetzungen geschaffen, um den Kommunen eine effektive rechtliche Planung in Angelegenheiten der Energieversorgung zu ermöglichen. Auch für den Bereich der Wärmeversorgung sind dabei auf kommunaler Ebene neue Möglichkeiten entstanden, die erstens in den bundesgesetzlichen Grundlagen der Bauleitplanung und zweitens in den landesrechtlichen Grundlagen zum Anschluss- und Benutzungszwang verankert sind.[55]

1. Bauleitplanung

Die kommunale Bauleitplanung stellt neben der Raumordnung das zentrale Instrument einer bodennutzungsbezogenen Gesamtplanung dar.[56] Lange Zeit war nicht geklärt, ob auch Fragen des globalen Klimaschutzes in der Bauleitplanung Berücksichtigung finden können. Diese Frage wurde zunächst durch eine erste Novelle des Baugesetzbuches (BauGB) im Jahr 2004[57] sowie umfassend durch eine zweite Novelle im Jahr 2011 (BauGB-Klimaschutznovelle)[58] beantwortet. Seitdem ist der globale Klimaschutz sowohl eine Aufgabe für die kommunale Bauleitplanung als auch eine Maßgabe für die planerische Abwägung. Ersteres ergibt sich aus § 1 Abs. 5 Satz 2 BauGB, wonach Bauleitpläne u. a. „den Klimaschutz und die Klimaanpassung, insbesondere auch in der Stadtentwicklung, fördern" sollen.[59] Letzteres ergibt sich aus § 1 Abs. 6 Nr. 7 a) BauGB, wonach das „Klima" als abwägungsrelevanter Belang des Umweltschutzes aufgeführt wird.[60]

Auch wenn das Instrument der Flächennutzungspläne (§ 5 BauGB) in diesem Kontext nicht ohne Bedeutung ist, so spielen die Bebauungspläne (§ 9 BauGB) die

---

54 *Lee*, Instrumentenmix, S. 44; ähnlich die Planungsmerkmale bei *Hoppe*, in: Isensee/Kirchhof, Handbuch des Staatsrechts, Bd. IV, S. 318.

55 Neben den *rechtlichen* Planungsinstrumenten der Kommunen besteht in neuerer Zeit auch ein Trend zu einer informellen Energiefachplanung durch *Energiekonzepte* oder – spezifisch für die Wärmeversorgung – *kommunale Wärmepläne.* Ausführlich zu solchen Plänen *Kahl/Schmidtchen*, Kommunaler Klimaschutz, S. 341 ff.

56 *Kahl/Schmidt/Gärditz*, Umweltrecht, S. 134 sprechen vom „Ausgleich konkurrierender bodenrechtlich relevanter Interessen im innerstädischen Bereich"; ähnlich *Becker*, in: Hebeler/Hendler/Proelß/Reiff, Kommunaler Umweltschutz, S. 33.

57 Gesetz zur Anpassung des Baugesetzbuches vom 20. Juli 2004 (BGBl. I, S. 2424).

58 Gesetz zur Förderung des Klimaschutzes bei der Entwicklung in den Städten und Gemeinden vom 22. Juli 2011 (BGBl. I, S. 1509).

59 *Becker*, in: Hebeler/Hendler/Proelß/Reiff, Kommunaler Umweltschutz, S. 33; *Ekardt/Schmitz/Schmidtke*, ZNER 2008, 334 (337).

60 *Becker*, in: Hebeler/Hendler/Proelß/Reiff, Kommunaler Umweltschutz, S. 33.

zentrale Rolle. Wird die kommunale Planung durch den Erlass von Bebauungsplänen zum Abschluss gebracht, so entfalten formelle Festsetzungen solcher Pläne eine ähnliche Rechtsverbindlichkeit wie die Maßgaben des gesetzlich geregelten Ordnungsrechts.[61]

Im Recht der Bebauungspläne gehört der globale Klimaschutz zunächst zu den planrechtfertigenden „städtebaulichen Gründen" im Sinne von § 9 Abs. 1, 1. Halbsatz BauGB und kann damit kommunale Planungsinitiativen begründen.[62]

Bedeutsam sind zweitens die einzelnen Festsetzungsmöglichkeiten für Bebauungspläne gemäß § 9 Abs. 1 Halbsatz 2 BauGB. Bereits traditionell konnten Festsetzungsmöglichkeiten zur Bauweise, zu überbaubaren Grundstücksflächen sowie zur Stellung von baulichen Anlagen zueinander (§ 9 Abs. 1 Nr. 2 BauGB) für energetische Zwecke nutzbar gemacht werden.[63] Im Rahmen der BauGB-Klimaschutznovelle wurden solche Möglichkeiten durch die Einfügung von § 9 Abs. 1 Nr. 23 b) BauGB noch deutlich erweitert. Hiernach können nunmehr Gebiete festgesetzt werden, in denen „bei der Errichtung von Gebäuden oder bestimmten sonstigen baulichen Anlagen bestimmte bauliche und sonstige technische Maßnahmen für die Erzeugung, Nutzung oder Speicherung von Strom, Wärme oder Kälte aus erneuerbaren Energien oder Kraft-Wärme-Kopplung getroffen werden müssen."

Einerseits sind die vorgenannten Festsetzungsmöglichkeiten in Energiefragen durchaus weitgehend. Sie beziehen sich auf sämtliche Stufen der Wärmeversorgung, also sowohl auf die Erzeugung von Wärme (bspw. aus Kraft-Wärme-Koppelungs-Anlagen oder aus Anlagen zur Nutzung erneuerbarer Energien) als auch auf die Nutzung oder Speicherung von Wärme (bspw. durch Wärmedämmung).[64] Als „bauliche bzw. „technische Maßnahmen" sind Vorgaben zur Installation von Gebäudetechnik denkbar.[65] Lediglich Verpflichtungen zur tatsächlichen Benutzung der installierten Anlagen können in Bebauungsplänen nicht getroffen werden.[66] Andererseits beschränkt sich § 9 Abs. 1 Nr. 23 b) BauGB auf die „Errichtung von

---

61 *Kahl/Schmidtchen*, Kommunaler Klimaschutz, S. 116 im Vergleich zum Gesetzesrecht des EEWärmeG.

62 *Kahl/Schmidtchen*, Kommunaler Klimaschutz, S. 128–129; ähnlich zur Rechtslage vor der BauGB-Klimaschutznovelle *Böhm*, in: Hendler/Marburger/Reiff/Schröder, Jahrbuch Umwelt- und Technikrecht 2009, S. 242.

63 *Ekardt/Schmitz/Schmidtke*, ZNER 2008, 334 (336); zum Beispiel der Gewährleistung einer hinreichenden Sonneneinstrahlung *Longo*, Örtliche Energieversorgung, S. 248.

64 *Kahl/Schmidtchen*, Kommunaler Klimaschutz, S. 156.

65 Dies ist aufgrund der Regelungen des EEWärmeG umstritten, näher *Kahl/Schmidtchen*, Kommunaler Klimaschutz, S. 154; *Becker*, in: Hebeler/Hendler/Proelß/Reiff, Kommunaler Umweltschutz, S 37.

66 Verneinend *Longo*, Örtliche Energieversorgung, S. 302; *Schmidt*, Solarenergie, S. 83 und *Müller*, in: Müller/Oschmann/Wustlich, Einl. Rn. 60; bejahend *Ekardt/Schmitz/Schmidtke*, ZNER 2008, 334 (337).

Gebäuden“ und somit auf Neubaukonstellationen. Festsetzungen für Sanierungsvorhaben sind daher grundsätzlich unzulässig.[67]

Das BauGB eröffnet den Kommunen daher beim Erlass von Bebauungsplänen einen durchaus weitgehenden Gestaltungsspielraum zur Verwirklichung der Wärmewende, wobei mögliche Vorgaben für Sanierungen allerdings ausgeklammert sind. Schließlich ist zu beachten, dass Festsetzungen in Bebauungsplänen nur im Wege der planerischen Gesamtabwägung festgesetzt werden können.[68] Bauleitpläne bleiben daher auch nach der Klimaschutznovelle des Jahres 2011 ein bodennutzungsbezogenes Gesamtplanungsinstrument, sie sind weiterhin kein spezielles Energie- oder Wärmeplanungsinstrument.

2. Kommunaler Anschluss- und Benutzungszwang

Die besondere Relevanz des kommunalen Anschluss- und Benutzungszwangs für die Wärmewende ist auf die physikalischen Eigenschaften von Wärme als Energieform zurückzuführen. Reibungseffekte lassen keinen Wärmetransport über größere Distanzen zu.[69] Aus Gründen der energetischen Gesamteffizienz ist aber in vielen Fällen, vor allem in Ballungsräumen mit einer hohen Anschlussdichte, dennoch ein Wärmetransport über lokale Wärmenetze möglich.[70] Diese Umstände deuten bereits von Natur aus auf die Übernahme kommunaler Verantwortung für die Organisation und den Betrieb solcher Netze hin. In der Wärmewende liegen die besonderen Chancen eines kommunalen Versorgungsnetzes vor allem auf Seite der Netzeinspeisung, bspw. indem zentrale KWK-Anlagen, Biomasse-Heizkraftwerke oder größere Solarthermie-Freiflächenanlagen an Wärmenetze angeschlossen werden können.

Andererseits setzt die Betriebsfähigkeit solcher Netze die Verfügbarkeit einer ausreichenden Mindestanzahl an Abnehmern voraus.[71] Zur Sicherstellung dieser Voraussetzung sieht das Landesrecht regelmäßig die Möglichkeit der Anordnung eines Anschluss- und Benutzungszwangs im Wege des Satzungserlasses durch die Kommunen vor.[72] Die Anordnung eines Anschlusszwangs verpflichtet dabei zur Einrichtung von abnehmerseitigen Vorkehrungen, die eine jederzeitige Netznutzung ermöglichen.[73] Ein Benutzungszwang begründet die zusätzliche Pflicht, den

---

67 *Böhm*, in: Hendler/Marburger/Reiff/Schröder, Jahrbuch Umwelt- und Technikrecht 2009, S. 238 (243); differenzierend *Schrödter*, BauGB, § 9 Rn. 177, der bestimmte grundlegende Sanierungsvorhaben wie Neubauvorhaben behandeln will.

68 *Kahl/Schmidtchen*, Kommunaler Klimaschutz, S. 129.

69 Zu den physikalischen Eigenschaften von Wärme bereits unter Teil 1 B. I.

70 Zur Vebreitung von Fernwärmenetzen bereits unter Teil 1 C. I. 2.

71 *Longo*, Örtliche Energieversorgung, S. 331.

72 Z. B. § 11 Abs. 1 Satz 1 GO BW, § 26 Abs. 1 GO RP, § 9 Satz 1 GO NRW. In der Praxis ist aber nur für ca. 10 % aller kommunal betriebenen Netze bunesweit ein Anschluss- und Benutzungszwang angeordnet, *Kahl*, VBlBW 2011, 53 (54–55).

73 *Kusche*, Kompetenzen, S. 156.

eingerichteten Netzanschluss ausschließlich und bestimmungsgemäß zu verwenden.[74] Gegenstand des Anschlusses sind nach den landesrechtlichen Rechtsgrundlagen regelmäßig öffentliche Einrichtungen[75] zur Versorgung mit Fernwärme.[76] Darüber hinaus lassen manche Bundesländer auch einen Anschluss an kleinflächigere Nahwärmelösungen wie bspw. an sog. Objektnetze zu, die aus einzelnen BHKW gespeist werden.[77]

Das Instrument des Anschluss- und Benutzungszwang kann, je nach landesrechtlicher Rechtsgrundlage, sowohl in Neubaukonstellationen als auch für Sachverhalte im Gebäudebestand angeordnet werden.[78] Im zweitgenannten Fall können sich Anordnungen zunächst auf freiwillige Sanierungsvorhaben beschränken.[79] Denkbar sind aber auch Anordnungen, die unabhängig vom Anlass eines freiwilligen Sanierungsvorhabens gelten und somit einen „echten" Sanierungszwang begründen.[80] Aufgrund der vorgenannten Wirkungen gegenüber den Adressaten stellen Rechtsgrundlagen zum Anschluss- und Benutzungszwang einerseits geradezu typisches Ordnungsrecht dar.[81] Andererseits wird ein Anschluss- und Benutzungszwang regelmäßig nur im Wege einer prognostischen Entscheidung mit Blick auf die ökonomischen Einflüsse getroffen, die sich auf den Netzbetrieb auswirken können. Zentrales Ziel ist der mittel- oder langfristig wirtschaftliche Betrieb des Netzes.[82] Dies rechtfertigt es, den Anschluss- und Benutzungszwang gleichermaßen auch als planungsrechtliches Instrument einzuordnen.[83]

Zentrales Tatbestandsmerkmal für die Anordnung eines Anschluss- und Benutzungszwangs ist klassischerweise ein Erfordernis des „öffentlichen Wohls" oder ein „(dringendes) öffentliches Bedürfnis".[84] Bei der Auslegung dieser Tatbestandsmerkmale spielt zunächst die vorgenannte Frage nach der Wirtschaftlichkeit der Fernwärmenetze eine Rolle.[85] Im Zuge der Umstellung der Netzeinspeisung auf Wärme aus KWK- ode EE-Anlagen wurde allerdings die Frage nach weitergehenden

74 *Kusche*, Kompetenzen, S. 156.
75 Zu Variationen zwischen den Ermächtigungsgrundlagen *Longo*, Örtliche Energieversorgung, S. 333.
76 *Kusche*, Kompetenzen, S. 156.
77 Vgl. § 4 Abs. 1 Satz 2 HmbKliSchG als Beispiel einer weiter gefassten Ermächtigungsgrundlage.
78 *Keyhanian*, Instrumente, S. 419.
79 Zum Beispiel solcher Anordnungen auf Grundlage von § 4 Abs. 2 HmbKliSchG *Kahl*, VBlBW 2011, 53 (56, Fn. 56) sowie *Keyhanian*, Instrumente, S. 419.
80 Vgl. *Bürger u. a.*, Klimaschutz im Gebäudebereich, S. 329–330, die diesbezügliche Einschränkungen in manchen Bundesländern kritisiereren.
81 Auch *Kahl/Schmidtchen*, Kommunaler Klimaschutz, S. 291, sprechen von einem „ordnungsrechtlichen Rahmen".
82 *Longo*, Örtliche Energieversorgung, S. 332.
83 *Wustlich*, in: Danner/Theobald, EEWärmeG, Einl. Rn. 18.
84 *Longo*, Örtliche Energieversorgung, S. 334.
85 *Ekardt/Schmitz/Schmidtke*, ZNER 2008, 334 (340).

Auslegungsmöglichkeiten aufgeworfen. Parallel zum Bauplanungsrecht stellte sich zunehmend die Frage, ob die Anordnung eines Anschluss- und Benutzungszwangs auch – oder sogar vorrangig – mit dem Ziel einer klimafreundlichen kommunalen Wärmeversorgung begründet werden kann. Diese Frage war zunächst mit Blick auf die unterschiedliche Rechtslage in den einzelnen Bundesländern differenziert zu beantworten. Einige Bundesländer hatten ihre Rechtsgrundlagen explizit in die vorgenannte Richtung modifiziert, weshalb solche Anordnungen für zulässig gehalten wurden.[86] In den anderen Bundesländern bestand Streit über die Frage, ob solche Anordnungen nicht jedenfalls mit Blick auf Art. 20 a GG zulässig sein sollten.[87] Durch § 16 EEWärmeG regelte der Gesetzgeber die Antwort schließlich auf Bundesebene.[88] Nach § 16 EEWärmeG können die Gemeinden und Gemeindeverbände nunmehr „von einer Bestimmung nach Landesrecht, die sie zur Begründung eines Anschluss- und Benutzungszwangs an ein Netz der öffentlichen Fernwärme- oder Fernkälteversorgung ermächtigt, auch zum Zwecke des Klima- und Ressourcenschutzes Gebrauch machen."

§ 16 EEWärmeG setzt voraus, dass der Zweck des Klima- und Ressourcenschutzes gerade durch die spezifische Struktur des jeweiligen Wärmenetzes, insbesondere mit Blick auf die Einspeissungsseite (z.B. durch effiziente KWK- oder EE-Anlagen), verfolgt werden kann. Dies erfordert eine bilanzielle Betrachtung der Treibhausgasreduktionen, die durch den Anschluss- und Benutzungszwang realisiert werden können.[89] Neben diesem Erfordernis ist allerdings kein weiterer örtlicher Bezug mehr notwendig, um einen Anschluss- und Benutzungszwang anzuordnen. Zweifel an der Verfassungsmäßigkeit von § 16 EEWärmeG mit Blick auf das Aufgabenübertragungsverbot des Art. 84 Abs. 1 Satz 7 GG wirft dies nicht auf. Denn Art. 84 Abs. 1 Satz 7 GG lässt rein kompetenzerweiterndes Bundesrecht nach allgemeiner Meinung ohne weiteres zu.[90] Allerdings erfolgen kommunale Entscheidungen zur Anordnung eines Anschluss- und Benutzungszwangs in der Praxis regelmäßig ohnehin auf Grundlage eines „Motivbündels" aus örtlichen und überörtlichen Zielsetzungen.[91]

---

86 Bejahend BVerwGE 125, 68 (71) zu Ermächtigungsgrundlagen mit dem Schutzgut „natürliche Grundlagen des Lebens"; zur Auslegung *Kahl/Schmidtchen*, Kommunaler Klimaschutz, S. 294 und *Keyhanian*, Instrumente, S. 416.

87 Verneinend BVerwG, NVwZ 2006, 595 (596) zu Ermächtigungsgrundlagen mit dem alleinigen Tatbestandsmerkmal des „öffentlichen Bedürfnisses"; zur Auslegung *Longo*, Örtliche Energieversorgung, S. 336.

88 Zur Entwicklung des EEWärmeG noch ausführlich unter Teil 3 B. II. 1.

89 OVG Sachsen-Anhalt, Urt. v. 10. April 2014 (4 K 180/12, n.rk), juris Rn. 44–45.

90 OVG Sachsen-Anhalt, Urt. v. 10. April 2014 (4 K 180/12, n.rk), juris Rn. 43; *Kahl/Schmidtchen*, Kommunaler Klimaschutz, S. 302. Siehe zur parallelen Fragestellung bei den landesrechtlichen Ermächtigungsgrundlagen für örtliche Bauvorschriften unter Teil 4 C. II. 2.

91 *Kahl/Schmidtchen*, Kommunaler Klimaschutz, S. 311.

Insgesamt bildet der Anschluss- und Benutzungszwang in seiner Modifikation durch § 16 EEWärmeG damit einen festen Bestandteil der rechtlichen Instrumente der Wärmewende.[92]

IV. Informationelle Instrumente

Als vierte Gruppe rechtlicher Instrumente der Wärmewende sind die informationellen Instrumente zu nennen. Informationelle Instrumente regeln klassischerweise den Informationsfluss zwischen Staat und Bürgern.[93] Gerade im Gebäudebereich spielt allerdings auch der Informationsfluss zwischen privaten Marktteilnehmern eine bedeutende Rolle. Soweit informationelle Instrumente dieses Verhältnis regeln, zielen sie regelmäßig auf die Beeinflussung von Entscheidungen für oder gegen den Kauf bestimmter Produkte.[94] Sie stellen damit, wie bereits die ökonomischen Instrumente, Instrumente indirekter Verhaltenssteuerung dar.[95] Die Funktionsfähigkeit solcher Regelungen ist gleichzeitig davon abhängig, dass ein grundsätzlich funktionierender Markt mit hinreichendem Wettbewerb besteht.[96]

Für den Gebäudebereich sind zwei Gruppen des Informationsflusses zwischen Privaten von Relevanz. Dies sind die Energieausweise sowie die Energieverbrauchskennzeichen.

1. *Energieausweise*

Energieausweise gestalten den Privatrechtsverkehr im Gebäudebereich durch Information.[97] Sie dienen der umfassenden Information der privaten Akteure über die energetischen Eigenschaften eines Gebäudes.[98] Solche Informationen können zunächst für die Gebäudeeigentümer nützlich sein. Von essentiellem Wert sind sie auch für die Entscheidungen potenzieller Mieter und Käufer von Immobilien, die anstelle der Gebäudeeigentümer Energieverbrauchskosten tragen.[99]

Die Einführung von Energieausweisen ist, historisch betrachtet, vor allem unionsrechtlich begründet. So enthielt die Richtlinie über die Gesamtenergieeffizienz von Gebäuden in der ersten Fassung des Jahres 2002 (Gebäuderichtlinie a. F.) gem.

---

92 Ähnlich *Koch*, NVwZ 2011, 641 (645) der den Anschluss- und Benutzungszwang als Bestandteil des Klimaschutzrechts ansieht.

93 Zu den denkbaren Richtungen des Informationsflusses *Kloepfer*, Umweltrecht, S. 445–446.

94 *Kloepfer*, Umweltrecht, S. 335.

95 *Kloepfer*, Umweltrecht, S. 452; *Heye*, Treibhausgasreduktion, S. 59; *Lee*, Instrumentenmix, S. 55.

96 Zur Ineffektivität von Energieausweisen bei fehlenden Wahlmöglichkeiten der Käufer oder Mieter *Reimer*, in Schulze-Fielitz/Müller, EU-Klimaschutzrecht, S. 172.

97 Vgl. *Reimer*, in: Schulze-Fielitz/Müller, EU-Klimaschutzrecht, S. 157–158 und *Keyhanian*, Instrumente, S. 387.

98 *Wustlich*, in: Danner/Theobald , Energierecht, EEWärmeG, Einl. Rn. 17.

99 *Mechel*, ZUR 2011, 184 (188); *Wüstemann*, EU-Energieeffizienzrecht, S. 141.

Art. 7 eine Verpflichtung der Mitgliedsstaaten, Energieausweise für neu zu errichtende sowie bestehende Gebäude oder Gebäudeteile einzuführen.[100] Für den Bereich der Bestandsgebäude wurden die Energieausweise erst im Jahr 2008 in das deutsche Recht eingeführt.[101]

Rechtsgrundlage für Energieausweise sind § 5a des Energieeinsparungsgesetzes (EnEG) und §§ 16 ff. der Energieeinsparverordnung (EnEV).[102] Im Bestandsgebäudebereich verpflichtet § 16 Abs. 2 EnEV die Gebäudeeigentümer zur Vorlage eines Energieausweises im Vorfeld eines Verkaufs oder einer Vermietung. Je nach Konstellation verpflichten § 17 Abs. 1 und 2 EnEV zu diesem Zeitpunkt entweder zur Erstellung eines Ausweises über den berechneten Energiebedarf oder über den erfassten Energieverbrauch.[103] Speziell bei Bestandsgebäuden müssen Energieausweise gem. § 17 Abs. 4 EnEV auch einige allgemeinen Modernisierungsempfehlungen enthalten.

2. Energieverbrauchskennzeichnung

Der zweite Baustein informationeller Instrumente betrifft die Kennzeichnung energetischer Eigenschaften von energieverbrauchsrelevanten Produkten.[104] In Abgrenzung zur Kennzeichnung der bereits dargestellten Konformitätserklärungen[105] geht es dabei um ausführliche Verbraucherinformationen über die einzelnen Energieverbrauchskennwerte eines Produktes. Auch solche Kennzeichnungspflichten stellen ein spezifisches Informationsinstrument mit Wirkungen auf den Privatrechtsverkehr dar.[106]

Herstellerpflichten zur Energieverbrauchskennzeichnung sind ebenfalls weitgehend unionsrechtlich vorbestimmt. Zentrale Rechtsgrundlage für die Kennzeichnungspflichten ist die Richtlinie 2010/30/EU. Art. 10 der Richtlinie 2010/30/EU sieht, parallel zu Art. 15 der Ökodesignrichtlinie,[107] die Erarbeitung von Durchführungsverordnungen durch die Kommission vor, durch die ein einheitliches Labelling für die jeweiligen Produktklassen definiert werden soll. Parallel zu den Produktgruppen des Ökodesign-Rechts wurden bisher bspw. Durchführungsverordnungen

100 Näher *Wüstemann*, EU-Energieeffizienzrecht, S. 133.

101 Zum damaligen Diskussionsstand siehe *Hertel*, DtNotZ 2007, 486 (486) zum Inhalt des Energieausweises und *Schmidt*, ZUR 2008, 463 (466–468) zu den Auswirkungen auf private Mietverhältnisse.

102 *Mechel*, ZUR 2011, 184 (188).

103 Zur Unterscheidung zwischen Bedarf und Verbrauch siehe bereits Teil 1 B. II. 1.

104 Zur Einordnung von Kennzeichnungspflichten als informationelle Instrumente *Kloepfer*, Umweltrecht, S. 458–459.

105 Zu den Konformitätserklärungen des produktbezogenen Ordnungsrechts bereits unter Teil 2 B. I.

106 *Britz*, UPR 2004, 55 (56).

107 Zum Rechtssetzungsverfahren im Ökodesignrecht unter Teil 2 B. I. 2.

mit einem einheitlichen Labelling für Heizgeräte[108] oder Warmwasserbereiter und Warmwasserspeicher[109] erlassen.

Im nationalen Recht folgt die Herstellerpflicht zur Energieverbrauchskennzeichnung aus der sog. Energieverbrauchskennzeichnungsverordnung der Bundesregierung (EVPGV). Diese wurde auf Grundlage von § 3 Satz 2 Nr. 2 EVPG erlassen.[110] Über § 3 Abs. 3 i. V. m. Anlage 2 EVPGV wird eine rechtsverbindliche Kennzeichnungspflicht statuiert, bei der die jeweiligen Produktklassen aus den Durchführungsverordnungen der EU in Bezug genommen werden.

V. Privatrechtliche Instrumente

Besondere Probleme der rechtlichen Steuerung können schließlich entstehen, wenn direkt oder indirekt angestoßene Sanierungsmaßnahmen Gebäude betreffen, die von den Eigentümern an Dritte (z.B. Mieter) überlassen werden. Wird ein Eigentümer solcher Gebäude durch rechtliche Instrumente zu Sanierungsmaßnahmen verpflichtet oder angereizt, könnte er ohne ergänzende rechtliche Regelungen in ein Kosten-Nutzen-Dilemma geraten, müsste also die Kosten der Sanierung alleine tragen, ohne von den Einsparungen profitieren zu können.[111] Es bedarf daher rechtlicher Vorschriften, die einen Ausgleich im „Innenverhältnis" zwischen Eigentümer und Dritten regeln.[112]

Die vorgenannte These einer finanziellen Begünstigung der Dritten spricht zunächst für eine Umlagefähigkeit von Investitionskosten. Andererseits besteht zum Zeitpunkt der Durchführung von Sanierungen keine praktische Gewähr für die zukünftige Kostenentwicklung für Brennstoffe.[113] Ferner werden Dritte in die Planung von Sanierungen durch die Eigentümer regelmäßig nicht eingebunden und haben daher keine Möglichkeit, denkbare Fehler bei der technischen oder finanziellen Planung zu verhindern. Insoweit steht das Mietrecht vor der Herausforderung, eine ausgewogene Verteilung von Prognose- und Planungsrisiken vornehmen. Schließlich müssen die Regelungen des Mietrechts auch die Gesamtkostenentwicklung der

---

108 Delegierte Verordnung (EU) Nr. 811/2013 der Kommission vom 18. Februar 2013, ABl. L 239, 1.

109 Delegierte Verordnung (EU) Nr. 812/2013 der Kommission vom 18. Februar 2013, ABl. L 239, 83.

110 *Jesse*, Instrumentenverbund, S. 30.

111 Zum Kosten-Nutzen-Dilemma siehe bereits unter Teil 1 C. III.

112 Anders gelagert sind die Herausforderungen in Fällen von energetischen Sanierungen an Gemeinschaftseigentum. Hier bedarf es Regelungen zur erleichterten internen Entscheidungsfindung zwischen den grds. gleichberechtigten Eigentümern. So sieht bspw. § 22 Abs. 2 WEG die Möglichkeit von Mehrheitsentscheidungen anstelle der sonst notwendigen Einstimmigkeit zwischen den Eigentümern gem. § 22 Abs. 1 WEG vor.

113 Zu diesem Prognosefaktor bereits unter Teil 1 C. I. 1. a). und c).

Mietpreise auf den regionalen Märkten sowie, besonders im Wohnraummietrecht, auch soziale Zielsetzungen berücksichtigen.

Die einschlägigen Instrumente des Mietrechts finden sich in den Vorschriften der §§ 555b, 555d, 559 und 559a des Bürgerlichen Gesetzbuchs (BGB) und erfassen somit den Bereich des Wohnraummietrechts. Alle vorgenannten Bestimmungen wurden erst durch ein Mietrechtsänderungsgesetz im Jahr 2013 in das BGB eingefügt.[114] Nach dem Willen des Gesetzgebers sollte dieser Schritt einen speziellen Interessenausgleich mit Blick auf das Kosten-Nutzen-Dilemma herbeiführen.[115]

§ 555b BGB definiert zunächst von Gesetzes wegen den Begriff der Modernisierungsmaßnahmen. Diese Definition spielt zum einen bei den an anderer Stelle geregelten Duldungspflichten, zum anderen auch bei den vorliegend interessierenden Vermieterrechten zur Mieterhöhung eine Rolle.[116] Modernisierungsmaßnamen sind gem. § 555b Nr. 1 BGB solche baulichen Veränderungen, durch die „in Bezug auf die Mietsache Endenergie nachhaltig eingespart wird". Eine solche Einsparung findet nach dem bereits einleitend geklärten Verständnis des Endenergiebegriffs dann statt, wenn der an der Gebäudegrenze gemessene Bedarf an Energie in Form von Heizöl, Erdgas oder Strom verringert wird.[117] Folglich fallen unter § 555b Nr. 1 BGB sämtliche Energieeffizienzmaßnahmen der Gebäudedämmung oder der Verbesserung der Anlagentechnik. Denn gerade von solchen Maßnahmen profitieren die Mieter regelmäßig durch niedrigere Betriebskostenabrechnungen.[118] Auch eine Umstellung auf die Nutzung erneuerbarer Energien zur Wärmeerzeugung fällt nach dem Willen des Gesetzgebers hierunter.[119] Schließlich ist eine „nachhaltige" Einsparung erforderlich. Insoweit fordert das Gesetz lediglich, dass zum Zeitpunkt der Sanierung die Prognose einer langfristigen Realisierbarkeit von Einsparungen abgegeben werden kann. Eine bestimmten Höhe von Einsparungen muss hingegen nicht prognostisch festgestellt werden.[120]

§ 559 BGB regelt die Möglichkeiten für Mieterhöhungen nach der Durchführung von Modernisierungsmaßnahmen und damit die zentrale Frage der Umlagefähigkeit von Investitionskosten.[121] Hat der Vermieter Modernisierungsmaßnahmen nach § 555 b Nr. 1 BGB durchgeführt, kann er die Miete nach § 559 Abs. 1 BGB

---

114 Gesetz über die energetische Modernisierung von vermietetem Wohnraum und die vereinfachte Durchsetzung von Räumungstiteln vom 11. März 2013 (BGBl. I, S 434).

115 Vgl. die Gesetzesbegründung der Bundesregierung, BT-Drs. 17/10485 vom 15. August 2012, S. 13.

116 Näher zur Definition *Eisenschmid*, in: Schmidt-Futterer, BGB, § 555 b Rn. 3; zusammenfassend *Jesse*, Instrumentenverbund, S. 58.

117 Siehe zum Endenergiebegriff bereits unter Teil 1 B. II. 2.

118 BT-Drs. 17/10485 vom 15. August 2012, S. 19.

119 BT-Drs. 17/10485 vom 15. August 2012, S. 19.

120 BT-Drs. 17/10485 vom 15. August 2012, S. 24; *Eisenschmid*, in: Schmidt-Futterer, BGB, § 555b Rn. 26.

121 *Halama*, Gebäudesanierung, S. 30.

erhöhen. Das Gesetz gewährt dem Vermieter damit ein einseitiges Gestaltungsrecht.[122] Da § 578 Abs. 2 BGB nicht auf die vorgenannte Bestimmung verweist, besteht eine solche Erhöhungsmöglichkeit allein im Wohnraummietrecht. Im Gewerberaummietrecht ist eine Kostenumlage von Investitionskosten für energetische Sanierungen daher, vorbehaltlich abweichender vertraglicher Vereinbarungen, nicht möglich.[123]

Nach § 559 Abs. 1 BGB ist der Vermieter berechtigt, die „jährliche Miete um 11 % der für die Wohnung aufgewendeten Kosten" zu erhöhen. Daher sind zunächst die umlagefähigen Sanierungskosten zu ermitteln, worunter im wesentlichen Bau- und Planungskosten fallen.[124] Als umlagefähige Sanierungskosten scheiden nach § 559 Abs. 2 BGB die „Sowieso-Kosten"[125] aus. Dies sind solche Kosten, die ohnehin für Erhaltungsmaßnahmen erforderlich gewesen wären. Zweitens sind auch die aus öffentlichen Haushalten bezuschussten Mittel gem. § 559 a Abs. 1 BGB nicht umlagefähig.[126] Die vorgenannten 11 % der umlagefähigen Sanierungskosten kann der Vermieter hingegen auf die „jährliche Miete" aufschlagen.[127] Das Umlagemodell des BGB geht somit davon aus, dass der Vermieter nach mehreren Jahren eine vollständige Amortisation der Investitionen über die erhöhte Miete erreichen kann. Entsprechende Begrenzungen der Mieterhöhungsmöglichkeiten, bspw. auf eine Vollamortisation der Kosten, sieht das BGB demgegenüber nicht vor.[128] Diese aus Sicht des Mieterschutzes durchaus kritische Aspekt wird allgemein rechtspolitisch hinterfragt.[129]

Schließlich enthält § 559 Abs. 4 Satz 1 BGB eine einzelfallbezogene Härtefallbestimmung, nach der eine Mieterhöhung unzulässig sein kann. Diese Bestimmung hat deswegen eine hohe Relevanz, weil § 559 Abs. 1 BGB bei jeglicher finanziell messbaren Endenergieeinsparung in vollem Umfang zur Mieterhöhung berechtigt. Sind die finanziellen Vorteile für die Mieter allerdings gering, bspw. weil die Sanierungsmaßnahme nicht gebäudeoptimal geplant ist, so ist der Vermieter dennoch zur Erhebung der Umlage in voller Höhe berechtigt. In solchen Fällen kann nach § 559 Abs. 4 Satz 1 BGB eine Abwägung zwischen dem Interesse des Vermieters an einer vollständigen Umlagefähigkeit seiner Kosten und dem Interesse der Mieter an einer finanziellen Partizipation an der Sanierung stattfinden.[130] Diese findet aber nach § 559 Abs. 4 Satz 2 Nr. 2 BGB dann nicht statt, wenn die

122 *Fleindl*, NZM 2012, 57 (67).
123 Vgl. *Börstinghaus*, in: Schmidt-Futterer, BGB, § 559 Rn. 29.
124 *Fleindl*, NZM 2012, 57 (67).
125 *Fleindl*, NZM 2012, 57 (67).
126 Entsprechendes gilt nach § 559a Abs. 2 BGB für die Berücksichtigung der Nutzungsvorteile aus zinsverbilligten oder zinslosen Darlehen der öffentlichen Hand.
127 *Börstinghaus*, in: Schmidt-Futterer, BGB, § 559 Rn. 82.
128 *Börstinghaus*, in: Schmidt-Futterer, BGB, § 559 Rn. 87.
129 Siehe *Fleindl*, NZM 2012, 57 (66) mit Verweis auf Novellierungsabsichten der Bundesregierung.
130 BT-Drs. 17/10485 vom 15. August 2012, S. 24.

Modernisierungsmaßnahme aufgrund von Umständen durchgeführt wurde, „die der Vermieter nicht zu vertreten hat“. Unter solche Umstände fallen vor allem die ordnungsrechtlich vorgeschriebenen Sanierungsstandards.[131] Realisiert der Vermieter eine Sanierung daher nach den gesetzlichen Anforderungen, so ist in jedem Fall eine vollständige Kostenumlage möglich.

Im Ergebnis hat der Bundesgesetzgeber im BGB damit eine differenzierte Verteilung von Prognoserisiken und Pflichten zur Kostentragung bei energetischen Sanierungen vorgenommen. Diese geht allerdings in wesentlichen Punkten, bspw. aufgrund einer zeitlich unbegrenzten Umlagefähigkeit der Kosten, zugunsten der Vermieter.

C. Steuerungspotenzial

Durch die vorangehend dargestellten Produktanforderungen an Bauteile und Anlagen, Finanzierungsanreize für EE-Anlagen und effizientes Bauen, gestalterischen Vorgaben in Bebauungsplänen, zielgerichtete Verbraucherinformation und Umlagemöglichkeiten für Investitionskosten scheint ein Großteil der rechtlichen Steuerungsmöglichkeiten bereits ausgeschöpft.

Fraglich ist daher, welche spezielle Steuerungsleistung das gebäudebezogene Ordnungsrecht in der Wärmewende noch erbringen kann. Hat gebäudebezogenes Ordnungsrecht Besonderheiten, über die andere Steuerungsinstrumente nicht verfügen? Und unter welchen Voraussetzungen kommen diese Besonderheiten zum Tragen?

Die Beantwortung dieser Fragen ist sowohl für die Analyse und Bewertung des geltenden Ordnungsrechts als auch für die Ausgestaltung von Vorschlägen zu dessen Änderung essentiell.[132] Daher sind die Vorteile (I.) und Nachteile (II.) einer ordnungsrechtlichen Steuerung herauszuarbeiten. Anschließend ist die Ausgangslage für Ordnungsrecht im Gebäudebereich mit Blick auf die übrigen Instrumente zu bewerten (III.).

I. Vorteile

Als erstes Argument für einen Einsatz von Ordnungsrecht lässt sich die regelmäßig reduzierte Komplexität ordnungsrechtlicher Regelungen anführen. Ordnungsrecht beschreibt und benennt das gewünschte Verhalten der Adressaten grundsätzlich klar und direkt.[133] Häufig kann Ordnungsrecht nur befolgt werden, indem einer Verhaltensaufforderung nachgekommen oder eine Tätigkeit aufgegeben wird.[134] Ordnungsrecht stellt die Normunterworfenen daher regelmäßig nicht vor schwierige

131 BVerwG, Beschl. vom 18. Juli 2013 (5 B 28.13), juris Rn. 5.
132 Zum geltenden Recht siehe die Teile 3 und 4, zur Fortentwicklung des Rechts Teil 5 der Arbeit.
133 *Lee*, Instrumentenmix S. 50; *Wüstemann*, EU-Energieeffizienzrecht, S. 150.
134 *Wüstemann*, EU-Energieeffizienzrecht, S. 150.

Abwägungsentscheidungen, sondern vor die Wahl eingeschränkter Handlungsoptionen. Als Beispiel hierfür kann eine ordnungsrechtliche Verpflichtung von Gebäudeeigentümern zur Außerbetriebnahme technisch veralteter Heizkessel angeführt werden.[135] Aber auch bei komplexeren Sachverhalten, bspw. investitionsträchtigen Vollsanierungen von Altbauten, können ordnungsrechtliche Standards Leitlinien für die Beteiligten zur Verfügung stellen. Insoweit steht das Ordnungsrecht für Klarheit und Berechenbarkeit der Abläufe. Aus juristischer Sicht bedeutet dies gleichzeitig ein „Mehr" an Rechtssicherheit.[136] Solche Eigenschaften können gerade im Gebäudebereich, der ohnehin stark durch komplexe technische und ökonomisch Fragen geprägt wird, von Vorteil sein.

Ein zweites Argument bezieht sich auf die Vorteile einer Verlagerung von privater Entscheidungsgewalt auf die Verwaltung. Diesem Argument zufolge können gerade ordnungsrechtliche Vorgaben energetisch und ökonomisch irrationales Verhalten auf Seiten der Normunterworfenen überwinden. In Fällen eines solchen irrationalen Umgangs mit Ressourcen kann das Ordnungsrecht entsprechenden Hemmnissen auf Seiten der Bürger entgegenwirken. Als Beispiel für diesen Aspekt lässt sich ein Hinauszögern einer energetisch und wirtschaftlich lohnenswerten Sanierung durch einen Gebäudeeigentümer nennen. In einem solchen Fall kann das Ordnungsrecht Normunterworfene auf effektive Weise zu einem Handeln anstoßen.[137]

Ein drittes Argument knüpft an die Defizite einer rein marktwirtschaftlichen Ordnung an und betont die koordinierende Funktion des Ordnungsrechts. Diesem Argument zufolge führt selbst ein energetisch und ökonomisch rationales Handeln einzelner Akteure unter Berücksichtigung der technischen Fortentwicklung nicht notwendigerweise zur gesamtwirtschaftlich bestmöglichen Energieeinsparung. Demgemäß kann das Ordnungsrecht im Gebäudebereich die Energieeinsparpotenziale erschließen, welche durch reine Marktlösungen nicht realisierbar sind.[138]

Aus juristischer Perspektive lassen sich schließlich die Vorteile einer Förmlichkeit ordnungsrechtlicher Regulierung benennen. Eine ordnungsrechtliche Steuerung basiert auf formellen Gesetzen und ist damit Ausdruck rechtsstaatlicher und demokratischer Prinzipien.[139] Den Normunterworfenen stehen daher formalisierte Partizipationsmöglichkeiten im Gesetzgebungsverfahren[140] oder Möglichkeiten des

---

135 Zu solchen Außerbetriebnahmepflichten im geltenden Recht siehe unter Teil 3 A. III. 4. b) dd).

136 *Wüstemann*, EU-Energieeffizienzrecht, S. 150.

137 *Müller*, Schriftliche Stellungnahme vom 16. Februar 2016, S. 6 spricht von der „Aktivierungsfunktion" des Ordnungsrechts; ähnlich *Britz*, UPR 2004, 55 (56) sowie *Lübbe-Wolff*, NVwZ 2001, 481 (483), die von „treffsicherer Verhaltenssteuerung" spricht.

138 *Salje*, ET 1982, 674 (678) spricht von der „Funktionsunfähigkeit" der Märkte, die durch „Dirigismus" überwunden werden soll.

139 *Baehr*, Verhaltenssteuerung, S. 73.

140 *Baehr*, Verhaltenssteuerung, S. 79.

Rechtsschutzes gegen Maßnahmen des Gesetzesvollzugs[141] zur Verfügung. Gegenüber anderen Steuerungsmöglichkeiten verfügt Ordnungsrecht damit über ein vergleichsweise hohes Maß an demokratischer Legitimation.

II. Nachteile

Eine erste, häufig verwendete Argumentation gegen den Einsatz von Ordnungsrecht bezieht sich auf mögliche Defizite der staatlichen Rechtssetzung im Gebäudebereich. Gerade die starke Prägung durch technische und wirtschaftliche Fragen erfordert nach dieser Argumentation eine präzise Methodik zur Abschätzung der tatsächlichen Folgen ordnungsrechtlicher Regelungen.[142] Zu „niedrig" angesetzte ordnungsrechtliche Anforderungen steuern nicht, zu „hohe" Anforderungen führen zu einer mangelnden Umsetzbarkeit.[143] Schließlich mangelt es der imperativen Rechtssetzung regelmäßig an Flexibilität. Dies ist gerade aufgrund der marktwirtschaftlich stimulierten Fortentwicklung der Gebäudetechnik nicht unproblematisch. Veraltete ordnungsrechtliche Standards können eine grundsätzlich wünschenswerte technische Entwicklung unter Umständen daher eher hemmen als fördern.[144]

Ähnlich gelagert sind Argumente zu möglichen Defiziten beim Vollzug ordnungsrechtlicher Bestimmungen. Ein umfangreicher Normenbestand an Ordnungsrecht bringt notwendigerweise einen erheblichen Vollzugsaufwand auf Seiten der Verwaltung mit sich.[145] Auch aufgrund der regelmäßig beschränkten Verwaltungsressourcen besteht dabei eine Gefahr von Informationsdefiziten auf Seiten der Behörden.[146] Solche Defizite können wiederum in einem Vollzugsdefizit des Ordnungsrechts münden.[147]

Aus ökonomischer Sicht kann eine ordnungsrechtliche Steuerung neben der Kostentragung der Adressaten weitere Nachteile aufweisen. So bieten ordnungsrechtliche Standards alleine keinen finanziellen Anreiz zur eigeninitiativen Durchführung von energetischen Sanierungen, die über die gesetzlich festgelegten Mindeststandards hinausgehen.[148] Ein zu weitgehender Einsatz von Ordnungsrecht birgt daher die sprichwörtliche Gefahr einer „Zementierung" von Minimalanforderungen.[149]

---

141 *Baehr,* Verhaltenssteuerung, S. 73.
142 *Reimer,* in: Schulze-Fielitz/Müller, EU-Klimaschutzrecht, S. 174.
143 *Reimer,* in: Schulze-Fielitz/Müller, EU-Klimaschutzrecht, S. 174
144 Zur Sicht der Industrie vgl. *Teyssen,* EurUP 2013, 211 (213), der sich eine ordnungspolitisch „schlanke" Energiewende wünscht.
145 *Wüstemann,* EU-Energieeffizienzrecht, S. 151; *Lee,* Instrumentenmix, S. 50.
146 *Knauff,* DV 2014, 407 (428).
147 Auch *Jesse,* Instrumentenverbund, S. 4; *Müller,* Schriftliche Stellungnahme v. 16. Februar 2016, S. 6, und *Reimer,* in: Schulze-Fielitz/Müller, EU-Klimaschutzrecht, S. 175 stellen ein solches Defizit fest.
148 *Knauff,* DV 2014, 407 (430).
149 Diese Kritik bei *Nast u. a.,* Untersuchungen zum EEWärmeG, S. 42 (passim).

Schließlich wird mit einer psychologisch begründeten hemmenden Wirkung des Ordnungsrechts auf die Normadressaten argumentiert, die den erwünschten energiepolitischen Zielen letztlich zuwiderlaufen kann. Dabei wird auf die derzeit (wohl) überwiegend positive Haltung der Öffentlichkeit zur Energiewende abgestellt. Diese Haltung werde durch den Einsatz rechtlichen Zwangs, bspw. von Verpflichtungen zur Nutzung erneuerbare Energien, gefährdet.[150] Dass dieses Argument gegen den Einsatz von Ordnungsrecht sprechen soll, ist auf den ersten Blick paradox, sollen durch Ordnungsrecht doch gerade Irrationalitäten überwunden und staatliche Interessen notfalls gegen den Willen der Normunterworfenen durchgesetzt werden. Indes besteht gerade bei weitgehenden Einschränkungen der Handlungsfreiheit ein Bestreben der Normunterworfenen, die verlorene Freiheit durch entgegengesetztes Handeln zurückzugewinnen.[151] Eine zu weitgehende ordnungsrechtliche Regulierung kann daher auch mit Blick auf die Adressaten fehlschlagen und die beabsichtigte „Zwangswirkung“ in ihr Gegenteil verkehren.[152]

III. Konsequenzen

Die Steuerungsmöglichkeiten des gebäudebezogenen Ordnungsrechts sind aus ökonomischen und psychologischen Gründen sowie mit Blick auf die staatlichen Kapazitäten begrenzt. Wenig Effekte kann eine ordnungsrechtliche Regulierung erzielen, wenn sie umfassende energetische Standards ohne Rücksicht auf die Kapazitäten des Gesetzesvollzugs setzt und ohne zusätzliche ökonomische Anreizwirkungen ausgestaltet ist. Auch kann die Wärmewende nicht alleine durch ordnungsrechtliche Verpflichtungen der Gebäudeeigentümer gesteuert werden, sondern nur durch eine Kombination von Ordnungsrecht mit den übrigen finanziellen, planerischen, informationellen und privatrechtlichen Instrumenten des Gebäudebereichs.

Dennoch bestehen Vorteile, die den Einsatz von Ordnungsrecht rechtfertigen können und dieses gegenüber den übrigen Instrumenten auszeichnen. Von zentraler Bedeutung ist, dass durch ein Mindestmaß an ordnungsrechtlicher Standardisierung Rechtssicherheit über baulich und technisch mögliche und energetisch sinnvolle Gestaltungen von Gebäuden geschaffen werden kann. Von einer solchen Rechtssicherheit profitieren sowohl die Gebäudeeigentümer als auch die übrigen Akteure im Gebäudebereich. Dies gilt besonders für die Planung und Errichtung neuer Gebäude sowie für die freiwillige Planung und Durchführung umfangreicher Sanierungsvorhaben. Eine solche Rechtssicherheit kann bspw. über jederzeit widerufliche Standards in den Förderbestimmungen der ökonomischen Instrumente nicht gewährleistet werden.

---

150 *Mutschler*, ZWE 2010, 392 (392); ähnlich *Nast u. a.*, Untersuchungen zum EEWärmeG, S. 43 (passim). *Müller*, Schriftliche Stellungnahme v. 16. Februar 2016, S. 6 spricht diesbezüglich von einem „Vorurteil der Illiberalität“.

151 Weiterführend zu dieser Theorie der psychologischen Reaktanz *Baehr*, Verhaltenssteuerung, S. 64 ff.

152 *Baehr*, Verhaltenssteuerung, S. 69.

Ferner kann allein durch ordnungsrechtliche Vorgaben energetisch und ökonomisch irrationales Verhalten der Adressaten überwunden werden. So können energetisch sinnvolle Sanierungen weder durch die bestehenden Förderprogramme von Bund oder Ländern noch durch Bebauungspläne oder mietrechtliche Anreize verbindlich durchgesetzt werden. Ein solcher Einsatz von Ordnungsrecht ist aufgrund der psychologischen Nachteile der Zwangswirkung sowie aufgrund des Vollzugsaufwands aber nur in einfach gelagerten Fällen mit einem erheblichen Einsparpotenzial sinnvoll. Insoweit ist der Einsatz von gebäudebezogenem Ordnungsrecht allerdings gegenüber dem kommunalrechtlichen Anschluss- und Benutzungszwang vorteilhaft, der vorrangig auf einen ökonomischen Netzbetrieb ausgerichtet und zudem nur lokal verfügbar ist. Eine breitenwirksame Steuerung kann durch einen solchen Einsatz von Ordnungsrecht aber regelmäßig nicht erzielt werden.

IV. Zusammenfassung

Das gebäudebezogene Ordnungsrecht ist nicht isoliert zu betrachten, sondern ist in einen Verbund von Instrumenten der Wärmewende eingebunden.

So erbringen auch das produktbezogene Ordnungsrecht, eine Vielzahl finanzieller Förderprogramme des Bundes, die Förderung von KWK-Anlagen durch das Kraft-Wärme-Kopplungsgesetz, die kommunale Bauleitplanung, der kommunale Anschluss- und Benutzungszwang, die Energieausweise für Gebäude, die Energieverbrauchskennzeichung und die mietrechtlichen Umlagemöglichkeiten von Investitionskosten für energetische Sanierungen erhebliche Steuerungsleistungen.

Im Kontext dieser Instrumente bleibt dennoch ein Spielraum zum Einsatz von gebäudebezogenem Ordnungsrecht. Als Besonderheiten einer solchen Steuerung lassen sich die Klarheit, Berechenbarkeit und die hieraus folgende Rechtssicherheit bei Fragen nach energetisch sinnvollen Möglichkeiten zur Gestaltung von Gebäuden anführen. Dieser Vorteil kommt bei der Planung und Realisierung von Neubauvorhaben oder umfangreicheren Sanierungen im Bestand zum Tragen. Über solche Vorteile verfügen die anderen Instrumente im Gebäudebereich nicht.

Ferner ist alleine das Ordnungsrecht zur Überwindung irrationaler Verhaltensweisen geeignet. Nur durch Ordnungsrecht lassen sich im Bestandsgebäudebereich energetisch sinnvolle Sanierungen im Konfliktfall verbindlich durchsetzen. Dieser Vorteil kann aufgrund des erheblichen Vollzugsaufwandes, der psychologischen Nachteile und der fehlenden Breitenwirkung von Sanierungszwang allerdings nur in Einzelfällen zum Tragen kommen.

Dritter Teil: Ordnungsrecht des Bundes

Im Folgenden wendet sich die Untersuchung dem Ordnungsrecht des Bundes zu. Im geltenden Recht existieren derzeit zwei große Normenbestände, die zugleich dem politischen Säulenmodell der Wärmewende[1] entsprechen. Dies sind die Rechtsgrundlagen des Gebäudeeffizienzrechts (A.), zu denen die Rechtsgrundlagen der Erneuerbare-Energien-Nutzung hinzutreten (B.). Nicht eindeutig diesem Säulenmodell zuzuordnen ist das Immissionsschutzrecht, das ebenfalls auf seine Bedeutung für die Wärmewende untersucht wird (C.).

A. Gebäudeeffizienzrecht

Als Gebäudeeffizienzrecht können solche gebäudebezogenen Rechtsvorschriften abgegrenzt werden, die auf eine energieeffiziente Gestaltung und Nutzung von Gebäuden zielen. Den ersten Baustein des nationalen Gebäudeeffizienzrechts bildet das Energieeinsparungsgesetz des Bundes (EnEG). Das EnEG reguliert die bauliche Gestaltung von Gebäuden mit dem Ziel der Vermeidung von Energieverlusten bei deren bestimmungsgemäßer Nutzung (§§ 1 Abs. 1, 2 Abs. 1 EnEG). Hierzu enthält es einen umfangreichen Rahmen für ordnungsrechtliche Anforderungen, die auf Grundlage des EnEG in einer Rechtsverordnung festgelegt werden können. Dies ist seit dem Jahr 2001 die Energieeinsparverordnung (EnEV), die den zweiten Baustein des nationalen Gebäudeeffizienzrechts darstellt.

EnEG und EnEV setzten eine Reihe unionsrechtlicher Maßgaben aus verschiedenen Sekundärrechtsakten um. Im Mittelpunkt des Gebäudeeffizienzrechts der EU steht die Richtlinie 2010/31/EU über die Gesamtenergieeffizienz von Gebäuden in der Fassung des Jahres 2010 (Gebäuderichtlinie). Die gemeinschaftsrechtlichen Vorgaben werden deshalb in einem ersten Schritt aufgezeigt, was gleichzeitig eine Einführung in die Grundstrukturen des Gebäudeeffizienzrechts ermöglicht (I.). Anschließend wird untersucht, auf welche Weise diese Grundstrukturen im nationalen Recht des EnEG (II.) und der EnEV (III.) umgesetzt sind. Nach einem kurzen Blick auf den Vollzug des Gebäudeeffizienzrechts (IV.) werden die gewonnenen Erkenntnisse in Schlussfolgerungen zusammengefasst (V.).

I. Unionsrechtlicher Hintergrund

Fragen der Energieversorgungssicherheit, des Umwelt- und des Klimaschutzes sind mittlerweile zum alltäglichen Gegenstand europäischer Debatten geworden.[2] Dies spiegelt sich auch in der zunehmenden Regelungsdichte solcher Fragen durch europäisches

1 Siehe zur politischen Steuerung der Wärmewende bereits unter Teil 1 D. III.
2 Zu den Zielen und Programmen der Unionspolitik bereits unter Teil 1 D. III. 1.

Sekundärrecht wieder.[3] Das europäische Sekundärrecht weist im Umwelt- und Energiebereich traditionell eine sektorale Grundstruktur auf, erfasst mit seinen Rechtsetzungsakten also jeweils zusammenhängende Sachbereiche, wie die Industrie, den Verkehr oder den vorliegend untersuchten Gebäudebereich.[4] Nach Art. 194 Abs. 2 AEUV steht der EU zur Verfolgung der Ziele einer Steigerung der Energieeffizienz und der Erneuerbare-Energien-Nutzung gem. Art. 194 Abs. 1 c) AEUV eine primärrechtlich verankerte Rechtssetzungskompetenz zu, auf deren Grundlage Sekundärrecht in Form von Richtlinien i. S. v. Art. 288 UAbs. 3 AEUV erlassen werden kann.[5]

Im Gebäudesektor hat die EU in der Vergangenheit lange Zeit allein auf Anforderungen an einzelne Komponenten eines Gebäudes gesetzt, bevor sich mit der Gebäuderichtlinie ein komplexer Ansatz der energetischen Gesamtbetrachtung von Gebäuden durchgesetzt hat.

1. Rechtsentwicklung und Ziele

Das Energieeffizienzrecht der EU steht mittlerweile in einer knapp vierzigjährigen Tradition.[6] Bereits als Reaktion auf die Ölkrise des Jahres 1973 nahm sich der Europäische Rat im Jahr 1974 in einem Aktionsprogramm erstmals der rationellen Energienutzung an.[7] Von Beginn an wurden im Unionsrecht zwei grundsätzlich unterschiedliche Regelungsansätze verfolgt. Erstens wurden ordnungsrechtliche Energieeffizienzanforderungen eingeführt und im Laufe der Zeit sukzessive verdichtet. Dieses Ordnungsrecht wurde zweitens durch das System der bereits dargestellten Information mittels Produktkennzeichnungspflichten ergänzt.[8] Im Hinblick auf die Effizienzanforderungen ist zwischen Anforderungen, die an einzelne Komponenten von Gebäuden anknüpfen und Anforderungen, die an Gebäude in ihrer Gesamtheit anknüpfen, zu unterscheiden.

a) Komponentenbezogene Perspektive

Die energiepolitischen Bemühungen der EU in den 1970er Jahren wurden im Gebäudebereich erstmals in der Richtlinie 78/170/EWG rechtlich umgesetzt. Die RL 78/170/EWG verfolgte vor dem Hintergrund der Ölkrise des Jahres 1973 die

---

3 Überblicke über das einschlägige Sekundärrecht finden sich bei *Reimer*, in: Schulze-Fielitz/Müller, EU-Klimaschutzrecht, S. 181–183 sowie bei *Bottke/Diehl/Haubrich/Jesse*, in: Britz, Energieeffizienzrecht, S. 279 ff.

4 *Reimer*, in: Schulze-Fielitz/Müller, EU-Klimaschutzrecht, S. 154.

5 *Knauff*, DV 2014, 407 (411–412).

6 *Calliess*, in: Calliess/Ruffert, AEUV, Art. 194 Rn. 14 spricht von einem „Tätigkeitsbereich der ersten Stunde".

7 Beschluss des Rates vom 17. Dezember 1974, ABl. 1975 C 153, S. 5. Zu diesem Startpunkt des Energieeffizienzrechts *Wüstemann*, EU-Energieeffizienzrecht, S. 128 und *Reimer*, in: Schulze-Fielitz/Müller, EU-Klimaschutzrecht, S. 148.

8 *Reimer*, in: Schulze-Fielitz/Müller, EU-Klimaschutzrecht, S. 151. Zu den Produktkennzeichungspflichten siehe bereits unter Teil 2 IV. 2.

primäre Zielsetzung einer rationelleren Energienutzung zur Verbesserung der Versorgungssicherheit.[9] Sie nahm zunächst die Wärmeerzeugungstechnik in Gebäuden in den Blick. Die Mitgliedsstaaten wurden gemäß Art. 1 Abs. 1 RL 78/170/EWG verpflichtet, energetische Mindestbetriebsanforderungen für neue Wärmeerzeuger zur Raumheizung oder zur Warmwasserbereitung in nichtindustriellen Gebäuden aufzustellen.[10] Nach Art. 2 UAbs. 3 RL 78/170/EWG sollten Anforderungen auch für solche Wärmeerzeuger gelten, die zum Einbau in bestehende Gebäude vorgesehen waren. Den Begriff der Mindestbetriebsanforderungen definierte RL 78/170/EWG selbst allerdings nicht, weshalb den Mitgliedsstaaten ein weitgehender Umsetzungsspielraum zustand.[11] Die Mitgliedsstaaten konnten ferner entscheiden, ob die Vorgaben innerstaatlich anlässlich der Gestaltung bzw. Herstellung von Wärmeerzeugern gelten sollten (Art. 1 Abs. 2 RL 78/170/EWG) oder anlässlich der Installation der Wärmeerzeuger (Art. 1 Abs. 4 RL 78/170/EWG).[12] Die Mitgliedsstaaten hatten also die Wahl zwischen produktbezogenen und gebäudebezogenen Regelungsansätzen.

Erst ein knappes Jahrzehnt später, mit Beginn der 1990er Jahre, beschleunigte sich die Entwicklung des Energieeffizienzrechts der EU.[13] So wurden mit der Richtlinie 92/42/EWG im Jahr 1992 erstmals detaillierte Standards für Wärmeerzeuger eingeführt. Zu den Zielsetzungen der RL 92/42/EWG gehörte aufgrund der fortgeschrittenen wissenschaftlichen Kenntnisse im Jahr 1992 erstmals auch der Klimaschutz.[14] Inhaltlich wurden nunmehr konkrete Mindestwirkungsgrade für neu produzierte Warmwasserheizkessel im Spektrum von Nennleistungen zwischen 4 kW und 400 kW definiert (Art. 1 i. V. m. Art. 5 RL 92/42/EWG).[15] Solche geringen Nennleistungen betrafen Wärmeerzeuger, die typischerweise im privaten häuslichen Bereich eingesetzt wurden. Zudem wurde gem. Art. 4 Abs. 1 und 2 RL 92/42/EWG vorgeschrieben, dass die Wirkungsgrade im nationalen Recht sowohl beim Inverkehrbringen als auch bei der Inbetriebnahme der Wärmeerzeuger verbindlich sein sollten. Aus mitgliedsstaatlicher Sicht konnte die erstgenannte Vorgabe nur über eine Verpflichtung der Hersteller oder Händler umgesetzt werden, während für die Umsetzung der zweitgenannten Vorgabe eine gebäudebezogene Verpflichtung von Bauherren bzw. Eigentümern notwendig war. Ab dem Jahr 1992 bis zum Jahr 2013 galten die Vorgaben der RL 92/42/EWG zu Anlagenwirkungsgraden unverändert fort und wurden dementsprechend vom Stand der Technik überholt.[16] Seit dem Inkrafttreten der Verordnung 813/2013/EU gelten für die Wirkungsgrade von

9 Siehe die Erwägungsgründe der Richtlinie RL 78/170/EWG, ABl. L 52, S. 32.
10 *Reimer*, in: Schulze-Fielitz/Müller, EU-Klimaschutzrecht, S. 149.
11 *Wüstemann*, EU-Energieeffizienzrecht, S. 128–129.
12 Vgl. *Wüstemann.*, EU-Energieeffizienzrecht, S. 128.
13 *Knauff*, DV 2014, 407 (409).
14 *Keyhanian*, Instrumente, S. 381.
15 *Reimer*, in: Schulze-Fielitz/Müller, EU-Klimaschutzrecht, S. 150; *Keyhanian*, Instrumente, S. 381–382; *Wüstemann*, EU-Energieeffizienzrecht, S. 129.
16 *Keyhanian*, Instrumente, S. 382.

häuslichen Wärmeerzeugern mit einer Leistung bis 400 kW nunmehr neue Effizienzvorgaben.[17] Die Verordnung 813/2013/EU stellt allerdings eine Durchführungsmaßnahme des Ökodesign-Rechts dar.[18] Sie setzt daher allein auf eine Verpflichtung der Hersteller und Händler, nicht jedoch der Bauherren oder Gebäudeeigentümer.[19] Insoweit wurde bei den aktuelleren Rechtssetzungsinitiativen auf Unionsebene auf einen gebäudebezogenen Ansatz verzichtet.

b) Perspektive der Gesamtenergieeffizienz

Mit dem Erlass der Richtlinie 93/76/EWG (SAVE-Richtlinie) im Jahr 1993 verfolgte die EU erstmals weitergehende Ansätze. In Art. 5 SAVE-Richtlinie war zunächst vorgesehen, dass die Mitgliedsstaaten eine wirksame Wärmedämmung von Neubauten gewährleisten sollten. Neben dieser ebenfalls komponentenbezogenen Vorgabe wurde auch die energetische Gesamtbilanz von Gebäuden in den Blick genommen.[20] Art. 2 SAVE-Richtlinie sah diesbezüglich die Einführung von Energieausweisen für Gebäude als Informationsinstrument über die energetische Gesamtbilanz vor.[21] Die SAVE-Richtlinie enthielt allerdings noch keine genauen Harmonisierungsvorgaben zur Ermittlung dieser Gesamtbilanz. Zudem waren die Inhalte der SAVE-Richtlinie nicht durch innerstaatliche Rechtsvorschriften umzusetzen, sondern alleine im Rahmen von mitgliedsstaatlichen Programmen (Art. 1 SAVE-Richtlinie).[22] Hierdurch stand den Mitgliedsstaaten die Möglichkeit offen, bspw. freiwillige Selbstverpflichtungen der betroffenen Branchen zuzulassen oder lediglich Aufklärungs- und Erziehungsmaßnahmen durchzuführen.[23]

Der Ansatz der energetischen Gesamtbetrachtung wurde erst ein Jahrzehnt später mit der Richtlinie 2002/91/EG (Gebäuderichtlinie a. F.) wieder aufgegriffen. Anlass für die Gebäuderichtlinie a. F. waren die Verpflichtungen zur Einsparung von Treibhausgas-Emissionen, welche die EG im Jahr 1997 durch die Unterzeichnung des Kyoto-Protokolls eingegangen waren.[24] Die Gebäuderichtlinie a.F. sah vor diesem Hintergrund substantielle Erweiterungen des Gesamtbetrachtungsansatzes vor. Sie

---

17 Zum Novellierungsprozess siehe *Jesse*, Instrumentenverbund, S. 26.

18 Zum Grundmodell des Ökodesignrechts *Knauff*, DV 2014, 407 (419); zu den produktbezogenen Anforderungen bereits unter Teil 2 B. I. Die Richtlinie 92/42/EWG wurde mittlerweile als Durchführungsmaßnahme in das Ökodesignrecht integriert; näher *Wüstemann*, EU-Energieeffizienzrecht, S. 135.

19 Zu den Adressaten des Ökodesignrechts nach der europäischen Konzeption *Lustermann*, NVwZ 2007, 895 (897–898); zu den Adressaten der Umsetzung im deutschen Recht *Nusser*, ZUR 2010, 130 (132–133).

20 Demgemäß wird die SAVE-Richtlinie auch als Vorgängerin der aktuellen Gebäuderichtlinie gesehen, vgl. *Eusterfeldhaus*, Energieeffizienzrecht, S. 20 (Fn 91).

21 *Wüstemann*, EU-Energieeffizienzrecht, S. 131.

22 *Moser*, Energieeinsparverordnung, S. 47.

23 *Wüstemann*, EU-Energieeffizienzrecht, S. 131. Dies wird von *Keyhanian*, Instrumente, S. 383 als Schwachpunkt der SAVE-Richtlinie bewertet.

24 *Cziesielski/Belaschk*, DS 2005, 126 (126); *Moser*, Energieeinsparverordnung, S. 49.

definierte hierzu ein Harmonisierungsmodell, das aus einer Methode zur Ermittlung und Darstellung der Gesamtenergieeffizienz und der anknüpfenden Festlegung von Mindeststandards an die Gesamteffizienz bestand.[25]

Der Beginn einer erneuten Intensivierung europäischer Rechtssetzung lässt sich auf das Jahr 2007 datieren. Ausgangspunkt war eine Tagung des Europäischen Rates vom 8. – 9. März 2007, auf der sich die Staats- und Regierungschefs auf das energiepolitische „20/20/20"-Ziel einigten.[26] Aufgrund dieses Einsparziels wurde von der Kommission anschließend ein Klima- und Energiepaket erarbeitet, das am 23. Januar 2008 vorgelegt wurde und auch neue Rechtssetzung im Gebäudebereich ankündigte.[27] Im Zuge der Umsetzung dieses Paketes wurde die Gebäuderichtlinie a. F. überarbeitet und am 19. Mai 2010 in ihrer aktuellen Fassung (2010/31/EU) beschlossen.

Die novellierte Gebäuderichtlinie ist derzeit das Kernstück der Europäischen Rechtssetzung im Gebäudebereich und verfolgt einen Kanon unterschiedlicher Ziele. Neben den bereits bekannten Aspekten des Klimaschutzes und der Energieversorgungssicherheit (Erwägungsgrund Nr. 3 Gebäuderichtlinie) wurden die Zielsetzungen anlässlich der Novelle weiter diversifiziert. Nunmehr sollen auch die technologische Entwicklung, der Arbeitsmarkt sowie die regionale Entwicklung stimuliert werden (Erwägungsgrund Nr. 3 Gebäuderichtlinie). Gleichermaßen findet sich unter den Zielen der Richtlinie erstmals die Berücksichtigung der Kosteneffizienz (Art. 1 Abs. 1 Gebäude-richtlinie).[28]

2. *Gesamtenergieeffizienz*

a) Konzept

Das Konzept der Gesamtenergieeffizienz prägt die gesamte Gebäuderichtlinie. Eine Begriffsdefinition findet sich in Art. 2 Nr. 4 Gebäuderichtlinie. Die Gesamtenergieeffizienz eines Gebäudes ist hiernach die „berechnete oder gemessene Energiemenge, die benötigt wird, um den Energiebedarf im Rahmen der üblichen Nutzung des Gebäudes (u. a. Heizung, Kühlung, Lüftung, Warmwasser und Beleuchtung) zu decken".[29] Klar ist insoweit, dass die Richtlinie eine energetische Gesamtbetrachtung von Gebäuden anvisiert, die nicht bloß einzelne Energieformen, sondern alle Energieformen (neben Wärmeenergie insbesondere auch elektrische Energie)

---

25 *Eusterfeldhaus*, Energieeffizienzrecht, S. 17; *Keyhanian*, Instrumente, S. 385.

26 Zum „20/20/20-Ziel" der EU bereits unter Teil 1 D. III. 1.

27 Mitteilung der Kommission (2008) 30, endg. v. 23. Januar 2008; näher hierzu *Gundel*, in: Danner/Theobald, Europäisches Energierecht, Rn. 74.

28 Zur rechtlichen Umsetzung im Begriff der kostenoptimalen Niveaus noch unter Teil 3 A. I. 3. b) ee).

29 Auch im englischen Wortlaut der Gebäuderichtlinie wird zwischen "calculated or measured amount of energy" und "energy demand associated with a typical use of the building" unterschieden.

in den Blick nimmt. Die genaue Bedeutung der Definition erschließt sich aber nicht ohne eine vertiefte Analyse.

Einige setzen den Begriff der Gesamtenergieeffizienz mit dem Energiebedarf- oder Verbrauch von Gebäuden gleich.[30] Ein solches Verständnis erfasst die Vielschichtigkeit des Begriffs nach der vorliegend vertretenen Auffassung aber nur unzureichend. Ausgangspunkt der Auslegung von Art. 2 Nr. 4 Gebäuderichtlinie muss das teleologische Verständnis von Energieeffizienz als Verhältnisgröße sein, die das Verhältnis zwischen Energieeinsatz und Energieoutput beschreibt.[31] Dieses Verständnis spiegelt sich auch im Wortlaut von Art. 2 Nr. 4 Gebäuderichtlinie wieder. In der Struktur der Vorschrift lässt sich dabei zwischen zwei Elementen unterscheiden.

Als „berechnete oder gemessene Energiemenge, die benötigt wird" lässt sich erstens das aufzuwendende („benötigte") Volumen an Energie verstehen, die einem Gebäude über einen gewissen Zeitraum von außen zugeführt wird. Diese Energiemenge soll durch Berechnung (Energiebedarf) oder Messung (Energieverbrauch) bestimmt werden.[32] Der Wortlaut von Art. 2 Nr. 4 Gebäuderichtlinie lässt allerdings offen, was genau unter dieser „Energiemenge" zu verstehen ist. Einerseits könnte auf die benötigte Endenergie abgestellt werden. Folglich wäre die in die Sphäre des Gebäudes überführte Primär- oder Sekundärenergie, bspw. in Form von Heizöl, Erdgas, Holzpellets, Fernwärme, Strom oder solarer Strahlungsenergie gemeint.[33] Andererseits könnte auch die benötigte Menge an Primärenergie gemeint sein. Dies wäre die in der Natur in „Reinform" vorhandene Energie, bspw. in Form von Mineralöl, Erdgas oder solarer Strahlungsenergie.[34] Für die erste Auslegungsvariante spricht der systematische Blick auf andere Bestimmungen der Richtlinie, die explizit auf den Primärenergiebegriff abstellen.[35] Im Gegenschluss aus diesen Bestimmungen könnte gefolgert werden, dass Art. 2 Nr. 4 Gebäuderichtlinie gerade nicht auf die aufzuwendende Primärenergie abstellt, sondern etwas anderes gemeint sein muss. Für das Verständnis der benötigten Energiemenge als Primärenergie spricht hingegen der Blick auf die Erwägungsgründe der Gebäuderichtlinie, die den Begriff der „Energie" teilweise synonym mit den Speicherstoffen von Primärenergie (Primärenergieträgern) verwenden.[36] Das Richtlinienziel einer Senkung des Energieverbrauchs hilft bei der Beantwortung der Frage nicht weiter, da nach beiden

30 So *Eusterfeldhaus*, Energieeffizienzrecht, S. 22, der in der Gesamtenergieeffizienz allein eine Energieverbrauchsgröße sieht; ähnlich *Halama*, Gebäudesanierung, S. 18.

31 Vgl. zu diesem Verständnis des Energieeffizienzbegriffs im Europarecht *Reimer*, in: Schulze-Fielitz/Müller, EU-Klimaschutzrecht, S. 149. Zum Energieeffizienzbegriff bereits unter Teil 1 D. II. 2. b).

32 Zur Unterscheidung zwischen Bedarf- und Verbrauch siehe bereits Teil 1 B. II. 1.

33 Zum Begriff der Endenergie siehe bereits Teil 1 B. II. 2.

34 Zum Begriff der Primärenergie siehe bereits Teil 1 B. II. 1.

35 So Art. 2 Nr. 5 und Anhang I Nr. 2 UAbs. 1 Gebäuderichtlinie.

36 So wird in Erwägungsgrund Nr. 2 der Gebäuderichtlinie bspw. von „Mineralöl, Erdgas und festen Brennstoffen" als „Energie" gesprochen.

methodischen Herangehensweisen eine Senkung der jeweils benötigten Energiemengen herbeigeführt werden kann. Daher lässt sich folgern, dass den Mitgliedsstaaten sowohl die Wahl einer endenergetischen als auch einer primärenergetischen Perspektive offen steht. Die Summe der benötigten End- oder Primärenergie eines Gebäudes ist daher die erste der beiden Größen der Gesamtenergieeffizienz.

Mit „Energiebedarf im Rahmen der üblichen Nutzung des Gebäudes" ist demgegenüber diejenige Energie angesprochen, die zu den in der Richtlinie aufgeführten Zwecken (Heizung, Kühlung, Lüftung, Warmwasser und Beleuchtung) verwendet wird. Gemeint ist damit die Nutzenergie als letztmalig zu „Konsumzwecken" bereitgestellte Energie, bspw. thermische Energie in Form erhitzter Heizkörper in Wohnräumen (Raumwärme).[37] Nutzenergie hat daher regelmäßig schon Umwandlungsprozesse (z.B. Verbrennung) oder Transportprozesse innerhalb des Gebäudes (z.B. Durchleitung von Warmwasser im Vorlauf eines Heizungskreislaufs) durchlaufen. Mithin sind bei der Bemessung der Nutzenergie im Vergleich zum eingesetzten Volumen an Primär- oder Endenergie bereits Energieverluste eingetreten. Für das Maß der jeweiligen Umwandlungs- und Transportverluste spielt sowohl die Anlagentechnik des jeweiligen Gebäudes als auch die Qualität der Wärmedämmung eine entscheidende Rolle. Die Summe der benötigten Nutzenergie eines Gebäudes ist daher die zweite Größe der Gesamtenergieeffizienz.[38]

Bei der Auslegung des Nutzenergiebegriffs lassen sich der Gebäuderichtlinie schließlich noch weitere methodische Vorgaben entnehmen, die sich hinter dem Passus der „üblichen Nutzung des Gebäudes" verbergen.[39] Die Art und Intensität der Nutzung von Gebäuden ist von entscheidender Bedeutung für deren energetische Gesamtbilanz. Hinter dem Aspekt der „Nutzung" steht gleichzeitig das menschliche Empfinden (z. B. angenehmes Temperaturniveau) von bspw. zur Verfügung gestellter Raumwärme als letztlicher Energiedienstleistung.[40] In diesem Kontext schreibt Art. 2 Nr. 4 Gebäuderichtlinie nunmehr vor, dass es beim Effizienzbegriff der Richtlinie um eine „übliche" Nutzung gehen soll. Dies setzt eine abstrakte, typisierte Betrachtung der Nutzungsart (z. B. Wohnen als Nutzung) und Nutzungsintensität (z. B. Dauer der Heizperioden und Temperaturniveau der Beheizung) im jeweiligen Gebäude voraus. Angesprochen ist damit ein gewissermaßen „normales" Maß an energetischer Nutzungsintensität für die jeweilige Nutzungsart des Gebäudes (z. b. durchschnittliche Raumtemperatur in Wohnräumen).[41] Im Effizienzkonzept gem. Art. 2 Nr. 4 Gebäuderichtlinie ist der maßgebliche Nutzenergiebedarf damit stets auf Grundlage einer solch „üblichen Nutzung" zu ermitteln. Es wird damit klargestellt, dass die typische Nutzungsart- und Intensität von Gebäuden als Ausgangspunkt der Methodik hinzunehmen ist.

---

37 Zum Begriff der Nutzenergie bereits unter Teil 1 B II. 2.
38 Ähnlich *Frenz*, NZBau 2015, 8 (9).
39 A. A. *Pielow*, ZUR 2010, 115 (118).
40 Zum Begriff de Energiedienstleistung bereits unter Teil 1 B. II. 3.
41 *Eusterfeldhaus*, Energieeffizienzrecht, S. 22 spricht von „Standardnutzung".

Als Gesamtenergieeffizienz im Sinne von Art. 2 Nr. 4 Gebäuderichtlinie ist nach der vorliegend vertretenen Auffassung damit das Verhältnis zwischen der in einem Gebäude eingesetzten End- oder Primärenergie und der hieraus gewonnenen Nutzenergie zu verstehen, wobei die maßgebliche Nutzenergie ausgehend von einer typischen Nutzung des jeweiligen Gebäudes zu ermitteln ist. Insoweit steht hinter Art. 2 Nr. 4 Gebäude-richtlinie ein Energieeffizienzansatz, nicht etwa einen Energiesuffizienzansatz. Auch soll das übliche Maß an Nutzenergie – und damit der Energieoutput – zum „Fixpunkt" der Betrachtung gemacht werden. Bereits durch diese definitorische Vorgabe wird klargestellt, dass es bei Verbesserungen der Gesamtenergieeffizienz alleine darauf ankommen kann, den Energieinput zu minimieren, den Energieoutput zu wahren und hierdurch die Ziele der Gebäuderichtlinie zu erreichen.

b) Methodik

Nach Art. 3 UAbs. 1 Halbsatz 1 Gebäuderichtlinie sind die Mitgliedsstaaten verpflichtet, eine Methode zur Berechnung der Gesamtenergieeffizienz von Gebäuden festzulegen.[42] Durch eine solche harmonisierte Methodik soll sichergestellt werden, dass für jeden individuellen Alt- oder Neubau in der EU vergleichbare Werte zur Gesamtenergieeffizienz vorliegen.[43] Insoweit lässt sich die Vorgabe zu einer solchen Harmonisierung als eigenständiges Informationsinstrument ansehen, welches den Boden für weitergehende Instrumente bereitet.[44] Denn sowohl die Mindestanforderungen an die Gesamteffizienz als auch die Energieausweise bauen auf der Methodik auf.[45]

Die Rahmenvorgaben für die Berechnung der Gesamtenergieeffizienz sind in Anhang I zur Gebäuderichtlinie näher definiert.[46] Dabei gibt Anhang I Nr. 3 Gebäuderichtlinie einen umfangreichen Katalog von tatsächlichen „Aspekten" vor, die bei der national festzulegenden Berechnungsmethode zwingend zu berücksichtigen sind.[47] Diese Aspekte dienen dazu, die Gesamtenergieeffizienz annähernd realitätsnah zu ermitteln. So benötigt bspw. ein in der Sonne gelegenes Gebäude weniger Endenergie zur Beheizung als ein im Schatten gelegenes, vergleichbares Gebäude. Würde man bei ersterem Gebäude die Sonneneinstrahlung bei der

---

42 Zudem sind die Mitgliedsstaaten verpflichtet, das rechnerische Ergebnis der Gesamtenergieeffizienz auf eine gewisse Weise *darzustellen* (Art. 3 UAbs. 1 Halbsatz 2 Gebäuderichtlinie). Diese ergänzende Vorgabe ist allerdings für die Mindeststandards allerdings von untergeordneter Bedeutung.

43 Vgl. Erwägungsgrund Nr. 9 Gebäuderichtlinie.

44 *Cziesielski/ Belaschk*, DS 2005, 126 (128).

45 Die Energieausweise sind derzeit in Art. 11 bis 13 Gebäuderichtlinie geregelt, siehe bereits unter Teil 2 B. IV. 1.

46 *Cziesielski/Belaschk*, DS 2005, 126 (126).

47 *Frenz*, NZBau 2015, 8 (9); *Reimer*, in: Schulze-Fielitz/Müller, EU-Klimaschutzrecht, S. 156.

Effizienzbetrachtung ausblenden, ginge der Blick dafür verloren, dass bei einem solchen Gebäude trotz der an sich energetisch günstigen Lage durchaus noch weitere Primär- oder Endeinsparungen, bspw. durch eine bessere Wärmedämmung der Außenwände, möglich wären. Dementsprechend ist gemäß Anhang I Nr. 3 f) Gebäuderichtlinie die „Lage und Ausrichtung des Gebäudes, einschließlich des Außenklimas" als Aspekt zu beachten.

Der Katalog der „Aspekte" in Anhang I Nr. 3 Gebäuderichtlinie umfasst dabei die wichtigsten wärmeenergetischen Einflussgrößen wie die „Wärmedämmung", die "installierten Heizungsanlagen" oder die „installierten Anlagen der Warmwasserversorgung" (Anhang I Nr. 3 a) und b) Gebäuderichtlinie). Ferner müssen bestimmte weitere energetische Faktoren wie die Beleuchtungstechnik des Gebäudes in die Betrachtung einfließen (Anhang I Nr. 3 e) Gebäuderichtlinie).[48]

Über das Gebot der Berücksichtigung von Aspekten hinaus schreibt Anhang I Nr. 4 Gebäuderichtlinie zudem die „positive Berücksichtigung" bestimmter Aspekte vor. Als solche Aspekte werden bspw. die „Verwendung von Systemen zur Erzeugung von Wärme und Elektrizität auf der Grundlage von Energie aus erneuerbaren Quellen" (Anhang I Ziff. 4 a) Gebäuderichtlinie) definiert. Der Einsatz erneuerbarer Energien als Energiequellen ändert zwar nichts am Volumen des Endenergiebedarfs eines Gebäudes und ist daher eigentlich kein Faktor der Energieeffizienz.[49] In der Verpflichtung zur positiven Berücksichtigung dieser Faktoren ist aber dennoch eine Berücksichtigung solcher Aspekte vorgeschrieben. Dies muss so verstanden werden, dass eine fiktive, rein rechnerische Besserstellung der Gesamtenergieeffizienz von Gebäuden notwendig ist, in denen erneuerbare Energien zur Wärmeversorgung verwendet werden. Der Einsatz von erneuerbaren Energien, bspw. im Fall der Solarthermienutzung, darf bei der Berechnung der Gesamtenergieeffizienz daher nicht mit parallel zur Verfügung stehenden fossilen Energiequellen, bspw. einer Wärmeerzeugung auf Basis von Heizöl, gleichgestellt werden. Dasselbe gilt nach Anhang I Ziff. 4 b) Gebäuderichtlinie für die Nutzung von Kraft-Wärme-Kopplung als besonderer Energieeffizienztechnologie.[50] In Anhang I Ziff. 4 enthält die Gebäuderichtlinie damit eine mittelbare Förderung des Erneuerbare-Energien- und des KWK-Einsatzes.[51] Wie genau eine solche rechnerische Bevorzugung auf nationaler Ebene auszusehen hat, wird von der Gebäuderichtlinie allerdings offen gelassen.

48 Zusammenfassend zu den Faktoren *Wüstemann*, EU-Energieeffizienzrecht, S. 133.

49 *Hinz*, NZM 2013, 209 (212).

50 Zur KWK als besonderer Energieeffizienztechnologie siehe bereits unter Teil 1 C. I. 1 b).

51 In Erwägungsgrund Nr. 9 Gebäuderichtlinie wird von diesen Technologien als „Faktoren von wachsender Bedeutung" gesprochen.

3. *Gesamtenergieeffizienzstandards*

Von wesentlicher Bedeutung ist die Verpflichtung zur Einführung ordnungsrechtlicher Mindestanforderungen an die Gesamtenergieeffizienz von Gebäuden (Art. 4 Gebäuderichtlinie). Bereits dem Begriff der „(Mindest)anforderungen" muss entnommen werden, dass auf die Einführung ordnungsrechtlicher Standards im nationalen Recht abgezielt wird.[52]

Die Bedeutung der Mindestanforderungen ergibt sich aus dem systematischen Blick auf das Konzept der Gesamtenergieeffizienz nach Art. 2 Nr. 4 Gebäuderichtlinie. Diese beschreibt das Verhältnis zwischen dem Primär- oder Endenergiebedarf und dem auf Basis einer durchschnittlichen Nutzungsintensität ermittelten Nutzenergiebedarf in Gebäuden.[53] Ferner sind die Zielbestimmungen in Art. 1 Abs. 1 und Abs. 2 b) und c) Gebäuderichtlinie zu beachten, nach denen die Gesamtenergieeffizienz von Gebäuden verbessert werden soll. Eine solche Verbesserung lässt sich nur durch eine gewisse Variante von Standards im innerstaatlichen Recht erreichen. Notwendig ist zunächst, dass für Gebäude bestimmte durchschnittliche Volumina an Nutzenergie definiert werden (z. B. ein durchschnittlicher jährlicher Heizwärmebedarf einer Doppelhaushälfte). Ein solcher Wert markiert nach der Richtliniendefinition gem. Art. 2 Nr. 4 Gebäuderichtlinie den Ausgangspunkt der innerstaatlichen Standards. Auf Basis dieses Bedarfs muss anschließend eine Festlegung von Höchstmengen an End- oder Primärenergie erfolgen, die maximal zur Deckung des Nutzenergiebedarfs aufgewendet werden dürfen. Durch eine solche verbindliche Festlegung wird eine Mindestenergieeffizienz der energetischen Prozesse im gesamten Gebäude sichergestellt.

Aus einer systematischen Betrachtung von Art. 4 i. V. m. Art. 6 und 7 Gebäuderichtlinie ergibt sich ferner, dass die Geltung von Mindestanforderungen anlässlich des „Neubaus" und anlässlich von „Renovierungen" verlangt wird. Die Gebäuderichtlinie hat daher Anforderungen an bauliche Vorhaben im Blick. Die Einhaltung der jeweiligen Grenzwerte des Primär- oder Endenergiebedarfs muss demnach im Rahmen der Realisierung der Vorhaben durch eine entsprechende baulich-technische Gestaltung sichergestellt werden. Die Geltung der Mindestanforderungen soll gleichzeitig von der freien Entscheidung der Eigentümer zur Durchführung solcher baulichen Vorhaben abhängig sein.

Entscheidend für das Konzept der Gesamtenergieeffizienzstandards ist schließlich, dass der technische Weg zur Einhaltung der Grenzwerte den Bauherren selbst überlassen ist, bspw. durch eine Anpassung der baulichen Gestaltung oder durch die Wahl hochwertiger Anlagentechnik. Gesamtenergieeffizienzstandards sind daher ein Instrument, das das Ordnungsrecht so weit wie möglich flexibel ausgestaltet.[54]

---

52 Ähnlich *Jesse*, Instrumentenverbund, S. 39, der von unionsrechtlich „vorgesehenen" Instrumenten direkter Verhaltenssteuerung spricht.

53 Zur Gesamtenergieeffizienz bereits unter Teil 3 A. I. 2.

54 *Reimer*, in: Schulze-Fielitz/Müller, EU-Klimaschutzrecht, S. 157 zur Gebäuderichtlinie a. F.; ähnlich *Keyhanian*, Instrumente, S. 403.

a) Neubaubereich

Art. 6 Abs. 1 Satz 1 i. V. m. Art. 4 Abs. 1 UAbs. 1 Satz 1 Gebäuderichtlinie verpflichten die Mitgliedsstaaten zur Einführung von Mindestanforderungen an die Gesamtenergieeffizienz von neuen Gebäuden oder neuen Gebäudeteilen.[55] Solche Anforderungen müssen in gegenständlicher Hinsicht folglich das gesamte zu errichtende Gebäude oder den zu errichtenden Gebäudeteil erfassen.

b) Gebäudebestand

Auch im Bereich der Bestandsgebäude verpflichtet die Gebäuderichtlinie zur Einführung von Mindestanforderungen an die Gesamtenergieeffizienz. Solche Anforderungen sollen gemäß Art. 7 und 8 Gebäuderichtlinie allerdings nur bei bestimmten Anlässen freiwillig durchgeführter Renovierungsmaßnahmen gelten.[56] Diesen Ansatz hatte bereits die Gebäuderichtlinie a. F. verfolgt, dabei jedoch das zusätzliche Erfordernis vorgesehen, dass die zu renovierenden Bestandsgebäude eine Nutzfläche von mehr als 1000 m² aufweisen mussten (Art. 6 Satz 1 Gebäuderichtlinie a. F.).[57] Durch diesen Schwellenwert fielen ca. 72 % aller Bestandsgebäude aus dem Anwendungsbereich der Richtlinie heraus, was deren praktische Bedeutung im Bestandsgebäudebereich deutlich schmälerte.[58]

Nach der aktuellen Fassung der Gebäuderichtlinie ist zwischen drei Anlässen zu unterscheiden, die im mitgliedsstaatlichen Recht durch Gesamtenergieeffizienzstandards zu erfassen sind. Dies sind größere Renovierungen, Renovierungen der Gebäudehülle sowie Renovierungen gebäudetechnischer Systeme.

aa) Größere Renovierungen

Nach Art. 7 Abs. 1 UAbs. 1 und 2 i. V. m. Art. 4 Gebäuderichtlinie sind Anforderungen an die Gesamtenergieeffizienz in Fällen größerer Renovierungen einzuführen. Größere Renovierungen sollen nach den Erwägungsgründen Nr. 15 und 16 Gebäuderichtlinie deswegen solchen Standards unterworfen werden, weil sich gerade zu solchen Gelegenheiten eine technische Abstimmung der energetischen Gebäudekomponenten aufeinander besonders anbietet. Wird dieser Abstimmungszeitpunkt verpasst, so besteht regelmäßig ein langer zeitlicher Abstand bis zur nächsten Durchführung von größeren Renovierungen.

---

55 Der Begriff der Gebäudeteils ist in Art. 2 Nr. 8 Gebäuderichtlinie als „Gebäudeabschnitt, Etage oder Wohnung innerhalb eines Gebäudes, der bzw. die für eine gesonderte Nutzung ausgelegt ist oder hierfür umgebaut wurde“ definiert.

56 Vgl. *Mechel*, ZUR 2011, 184 (186).

57 *Wüstemann*, EU-Energieeffizienzrecht, S. 133; kritisch zur Begrenzung *Keyhanian*, Instrumente, S. 387.

58 *Wüstemann*, EU-Energieeffizienzrecht, S. 137.

Tatbestandlich setzt Art. 7 Abs. 1 UAbs. 1 Gebäuderichtlinie an der „größeren Renovierung von Gebäuden oder Gebäudeteilen" an. Mit den letztgenannten Gebäudeteilen sind abtrennbare Wohnungs- bzw. Nutzungseinheiten gemeint. Als größere Renovierungen sind in Art. 2 Nr. 10 UAbs. 1 Gebäuderichtlinie zwei Fallgruppen legal definiert.[59] Hierunter fallen erstens Maßnahmen, bei denen die Gesamtkosten der Renovierung der Gebäudehülle (Art. 2 Nr. 7 Gebäuderichtlinie, z. B. Außenwände) oder der gebäudetechnischen Systeme (Art. 2 Nr. 3 Gebäuderichtlinie, z. B. technische Ausrüstung für Heizung) die Grenze von „25 % des Gebäudewerts"[60] übersteigen. Eine größere Renovierung soll nach Art. Art. 2 Nr. 10 UAbs. 1 Gebäuderichtlinie zweitens dann vorliegen, wenn mehr als „25 % der Oberfläche der Gebäudehülle" einer Renovierung unterzogen werden. Nach Art. 2 Nr. 10 UAbs. 2 Gebäuderichtlinie ist den Mitgliedsstaaten die Wahl zwischen dem kostenbezogenen und dem flächenbezogenen Ansatz überlassen.[61]

Als Rechtsfolge sieht Art. 7 Abs. 1 UAbs. 2 Satz 1 Gebäuderichtlinie vor, dass die Anforderungen von den Mitgliedsstaaten „auf das renovierte Gebäude als Ganzes angewandt" werden. Klargestellt wird somit, dass das Konzept der Gesamtenergieeffizienz gegenständlich in vollem Umfang auf das zu sanierende Gebäude Anwendung finden muss. Zusätzlich, allerdings auch alternativ zu dieser Rechtsfolge, können nach Art. 7 Abs. 1 UAbs. 2 Satz 2 Gebäuderichtlinie auch „Anforderungen an die renovierten Gebäudekomponenten" normiert werden. Gebäudekomponente ist gemäß Art. 2 Nr. 9 Gebäuderichtlinie der Oberbegriff für gebäudetechnische Systeme (Anlagentechnik) sowie für die Gebäudehülle (Außenwände). Die Richtlinie lässt dementsprechend für den Fall größerer Renovierungen zu, dass die Mitgliedsstaaten vom Gesamtenergieeffizienzansatz abweichen und allein bauteilbezogene Anforderungen, bspw. an die jeweilige Qualität der Wärmedämmung der erneuerten Wände, stellen. Hintergrund dieser Option ist gemäß Erwägungsgrund Nr. 16 Gebäuderichtlinie, dass es aus Gründen der Kosteneffizienz möglich sein soll, nur diejenigen renovierten Teile in Anspruch zu nehmen, die für die Energieeffizienz des Gebäudes am wichtigsten sind. Solche Effizienzanforderungen an die Bauteile sind im europäischen Recht aber bereits in anderen Rechtsakten umfangreich vorgeschrieben.[62] Die Möglichkeit einer optionalen Ersetzung der Gesamtenergieeffizienzanforderungen durch Anforderungen an die einzelnen Gebäudekomponenten stellt daher eine weitgehende Relativierung des Gesamtansatzes der Richtlinie dar.

59 Zur identischen Vorgängerregelung in der Gebäuderichtlinie a. F. siehe *Reimer*, in: Schulze-Fielitz/Müller, EU-Klimaschutzrecht, S. 157.

60 Erwägungsgrund Nr. 16 Gebäuderichtlinie führt als mögliche Grundlagen für die Wertermittlung von bestehenden Gebäuden bspw. den Versicherungswert oder den jeweils aktuellen Wert auf der Grundlage der Neuerrichtungskosten auf.

61 *Eusterfeldhaus*, Energieeffizienzrecht, S. 29.

62 Zum unionsrechtlich beeinflussten Bauproduktenrecht bereits unter Teil 2 B. I. 1.

bb) Renovierungen der Gebäudehülle

Als zweiter Anlass, bei dem mitgliedsstaatliche Standards für Sanierungen gelten müssen, sieht die Gebäuderichtlinie Renovierungsmaßnahmen an der Gebäudehülle vor (Art. 7 UAbs. 3 Gebäuderichtlinie). Aus der systematischen Abgrenzung zu den größeren Renovierungen nach Art. 7 UAbs. 1 Gebäuderichtlinie ergibt sich, dass Anforderungen anlässlich von Renovierungen der Gebäudehülle auch für solche Fälle gelten müssen, in denen die finanziellen oder gebäudeoberflächenbezogenen Schwellenwerte gem. Art. 7 UAbs. 1 Gebäuderichtlinie nicht erreicht werden.

Gemäß Art. 7 UAbs. 3 Gebäuderichtlinie sind unter den Begriff der größeren Renovierungen Fälle zu fassen, in denen „eine Gebäudekomponente, die Teil der Gebäudehülle ist und sich erheblich auf deren Gesamtenergieeffizienz auswirkt, nachträglich eingebaut oder ersetzt wird." Als Gebäudekomponenten im Sinne von Art. 2 Nr. 9 Gebäuderichtlinie, die gleichzeitig ein Teil der Gebäudehülle sind, kommen daher bspw. Fensterflächen in Betracht. Wann solche ausgetauschten Gebäudekomponenten sich allerdings erheblich auf die Gesamtenergieeffizienz auswirken, ist in der Gebäuderichtlinie nicht festgelegt. Den Mitgliedsstaaten steht daher bei Auswahl der maßgeblichen Gebäudekomponenten ein Umsetzungsspielraum zu.

Als Rechtsfolge im Fall von Renovierungen der Gebäudehülle sieht Art. 7 UAbs. 3 Gebäuderichtlinie schließlich vor, dass die „Gesamtenergieeffizienz der Gebäudekomponente die Mindestanforderungen an die Gesamtenergieeffizienz erfüllt." Diesem Wortlaut nach müssen sich die Anforderungen im Sinne des Gesamtenergieeffizienzansatzes in gegenständlicher Hinsicht auf das gesamte Gebäude erstrecken. Fraglich ist allerdings, ob es ebenfalls zulässig ist, zusätzlich oder alternativ alleine Anforderungen an die ausgetauschte Gebäudekomponente zu stellen. Hierfür spricht der systematische Zusammenhang zu Art. 7 UAbs. 1 Gebäuderichtlinie. In der von Art. 7 UAbs. 1 Gebäuderichtlinie geregelten Konstellation ist eine Abweichung vom Gesamtenergieeffizienzansatz nach Art. 7 Abs. 1 U Abs. 2 Satz 2 Gebäuderichtlinie explizit zulässig. In beiden Konstellationen besteht ein gleichwertiges, von Erwägungsgrund Nr. 16 Gebäuderichtlinie betontes Interesse an einer Abweichung vom Gesamtenergieeffizienzansatz aus Gründen der Kosteneffizienz. Dieser Zusammenhang spricht dafür, auch in Fällen von Renovierungen der Gebäudehülle sowohl Anforderungen an die Gesamtenergieeffizienz als auch zusätzlich oder alternativ Anforderungen an die Effizienz der ausgetauschten Bauteile der Gebäudehülle zuzulassen.

cc) Renovierungen gebäudetechnischer Systeme

Art. 8 Gebäuderichtlinie sieht schließlich die Einführung von Anforderungen an gebäudetechnische Systeme vor. Gebäudetechnische Systeme wurden erst mit der Novellierung der Gebäuderichtlinie im Jahr 2010 in den Anwendungsbereich einbezogen.[63]

63 *Wüstemann*, EU-Energieeffizienzrecht, S. 138.

Gebäudetechnische Systeme sind nach Art. 2 Nr. 3 Gebäuderichtlinie dabei als „technische Ausrüstung für Heizung, Kühlung, Lüftung, Warmwasserbereitung oder Beleuchtung eines Gebäudes oder Gebäudeteils, oder für eine Kombination derselben" definiert. Im Gebäudebestand sollen gemäß Art. 8 UAbs. 2 Gebäuderichtlinie Anforderungen an gebäudetechnische Systeme eingeführt werden, wenn diese Systeme „ausgetauscht oder modernisiert" werden. Auch an dieser Stelle sieht die Gebäuderichtlinie vor, dass im Recht der Mitgliedsstaaten an ein freiwilliges Sanierungsvorhaben anzuknüpfen ist. Eine Pflicht zur Einführung von Standards besteht gemäß Art. 8 UAbs. 3 Gebäude-richtlinie aber nur anlässlich des Austauschs oder der Modernisierung von bestimmten gebäudetechnischen Systemen, namentlich „Heizungsanlagen, Warmwasseranlagen, Klimaanlagen, große Lüftungsanlagen oder Kombinationen dieser Anlagen." Die Einführung von Standards für andere gebäudetechnische Systeme (z. B. Wärmerückgewinnungsanlagen) ist im Gegenschluss zu Art. 8 UAbs. 3 Gebäuderichtlinie optional.

Als Rechtsfolge ist in Art. 8 Abs. 1 Gebäuderichtlinie die Einführung von „Systemanforderungen an die Gesamtenergieeffizienz, die ordnungsgemäße Installation und angemessene Dimensionierung, Einstellung und Überwachung der gebäudetechnischen Systeme" vorgesehen. Insbesondere stellt sich dabei die Frage, was unter „Systemanforderungen an die Gesamtenergieeffizienz" zu verstehen ist. In systematischer Hinsicht liefert die Abgrenzung zum Erfordernis der „Dimensionierung der gebäudetechnischen Systeme" ein Indiz. Dieses Erfordernis betrifft sachlogisch nur die Gestaltung der Anlagen selbst. Dies deutet darauf hin, dass der Begriff der Systemanforderungen an die Gesamtenergieeffizienz weiter zu verstehen ist und echte Energiebedarfsgrenzwerte im Sinne des Gesamtenergieeffizienzansatzes bezeichnet. Ferner wurde Art. 8 Gebäude-richtlinie erst durch die Richtliniennovelle im Jahr 2010 eingefügt. Auch vor dem Hintergrund der im Jahr 2007 erstmals aufgestellten energiepolitischen Ziele der EU[64] ist davon auszugehen, dass bei der Regulierung gebäudetechnischen Systeme bewusst ein vergleichsweise strenger Ansatz verfolgt wurde. Insgesamt ist Art. 8 Gebäuderichtlinie daher dahin auszulegen, dass im Rahmen des Austauschs gebäudetechnischer Systeme eine Anwendung des Gesamtenergieeffizienzansatzes in den mitgliedsstaatlichen Anforderungen notwendig ist.[65]

dd) Differenzierung der Standards

Im Gebäudebestand existieren signifikante Unterschiede zwischen Formen, Größen, Bauweisen oder Nutzungsarten von Gebäuden. Vor diesem Hintergrund stellt sich die Frage, welche einzelnen Gebäudemerkmale bei der mitgliedsstaatlichen Bestimmung der Grenzwerte Berücksichtigung finden müssen. Es gilt zu klären, welchen Rahmen die Gebäuderichtlinie für notwendige Differenzierungen der Standards vorgibt.

---

64 Zu den politischen Zielen der EU bereits unter Teil 1 D. III. 1.

65 Ähnlich *Knauff*, DV 2014, 407 (417).

Gemäß Art. 4 Abs. 1 UAbs. 4 Gebäuderichtlinie müssen die Mindestanforderungen erstens bestimmten Faktoren „Rechnung tragen". Als solche Faktoren listet die Richtlinie bspw. die „örtlichen Gegebenheiten, die angegebene Nutzung sowie das Alter des Gebäudes" auf. Weisen Gebäude also energetisch relevante Unterschiede im Hinblick auf die örtlichen Gegebenheiten (bspw. Sonnenexposition oder klimatische Bedingungen) auf, sind auch unterschiedliche Gesamteffizienzstandards erforderlich. Art 4 Abs. 1 UAbs. 4 Gebäuderichtlinie lässt sich damit als erstes Differenzierungsgebot der Richtlinie verstehen. Bei der Festlegung der Standards „können" die Mitgliedsstaaten zweitens nach Art. 4 Abs. 1 UAbs. 2 Gebäuderichtlinie zwischen „verschiedenen Gebäudekategorien unterscheiden". Auch diese Bestimmung enthält folglich Maßgaben zur Differenzierung, allerdings nicht in Form eines Gebots, sondern in Form einer klarstellenden Erlaubnis. Drittens wird in Art. 4 Abs. 1 UAbs. 2 Gebäuderichtlinie klargestellt, dass die Mitgliedsstaaten zwischen „neuen und bestehenden Gebäuden" unterscheiden können.[66] Daher können die Gesamtenergieeffizienzanforderungen an Sanierungsvorhaben niedriger angesetzt werden als an vergleichbare Neubauvorhaben.

Schließlich ist auch eine noch weitergehende Binnendifferenzierung der Standards nach dem Sinn und Zweck der Gebäuderichtlinie nicht ausgeschlossen. Denn je feiner die Standards zwischen individuellen Gebäudemerkmalen unterscheiden, desto eher kann das Ziel der Verbesserung der Gesamtenergieeffizienz gemäß Art. 1 Abs. 1 Gebäuderichtlinie erreicht werden. Eine Literaturmeinung geht sogar davon aus, dass eine Differenzierung der Standards nach allen Gebäudemerkmalen erforderlich ist, die als „Aspekte" bei der Normierung der Berechnungsmethode gem. Anhang I Nr. 3 Gebäuderichtlinie zu berücksichtigen sind.[67] Gegen eine solche Auslegung spricht hingegen die Systematik der Gebäuderichtlinie, die zwischen der Methode zur Berechnung und Darstellung der Gesamtenergieeffizienz und den Mindestanforderungen an die Gesamtenergieeffizienz unterscheidet. Während bei der Berechnung und Darstellung der (individuellen) Gesamtenergieeffizienz die „Aspekte" gem. Anhang I Nr. 3 zu berücksichtigen sind, ist die Anzahl der „Faktoren", die bei der Normierung von Mindestanforderungen berücksichtigt werden müssen, nach Art. 4 Abs. 1 UAbs. 1 Gebäuderichtlinie deutlich geringer. Dieser Zusammenhang spricht dafür, dass eine über Art. 4 Abs. 1 UAbs. 4 Gebäuderichtlinie hinausgehende Differenzierung zwar zulässig ist, nicht jedoch unionsrechtlich vorgeschrieben ist.

ee) Energetische und finanzielle Zielniveaus

Schließlich sagen die vorgenannten Vorgaben der Gebäuderichtlinie nichts darüber aus, von welchem energetischen Niveau die Standards im nationalen Recht sein müssen. Denkbar wären bspw. qualifizierte Endenergiebedarfsvorgaben für einzelne

66 Bereits nach Art. 6 Abs. 2 Gebäuderichtlinie a. F., hatten sich die Standards für Bestandsgebäude lediglich am Neubaubereich „zu orientieren".

67 *Eusterfeldhaus*, Energieeffizienzrecht, S. 24–25.

Gebäudearten. Solche Vorgaben enthält die Gebäuderichtlinie grundsätzlich nicht.[68] Die Festlegung energetischer Zielniveaus für die jeweiligen Sanierungen ist daher den Mitgliedsstaaten überlassen.[69] An dieser Stelle wird der von der Richtlinie verfolgte Ansatz einer Mindestharmonisierung (Art. 1 Abs. 3 Gebäuderichtlinie) besonders deutlich.[70] Allerdings findet sich seit der Novelle des Jahres 2010 in Art. 9 Gebäuderichtlinie eine Vorgabe, nach der für den Neubaubereich der sog. Niedrigstenergiehausstandard einzuführen ist.[71] Ein Niedrigstenergiehaus ist gem. Art. 2 Nr. 2 Gebäuderichtlinie ein Haus, das einen „fast bei Null liegenden oder sehr geringen Energiebedarf" haben muss.[72] Durch die Vorgaben zum Niedrigstenergiehaus wird im Neubaubereich daher vom bis zum Jahr 2010 geltenden Grundsatz, nach dem die Gebäuderichtlinie kein eigenes Maß für die Effizienzstandards vorgab, abgewichen. Insoweit haben sich die unionsrechtlichen Vorgaben – allerdings allein im Neubaubereich – mittlerweile verdichtet.

Umfangreiche Vorgaben finden sich allerdings zur Frage, von welchem finanziellen Niveau die Mindeststandards im nationalen Recht sein müssen. Nach Art. 4 Abs. 1 Satz 1 UAbs. 1 Gebäuderichtlinie sind die Anforderungen „im Hinblick auf die Erreichung kostenoptimaler Niveaus" festzulegen. Das Konzept der kostenoptimalen Niveaus wurde ebenfalls durch die Richtliniennovelle im Jahr 2010 eingeführt.[73] Nach der Definition in Art. 2 Nr. 14 Gebäuderichtlinie ist hiermit ein „Gesamtenergieeffizienzniveau, das während der geschätzten wirtschaftlichen Lebensdauer mit den niedrigsten Kosten verbunden ist", gemeint. Die Beurteilung, welche Effizienzanforderungen über die wirtschaftliche Lebensdauer eines Vorhabens am kostengünstigsten sind, setzt dabei sachlogisch eine vergleichende Betrachtung unterschiedlicher Effizienzanforderungen durch die Mitgliedsstaaten voraus.[74] Der Blick muss sich bei diesem Vergleich auf den jeweiligen finanziellen Aufwand für einen Standard sowie auf die durch diesen Standard erzielbaren finanziellen Einsparungen richten. In Art. 2 Nr. 14 a) Gebäuderichtlinie sind bestimmte Faktoren für diese vergleichende Betrachtung genauer definiert: die energiebezogenen Investitionskosten, die Instandhaltungs- und Betriebskosten einschließlich der Energiekosten, die Einnahmen aus der Energieerzeugung und die Entsorgungskosten.

68 *Nusser*, ZUR 2014, 67 (68).
69 *Gundel*, in: Danner/Theobald, Europäisches Energierecht, Rn. 23.
70 Zum Begriff der Mindestharmonisierung *Tietje*, in: Grabitz/Hilf/Nettesheim, AEUV, Art. 114 Rn. 41 sowie *Klamert*, EuZW 2015, 265 (267–268).
71 Vgl. *Nusser*, ZUR 2014, 67 (67).
72 Näher zum Begriff des Niedrigstenergiehauses *Frenz*, NZBau 2015, 8 ff.
73 *Eusterfeldhaus*, Energieeffizienzrecht, S. 32.
74 Vgl. Erwägungsgrund Nr. 10 Gebäuderichtlinie, wonach ein „kostenoptimales Verhältnis zwischen den zu tätigenden Investitionen und den über die Lebensdauer des Gebäudes eingesparten Energiekosten" erreicht werden soll.

Nur der Effizienzstandard, der im Rahmen dieser vergleichenden Betrachtung am besten abschneidet, entspricht dem kostenoptimalen Niveau.[75]

Ferner enthält die Gebäuderichtlinie in Art. 2 Nr. 14 UAbs. 2 eine Vorgabe, nach der das kostenoptimale Niveau „in dem Bereich der Gesamtenergieeffizienzniveaus [liegen muss], in denen die über die geschätzte wirtschaftliche Lebensdauer berechnete Kosten-Nutzen-Analyse positiv ausfällt". Indem die Richtlinie auf ein positives Ergebnis des Vergleichs abstellt, wird folglich vorgeschrieben dass die Kosten für den jeweiligen Gesamtenergieeffizienzstandard grundsätzlich amortisierbar sein müssen, und zwar in zeitlicher Hinsicht innerhalb der wirtschaftlichen Lebensdauer des Vorhabens. Damit enthält die Richtlinie den Gedanken des sog. Wirtschaftlichkeitsgebots.[76]

Nach Art. 4 Abs. 1 UAbs. 5 Gebäuderichtlinie sind die Mitgliedsstaaten schließlich „nicht verpflichtet, Mindestanforderungen an die Gesamtenergieeffizienz festzulegen, die über die geschätzte wirtschaftliche Lebensdauer nicht kosteneffizient sind". Im Gegenschluss lässt sich Art. 4 Abs. 1 UAbs. 5 Gebäuderichtlinie daher entnehmen, dass die Mitgliedsstaaten auch unwirtschaftliche Standards unter bestimmten Umständen einführen können. Ein Spielraum für eine solche überschießende Richtlinienumsetzung soll nach Erwägungsgrund Nr. 10 Gebäuderichtlinie allerdings nur bestehen, wenn nicht kosteneffiziente Standards gleichzeitig auf eine höhere Energieeffizienz abzielen als die maßgeblichen kosteneffizienten Standards. Auch diese Bestimmung lässt sich aus den Zielen gem. Art. 1 Abs. 1 Gebäuderichtlinie erklären, wonach die Energieeffizienzförderung im Vordergrund steht, die Kosteneffizienz hingegen nur (als abgestuftes Ziel) zu berücksichtigen ist.[77]

4. Zusammenfassung

Die Gebäuderichtlinie enthält eine Reihe von Vorgaben an die Mitgliedsstaaten, die innerstaatlich durch gebäudebezogenes Ordnungsrecht umzusetzen sind. Die Richtlinie setzt auf den Ansatz der Gesamtenergieeffizienz von Gebäuden und damit auf eine ganzheitliche Betrachtung der energetischen Eigenschaften. Unter Gesamtenergieeffizienz ist das Verhältnis zwischen der in einem Gebäude eingesetzten End- oder Primärenergie und der hieraus gewonnenen Nutzenergie zu verstehen, wobei die Nutzenergie als Fixpunkt der Betrachtung zu bestimmen und auf Grundlage einer typischen Nutzung des jeweiligen Gebäudes zu ermitteln ist.

---

75 Auch für die Umsetzung des Konzeptes der kostenoptimalen Niveaus ist ein rechtlicher Rahmen für eine entsprechende *Methodik* notwendig. Ein solcher Rechtsrahmen wird von der Kommission auf Grundlage von Art. 5 Abs. 1, Art. 24, 25 i. V. m. Anhang III Gebäuderichtlinie festgelegt. Näher zu diesem Mechanismus *Wüstemann*, EU-Energieeffizienzrecht, S. 137.

76 So ausdrücklich Erwägungsgrund Nr. 10 Gebäuderichtlinie. Zur Prägung des deutschen Rechts durch das Wirtschaftlichkeitsgebot noch ausführlich unter Teil 3 A. II. 4. b) gg).

77 Zu den Zielen der Gebäuderichtlinie bereits unter Teil 3 A. I. 1.

Die Gebäuderichtlinie enthält erstens Rahmenvorgaben für eine einheitliche Methodik zur Berechnung der Gesamtenergieeffizienz. Auf diese Methodik aufbauend werden die Mitgliedsstaaten zweitens verpflichtet, Mindestanforderungen an die Gesamtenergieeffizienz von Gebäuden einzuführen. Nach diesem zentralen Ansatz ist der jeweils zulässige Primär- oder Endenergiebedarf von Gebäuden zu begrenzen. Nur wenn solche Grenzwerte gewahrt werden, sind Gebäude aus Sicht der Richtlinie im Mindestmaß ausreichend energieeffizient. Der maximal zulässige Energiebedarf ist, dem Konzept der Gesamtenergieeffizienz folgend, auf Grundlage eines durchschnittlichen Niveaus an benötigter Nutzenergie für das jeweilige Gebäude und unter Berücksichtigung unterschiedlicher Standort- und Gestaltungsfaktoren zu ermitteln. Die Mindestanforderungen sind dabei als Anforderungen an die bauliche und technische Gestaltung von Gebäuden konzipiert. Vorhaben müssen daher so gestaltet werden, dass die mitgliedsstaatlich definierten Grenzwerte der Gesamtenergieeffizienz im Rahmen der späteren Nutzung des Gebäudes typischerweise eingehalten werden. Der Gesamtenergieeffizienzansatz verpflichtet aber nicht zu einer bestimmten Art und Weise der baulichen oder technischen Gestaltung, sondern überlässt diese den Bauherren.

Die Gebäuderichtlinie verpflichtet allerdings nur in bestimmten Fällen freiwillig durchgeführter Vorhaben (Neubau oder bestimmte Sanierungen) zur Einführung von Mindestanforderungen. Im Bestandsgebäudebereich sind dies erstens Fälle, in denen größere Renovierungen an Gebäuden durchgeführt werden. Hierunter sind Sanierungsmaßnahmen an den Außenwänden oder der Gebäudetechnik zu verstehen, die bestimmte Wert- oder Flächengrenzen überschreiten. Zweitens gilt auch unterhalb der Wertgrenzen eine Pflicht zur Einführung von Gesamtenergieeffizienzanforderungen, sofern Teile der Außenhülle, wie bspw. Fenster, ausgetauscht werden, wenn sich eine solche Änderung erheblich auf die energetische Gesamtbilanz von Gebäuden auswirkt. In diesen beiden Konstellationen soll als Rechtsfolge grundsätzlich der Gesamtenergieeffizienzansatz zur Anwendung kommen. Alternativ können die Mitgliedsstaaten in diesen beiden Konstellationen aber auch nur Anforderungen an die jeweils ausgetauschte Gebäudekomponente stellen. Drittens sind Gesamtenergieeffizienzstandards seit der Richtliniennovelle des Jahres 2010 für bestimmte Fälle des Austauschs gebäudetechnischer Systeme, z. B. von Heizungsanlagen, vorgesehen. Allein in solchen Fällen ist eine Anwendung des Gesamtenergieeffizienzansatzes im mitgliedsstaatlichen Recht zwingend.

Insgesamt wird schließlich deutlich, dass von der Gebäuderichtlinie der klassische unionsrechtliche Ansatz einer Mindestharmonisierung verfolgt wird. Insbesondere bleibt die Bestimmung der energetischen Zielniveaus der Gesamtenergieeffizienzstandards, vor allem im Bestandsgebäudebereich, den Mitgliedsstaaten überlassen. Von zwingender Natur ist allein die Vorgabe für die Mitgliedsstaaten, die Standards an sog. kostenoptimalen Niveaus auszurichten. Hierdurch werden die Mitgliedsstaaten verpflichtet, eine möglichst schnelle Amortisierung der Aufwendungen sicherzustellen, die für die Erfüllung des jeweiligen Standards anfallen. Gleichzeitig sollen aber auch nicht amortisierbare Standards möglich sein, soweit diese gegenüber kostenoptimalen Standards zu höheren Energieeinsparungen führen.

Insgesamt ist die sekundärrechtliche Regulierung im Gebäudebereich damit zurückhaltend. Dies lässt sich zum einen mit strukturellen Unterschieden zwischen den mitgliedsstaatlichen Wohnungs- und Immobilienmärkten erklären, die einer zu weitgehenden Harmonisierung entgegenstehen können.[78] Zum anderen sprechen auch die unterschiedlichen natürlichen Standortbedingungen in den europäischen Mitgliedsstaaten (z. B. Sonneneinstrahlung) und deren Einfluss auf die Gestaltung und den Energieverbrauch von Gebäuden gegen eine weitgehende Harmonisierung. Mit diesem Aspekt ist gleichzeitig das Subsidiaritätsprinzip nach Art. 5 Abs. 3 AEUV angesprochen,[79] auch wenn aus diesem kaum eindeutige rechtliche Grenzen für das einschlägige Sekundärrecht abgeleitet werden können.[80]

II. Energieeinsparungsgesetz

Auf der nationalen Ebene ist der Gebäudebereich seit längerer Zeit von einem dichten Netz ordnungsrechtlicher Anforderungen erfasst, die den Zielen der Energieversorgungssicherheit und des Umwelt- und dem Klimaschutzes dienen und zu diesem Zweck Energieeffizienzanforderungen regeln. Seit dem Jahr 1976 legt das Energieeinsparungsgesetz des Bundes (EnEG) als prägende Rechtsgrundlage im Gebäudebereich[81] den Grundstein des nationalen Gebäudeeffizienzrechts.

1. Rechtsentwicklung und Ziele

Ebenso wie die frühen unionsrechtlichen Regelungsansätze stellte die Einführung des EnEG im Jahr 1976 eine politische Reaktion auf die Ölkrise des Jahres 1973 dar.[82] Zum damaligen Zeitpunkt ging es auch dem Bundesgesetzgeber primär um die Verringerung von Importabhängigkeiten und damit um das Ziel der Energieversorgungssicherheit, während Verbesserungen des Umweltschutzniveaus vor allem als positiver Nebeneffekt energetischer Einsparungen wahrgenommen wurden.[83] Zur Verringerung der Importabhängigkeit sah der Gesetzgeber den Lösungsweg einer „rationellen Energienutzung“ vor, worunter die Verringerung der energetischen

---

78 Zum Streit um die *rechtlichen* Grenzen aus dem Subsidiaritätsprinzip *Eusterfeldhaus*, Energieeffizienzrecht, S. 44.

79 So auch die eigene Auffassung der EU in Erwägungsgrund Nr 33 Gebäuderichtlinie.

80 Verwiesen sei diesbezüglich auf die Ausführungen von *Kahl*, in: Schulze-Fielitz/Müller, EU-Klimaschutzrecht, S. 62, der das Subsidiaritätsprinzip in den vorliegenden Angelegenheiten als „steuerungsschwach“ bezeichnet, sowie auf die ausführlicheren Untersuchungen von *Pilz*, EuZW 2015, 693 (695) und *Eusterfeldhaus*, Energieeffizienzrecht, S. 44 ff.

81 *Schladebach*, RdE 1998, 138 (138).

82 *Jesse*, Instrumentenverbund, S. 44; *Moser*, Energieeinsparverordnung, S. 45; *Keyhanian*, Instrumente, S. 391.

83 *Heye*, Treibhausgasreduktion, S. 48; *Wüstemann*, EU-Energieeffizienzrecht, S. 139; *Mechel*, ZUR 2011, 184 (187).

Verluste bei gleichzeitiger Wahrung der Lebensstandards zu verstehen sein sollte.[84] Das Konzept der rationellen Energienutzung entspricht daher dem heutigen Konzept der Energieeffizienz.[85]

Das EnEG 1976 enthielt einen Katalog unterschiedlicher Verordnungsermächtigungen. Auf Grundlage dieser Verordnungsermächtigungen konnten Anforderungen an den baulichen Wärmeschutz von Neubauten (§ 1 EnEG 1976), Anforderungen an die Beschaffenheit einer energiesparenden Anlagentechnik in Neubauten (§ 2 EnEG 1976) und Anforderungen an den Betrieb solcher Anlagen in Neubauten (§ 3 EnEG 1976) gestellt werden. Für Bestandsgebäude konnten solche Regelungen in modifizierter Weise ebenfalls eingeführt werden, und zwar für den Fall der freiwillig durchgeführten „wesentlichen Änderungen" (§ 4 Abs. 2 EnEG 1976). Diese Regelungsmöglichkeiten wurden allerdings unter den Vorbehalt der Wirtschaftlichkeit gestellt (§ 5 EnEG 1976). Diese Grundstruktur des EnEG ist bis zur heutigen Gesetzesfassung im Grundsatz erhalten geblieben, an einigen Stellen jedoch ergänzt worden.[86]

Bereits im Jahr 1977 wurden mit der sog. Wärmeschutzverordnung[87] als erster Rechtsverordnung auf Grundlage des EnEG 1976 Anforderungen an die Wärmedämmung von Neubauten gestellt.[88] Im Jahr 1978 wurde die sog. Heizungsanlagenverordnung[89] erlassen, die technische Anforderungen an Anlagen zur Gebäudeheizung oder Warmwassererzeugung stellte, die zum Einbau in neue oder in bestehende Gebäude vorgesehen waren.[90] Im Jahr 1980 wurde das EnEG erstmals novelliert, wobei vor allem die Ermächtigungsgrundlage für Anforderungen an Bestandsgebäude erweitert wurde (§ 4 Abs. 3 EnEG 1980).[91] Nunmehr sollten auch einzelne energetische Anforderungen an bestehende Gebäude zulässig sein, die unabhängig von einem baulichen Vorhaben der Gebäudeeigentümer waren. Durch § 4 Abs. 3 EnEG 1980 wurde damit erstmals eine gesetzliche Grundlage für energetischen Sanierungszwang geschaffen. Die Bestimmung sah für solche Anforderungen allerdings eine doppelte Einschränkung vor. Erstens mussten durch solche Pflichten wesentliche Energieeinsparungen herbeigeführt werden. Zudem musste eine Amortisierung der Aufwendungen innerhalb einer angemessenen Zeit eintreten können. Diese

---

84 Siehe die Gesetzesbegründung der Bundesregierung zum EnEG 1976, BT-Drs. 7/4575 vom 14. Januar 1975, S. 7.

85 Vgl. das Begriffsverständnis der rationellen Energienutzung bei *Salje*, ET 1982, 674 (675, 677), das dem heutigen technischen Effizienzbegriff entspricht. Zu letzterem bereits unter Teil 1 D. II. 2. b).

86 Vgl. *Mechel*, ZUR 2011, 184 (187).

87 Verordnung über einen energiesparenden Wärmeschutz bei Gebäuden vom 11. August 1977 (BGBl. I S. 1554).

88 *Wustlich*, ZUR 2007, 281 (282); *Heye*, Treibhausgasreduktion, S. 54.

89 Heizungsanlagenverordnung vom 22. September 1978 (BGBl. I S. 1581).

90 *Mechel*, ZUR 2011, 184 (187); *Wüstemann*, EU-Energieeffizienzrecht, S. 140.

91 Zur erstmaligen Erfassung des Gebäudebestands vgl. *Jesse*, Instrumentenverbund, S. 45.

beiden Einschränkungen sollten nach den Vorstellungen des Gesetzgebers die hohen Kosten kompensieren, die bei Sanierungen im Gebäudebestand regelmäßig entstanden.[92]

Die umweltpolitische Dimension von Energieeinsparungen rückte auch im bundespolitischen Kontext erst zu Beginn der 1990er Jahre in den Vordergrund. Dies gilt auch für den Aspekt des Klimaschutzes, der in neu geschaffenen Rechtsgrundlagen nunmehr vermehrt betont wurde.[93] Dies gab im Jahr 1994 den Ausschlag zu einer Verschärfung der energetischen Anforderungen an Gebäude durch eine Novelle der Wärmeschutzverordnung (Wärmeschutzverordnung 1994). Durch diese Novelle wurden gleichzeitig die Vorgaben der SAVE-Richtlinie aus dem Jahr 1993 zu einer verbesserten Wärmedämmung umgesetzt.[94] Die Wärmeschutzverordnung 1994 ist auch deswegen erwähnenswert, weil sie einen Perspektivwechsel von der bis dato verwendeten einzelkomponentenbezogenen Betrachtung hin zu einer energetischen Gesamtbetrachtung einläutete. Denn die Anforderungen an die Wärmedämmung gemäß der Wärmeschutzverordnung 1994 bezogen sich nicht länger ausschließlich auf die Eigenschaften der Baumaterialien, sondern knüpften nunmehr an den Jahresheizenergiebedarf von Gebäuden an. Dieser Jahresheizenergiebedarf war nach § 1 Wärmeschutzverordnung 1994 durch Maßnahmen der verbesserten Wärmedämmung zu senken.[95] Auch die Heizungsanlagenverordnung wurde im Jahr 1994 erneuert[96] und setzte ab diesem Jahr die gebäudebezogenen Vorgaben der Richtlinie 92/42/EWG über Heizkesselwirkungsgrade um.

Auf Grundlage des EnEG 1980 wurde im Jahr 2001 die erste Fassung der Energieeinsparverordnung von der Bundesregierung erlassen (EnEV 2001). Mittlerweile stand der Klimaschutz im Zentrum der Aufmerksamkeit des Verordnungsgebers.[97] Die EnEV 2001 sah nunmehr erstmals eine energetische Gesamtbetrachtung von Gebäuden im nationalen Recht vor.[98] Sie kam der Einführung des Gesamtenergieeffizienzansatzes durch die Gebäuderichtlinie a. F. im Jahr 2002 damit zuvor. Rechtstechnisch wurde zur Verwirklichung des Gesamtbetrachtungsansatzes eine Zusammenführung von Wärmeschutzverordnung und Heizungsanlagenverordnung notwendig.[99]

---

92 Gesetzesbegründung der Bundesregierung, BT-Drs. 8/3348 vom 12. November 1979, S. 6.

93 *Heye*, Treibhausgasreduktion, S. 49.

94 *Moser*, Energieeinsparverordnung, S. 46. Zur SAVE-Richtlinie bereits unter Teil 3 A. I. 1. a).

95 *Meyer*, Die EnEV, S. 5.

96 Heizungsanlagenverordnung vom 22. März 1994 (BGBl. I S. 613).

97 *Frenz*, in: Frenz/Lülsdorf, Einf. Rn. 24.

98 *Moser*, Energieeinsparverordnung, S. 49; *Wüstemann*, EU- Energieeffizienzrecht, S. 140; vgl. auch *Cziesielski/Belaschk*, DS 2005, 126 (126).

99 *Keyhanian*, Instrumente, 2008, S. 394; *Moser*, Energieeinsparverordnung, S. 47; *Wüstemann*, EU-Energieeffizienzrecht, S. 140; *Mechel*, ZUR 2011, 184 (187).

Ab Mitte der 2000er Jahre steigerte sich die Häufigkeit der Novellen von EnEG und EnEV.[100] Als erster Schritt dieser Entwicklung ist die Überarbeitung des EnEG im Jahr 2005 zu nennen, durch welche die Vorgaben der Gebäuderichtlinie a. F. aus dem Jahr 2002 nunmehr ins nationale Recht umgesetzt wurden. Im Zuge dieser Überarbeitung wurde das EnEG am 1. September 2005 neu bekanntgemacht (EnEG 2005).[101] Auch die EnEV wurde anschließend im Jahr 2007 novelliert.[102] Durch die beiden vorgenannten Novellen wurde der bis dato normierte Gesamtbetrachtungsansatz des nationalen Rechts an den Gesamtenergieeffizienzansatz der Gebäuderichtlinie a. F. angepasst.[103] Anschließend ist die EnEG-Novelle des Jahres 2009 zu erwähnen, durch die u. a. die Ermächtigungsgrundlage für Anforderungen an bestehende Gebäude modifiziert wurde (EnEG 2009). So wurde § 4 Abs. 3 EnEG 2005, der seit der Gesetzesfassung des Jahres 1980 unverändert fortbestanden hatte, überarbeitet und ausgeweitet. Nunmehr war in § 4 Abs. 3 Satz 1 Nr. 2 EnEG 2009 eine explizite Verordnungsermächtigung zur Anordnung einer Außerbetriebnahme von Heizkesseln und Nachtspeicherheizungen enthalten. Hiervon machte die Bundesregierung im Rahmen einer anschließenden EnEV- Novelle im Jahr 2009 bezüglich der Nachtspeicherheizungen Gebrauch.[104]

Letztmalig wurde das EnEG am 13. Juli 2013 erneuert. So wurde die Bestimmung des § 2 a EnEG hinzugefügt, die der Bundesregierung die Umsetzung des unionsrechtlich vorgeschriebenen Niedrigstenergiehausstandards für den Neubaubereich dienen soll.[105] Im Bestandsgebäudebereich wurde § 4 Abs. 3 Satz 1 Nr. 2 EnEG 20 09 hingegen teilweise wieder gestrichen. Da Nachtspeicherheizungen im Zuge der Energiewende nun doch als sinnvolle Speichermedien für den volatilen Erneuerbare-Energien-Strom angesehen wurden, entfiel die vorgenannte Ermächtigungsgrundlage für ein Verbot.[106] Auch die EnEV wurde letztmalig im Jahr 2013 überarbeitet und ist gem. Art. 3 der einschlägigen Änderungsverordnung[107] am 1. Mai 2014 in Kraft getreten.

---

100 Ein Überblick findet sich bei *Frenz*, in: Frenz/Lülsdorf, Einf. Rn. 12 ff.
101 *Keyhanian*, Instrumente, S. 391.
102 *Moser*, Energieeinsparverordnung, S. 49.
103 Vgl. *Wüstemann*, EU-Energieeffizienzrecht, S. 139. Zum Begriff der „Faktoren" im Europäischen Recht siehe bereits unter Teil 3 A. I. 2. b).
104 *Wüstemann*, EU-Energieeffizienzrecht, S. 142.
105 So die Begründung der Bundesregierung zum Gesetzentwurf der Novelle, BT-Drs. 17/12619 vom 4. März 2013, S. 7.
106 Zu dieser Begründung siehe die Beschlussempfehlung und den Bericht des BT-Ausschusses für Verkehr, Bau und Stadtentwicklung, BT-Drs. 17/13527 v. 17. März 2013, S. 6. Allgemein zur Sektorenkopplung bereits unter Teil 1 C. I. 1. b).
107 Verordnung vom 18. November 2013 (BGBl. I S. 3989).

2. *Grundstruktur*

Die gesetzlichen Bestimmungen des EnEG sind zweiteilig aufgebaut. Die ersten Absätze der jeweiligen Vorschrift adressieren die privaten Bauherren oder Anlagenbetreiber und enthalten gesetzliche Pflichten (§§ 1 Abs. 1, 2 Abs. 1, 3 Abs. 1 EnEG). Diese Pflichten sind allerdings so allgemein gefasst, dass sie sich nicht für eine Durchsetzung durch die Verwaltung eignen.[108] Dementsprechend sind in den weiteren Absätzen der jeweiligen Vorschrift, entsprechend dem Gebot des Art. 80 Abs. 1 Satz 1 GG,[109] Verordnungsermächtigungen an die Bundesregierung normiert (§§ 1 Abs. 2, 2 Abs. 2 und 3, 3 Abs. 2 EnEG). Die Bundesregierung kann damit als Kollegialorgan[110] konkretisierendes Verordnungsrecht erlassen. Innerhalb des gesetzlich vorgegebenen Rahmens steht der Bundesregierung dabei ein Rechtssetzungsermessen in Form des sog. Verordnungsermessens zu.[111]

3. *Erfassung von Gebäuden*

Das EnEG bezieht sich im Ausgangspunkt auf die Regulierung der energetischen Eigenschaften von Gebäuden. Als Gebäude werden in § 1 Abs. 1 EnEG solche Konstruktionen bezeichnet, die „nach ihrer Zweckbestimmung geheizt oder gekühlt werden müssen". Ähnlich wie in der Gebäuderichtlinie[112] geht es damit um ein funktionales Verständnis des Gebäudebegriffs, welches unabhängig von der Nutzungsart des jeweiligen Gebäudes oder der Art der verwendeten Energiequelle eingreift.[113]

Eine erste Gruppe von Verordnungsermächtigungen bezieht sich auf Standards für „zu errichtende Gebäude" (§§ 1 Abs. 1, 2 Abs. 1, 2a EnEG). Es muss damit an bestimmte bauliche Vorhaben einer vollständigen Neuerrichtung von Gebäuden angeknüpft werden, bei deren Realisierung solche Standards gelten müssen. Demgegenüber bezieht sich eine zweite Gruppe von Verordnungsermächtigungen auf Standards, die anlässlich von freiwillig durchgeführten Vorhaben in „bestehenden Gebäuden" bzw. schlicht in „Gebäuden" gelten müssen (§§ 2 Abs. 3 Satz 1 und 2, 4

---

108 *Battis/Kersten/Mitschang*, Stadterneuerung, S. 86; *Heye*, Treibhausgasreduktion, S. 51; *Frenz*, in: Frenz/Lülsdorf, EnEG, § 1 Rn. 9 spricht von „unvollendeten Grundpflichten"; *Kloepfer*, Umweltrecht, S. 306 spricht allgemein auch vom „Appellcharakter" solcher gesetzlichen Gebote.

109 Ein autonomes Verordnungsrecht der Exekutive ist durch Art. 80 Abs. 1 Satz 1 GG ausgeschlossen, siehe *Ossenbühl*, in:Isensee/Kirchhof, Handbuch des Staatsrechts, Bd. V, S. 270.

110 *Ossenbühl*, in: Isensee/Kirchhof, Handbuch des Staatsrechts, Bd. V, S. 276.

111 Zu Begriff und Struktur des Verordnungsermessens ausführlich *Ossenbühl*, in: Isensee/Kirchhof, Handbuch des Staatsrechts, Bd. V, S. 282; zur Begründung des Spielraums ausführlich *Danwitz*, Gestaltungsfreiheit des Verordnungsgebers, S. 161 ff.;knapper zu Begriff und Inhalt des Rechtssetzungsermessens *Schmidt-Aßmann*, in: Maunz/Dürig, Art. 19 Abs. 4 Rn. 217.

112 Zur Gebäuderichtlinie bereits ausführlich unter Teil 3 A. I.

113 *Frenz*, in: Frenz/Lülsdorf, EnEG, § 1 Rn. 5–6.

Abs. 2 EnEG). Solche Pflichten des Verordnungsrechts nutzen den Anlass der freiwilligen Durchführung von Sanierungen zur baulich-technischen Optimierung des Gebäudes aus. Dieses – bereits aus der Gebäuderichtlinie bekannte[114] – Modell zur tatbestandlichen Anknüpfung von Pflichten kann daher als anlassabhängig bezeichnet werden.[115] Anlassabhängige Pflichten setzen damit tatbestandlich zum einen die Durchführung von baulichen Vorhaben in Form bestimmter Sanierungsmaßnahmen, zum anderen die physische Existenz von bestehender Gebäudesubstanz voraus. Drittens enthält das EnEG eine Gruppe von Verordnungsermächtigungen für Standards, die „bestehende Gebäude“ erfassen können, ohne dass es auf die Durchführung eines freiwilligen Vorhabens ankommt. Tatbestandlich wird allein die Existenz eines Bestandsgebäudes vorausgesetzt (§§ 2 Abs. 3 Satz 3, 4 Abs. 3 EnEG). Solche – von der Gebäuderichtlinie nicht vorgesehenen – Pflichten können damit als anlassunabhängige Pflichten bezeichnet werden.

4. Energieeffizienzstandards

a) Neubaubereich

Für verordnungsrechtliche Anforderungen an Neubauvorhaben sieht das EnEG einen Katalog unterschiedlicher Regelungsmöglichkeiten vor. Diese können sich auf die Wärmedämmung, auf die Anlagentechnik, auf die Gesamtenergieeffizienz sowie auf den Betrieb von Anlagen beziehen.

Gemäß § 1 Abs. 2 Satz 1 EnEG wird die Bundesregierung erstens ermächtigt, durch Rechtsverordnung Anforderungen an den „Wärmeschutz“ von „Gebäuden und ihren Bauteilen“ festzusetzen. Gegenstand solcher Anforderungen kann damit die Wärmedämmung von Gebäuden sein. Da der Wortlaut von § 1 Abs. 2 Satz 1 EnEG sowohl Bauteile als auch Gebäude in Bezug nimmt, können Standards sowohl lediglich einzelne Baumaterialien als auch die Wärmedämmung eines gesamten Gebäudes erfassen.[116] Diese Regelungsmöglichkeiten werden durch § 1 Abs. 2 Satz 2 EnEG näher konkretisiert, wonach sich Anforderungen sowohl auf eine Begrenzung des Wärmedurchgangs als auch auf eine Begrenzung der Lüftungswärmeverluste beziehen können.[117] Auf Grundlage der erstgenannten Variante sind insbesondere Grenzwerte in

---

114 Zu anlassabhängigen Pflichten in der Gebäuderichtlinie bereits unter Teil 3 A. I. 3. b).

115 Die Begrifflichkeiten zur Bezeichnung solcher Pflichten sind nicht einheitlich. Die Bundesregierung spricht in der Gesetzesbegründung zur 3. EnEG-Novelle, BR-Drs. 562/08 v. 8. August 2008, S. 11, bspw. von „bedingten“ und „unbedingten Nachrüstpflichten“; *Keyhanian*, Instrumente, S. 397 von „bedingten Anforderungen“; ähnlich auch *Nusser*, ZUR 2014, 67 (70), der „bedingte Anforderungen“ von „Nachrüstungspflichten“ unterscheidet; *Mechel*, ZUR 2011, 184 (187 f.) spricht demgegenüber von „anlassbezogenen“ Pflichten; ebenso wie *Bürger u. a.*, Klimaschutz im Gebäudebereich, S. 123–124.

116 *Frenz*, in: Frenz/Lülsdorf, EnEG, § 1 Rn. 10.

117 *Müller-Kulmann*, in: Danner/Theobald, EnEG, § 1 Rn. 7.

Form von Wärmedurchgangskoeffizienten regelbar, welche sich auf die Wärmedurchlässigkeit der gesamten Umfassungsfläche von Gebäuden (Unterböden, Außenwände, Dachisolierungen) beziehen.[118] Die zweitgenannte Variante ermöglicht demgegenüber Anforderungen an einzelne Bauteile wie Fenster, Türen oder Fugen.[119]

§ 2 Abs. 2 EnEG enthält zweitens eine Verordnungsermächtigung, aufgrund derer Anforderungen an die Anlagentechnik in Neubauten gestellt werden können.[120] Solche Anforderungen können nach § 2 Abs. 2 Satz 1 i. V. m § 2 Abs. 1 En EG an Heizungs-, raumlufttechnische-, Kühl-, Beleuchtungs- sowie Warmwasserversorgungsanlagen gestellt werden. § 2 Abs. 2 EnEG erfasst damit alle für den Energieverbrauch wesentlichen, fest installierten Anlagen in Gebäuden. Solche Anforderungen können gemäß § 2 Abs. 2 Satz 1 EnEG sowohl die Beschaffenheit als auch die Ausführung dieser Anlagen betreffen. Mit ersterem ist die technische Gestaltung von Anlagen (z. B. Wirkungsgrade von Heizungsanlagen), mit letzterem die gebäudeangemessene Dimensionierung solcher Anlagen gemeint.[121] Bei der Dimensionierung kommt es darauf an, sowohl die Teile einzelner Anlagen (z. B. Kessel, Brenner, Schornstein als Teile des konventionellen Heizkreislaufs) an das Gebäude anzupassen[122] als auch unterschiedliche Anlagen aufeinander abzustimmen (z. B. Heizkessel und ergänzende Solarthermiekollektoren).[123]

Drittens kann nach der Verordnungsermächtigung in § 5 Abs. 5 EnEG die Gesamtenergieeffizienz von Neubauten begrenzt werden. In dieser Bestimmung ist insoweit vom „Gesamtenergiebedarf- oder Verbrauch der Gebäude“ die Rede, bei dem auch „Umwandlungsverluste der Anlagensysteme“ berücksichtigt werden können. Durch § 5 Abs. 5 EnEG soll somit eine Umsetzung der Vorgaben aus der Gebäuderichtlinie des Jahres 2010 im Verordnungsrecht der EnEV ermöglicht werden.[124] Das detaillierte unionsrechtliche Konzept der Gesamtenergieeffizienz ist in § 5 Abs. 5 EnEG zwar nur bruchstückhaft in Bezug genommen.[125] Dies ist allerdings unionsrechtlich unproblematisch. Denn der innerstaatliche Geltungsrang von umzusetzendem Sekundärrecht spielt bei der Verpflichtung zur Richtlinienumsetzung gemäß Art. 288 Abs. 3 AEUV keine entscheidende Rolle.[126] Jedenfalls innerstaatliche Rechtsverordnungen reichen nach allgemeiner Meinung zur Richtlinienumsetzung aus.[127]

---

118 *Frenz*, in: Frenz/Lülsdorf, EnEG, § 1 Rn. 13.
119 *Frenz*, in: Frenz/Lülsdorf, EnEG, § 1 Rn. 15.
120 *Frenz*, in: Frenz/Lülsdorf, EnEG, § 2 Rn. 1.
121 *Frenz*, in: Frenz/Lülsdorf, EnEG, § 2 Rn 2.
122 *Frenz*, in: Frenz/Lülsdorf, EnEG, § 2 Rn. 13.
123 *Frenz*, in: Frenz/Lülsdorf, EnEG, § 2 Rn. 22.
124 *Müller-Kulmann*, in: Danner/Theobald, EnEG, § 5 Rn. 31; *Keyhanian*, Instrumente, S. 392; *Frenz*, NZBau 2015, 8 (10).
125 Zum unionsrechtlichen Konzept der Gesamtenergieeffizienz bereits ausführlich unter Teil 3 A. I. 2.
126 *Nettesheim*, in: Grabitz/Hilf/Nettesheim, AEUV, Art. 288 Rn. 132.
127 *Ruffert*, in: Calliess/Ruffert, AEUV, Art. 288 Rn. 32; *Schroeder*, in: Streinz, EUV/AEUV, AEUV, Art. 288 Rn. 94.

Ferner sieht § 2a Abs. 1 Satz 1 EnEG den neubauspezifischen Standard der Niedrigstenergiegebäude im Sinne der Gebäuderichtlinie vor.[128] Auch hierbei ist die nähere Ausgestaltung gemäß § 2 a Abs. 2 EnEG dem Verordnungsgeber überlassen.

Neben den (bau)gestalterischen Anforderungen an Gebäude und Anlagen sind nach § 3 EnEG schließlich auch Vorgaben zum energiesparenden Betrieb von bestehenden Heizungs- und Wasserversorgungsanlagen möglich. § 3 EnEG betrifft insoweit die Phase des individuellen Umgangs mit Anlagen, die der Errichtungs- oder Installationsphase nachgelagert ist.[129] Dies ist deswegen bemerkenswert, weil das EnEG in den übrigen Bestimmungen allein eine Regulierung der baulich-technischen Gestaltung von Gebäuden, nicht hingegen von deren Nutzung, ermöglicht. Neben Anforderungen an eine ordnungsgemäße Wartung von Anlagen können nach dem expliziten Wortlaut von § 3 EnEG auch solche Anforderungen normiert werden, die sicherstellen, dass „nicht mehr Energie verbraucht wird, als zur bestimmungsgemäßen Nutzung erforderlich ist". Auch bei solchen Anforderungen geht es damit um die Verbesserung des Verhältnisses zwischen Energieeinsatz und Energieoutput zur Wahrung der bestimmungsgemäßen Nutzung der Anlagen. § 3 EnEG ermöglicht insoweit Vorgaben zu einer energieeffizienten Nutzung von Anlagen. Denkbar sind bspw. Anforderungen zur saisonabhängigen Temperaturanpassung von Büroräumen an hohe Außentemperaturen.[130]

b) Gebäudebestand

Auch für den Gebäudebestand enthält das EnEG eine Reihe von Verordnungsermächtigungen, auf deren Grundlage anlassabhängige sowie punktuell auch anlassunabhängige Pflichten eingeführt werden können. Diesen Regelungsmöglichkeiten werden allerdings auch gesetzliche Grenzen gesetzt, insbesondere in Form verschiedener Wirtschaftlichkeitsgebote.[131]

aa) Austausch von Anlagen

§ 2 Abs. 3 EnEG enthält zunächst eine Reihe von anlagenbezogenen Regelungsmöglichkeiten für technische Standards.[132] Unter Anlagen im Sinne des § 2 Abs. 3 EnEG sind Heizungs- raumlufttechnische-, Kühl-, Beleuchtungs- sowie Warmwasserversorgungsanlagen zu verstehen (§ 2 Abs. 1 EnEG).

Erstens darf der Verordnungsgeber gemäß § 2 Abs. 3 Satz 1 EnEG an die Anlässe des Einbaus neuer Anlagen oder der Ersetzung, Erweiterung oder Umrüstung vorhandener Anlagen anknüpfen. Im ersten Fall geht es um vollständig neue Anlagen,

---

128 Zur diesbezüglichen Vorgabe der Gebäuderichtlinie vgl. *Frenz*, in: Frenz/Lülsdorf, EnEG, § 2a Rn. 1.
129 *Frenz*, in: Frenz/Lülsdorf, EnEG, § 3 Rn. 12.
130 *Frenz*, in: Frenz/Lülsdorf, EnEG, § 3 Rn. 5.
131 Zum unionsrechtlichen Wirtschaftlichkeitsgebot bereits unter Teil 3 A. I. 3. b) ee).
132 *Frenz*, in: Frenz/Lülsdorf, EnEG, § 2 Rn. 1.

im zweiten Fall um Maßnahmen an bestehenden Anlagen.[133] Die Standards des Verordnungsrechts dürfen in beiden Fällen nach § 2 Abs. 3 Satz 1 i. V. m. § 2 Abs. 1 EnEG allein den ausgetauschten oder erweiterten Teil der Anlage selbst erfassen, bspw. in Form der Vorgabe von (Mindest)wirkungsgraden für Heizkessel. Zweitens wird der Katalog möglicher Rechtsfolgen für den speziellen Anlass der wesentlichen Erweiterung oder Umrüstung von Anlagen in § 2 Abs. 3 Satz 2 EnEG erweitert. Der Begriff der Wesentlichkeit wird im EnEG dabei selbst nicht definiert, weswegen dem Verordnungsgeber auch an dieser Stelle ein Regelungsspielraum zusteht. In solchen Fällen einer wesentlichen Erweiterung oder Umrüstung können sich Anforderungen auf die „gesamten Anlagen oder Einrichtungen erstrecken". In systematischer Abgrenzung zu § 2 Abs. 3 Satz 1 EnEG besteht somit bei wesentlichen Erweiterungen die Möglichkeit, energetische Anforderungen nicht nur an die jeweils ausgetauschten Teile der Anlage, sondern auch an die restlichen Teile der Anlage zu stellen. Sieht man neben einem Brennkessel bspw. auch Wärmetauscher oder Lüftungsschächte als Bestandteil einer Heizungsanlage an[134], können auf Grundlage von § 2 Abs. 3 Satz 2 EnEG beim Austausch eines Heizkessels daher auch Anforderungen an die vorgenannten Teile gestellt werden. Bei solchen „unsynchronen" Anforderungen ist, dem Telos der Energieeffizienz entsprechend, erforderlich, dass eine Gesamtabstimmung der einzelnen Komponenten aufeinander stattfindet.

§ 2 Abs. 3 EnEG ermöglicht damit anlassabhängige, anlagenbezogene Standards im Verordnungsrecht. Solche Standards können in Fällen wesentlicher Änderungen zum Zwecke der Gesamtoptimierung auch solche Anlagenteile erfassen, die nach den Plänen der Eigentümer nicht saniert werden sollen.

bb) Wesentliche Änderungen von Gebäuden

Gemäß § 4 Abs. 2 EnEG ist der Verordnungsgeber ferner zur Regelung gebäudebezogener, baulich-technischer Sanierungsstandards befugt.

Tatbestandlich setzt § 4 Abs. 2 EnEG eine „wesentliche Änderung von Gebäuden" voraus. In Abgrenzung zur anlagenbezogenen Regelung in § 2 Abs. 3 EnEG ermöglicht § 4 Abs. 2 EnEG damit Anforderungen in solchen Sanierungskonstellationen, die sich nicht auf die installierte Anlagentechnik beschränken. Als solche Maßnahmen sind bspw. Erneuerungen der Gebäudehülle, Isolierungen an Dachflächen oder Dämmungen von Zwischengeschossen denkbar. Der Begriff der Wesentlichkeit ist vom Gesetzgeber, wie bereits in § 2 Abs. 3 EnEG,[135] offen gelassen worden. Als Beispiele für wesentliche Änderungen werden in der Literatur Maßnahmen zum Anbau einzelner Zimmer oder zum Ausbau von Dachgeschossen genannt.[136]

Bezüglich der möglichen Rechtsfolgen verweist § 4 Abs. 2 auf „Anforderungen nach den §§ 1–3 EnEG". In Fällen größerer Renovierungen können daher zunächst

---

133 *Frenz*, in: Frenz/Lülsdorf, EnEG, § 2 Rn. 23.
134 Siehe zum Heizungsanlagenbegriff des BImSchG noch unter Teil 4 C. I. 2. a).
135 Siehe hierzu bereits unter Teil 3 A. II. 4. b). aa).
136 *Frenz*, in :Frenz/Lülsdorf, EnEG, § 4 Rn. 20.

alle Anforderungen an die Anlagentechnik (§ 2 EnEG) gestellt werden. Alternativ oder zusätzlich können auch Standards zur Wärmedämmung (§ 1 EnEG) vorgeschrieben werden.[137] Zulässig sind Anforderungen an den Gegenstand des jeweiligen Vorhabens, wie bspw. Anforderungen an die Wärmedämmung des verwendeten Dämmmaterials im Falle einer großflächigen Dämmungsmaßnahme an der Gebäudehülle. Ebenso wie nach § 2 Abs. 3 Satz 2 EnEG sind aber auch bei wesentlichen Änderungen von Gebäuden „unsynchrone" Anforderungen zulässig, die über den eigentlichen Sanierungsgegenstand hinausgehen. Hierfür spricht zunächst der Wortlaut des § 4 Abs. 2 EnEG, der hinsichtlich möglicher Rechtsfolgen uneingeschränkt auf Anforderungen „nach §§ 1–3 EnEG" verweist. Auch der Gesetzeszweck der Effizienzsteigerung spricht hierfür, da dieser Zweck gerade durch eine baulich-technische Gesamtoptimierung von Gebäuden besonders gut erreicht werden kann. Als solche asynchronen Anforderungen sind im Falle des § 4 Abs. 2 EnEG bspw. Anforderungen an den Austausch von Fenstern anlässlich von Sanierungen der Außenwände denkbar.

cc) Anlassunabhängige Anforderungen

Die Möglichkeiten zur Regelung baulich-technischer Anforderungen anlässlich von Sanierungen werden durch § 4 Abs. 3 EnEG ergänzt. Nach § 4 Abs. 3 Satz 1 EnEG können Anforderungen an Gebäude oder Anlagen in bestimmten Fällen auch anlassunabhängig festgelegt werden.[138] Anhand des Gesetzeswortlautes ausgedrückt, können Anforderungen auch dann zulässig sein, wenn „sonst keine Änderung durchgeführt würde". § 4 Abs. 3 Satz 1 EnEG ermöglicht daher die Regelung von echtem Sanierungszwang.[139]

Nach § 4 Abs. 3 Satz 1 Nr. 1 EnEG können für bestehende Gebäude, Anlagen oder Einrichtungen „einzelne Anforderungen entsprechend den §§ 1 und 2 EnEG" gestellt werden. Zulässig sind damit anlassunabhängige Anforderungen an die Wärmedämmung (§ 1 EnEG) sowie an die Anlagentechnik von bestehenden Gebäuden (§ 2 EnEG).[140] § 4 Abs. 3 Satz 1 Nr. 1 EnEG spricht ferner von „einzelnen" Anforderungen. Einzelne Anforderungen stehen dem Wortlaut nach zunächst im Gegensatz zu einer gewissen Mehrheit oder Gesamtheit von Anforderungen. Aus diesem Grund wird teilweise vertreten, dass diesem Tatbestandsmerkmal eine begrenzende Funktion zukommen solle. Es sei unzulässig, Bestandsgebäude durch Sanierungszwang letztlich in vollem Umfang vergleichbaren Neubaustandards zu

---

137 Vgl. *Frenz*, NZBau 2015, 8 (9).

138 Zur Differenzierung zwischen anlassabhängigen und anlassunabhängigen Regelungen bereits unter Teil 3 A. II. 3.

139 Ähnlich *Müller-Kulmann*, in: Danner/Theobald, EnEG, § 4 Rn. 9.

140 *Müller-Kulmann*, in: Danner/Theobald, EnEG, § 4 Rn. 10. Beide Arten von Anforderungen hatte auch der Gesetzgeber bei der Einführung von § 4 Abs. 3 EnEG vor Augen, vgl. die Gesetzesbegründung zur 1. EnEG-Novelle, BT-Drs. 8/3348 vom 12. November 1979, S. 6.

unterwerfen.[141] Indes spricht die Gesetzgebungsgeschichte gegen die Absicht einer solchen Begrenzung durch das Tatbestandsmerkmal der „einzelnen" Anforderungen. Anlässlich der Ergänzung des EnEG um die Bestimmung des § 4 Abs. 3 EnEG sollte der gesetzgeberische Handlungsspielraum vielmehr durch die Normierung eines speziellen Energieeinsparungsgebotes und eines speziellen Wirtschaftlichkeitsgebots beschränkt werden.[142] Diese Einschränkungen können gerade den Besonderheiten von Sanierungskonstellationen Rechnung tragen. Einer weitergehenden Einschränkung, die aus einem Vergleich zu Neubaustandards abzuleiten sein soll, bedarf es daher nicht. Im Verordnungsrecht kann daher auch ein Bündel an echten Zwangsmaßnahmen geregelt werden, solange die einzelnen Anforderungen die weiteren gesetzlichen Vorbehalte erfüllen.

Eine spezielle Rechtsgrundlage für anlassunabhängige Pflichten in Bezug auf die Heizkesseltechnik ist in § 4 Abs. 3 Satz 1 Nr. 2 EnEG normiert. Hiernach kann die Außerbetriebnahme von Heizkesseln angeordnet werden, wenn diese „gegenüber vergleichbaren Anlagen wesentlich mehr Energie verbrauchen" und zudem „weniger belastende Maßnahmen, wie eine nachträgliche Anpassung an den Stand der Technik, nicht zu vergleichbaren Einsparungen führen." Die Normierung einer solchen Pflicht steht damit, anders als ein möglicher Sanierungszwang gem. § 4 Abs. 3 Satz 1 Nr. 1 EnEG, unter weiteren, speziellen Vorbehalten. Erstens muss ein technischer Vergleich zwischen den im Gebäudebestand installierten und den aktuell marktüblichen Heizkesseln erfolgen, der auf einen deutlich höheren Energieverbrauch der Bestandsanlagen schließen lässt.[143] Zweitens muss eine spezielle Erforderlichkeitsprüfung im Hinblick auf mildere, gleich geeignete Nachrüstmaßnahmen durchgeführt werden, die sich am Ziel der beabsichtigten Energieeinsparungen auszurichten hat.[144] Beide Einschränkungen nehmen dabei allein das energetische Profil von Heizkesseln in den Blick, nicht hingegen finanzielle Aspekte.

Für alle anlassunabhängigen Pflichten nach § 4 Abs. 3 Satz 1 EnEG gilt schließlich ein in § 4 Abs. 3 Satz 2, Fall 1 EnEG normierter zusätzlicher Vorbehalt. Hiernach müssen durch den jeweiligen Standard „wesentliche Verminderungen der Energieverluste" herbeigeführt werden. Dieses Erfordernis betrifft ebenfalls die erzielbaren Energieeinsparungen und somit den erreichbaren Grad an Energieeffizienz. § 4 Abs. 3 Satz 2, Fall 1 EnEG ist bereits seinem Wortlaut nach auf eine vergleichende Betrachtung zwischen einer Realisierung des Standards einerseits und einer Wahrung des Status quo im jeweiligen Gebäude andererseits angelegt. Die zu erzielenden

141 *Frenz*, in: Frenz/Lülsdorf, EnEG, § 4 Rn. 23.
142 Zum allgemeinen Wirtschaftlichkeitsgebot des EnEG bereits unter Teil 3 A. II. 4. b) gg).
143 *Frenz*, in: Frenz/Lülsdorf, EnEG, § 4 Rn. 24.
144 *Frenz*, in: Frenz/Lülsdorf, EnEG, § 4 Rn. 27 geht demgegenüber von einer vollumfänglichen Verhältnismäßigkeitsprüfung aus, ohne allerdings genauer zu begründen warum auch die *Angemessenheit* der Anforderungen zu prüfen sein sollte.

Einsparungen bei einer Umsetzung des Standards müssen „wesentlich" sein.[145] Auch für die bereits mit speziellen Einsparvorbehalten versehene Regelungsmöglichkeit zur Außerbetriebnahme von Heizkesseln gem. § 4 Abs. 3 Satz 1 Nr. 2 EnEG behält § 4 Abs. 3 Satz 2, Fall 1 EnEG daher einen eigenen Anwendungsbereich.

dd) Anforderungen an die Gesamtenergieeffizienz

Auch für Bestandsgebäude spielt der Ansatz der Gesamtenergieeffizienz im EnEG eine Rolle. Nach dem Wortlaut der Verordnungsermächtigung zu Gesamtenergieeffizienzanforderungen (§ 5 Abs. 5 EnEG) können solche Anforderungen „in den Rechtsverordnungen nach den §§ 1 bis 4" EnEG geregelt werden. Der vorgenannte Verweis bezieht sich gerade auch auf diejenigen Rechtsgrundlagen, auf welche Anforderungen an Bestandsgebäude gestützt werden können (§§ 2 Abs. 3; 4 Abs. 2 und 3 EnEG). Auch für Bestandsgebäude können daher Gesamtenergieeffizienzanforderungen für unterschiedliche Sanierungskonstellationen im Verordnungsrecht festgelegt werden.

Denkbar sind solche Anforderungen zunächst als im Fall von anlassabhängigen Anforderungen wie einem Anlagenaustausch gem. § 2 Abs. 3 EnEG. Gleichermaßen sind solche Anforderungen auch anlässlich wesentlicher Änderungen von Gebäuden, bspw. bei Renovierungsmaßnahmen an der Gebäudehülle gem. § 4 Abs. 2 EnEG, denkbar. Insoweit erweitert § 5 Abs. 5 EnEG damit die nach §§ 2 Abs. 3, 4 Abs. 2 EnEG bestehenden Regelungsmöglichkeiten der Bundesregierung. Dies ist auch aufgrund der an anderer Stelle aufgezeigten Vorgaben der Gebäuderichtlinie notwendig.[146] Die Gebäuderichtlinie verlangt grundsätzlich in Fällen größerer Renovierungen sowie von Renovierungen der Gebäudehülle (Art. 7 Gebäuderichtlinie), jedenfalls aber zwingend bei der Renovierung gebäudetechnischer Systeme (Art. 8 Gebäuderichtlinie) nach anlassabhängigen Gesamtenergieeffizienzstandards.[147]

§ 5 Abs. 5 EnEG verweist schließlich auch auf § 4 Abs. 3 EnEG. Der Wortlaut von § 5 Abs. 5 EnEG spricht daher dafür, dass Gesamtenergieeffizienzanforderungen nach dem EnEG auch im Wege des echten Sanierungszwangs festgelegt werden können. Solche anlassunabhängigen Gesamtenergieeffizienzstandards sind in der Gebäuderichtlinie zwar nicht vorgesehen, von dieser allerdings auch nicht gesperrt.[148] Auch mit Blick auf den Telos des EnEG kann eine solche Regelungsmöglichkeit nicht in Abrede gestellt werden. Denn das Ziel der (primär)energetischen Einsparungen durch Effizienzverbesserungen kann grundsätzlich unabhängig von

---

145 *Müller-Kulmann*, in: Danner/Theobald, EnEG, § 4 Rn. 15 und *Frenz*, in: Frenz/Lülsdorf, EnEG, § 4 Rn. 28 legen für die Wesentlichkeit einen Pauschalwert von mind. 10 % an.

146 *Keyhanian*, Instrumente, S. 392.

147 Hierzu bereits ausführlich unter Teil 3 A. I. 3. b) cc).

148 Zum Mindestharmonisierungsansatz der Gebäuderichtlinie bereits unter Teil 3 A. I. 4.

der freiwilligen Planung der Eigentümer erreicht werden. Zudem bietet gerade der Ansatz der Gesamtenergieeffizienzanforderungen mit seiner hohen Flexibilität ein besonders großes Potenzial an realisierbarer Energieeffizienz.[149]

ee) Betriebsanforderungen

Nach § 3 Abs. 2 EnEG sind schließlich auch konkretisierende Anforderungen an den Betrieb von Heizungsanlagen zulässig. Wer Heizungsanlagen in Gebäuden betreibt, hat nach der Grundpflicht des § 3 Abs. 1 EnEG dafür Sorge zu tragen, dass diese so „betrieben werden, dass nicht mehr Energie verbraucht wird" als dies zur „bestimmungsgemäßen Nutzung" der Anlagen erforderlich ist. Anders als die technisch-baulichen Anforderungen betrifft der Aspekt des Betriebs damit den individuellen Umgang mit Anlagen nach deren Installation.[150] Aus diesem Grund können auch nicht die jeweiligen Gebäudeeigentümer, sondern die Betreiber zu Adressaten des Ordnungsrechts auf Grundlage von § 3 Abs. 2 EnEG gemacht werden.[151]

§ 3 Abs. 1 EnEG geht dem Wortlaut nach von einer „bestimmungsgemäßen Nutzung" der Anlagen aus. Welche Nutzung bestimmungsgemäß ist, bemisst sich nach der subjektiven Zweckbestimmung im Rahmen der Auswahl und Installation von Anlagen.[152] Regelmäßig werden im Wohnbereich bspw. Heizungsanlagen installiert, die technisch die Bereitstellung von Heizenergie zu einem vom Anlagenbetreiber gewählten Temperaturniveau in den kalten Jahreszeiten ermöglichen. Werden Anlagen anschließend in diesem Rahmen genutzt, so ist eine solche Nutzung als bestimmungsgemäß anzusehen. Ausgehend von der bestimmungsgemäßen Nutzung gebietet § 3 Abs. 1 EnEG eine möglichst weitgehende Reduzierung des Energieverbrauchs im Betrieb. Gegen § 3 Abs. 1 EnEG würde daher beispielsweise ein Betrieb von Heizungsanlagen zu Jahreszeiten verstoßen, in denen eine Beheizung nicht mehr erforderlich ist. § 3 Abs. 1 EnEG zielt insoweit auf die Sicherstellung der individuellen Energieeffizienz im Betrieb von Anlagen.[153] Demgegenüber wird die bestimmungsgemäße Nutzung der Anlage als Fixpunkt des Effizienzverhältnisses auch durch § 3 Abs. 1 EnEG nicht in Frage gestellt. Die Bestimmung enthält damit kein Energiesuffizienzrecht.

---

149 Zum Flexibilitätsvorteil des Gesamtenergieeffizienzansatzes bereits unter Teil 3 A. I. 2. a).

150 Vgl. *Müller-Kulmann*, in: Danner/Theobald, EnEG, § 3 Rn. 2–3.

151 Gesetzesbegründung der Bundesregierung zum EnEG 1976, BT-Drs. 7/4575 vom 14. Januar 1975, S. 9.

152 Vgl. zum subjektiven Verständnis von Zweckbestimmungen *Frenz/Lülsdorf*, DS 2014, 306 (309); die sich diese Frage im Hinblick auf die Definition der Wohnraumnutzung stellen.

153 Auch *Müller-Kulmann*, in: Danner/Theobald, EnEG, § 3 Rn. 2 spricht insoweit von der „Optimierung" des Anlagenbetriebs.

ff) Technische Machbarkeit

Ein weiterer Vorbehalt für den Verordnungsgeber findet sich in § 5 Abs. 1 Satz 1 Halbsatz 1 EnEG. Hiernach müssen Anforderungen auf Grundlage des EnEG „nach dem Stand der Technik erfüllbar“ sein. Der Rechtsbegriff des „Standes der Technik“ wird im Umweltrecht vielfach verwendet und bezeichnet ein allgemein anerkanntes Niveau des Fortschritts.[154] Gemeint ist fortschrittliche Technik, die zwar noch nicht notwendigerweise über längere Zeit erprobt wurde, jedoch allgemein am Markt verfügbar ist.[155] Der Vorbehalt der technischen Erfüllbarkeit der Anforderungen dient daher dem Schutz vor Verordnungsrecht, das die Verwendung noch nicht marktreifer Technik vorschreibt.

gg) Wirtschaftlichkeit

Ferner müssen Anforderungen gemäß § 5 Abs. 1 Satz 1 Halbsatz 2 EnEG „für Gebäude gleicher Art und Nutzung wirtschaftlich vertretbar“ sein. Eine nähere Konkretisierung dieser Bestimmung findet sich in § 5 Abs. 1 Satz 2 EnEG, wonach Anforderungen als wirtschaftlich vertretbar gelten, wenn „generell die erforderlichen Aufwendungen innerhalb der üblichen Nutzungsdauer durch die eintretenden Einsparungen erwirtschaftet werden können“. Bei bestehenden Gebäuden ist gem. § 5 Abs. 1 Satz 2 EnEG außerdem die „noch zu erwartende Nutzungsdauer“ zu berücksichtigen.

Diese Vorgaben werden auch als Wirtschaftlichkeitsgebot[156] bezeichnet. Das Wirtschaftlichkeitsgebot wird als zentrale Einschränkung des gebäudebezogenen Verordnungsrechts angesehen.[157] Es ist Ausdruck der allgemeinen Erwartungshaltung, dass sich Energieeffizienzmaßnahmen auch finanziell rechnen.[158] Blickt man auf die einleitend dargestellten Ziele der Wärmewende, so lässt sich das Wirtschaftlichkeitsgebot auch als bereichsspezifische Ausprägung des allgemeinen Ziels der Preiswürdigkeit der Energieversorgung begreifen.[159] In Bezug auf einzelne Standards der EnEV wird das Gebot durchaus häufiger bemüht.[160] Auch mit Blick auf die unionsrechtlichen Vorgaben der Gebäuderichtlinie wird das Wirtschaftlichkeitsgebot von

---

154 Näher zu Inhalt und Abgrenzung dieses Rechtsbegriffs *Frenz/Lülsdorf*, in: Frenz/Lülsdorf, EnEG, § 5 Rn. 11–14.

155 *Müller-Kulmann*, in: Danner/Theobald, EnEG, § 5 Rn. 2.

156 *Keyhanian*, Instrumente, S. 393; ähnlich bereits *Salje*, ET 1982, 674 (675).

157 *Mechel*, ZUR 2011, 184 (187).

158 Zu den finanziellen Vorteilen des Energieeffizienzkonzeptes siehe bereits unter Teil 1 D. II. 2. b).

159 Zum energiepolitischen Ziel der Preiswürdigkeit siehe bereits unter Teil 1 D. II. 1. b).

160 So von *Halama*, Gebäudesanierung, S. 168, mit Blick auf die von der EnEV geforderten Dämmschichtstärken; vgl. auch *Moser*, Energieeinsparverordnung, S. 88 m. w. N. zu den Diskussionen in der ingenieurswissenschaftlichen Literatur.

einigen Stimmen als notwendig Umsetzungsmaßnahme eingeordnet.[161] Letzteres überzeugt allerdings nur teilweise. Denn die Gebäuderichtlinie schreibt zwar grundsätzlich wirtschaftliche Standards vor, lässt allerdings auch unwirtschaftliche Standards zu, soweit diese eine höhere Energieeffizienz als vergleichbare wirtschaftliche Standards gewährleisten.[162]

Die Bestimmung bildet einen komplexen rechtlichen Maßstab für das Verordnungsrecht, der im Folgenden in den Grundzügen skizziert wird.

Zunächst muss die jeweilige Anforderung nach § 5 Abs. 1 Satz 1, Halbsatz 2 EnEG wirtschaftlich vertretbar sein. Damit ein geplanter Standard auf seine finanziellen Implikationen betrachtet werden kann, ist ein Vergleich zwischen einer Realisierung dieses Standards und anderen Sachverhalten anzustellen. Während es im ersten Szenario um die Betrachtung von Kosten und Nutzen im „Regulierungsfall" geht, geht es im zweiten Szenario um die Kosten und Nutzen im „business-as-usual"-Fall. Speziell bei Bestandsgebäudestandards lassen sich die „business-as-usual"-Szenarien noch weiter differenzieren. Im Falle anlassabhängiger Standards (z. B. beim geplanten Erlass neuer, strengerer Primärenergiebedarfsgrenzwerte für freilillige Sanierungen der Außenhülle) besteht das „business-as-usual"-Szenario darin, dass der Gebäudeeigentümer ein Sanierungsvorhaben nach den bis dato geltenden Standards durchführt. Folglich ist bei der vergleichenden Betrachtung eine typische Realisierung solcher Vorhaben nach den bis dato geltenden Standards mit einer Realisierung nach den geplanten Standards zu vergleichen.[163] Der Verordnungsgeber ist daher darauf angewiesen, zum Zeitpunkt der Regulierung praktisch übliche Bauvarianten zur Realisierung der bestehenden Standards zu ermitteln und diese mit potenziellen Bauvarianten zu vergleichen, die typischerweise zur zukünftigen Realisierung der geplanten Anforderungen in Betracht kommen. Auch die Bundesregierung hat geplante Standards in der Vergangenheit derart geprüft. Zusätzlich wurden in den einschlägigen Fachgutachten jeweils besonders kostenintensive Varianten zur Verwirklichung der neuen Standards ermittelt und damit eine „worst-case"-Betrachtung vorgenommen.[164] Im Falle anlassunabhängiger Standards geht es beim „business-as-usual"-Szenario hingegen schlicht um den Fortbestand von Gebäuden und Anlagen, der mit dem Szenario einer Realisierung der jeweiligen Nachrüstpflicht zu vergleichen ist.[165]

---

161 *Frenz/Lülsdorf*, in: Frenz/Lülsdorf, EnEG, § 5 Rn. 1.
162 Zum Wirtschaftlichkeitsgebot der Gebäuderichtlinie Teil 3 A. I. 3. b) ee).
163 Ähnlich die Bundesregierung in der Verordnungsbegründung zur EnEV 2014, BR-Drs. 113/13 vom 8. Februar 2013, S. 68, die auf den Vergleich zwischen neu geplanten Einzelteilanforderungen und den Standards nach der bis dato geltenden Rechtslage abstellte. Zu diesem Vergleich siehe auch *Böhm/Schwarz,* NVwZ 2012, 129 (132) und *Beaucamp/Beaucamp*, NZM 2002, 323 (326).
164 Siehe bspw. die Verordnungsbegründung der Bundesregierung zur EnEV 2001, BR-Drs. 194/01 vom 7. März 2001, S. 44; *Beaucamp/Beaucamp*, NZM 2002, 323 (326).
165 Ähnlich *Böhm/Schwarz,* NVwZ 2012, 129 (132).

Dieser Vergleich muss zweitens nach § 5 Abs. 1 Satz 1, Halbsatz 2 EnEG differenziert für unterschiedliche Gebäude „gleicher Art und Nutzung“ vorgenommen werden, die dem Standard unterworfen werden sollen. Während unter der Art von Gebäuden allgemein die Unterscheidung zwischen Wohn- und gewerblich genutzten Gebäuden verstanden wird[166] verlangt der Begriff der Nutzung nach einer weiteren Binnendifferenzierung (z. B. zwischen Ein- und Mehrfamilienhäusern)[167].

§ 5 Abs. 1 Satz 2 EnEG stellt ferner auf die Betrachtung von „Aufwendungen“ ab, die durch „Einsparungen“ ausgeglichen werden müssen. Sowohl bei der Betrachtung der Kostenentwicklung im Regulierungsszenario als auch bei der Betrachtung der Kostenentwicklung im „business-as-usual“-Szenario müssen daher identische Kostenfaktoren betrachtet werden, die sich als „Aufwendung“ oder „Einsparung“ des jeweiligen Szenarios darstellen können. Dabei stellt sich die Frage, welche einzelnen Kostenfaktoren von Rechts wegen zugrunde zu legen sind. Als typische Kostenfaktoren können bspw. Investitionskosten, Betriebskosten, Finanzierungskosten, Energiebezugskosten oder Wartungsaufwand anzusehen sein.[168] Das EnEG gibt die einzelnen Kostenfaktoren für die Vergleichsbetrachtung allerdings nicht gesetzlich vor, weshalb dem Verordnungsgeber ein gewisser Spielraum bei der Auswahl zusteht. Die Grenze ist allerdings dann überschritten, wenn die Investitions- oder Energiebezugskosten aus der Betrachtung ausgeblendet werden. Denn diese Faktoren stellen die zentralen Posten der Kalkulation dar.[169]

Wirtschaftlich ist ein geplanter Standard schließlich dann, wenn ein finanzieller Mehraufwand für den geplanten Standard innerhalb einer bestimmten zeitlichen Dimension durch entsprechende Einsparungen wieder amortisiert werden kann. Diese zeitliche Dimension wird von § 5 Abs. 1 Satz 2 EnEG als „übliche Nutzungsdauer“ festgelegt.[170] Grundsätzlich muss es hierbei um die Nutzungsdauer des jeweiligen Gegenstandes gehen, an den die energetischen Anforderungen gestellt werden.[171] Bei einer Verpflichtung zum Einbau bestimmter Heizungsanlagen definiert daher die wirtschaftliche Nutzungsdauer dieser neuen Gebäudekomponente den Amortisationszeitraum. Bei Gesamtenergieeffizienzanforderungen, die gerade nicht zur Auswahl einzelner Bauteile oder Komponenten zwingen, kann hingegen nur auf die Nutzungsdauer des gesamten Gebäudes abgestellt werden.

Nicht eindeutig geklärt ist schließlich, ob es bei der Betrachtung der Nutzungsdauer auf die wirtschaftliche Nutzungsdauer oder auf die technische Nutzungsdauer

---

166 *Frenz/Lülsdorf*, in: Frenz/Lülsdorf, EnEG, § 5 Rn. 34.

167 *Müller-Kulmann*, in: Danner/Theobald, EnEG, § 5 Rn. 9; *Frenz/Lülsdorf*, in: Frenz/Lülsdorf, EnEG, § 5 Rn. 35.

168 *Heye*, Treibhausgasreduktion, S. 52.

169 Vgl. *Müller-Kulmann*, in: Danner/Theobald, EnEG, § 5 Rn. 18; *Frenz/Lülsdorf*, in: Frenz/Lülsdorf, EnEG, § 5 Rn. 29.

170 *Heye*, Treibhausgasreduktion, S. 52; *Mechel*, ZUR 2011, 184 (187); näher zur Üblichkeit *Moser*, Energieeinsparverordnung, S. 93–94.

171 *Müller-Kulmann*, in: Danner/Theobald, EnEG, § 5 Rn. 14; *Moser*, Energieeinsparverordnung, S. 92.

ankommen soll. Denn die wirtschaftliche Nutzungsdauer eines Gebäudes oder einer Anlage ist mitunter deutlich kürzer als die entsprechende technische Nutzungsdauer.[172] Durch ein Abstellen auf die wirtschaftliche Nutzungsdauer würde der Amortisationszeitraum daher verkürzt. In der Literatur wird überwiegend auf die wirtschaftliche Nutzungsdauer abgestellt, wofür entweder Parallelen zum Bewertungsrecht[173] oder Parallelen zur steuerrechtlichen Bewertung bestimmter Baumaßnahmen[174] angeführt werden. Als zusätzliches Argument für diese zutreffende Auffassung lässt sich auch die Gebäuderichtlinie anführen. Denn Art. 4 Abs. 1 Satz 1 UAbs. 1 Gebäuderichtlinie verlangt bei der mitgliedsstaatlichen Einführung von Gesamtenergieeffizienzanforderungen ebenfalls die Wahrung der Wirtschaftlichkeit („kostenoptimale Niveaus"). Der Wirtschaftlichkeitsgrundsatz gem. Art. 2 Nr. 14 Gebäuderichtlinie stellt ebenfalls auf die wirtschaftliche Lebensdauer ab.[175] Jedenfalls für Gesamtenergieeffizienzanforderungen ist eine solche Betrachtung daher auch im nationalen Recht angezeigt.

Der allgemeine Amortisationszeitraum wird für Bestandsgebäudestandards allerdings modifiziert. Dies gilt zunächst für die Amortisation von anlassunabhängigen Pflichten gem. § 4 Abs. 3 Satz 2, Halbsatz 2 EnEG.[176] Der finanzielle Ausgleich muss bei solchen Standards innerhalb einer „angemessenen Frist" eintreten können. In systematischer Abgrenzung zur „wirtschaftlichen Nutzungsdauer" gemäß § 5 Abs. 1 Satz 2 EnEG müssen diese angemessenen Fristen daher entsprechend kürzer zu ziehen sein.[177]

Zweitens ist in § 5 Abs. 1 Satz 3 EnEG eine weitere relevante zeitliche Begrenzung normiert. Hiernach ist „bei bestehenden Gebäuden" stets „die noch zu erwartende Nutzungsdauer zu berücksichtigen." Die Bedeutung dieses Gebots ergibt sich wiederum aus dem systematischen Zusammenhang zum allgemeinen Amortisationszeitraum des § 5 Abs. 1 Satz 2 EnEG. Letztgenannter erfordert bspw., dass die Mehraufwendungen für einen rechtlich gebotenen Heizungsanlagenaustausch innerhalb der wirtschaftlichen Dauer der neuen Heizungsanlage amortisierbar sein müssen. Demgegenüber zieht § 5 Abs. 1 Satz 3 EnEG eine absolute Grenze, die in der (wirtschaftlichen) Restnutzungsdauer des bestehenden Gesamtgebäudes liegt. Damit handelt es sich bei der „noch zu erwartenden Nutzungsdauer" um ein zusätzliches Begrenzungskriterium, das in manchen Konstellationen für den

---

172 Praktische Beispiele finden sich bei *Frenz/Lülsdorf*, in: Frenz/Lülsdorf, EnEG, § 5 Rn. 37.

173 *Frenz/Lülsdorf*, in: Frenz/Lülsdorf, EnEG, § 5 Rn. 37

174 *Müller-Kulmann*, in: Danner/Theobald, EnEG, § 5 Rn. 15 verweist auf § 7 Abs. 4 EStG.

175 Zur diesbezüglichen Auslegung der Gebäuderichtlinie siehe bereits unter Teil 3 A. I. 3. b) ee).

176 *Pielow*, ZUR 2010, 115 (121).

177 Gesetzesbegründung der Bundesregierung zur 3. EnEG-Novelle, BR-Drs. 562/08 v. 8. August 2008, S. 9; *Halama*, Gebäudesanierung, S. 20; *Müller-Kulmann/Stock*, in: Danner/Theobald, EnEG, Einl. Rn. 47; *Frenz*, in: Frenz/Lülsdorf, EnEG § 4 Rn. 29.

Gebäudebestand ergänzend zu § 5 Abs. 1 Satz 2 EnEG hinzutritt.[178] Als Beispiel kann eine Verpflichtung zur nachträglichen Isolierung von Rohrleitungen gem. § 4 Abs. 3 Satz 1 Nr. 1 EnEG angeführt werden. In diesem Beispiel könnte die wirtschaftliche Lebensdauer der vorgeschriebenen Einzelmaßnahme (Isolierung von Rohrleitungen) auf 30 Jahre bemessen sein. Handelte es sich gleichzeitig um ein relativ altes Gebäude, bei dem die wirtschaftliche Restnutzungsdauer bereits in 15 Jahren abliefe und wäre damit ggf. bereits mit einem frühzeitigen Abriss zu rechnen, so wäre gem. § 5 Abs. 1 Satz 3 EnEG allein die letzte Grenze für den Amortisationszeitraum einschlägig.

Indem es gem. § 5 Abs. 1 Satz 2 EnEG auf die generelle Wirtschaftlichkeit der Standards ankommen muss, wird schließlich der typische Maßstab für die Rechtssetzung festgelegt. Die Anforderungen müssen zwar nicht in jedem Einzelfall, aber in der weit überwiegenden Zahl der Fälle wirtschaftlich sein.[179] Insoweit zielt der Wirtschaftlichkeitsvorbehalt auch auf eine volkswirtschaftliche Optimierung der Standards.[180]

Zusammenfassend ist festzuhalten, dass sich der abstrakten Definition des § 5 Abs. 1 Satz 2 EnEG im Wege der Gesetzesauslegung verbindliche Parameter für die durchzuführende Wirtschaftlichkeitsbetrachtung entnehmen lassen. Das Wirtschaftlichkeitsgebot schränkt den Gestaltungsspielraum der Bundesregierung dabei unter ökonomischen Gesichtspunkten deutlich ein. Die These, nach der das Wirtschaftlichkeitsgebot die wesentliche gesetzliche Grenze für das Verordnungsrecht darstellt,[181] ist daher zutreffend. Dies gilt gerade für anlassunabhängige Pflichten, die vor allem hinsichtlich des Amortisationszeitraums besonders strengen Beschränkungen unterliegen. Umso überraschender ist daher die Praxis zu bewerten, dass die von der Bundesregierung im Rahmen der EnEV-Novellen eingeholten Fachgutachten zur Wirtschaftlichkeit oder nähere Details zu den gutachterlichen Einschätzungen regelmäßig nicht offengelegt werden.[182]

---

178 *Müller-Kulmann*, in: Danner/Theobald, EnEG, § 5 Rn. 4; ähnlich *Frenz/Lülsdorf*, in: Frenz/Lülsdorf, EnEG, § 5 Rn. 38, 40.

179 Gesetzesbegründung der Bundesregierung zum EnEG 1976, BT-Drs. 7/4575 vom 14. Januar 1976, S. 12; *Müller-Kulmann*, in: Danner/Theobald, EnEG, § 5 Rn. 12; *Halama*, Gebäudesanierung, S. 169; *Battis/Kersten/Mitschang*, Stadterneuerung, S. 87.

180 Vgl. BT-Drs. 7/4575 vom 14. Januar 1976, S. 8; *Frenz/Lülsdorf*, in: Frenz/Lülsdorf, EnEG, § 5 Rn. 28.

181 Siehe unter Teil 3 A. II. 4. b) gg).

182 Vgl. zur Existenz dieser Gutachten die Verordnungsbegründung der Bundesregierung zur EnEV 2014, BR-Drs. 113/13 vom 8. Februar 2013, S. 73; kritisch zur fehlenden Offenlegung *Pielow*, ZUR 2010, 115 (121) und *Kemm*, in: Frenz/Lülsdorf, EnEV, § 3 Rn. 10.

5. *Zusammenfassung*

Das Energieeinspargesetz (EnEG) enthält eine breite Palette an Verordnungsermächtigungen zugunsten der Bundesregierung. Dies gilt auch für den Gebäudebestand. Hier ist zwischen Verordnungsermächtigungen für anlassabhängige Pflichten und anlassunabhängige Pflichten zu unterscheiden. Während anlassabhängige Pflichten an die Realisierung freiwilliger Sanierungsvorhaben anknüpfen, erfassen anlassunabhängige Pflichten Gebäude aufgrund ihres bloßen Bestands und stellen damit „echten" Sanierungszwang dar.

Anlassabhängige Anforderungen sind beim Austausch von Anlagen sowie bei wesentlichen Änderungen von Gebäuden, bspw. in Fällen großflächiger Sanierungen von Außenwänden oder der Dämmung von Geschossdecken, zulässig. In den vorgenannten Fällen können die Anforderungen des Verordnungsrechts zunächst an die jeweilige Anlage oder Gebäudekomponente selbst gestellt werden. Darüber hinaus kann auch eine energetische Abstimmung mit anderen, nicht zur Sanierung vorgesehenen Gebäudekomponenten verlangt werden. Schließlich sind anlassunabhängige Pflichten, bspw. zum Heizkesselaustausch, möglich, stehen allerdings unter besonderen Energiesparvorbehalten.

Auf Grundlage des EnEG können auch Anforderungen an die Gesamtenergieeffizienz von Gebäuden gestellt werden. Hiermit wird gleichzeitig die Umsetzung von Art. 7 und Art. 8 der Gebäuderichtlinie im Verordnungsrecht ermöglicht. Gesamtenergieeffizienzstandards sind notwendigerweise auf das Gesamtgebäude bezogen und können sowohl anlassabhängig als auch anlassunabhängig vorgeschrieben werden.

Neben den vorgenannten Regelungsmöglichkeiten zur baulich-technischen Gestaltung kann schließlich die Betriebsweise bestehender Heizungsanlagen ordnungsrechtlich reguliert und eine individuell energieeffiziente Nutzung vorgeschrieben werden.

Der vorgenannte, zunächst sehr weitgehende Gestaltungsspielraum der Bundesregierung wird allerdings durch eine Reihe von Vorbehalten im EnEG wieder eingeschränkt. Neben dem Gebot der technischen Machbarkeit begründet vor allem das Wirtschaftlichkeitsgebot des EnEG einen substanziellen Maßstab für das Verordnungsrecht. Durch das Wirtschaftlichkeitsgebot wird die Amortisationsfähigkeit der Aufwendungen für einen Sanierungsstandard innerhalb eines gewissen Zeitraums sichergestellt. Dieser Zeitraum darf maximal der Restnutzungsdauer eines bestehenden Gebäudes entsprechen. In Fällen anlassunabhängiger Pflichten gilt das Wirtschaftlichkeitsgebot zudem in einer verschärften Form und verlangt eine noch kürzere Amortisationszeit. Insoweit setzt das Konzept des EnEG im Bestandsgebäudebereich stark auf eine Begrenzung der finanziellen Belastung der Gebäudeeigentümer.

Inwieweit einzelne Standards des Verordnungsrechts gegen den Wirtschaftlichkeitsgrundsatz verstoßen, kann durch juristische Analysen regelmäßig nicht beurteilt werden. Dennoch ist darauf hinzuweisen, dass auch juristische Analysen auf Grundlage fachgutachterlicher Ergebnisse aus praktischen Gründen ausscheiden, da die maßgeblichen Wirtschaftlichkeitsgutachten durch die Bundesregierung regelmäßig nicht offengelegt werden. Eine solche Offenlegung ist daher zukünftig, auch aus Gründen der Transparenz und Akzeptanzsteigerung, angezeigt.

III. Energieeinsparverordnung

Bedenkt man die potenziell großen Unterschiede zwischen den Gebäuden des aktuellen Bestandes[183], so ist die Festlegung von konkreten Energieeffizienzstandards für Neubau und Sanierungen ein außerordentlich komplexes Unterfangen. Solche Standards finden sich seit dem Jahr 2001 in der Energieeinsparverordnung der Bundesregierung (EnEV).

1. Ziele

Anders als das EnEG enthält die EnEV in § 1 explizit im Verordnungstext niedergelegte Zielbestimmungen. Solche Zielbestimmungen sind in neueren energierechtlichen Regelwerken allgemein üblich.[184] Ihnen kommt im Wesentlichen die Funktion von gesetzlichen Leitlinien für die teleologische Auslegung zu.[185]

Ein erstes Ziel besteht gem. § 1 Abs. 1 EnEV in der „Einsparung von Energie in Gebäuden". Energieeinsparungen – vor allem durch Energieeffizienz – sind damit das zentrale energiepolitische Ziel des Verordnungsrechts.[186] Gemäß § 1 Abs. 2 Halbsatz 2 EnEV soll die Verordnung ferner „dazu beitragen, dass die energiepolitischen Ziele der Bundesregierung, insbesondere ein nahezu klimaneutraler Gebäudebestand bis zum Jahr 2050, erreicht werden." Insoweit wird das energiepolitische Ziel der Energieeinsparung mit den quantitativen Einsparzielen der politischen Konzepte des Bundes verknüpft.[187] Auch quantitative Ziele finden sich mittlerweile in diversen energieumweltrechtlichen Regelwerken.[188] Solche Ziele sind für die Gesetzesauslegung von geringer Relevanz, sollen allerdings gegenüber den Adressaten die mögliche zukünftige Entwicklung des Rechts andeuten und damit eine vorausschauende Planung ermöglichen.[189] Sie zielen damit auf ein gewisses, wenngleich sehr schwaches Maß an Rechtssicherheit.

---

183 Zur Struktur des aktuellen Gebäudebestands siehe bereits unter Teil 1 C. II.

184 Siehe bspw. §§ 1 Abs. 1 EEG; 1 Abs. 1 EnWG; 1 Abs. 1 EEWärmeG. Zur Üblichkeit solcher Bestimmungen *Wustlich*, in: Danner/Theobald, EEWärmeG, § 1 Rn. 1.

185 So zur Parallelbestimmung des § 1 EWärmeG *Müller*, in: Müller/Oschmann/Wustlich, § 1 Rn. 3.

186 Zum Zusammenhang zwischen Energieeinsparung und Energieeffizienz bereits unter Teil 1 D. II. 2.b).

187 Zu den politischen Zielen des Bundes siehe bereits unter Teil 1 D. III. 2.

188 §§ 1 Abs. 2 EEG; 1 Abs. 2 EEWärmeG; 1 Abs. 1 KWK-G.

189 Zur parallelen Zielbestimmung des § 1 Abs. 2 EEG *Oschmann*, in: Danner/Theobald, EEG, § 1 Rn. 32; allgemein zum Ziel der Rechtssicherheit im Umweltrecht *Di Fabio*, NVwZ 1995, 1 (1).

2. Grundstruktur

Die Bestimmungen der EnEV enthalten energetische Anforderungen an die bauliche Gestaltung von Gebäuden, die unmittelbar für die privaten Adressaten verbindlich sind. Das Recht der EnEV weist aus diesem Grund einen Konkretisierungsgrad auf, der grds. eine direkte Rechtsanwendung ermöglicht. Nicht alle Vorgaben sind allerdings unmittelbar im Verordnungstext selbst geregelt. Vielmehr wird in der EnEV extensiv – und regelmäßig statisch – auf private Normung verwiesen.[190] Von zentraler Bedeutung ist bspw. die DIN-Norm V 18599 zur energetischen Bewertung von Gebäuden.[191]

3. Erfassung von Gebäuden

Nach § 1 Abs. 2 Satz 1 EnEV erfasst der Anwendungsbereich alle Gebäude, die unter Energieeinsatz geheizt oder gekühlt werden, sowie Anlagen der Heizungs-, Kühl-, Raumluft- und Beleuchtungstechnik sowie der Warmwasserversorgung, die in solchen Gebäuden zum Einsatz kommen. Die EnEV macht sich daher den funktionalen Ansatz des EnEG zu Eigen, nach grundsätzlich alle Bauten erfasst werden, in denen Energie verbraucht wird.[192] Dabei ist allerdings diejenige Energie, die zu Produktionsprozessen in Gebäuden benötigt wird, aus dem Anwendungsbereich der EnEV ausgeklammert (§ 1 Abs. 2 Satz 2 EnEV). Die Standards der EnEV regulieren damit alleine die Energie, die zur Gewährleistung gewöhnlicher Energiedienstleistungen, bspw von Raumwärme, aufgewendet werden muss.[193]

In § 1 Abs. 3 EnEV werden zunächst bestimmte Gebäudearten vom Anwendungsbereich der Verordnung ausgenommen. Dies sind bspw. Traglufthallen sowie Zelte gem. § 1 Nr. 5 EnEV, provisorische Gebäude nach § 1 Abs. 3 Nr. 6 EnEV oder Wohngebäude mit einer begrenzten jährlichen Nutzungsdauer gem. § 1 Abs. 3 Nr. 8 EnEV. Hintergrund dieser Ausnahmen ist, dass bei solchen Gebäudearten häufig von vorneherein von einer Unwirtschaftlichkeit der ordnungsrechtlichen Anforderungen gem. § 5 Abs. 1 EnEG ausgegangen wird.[194] Für die Ausnahme weiterer Gebäudearten bestehen andere Gründe. So beruht bspw. eine Ausnahme für Betriebsgebäude der Tierzucht gem. § 1 Abs. 3 Nr. 1 EnEV vornehmlich auf wirtschaftspolitischen Gründen[195]. Ähnliches gilt für eine Ausnahme von Gebäuden, die Gottesdiensten oder sonstigen religiösen Zwecken gewidmet sind (§ 1 Abs. 3 Nr. 7 EnEV).[196]

190 *Stock*, in: Danner/Theobald, EnEV, Einl. Rn. 6; *Keyhanian*, Instrumente, S. 394; *Nusser*, ZUR 2014, 67 (68–69).

191 *Moser*, Energieeinsparverordnung, S. 50; *Cziesielski/Belaschk*, DS 2005, 126 (127).

192 Vgl. *Stock*, in: Danner/Theobald, EnEG, § 1 Rn. 8.

193 Vgl. *Stock*, in: Danner/Theobald, EnEV, § 1 Rn. 19.

194 *Stock*, in: Danner/Theobald, EnEV, § 1 Rn. 30.

195 *Stock*, in: Danner/Theobald, EnEV, § 1 Rn. 37, spricht von einer „Entlastung" landwirtschaftlicher Betriebe.

196 *Stock*, in: Danner/Theobald, EnEV, § 1 Rn. 64.

4. *Energieeffizienzstandards*

a) Neubaubereich

Im Bereich der zu errichtenden Gebäude setzt die Bundesregierung auf eine Kombination zwischen Vorgaben zum Primärenergiebedarf von Gebäuden und Vorgaben zur Wärmedämmung.

aa) Begrenzung des zulässigen Primärenergiebedarfs

Kern der Anforderungen an Neubauten ist das Konzept einer Begrenzung des Jahres-Primärenergiebedarfs (§§ 3 Abs. 1, 4 Abs. 1 EnEV). Die EnEV stellt dabei auf den Primärenergiebedarf ab, der für die Beheizung, Warmwassererzeugung, Belüftung und Kühlung eines Gebäudes anfällt.[197] Der Primärenergiebedarf, der auf die Erzeugung von Raumwärme und Warmwasser (im Sinne von Nutzwärme) anfällt, ist daher nur ein Teil des insgesamt betrachteten Energiebedarfs. Für Nichtwohngebäude kommt zudem der Primärenergiebedarf für Beleuchtung hinzu (§ 4 Abs. 1 EnEV).[198] Mit dem Primärenergiebedarfsansatz greift die EnEV daher auf eine vergleichsweise weite Perspektive zurück, bei der die gesamten Energieverluste entlang der Wertschöpfungskette einbezogen werden, auch wenn diese außerhalb der „Sphäre" des Gebäudes eintreten.[199]

Nach den Vorgaben der EnEV darf ein neu zu errichtendes Gebäude bestimmte Grenzwerte des Jahres-Primärenergiebedarfs nicht überschreiten (§ 3 Abs. 1 Satz 1 Halbsatz 1 i. V. m. § 4 Abs. 1 EnEV). Seit der Verordnungsnovelle des Jahres 2009 ergibt sich der Grenzwert für den maximal zulässigen Primärenergiebedarf eines Neubauvorhabens aus dem Vergleichswert eines sog. Referenzgebäudes.[200] Unter einem Referenzgebäude ist ein Gebäude gleicher Geometrie, Gebäudenutzfläche und Ausrichtung wie das geplante Vorhaben zu verstehen (§ 3 Abs. 1 i. V. m. Anlage 1 Ziffer 1. 1. EnEV). Solche Referenzgebäude existieren allerdings nicht als Musterbauten in der Realität. Vielmehr stellt das jeweilige Referenzgebäude eines Vorhabens ein rechnerisches Vergleichsmodell dar. Aus diesem Grund ist auch der entsprechende Primärenergiebedarfswert des Referenzgebäudes eine rein rechnerische Größe.[201]

---

197 *Stock*, in: Danner/Theobald, EnEV, §§ 3–4 Rn. 9.

198 *Stock*, in: Danner/Theobald, EnEV, §§ 3–4 Rn. 9.

199 *Stock*, in: Danner/Theobald, EnEV, §§ 3–4 Rn. 11; *Meyer*, Die EnEV, S. 5; *Koch*, NVwZ 2011, 641 (644);*Beaucamp/Beaucamp*, NZM 2002, 323 (324).

200 *Kemm*, in: Frenz/Lülsdorf, EnEV, § 3 Rn. 2; *Hänsel/Flache*, NJW-Spezial 2009, 332 (332).

201 *Kemm*, in: Frenz/Lülsdorf, EnEV, § 3 Rn. 2; *Hänsel/Flache*, NJW-Spezial 2009, 332 (332). Nach der überholten Methodik der EnEV 2001 wurden noch in der Verordnung selbst „fixe" Grenzwerte für den Jahres-Primärenergiebedarf von Referenzgebäuden festgelegt, s. für Wohngebäude Anhang 1 Ziff. 1.1 zur EnEV 2001; zu dieser Methodik *Beaucamp/Beaucamp*, NZM 2002, 323 (323).

Zum Zweck der Berechnung des Primärenergiebedarfs für das jeweilige Referenzgebäude müssen zunächst die vorgenannten individuellen Parameter (Geometrie, Gebäudenutzfläche und Ausrichtung) des geplanten Vorhabens verwendet werden (§ 3 Abs. 1, Abs. 3 EnEV).[202] Anschließend sind in Anlage 1, Tabelle 1 EnEV bestimmte energetische Faktoren für einzelne Gebäudekomponenten von Referenzgebäuden unterschiedlicher Klassen festgelegt.[203] So wird beispielsweise in Anlage 1, Tabelle 1 Ziff. 1.3 EnEV definiert, dass für Referenzwohngebäude ein bestimmter (Standard) faktor der Wärmedurchlässigkeit von Geschossdecken gelten soll.[204] Unter Zugrundelegung der individuellen Parameter des Vorhabens (Geometrie, Gebäudenutzfläche und Ausrichtung) und der Einbeziehung der standardisierten Berechnungsfaktoren ergibt sich schließlich ein rechnerischer, gebäudeindividueller Primärenergiebedarfswert für das Referenzgebäude. Dieser stellt gleichzeitig den rechtlich zulässigen Grenzwert für das geplante Vorhaben dar. Solche gebäudeindividuellen Grenzwerte gehen weit über die Differenzierungsgebote der Gebäuderichtlinie hinaus, die lediglich die Erarbeitung von Primär- oder Endenergiebedarfsgrenzwerten für unterschiedliche Klassen von Gebäuden vorschreibt.[205]

Bei der Ausgestaltung des Vorhabens müssen die errechneten Primärenergiebedarfsgrenzwerte gewahrt werden.[206] Innerhalb dieses Rahmens genießt der Bauherr dabei eine vollständige Gestaltungsfreiheit bei der Wahl von Materialien oder Anlagen.[207] Die rechnerische Bewertung denkbarer Gestaltungsvarianten, Bauteile und Anlagenkomponenten ist ebenfalls in den methodischen Vorgaben der EnEV definiert.[208] Beispielhaft lässt sich dies an der Auswahl zwischen unterschiedlichen Wärmeerzeugungsanlagen, die grundsätzlich für einen Einbau in das jeweilige Vorhaben in Betracht kommen, illustrieren. Für alle Arten denkbarer Wärmeerzeugungsanlagen sind in den DIN-Normen, die das Verordnungsrecht in Bezug nimmt, sog. Primärenergiefaktoren definiert. Auf Basis des berechneten Endenergiebedarfs eines Vorhabens kann mittels der Primärenergiefaktoren der letztlich maßgebliche Primärenergiebedarfswert dieses Vorhabens errechnet werden.[209] Je nach verwendetem Primärenergiebedarfsfaktor wirkt sich dieser rechnerisch zugunsten

202 *Mechel*, ZUR 2011, 184 (187).
203 Vgl. *Stock*, in: Danner/Theobald , Energierecht, EnEV, §§ 3–4 Rn. 9.
204 Nach der vorgenannten Bestimmung beträgt der Wärmedurchgangskoeffizient U = 0,20 W/(m²·K)).
205 Siehe zur Auslegung von Art. 4 Gebäuderichtlinie bereits unter Teil 3 A. I. 2.
206 *Stock*, in: Danner/Theobald, EnEV, §§ 3–4 Rn. 13; *Battis/Kersten/Mitschang*, Stadterneuerung, S. 90; *Beaucamp/Beaucamp*, NZM 2002, 323 (324). *Nusser*, ZUR 2014, 67 (68) bezeichnet die EnEV deswegen als „ausführungsneutral"; *Müller*, in: Müller/Oschmann/Wustlich, Einl. Rn. 31 als „technologieoffen".
207 *Keyhanian*, Instrumente, S. 396; *Nusser*, ZUR 2014, 67 (68).
208 *Heye*, Treibhausgasreduktion, S. 56; vgl. auch *Mechel*, ZUR 2011, 184, (187).
209 Siehe die Berechnungsdetails in Anlage 1 Nr. 2.1.1. EnEV.

oder zulasten des Primärenergiebedarfswertes aus.[210] Wird im Vorhaben bspw. mit einer weitgehenden Wärmegewinnung durch Solarthermieanlagen geplant, so ist der Endenergiebedarfswert für das Gebäude mit dem Primärenergiefaktor für Solarthermieanlagen zu multiplizieren. Besonders günstig sind dabei die Primärenergiefaktoren für die Wärmegewinnung auf Basis von erneuerbaren Energien wie der vorgenannten Solarthermie, besonders ungünstig die Primärenergiefaktoren für eine Wärmeerzeugung auf Basis von elektrischer Energie.[211] Letzteres erklärt sich aus den erheblichen Energieumwandlungsverlusten bei der Erzeugung von elektrischer Energie aus der jeweiligen Primärenergie (z. B. in Kohlekraftwerken) und den Leitungsverlusten bis zur Gebäudegrenze.[212] Primärenergiefaktoren dienen damit dazu, die von den Bauherren gewählte Art der Nutzwärmeerzeugung energetisch zu bewerten und Anreize für eine möglichst energieeffiziente Wahl zu setzen.

Die genauen Berechnungsmethoden zur Ermittlung des jeweiligen Primärenergiebedarfsgrenzwertes für das Referenzgebäude sowie zur Bewertung der einzelnen Gestaltungsvarianten (§ 3 Abs. 3 i. V. m. Anhang 1 Ziff. 1.3 – 3.3 EnEV) sind im Detail äußerst komplex.[213] Die EnEV definiert dabei lediglich die grundsätzlichen Maßstäbe, während ein Großteil der technischen Regeln in der privaten Normung niedergelegt ist. Eine zentrale Rolle spielen hierbei die DIN-Norm V 18599 zur energetischen Bewertung von Gebäuden in unterschiedlichen Fassungen[214], die DIN-Norm V 4107[215] sowie die DIN-Norm V 4108 zu Wärmeschutz und Energieeinsparung in Gebäuden[216]. Diese normieren jeweils unterschiedliche Bilanzierungsverfahren, zwischen denen der Bauherr mitunter auch wählen kann.[217]

Schließlich stellt sich die abschließende Frage, inwieweit das vorgenannte Konzept der EnEV in der Lage ist, die Energieeffizienz von Gebäuden zu verbessern. Eine solche Verbesserung muss auf die Optimierung des Verhältnisses zwischen aufgewendeter Primärenergie als Energieinput und der letztlichen generierten Nutzenergie (insb. Raumwärme) als Output gerichtet sein. Auf den ersten Blick erweckt der Ansatz der Begrenzung des Primärenergiebedarfs allerdings den Eindruck, als werde alleine eine Begrenzung des zulässigen Energiebedarfs bezweckt und damit ein Ansatz der Energiesuffizienz verfolgt. Ein Ansatz der Energiesuffizienz würde

---

210 Verordnungsbegründung der Bundesregierung zur EnEV 2001, BR-Drs. 194/01 vom 7. März 2001, S. 35; *Stock*, in: Danner/Theobald, EnEV, §§ 3–4 Rn. 12.

211 *Meyer*, Die EnEV, S. 10–11; *Nusser*, ZUR 2014, 67 (68).

212 *Beaucamp/Beaucamp*, NZM 2002, 323 (324).

213 Zu den aus der Komplexität folgenden praktischen Vollzugsdefiziten *Kemm*, in: Frenz/Lülsdorf, EnEV, § 3 Rn. 43.

214 Siehe bspw. die Verweise in Anhang 1 Ziff. 2.1.1; 2.2; 2.4; 2.6; 2.8 EnEV. Zur herausgehobenen Rolle dieser DIN-Norm *Cziesielski/Belaschk*, DS 2005, 126 (127).

215 Verweise finden sich z. B. in Anhang 1 Ziff. 2.1.2; 2.2; 2.8 EnEV.

216 Verweise finden sich bspw. in Anhang 1 Ziff. 2.1.2; 2.3; 2.4 EnEV.

217 *Hänsel/Flache*, NJW-Spezial 2009, 332 (332).

allerdings Fragen der Konformität mit der Gebäuderichtlinie aufwerfen, die einen Energieeffizienzansatz zwingend vorschreibt.[218]

Bei genauerer Betrachtung liegt der EnEV allerdings ein Energieeffizienzansatz zugrunde. Dies lässt sich nachvollziehen, indem man den Blick der zweiten Größe der Effizienz zuwendet und fragt, auf welches Maß an Nutzenergiebedarf die baulichen Anforderungen der EnEV ausgelegt sind. Bereits in der EnEV 2001 waren Wohngebäude als Gebäude definiert, die „eine Innentemperatur von 19°C" aufweisen und eine jährliche „mindestens viermonatige Nutzungsdauer" aufweisen mussten (§ 2 Abs. 1 Nr. 1 EnEV 2001).[219] Im Rahmen der EnEV-Novelle 2007 wurde diese Definition aufgehoben und die zugrunde liegende Wertung in die Methodik der DIN-Norm V 18599 zur energetischen Bewertung von Gebäuden integriert.[220] Zudem sollte der Ausrichtung der Standards ab dieser Novelle eine ganzjährige Nutzung von Wohngebäuden zugrunde gelegt werden.[221] Die Berechnungsmethodik der EnEV richtet die baulichen Anforderungen daher am unveränderlichen „Fixpunkt" eines durchschnittlichen Nutzenergiebedarfs im jeweiligen Gebäude aus. Von diesem Fixpunkt ist folglich auch bei der Ermittlung der Grenzwerte für den Primärenergiebedarf auszugehen. Nur wer diesen Aspekt berücksichtigt, kann daher schlussfolgern, dass der Jahres-Primärenergiebedarf eines Gebäudes auch dessen Gesamtenergieeffizienz ausdrückt.[222]

Insoweit genügt die EnEV auch den Anforderungen der Gebäuderichtlinie. Denn der Blick auf die Gebäuderichtlinie hat gezeigt, dass auch das unionsrechtliche Konzept der Gesamtenergieeffizienz auf das Verhältnis zwischen Primär- oder Endenergiebedarf und Nutzenergie, ausgehend von einem durchschnittlichen Bedarf Nutzenergie für den jeweiligen Nutzungszweck, abstellt.[223] Genau eine solche Perspektive spiegelt sich im vorgenannten Primärenergiebedarfsansatz der EnEV wieder.

bb) Begrenzung der spezifischen Wärmedurchlässigkeit

Neben dem Jahres-Primärenergiebedarfsansatz enthält die EnEV noch eine zweite, speziell wärmeenergetische Vorgabe für Neubauten. Gem. §§ 3 Abs. 2, 4 Abs. 2 EnEV hat die Wärmedämmung in zu errichtenden Wohn- und Nichtwohngebäuden

---

218 Zur diesbezüglichen Auslegung der Gebäuderichtlinie unter Teil 3 A. I. 2. a).

219 *Frenz/Lülsdorf*, Der Sachverständige (DS) 2014, 306, 307; *Beaucamp/Beaucamp*, NZM 2002, 323–326., 325.

220 Verordnungsbegründung der Bundesregierung zur EnEV 2007, BR-Drs. 282/07 vom 27. April 2007, S. 12.

221 *Frenz/Lülsdorf*, DS 2014, 306 (307).

222 *Stock*, in: Danner/Theobald, EnEV, §§ 3–4 Rn. 10; *Reimer*, in: Schulze-Fielitz/Müller, EU-Klimaschutzrecht, S. 157; *Koch*, NVwZ 2011, 641 (644); *Cziesielski/Belaschk*, DS 2005, 126 (126).

223 Zum unionsrechtlichen Konzept der Gesamtenergieeffizienz bereits unter Teil 3 A. I. 2. a).

bestimmte Grenzwerte einzuhalten. Während diese Grenzwerte bei Wohngebäuden durch den sog. spezifischen Transmissionswärmeverlust definiert werden, wird bei Nichtwohngebäuden an den sog. mittleren Wärmedurchgangskoeffizienten angeknüpft. Beides sind Werte, die sich übereinstimmend auf die gesamte, wärmeübertragende Umfassungsfläche des Vorhabens beziehen.[224] Die Grenzwerte der Wärmedurchlässigkeit basieren damit ebenfalls auf einer Gesamtbetrachtung der Außenwände, des Unterbodens und sonstiger Bauteile, die das Gebäudeinnere gegenüber dem Gebäudeäußeren abgrenzen.[225]

Methodisch unterscheidet sich die Bestimmung der Grenzwerte für die Wärmedurchlässigkeit grundsätzlich nicht von der Bestimmung von Grenzwerten für den Jahres-Primärenergiebedarf. Auch für die Ermittlung der Wärmedurchlässigkeitsgrenzwerte wird seit dem Jahr 2016 auf das Referenzgebäudeverfahren zurückgegriffen (Anlage 1 Nr. 1.2 EnEV 2014).[226] Der für ein Vorhaben zu ermittelnde individuelle Grenzwert gemäß dem jeweiligen Referenzgebäude wird allerdings durch einen weiteren Grenzwert ergänzt, der in Anlage 1 Nr. 1.2 i. V. m. Tabelle 2 EnEV eine absolute Höchstgrenze für die Wärmedurchlässigkeit im jeweiligen Gebäudetyp (z. B. freistehendes Wohngebäude) festlegt.

Sinn der vorgenannten Bestimmungen ist es, bestimmte Lücken des Primärenergiebedarfsansatzes zu füllen und somit die Gesamtenergieeffizienz der Gebäude durch ergänzendes Ordnungsrecht sicherzustellen. Insbesondere soll verhindert werden, dass Bauherren innerhalb der Grenzwerte des zulässigen Primärenergiebedarfs eine primärenergetisch günstig bewertete Anlagentechnik wählen (bspw. Solarthermie), gleichzeitig aber Baumaterialien mit schlechten Dämmeigenschaften verwenden und somit die Effizienzeffekte wieder nivellieren.[227]

b) Gebäudebestand

Im Gebäudebestand enthält die EnEV sowohl anlassabhängige Pflichten als auch anlassunabhängige Pflichten.[228] Auf Ebene des unmittelbar anwendbaren Verordnungsrechts müssen insoweit auch konkrete Adressaten solcher Pflichten festgelegt werden. Die anlassabhängigen Anforderungen der EnEV richten sich dabei an die Bauherren, die ein Vorhaben realisieren (§ 26 Abs. 1 EnEV). Die anlassunabhängigen Pflichten der EnEV richten sich hingegen an die Gebäudeeigentümer.[229]

---

224 *Stock*, in: Danner/Theobald, EnEV, §§ 3–4, Rn. 14; *Mechel*, ZUR 2011, 184 (187).

225 Nach *Hänsel/Flache*, NJW-Spezial 2009, 332 (332) soll die „Leistungsfähigkeit der Gebäudehülle“ sichergestellt werden.

226 *Kemm*, in: Frenz/Lülsdorf, EnEV/EnEG, EnEV, § 3 Rn. 29.

227 *Stock*, in: Danner/Theobald, EnEV, §§ 3–4 Rn. 15.

228 *Halama*, Gebäudesanierung, S. 29; *Bürger u. a.*, Klimaschutz im Gebäudebereich, S. 315; *Nusser*, ZUR 2014, 67 (70).

229 So bspw. die Nachrüstpflichten nach § 10 EnEV; *Nusser*, ZUR 2014, 67 (70); *Schmidt*, ZWE 2015, 309 (311).

Im Hinblick auf die anlassabhängigen Pflichten ist schließlich voranzustellen, dass die Bestimmungen der EnEV nicht weiter zwischen einzelnen Sanierungsanlässen differenzieren. Welcher Hintergrund einen Bauherren zur Durchführung einer Sanierung veranlasst, ist aus Sicht der EnEV daher irrelevant. Insbesondere wird nicht danach unterschieden, ob ein Bauherr aus eigenem Antrieb Energie oder Geld einsparen will oder ob bspw. Schadensfälle behoben werden sollen.[230] Dies ist aus Sicht des Ziels der Energieeinsparungen konsequent, kann allerdings im Einzelfall zur Frage nach der Gewährung einer Befreiung von den Anforderungen führen.[231]

aa) Renovierungen der Gebäudehülle

§ 9 Abs. 1 EnEV enthält zunächst anlassbezogene Standards, die bei „Änderungen" des Gebäudes greifen. Die maßgeblichen Änderungen sind in Anlage 3 EnEV abschließend definiert.[232] Als solche Änderungen sind zunächst Sanierungen der Außenwände von Gebäuden aufgeführt, bspw. der vollständige Austausch solcher Wände oder die Erneuerung des Außenputzes (Anlage 3 Nr. 1 Satz 1 EnEV). Als weitere Änderungen sind bspw. Austausch von Fenstern, Fenstertüren oder Glasdächern, Änderungen an Außentüren sowie Sanierungen der Dachflächen erfasst.[233] Ausgenommen sind lediglich Sanierungen solcher Gebäudebestandteile, an denen bereits in neuerer Zeit EnEG-konforme Änderungen durchgeführt wurden. Dies gilt bspw. für einen Austausch von Außenwänden, an denen bereits vor dem Jahr 1983 Änderungen unter Beachtung des geltenden Energieeinsparrechts durchgeführt wurden (Anlage 3 Nr. 1 Satz 2 EnEV).

Rechtsfolge der jeweiligen Sanierung ist eine Verpflichtung zur Beachtung bestimmter bauteilbezogener Grenzwerte der Wärmedurchlässigkeit (§ 9 Abs. 1 Satz 1 EnEV). Diese werden in Form von Wärmedurchgangskoeffizienten vorgeschrieben, die im Einzelnen in Anlage 3 Nr. 7 EnEV festgelegt sind. Nur die ausgetauschten Bauteile selbst müssen die entsprechenden Grenzwerte einhalten, nicht jedoch weitere Flächen oder die gesamte Außenfläche des Gebäudes.[234]

Diese vorgenannte Rechtsfolge wird jedoch punktuell modifiziert. Denn nach § 9 Abs. 1 Satz 2 EnEV werden die vorgenannten Anforderungen mit den beiden aus dem Neubaubereich bekannten Ansätzen einer Gesamtbetrachtung von Gebäuden (Jahres-Primärenergiebedarfsbegrenzung und Begrenzung des Gesamtwärmeverlustes) verknüpft.[235] Nach § 9 Abs. 1 Satz 2 EnEV „gelten" die bauteilbezogenen Anforderungen als erfüllt, wenn der jeweilige „Jahres-Primärenergiebedarf eines

230 *Nusser*, ZUR 2014, 67 (70).
231 Die EnEV sieht Ausnahmen und Befreiung in den §§ 24, 25 vor.
232 *Ziaja*, in: Frenz/Lülsdorf, § 3 Rn. 10; *Stock*, in: Danner/Theobald, EnEV, § 9 Rn. 41.
233 *Halama*, Gebäudesanierung, S. 29.
234 *Stock*, in: Danner/Theobald, EnEV, § 9 Rn. 5.
235 Zur methodischen Identität der Neubau- und Bestandsgebäuderegelungen *Ziaja*, in: Frenz/Lülsdorf, EnEV, § 9 Rn. 36; zur Gesamtbetrachtung im Bestandsgebäudebereich *Keyhanian*, Instrumente, S. 398.

Referenzgebäudes und der entsprechende Gesamtwärmeverlust um nicht mehr als 40 % überschritten" wird. Es handelt sich damit um eine Erfüllungsfiktion.[236] Wählt der Bauherr eine solche Realisierung des Vorhabens nach der Gesamtbetrachtungsmethode, so gelten gegenüber einem vergleichbaren Neubau höhere Jahres-Primärenergiebedarfsgrenzwerte und höhere Grenzen für den zulässigen Gesamtwärmeverlust. Bestandsbauten werden insoweit durch großzügigere Grenzwerte privilegiert.[237]

§ 9 Abs. 1 Satz 2 EnEV bringt damit, wie in Art. 7 Gebäuderichtlinie grundsätzlich vorgesehen, den Gesamtenergieeffizienzansatz auch im Gebäudebestand zur Anwendung.[238] Über die in Anlage 3 EnEV definierten „Änderungen" sind dabei sowohl die Konstellationen „größerer Renovierungen" gem. Art. 7 Abs. 1 UAbs. 1 und 2 Gebäuderichtlinie als auch die Fallgruppe von „Maßnahmen an der Gebäudehülle" gem. Art. 7 UAbs. 3 Gebäuderichtlinie abgedeckt.[239] Dass die Gesamtenergieeffizienzstandards nach dem Modell der EnEV in diesen Fällen nur ersatzweise gelten, ist aus unionsrechtlicher Sicht unproblematisch. Denn den Mitgliedsstaaten steht nach der Gebäuderichtlinie sogar die Möglichkeit offen, auf den Gesamtenergieeffizienzansatz vollumfänglich zu verzichten oder lediglich bauteilbezogene Regelungsmaßnahmen zu ergreifen.[240]

bb) Innenausbauten und Erweiterungen

§ 9 Abs. 4 und 5 EnEV erfassen seit einer umfangreichen Novellierung durch die EnEV 2014[241] Anlässe des Innenausbaus (z. B. von Kellern oder Dachgeschossen)[242] und der Erweiterung von Gebäuden (bspw. neue Vollgeschosse). Dabei wird zwischen Fällen differenziert, in denen ein zusätzlicher Wärmeerzeuger im Gebäude eingebaut wird (§ 9 Abs. 5 EnEV) und Fällen, in denen eine solche technische Ergänzung unterbleibt (§ 9 Abs. 4 EnEV).

In Fällen von Ausbau oder Erweiterung ohne neuem Wärmeerzeuger werden lediglich Anforderungen an die Wärmedurchlässigkeit der Außenbauteile gestellt, die den neuen beheizten oder gekühlten Bereich gegen die Außenwelt abgrenzen (§ 9 Abs. 4 Satz 1 EnEV). Insoweit finden die Vorgaben zu den Wärmedurchgangskoeffizienten nach Anlage 3 EnEV Anwendung. Wird hingegen ein Wärmeerzeuger

---

236 *Stock*, in: Danner/Theobald, EnEV, § 9 Rn. 37; *Nusser*, ZUR 2014, 67 (70).

237 Der 40%-Zuschlag ist bereits seit der EnEV 2001 geltendes Recht, siehe *Meyer*, Die EnEV, S. 12.

238 So bereits zu Gebäuderichtlinie a. F. und älteren Fassungen der EnEV *Reimer*, in Schulze-Fielitz/Müller, EU-Klimaschutzrecht, S. 157; *Stock*, in: Danner/Theobald, EnEV, § 9 Rn. 36; *Cziesielski/Belaschk*, DS 2005, 126 (127).

239 *Stock*, in: Danner/Theobald, EnEV, § 9 Rn. 36.

240 Zur diesbezüglichen Auslegung der Gebäuderichtlinie bereits unter Teil 3 A. I. 3. b) bb).

241 *Ziaja*, in: Frenz/Lülsdorf, EnEV, § 9 Rn. 32.

242 *Schmidt*, ZWE 2015, 309 (310).

eingebaut und überschreitet die neue Nutzfläche zudem einen Grenzwert von 50 m^2, so greifen für den neuen beheizten Gebäudeteil als solchen die Grenzwerte der §§ 3, 4 EnEV zum Jahres-Primärenergiebedarf und zur Wärmedurchlässigkeit der gesamten Außenfläche (§ 9 Abs. 5 Satz 1 EnEV). Vorhaben, die unter § 9 Abs. 5 Satz 1 EnEV fallen, werden damit einem Neubauvorhaben gleichgestellt.[243] Somit muss folglich eine isolierte Gesamtbetrachtung des neuen Gebäudeteils stattfinden, bei der die EnEV grundsätzlich keinen Abschlag gegenüber den Grenzwerten für Neubauten vorsieht.[244]

cc) Sanierungen der Anlagentechnik

Die vorangehend dargestellten anlassabhängigen Sanierungsstandards der EnEV die lassen die Anlagentechnik unberührt. Solche Anforderungen, die im Falle freiwilliger Sanierungen der Anlagentechnik greifen, finden sich allerdings in den §§ 13, 14 EnEV.[245]

§ 13 Abs. 1 Satz 1 EnEV enthält zunächst Anforderungen an bestimmte Heizkessel, die in Gebäude eingebaut werden. Erfasst sind alle Heizkessel, die eine Nennleistung von mindestens 4 KW haben und nicht gem. § 13 Abs. 3 EnEV, wie bspw. Holzheizkessel gem. § 13 Abs. 3 Nr. 2 EnEV, ausgenommen sind.[246] Eine Inbetriebnahme der Heizkessel ist nach § 13 Abs. 1 Satz 1 EnEV nur zulässig, wenn diese mit einer CE-Kennzeichnung nach dem Bauproduktenrecht oder alternativ der CE-Kennzeichnung nach den Anforderungen der Richtlinie 92/42/EWG versehen sind. Damit werden die bereits dargestellten, produktbezogenen Standards in das gebäudebezogene Ordnungsrecht inkorporiert. CE-Kennzeichnungen erfolgen grundsätzlich bereits durch den Hersteller und dürfen nur vorgenommen werden, wenn die entsprechenden materiellen Standards des Produktrechts erfüllt werden.[247] Zusätzlich ist eine Inbetriebnahme neuer Heizkessel gem. § 13 Abs. 2 EnEV nur zulässig, wenn die Anforderungen der Anlage 4a EnEV erfüllt werden. Diese verlangt die Erfüllung eines bestimmten Mindestverhältnisses zwischen der sog. Erzeugeraufwandszahl und dem Primärenergiefaktor von Heizkesseln. Das vorgenannte Verhältnis drückt wiederum den Wirkungsgrad von Heizkesseln aus.[248] Insoweit stellt die EnEV zusätzlich eigene materielle Energieeffizienzanforderungen an Heizkessel auf, die zum Erfordernis der CE-Kennzeichnung hinzutreten.

---

243 *Schmidt*, ZWE 2015, 309 (310).

244 *Stock*, in: Danner/Theobald, EnEV, § 9 Rn. 123; *Ziaja*, in: Frenz/Lülsdorf, EnEV, § 9 Rn. 44.

245 *Stock*, in: Danner/Theobald, EnEV, § 9 Rn. 3.

246 Auch beim Austausch von Anlagen der Heizungstechnik oder Warmwasserversorgung greift das Verschlechterungsverbot des § 11 Abs. 1 Satz 2 EnEV; *Frenz*, in: Frenz/Lülsdorf, EnEV, § 11 Rn. 11.

247 *Achenbach*, in: Frenz/Lülsdorf, EnEV, § 13 Rn. 6. Zu den Produktkennzeichnungspflichten bereits unter Teil 2 B. IV. 2.

248 *Achenbach*, in: Frenz/Lülsdorf, EnEV, § 13 Rn. 8.

Schließlich werden auch die technikbezogenen Anforderungen an Heizkessel in der EnEV mit dem energetischen Gesamtbetrachtungsansatz verknüpft. Beim Einbau von Heizkesseln in bestehende Gebäude werden solche Vorhaben privilegiert, bei denen nach der Sanierung der Jahres-Primärenergiebedarf des Referenzgebäudes des jeweiligen Bestandsgebäudes um nicht mehr als 40 % überschritten wird (§ 13 Abs. 2 Satz 2 EnEV). Die Privilegierung liegt in diesen Fällen darin, dass zwar die CE-Kennzeichnungspflichten, nicht aber die materiellen Standards der EnEV für neue Kessel eingehalten werden müssen. Durch diesen Mechanismus wollte die Bundesregierung anlässlich der Verordnungsnovelle der EnEV im Jahr 2009 aus Gründen der Konformität mit dem europäischen Binnenmarktrecht sog. Standardheizkesseln, die regelmäßig keine CE-Konformitätskennzeichen erhalten, weiterhin eine Verwendung in Gebäuden ermöglichen.[249] Ähnlich wie § 9 Abs. 1 Satz 2 EnEV schafft § 13 Abs. 2 Satz 2 EnEV den Bauherren damit die Möglichkeit, zwischen EnEV-Anforderungen an ausgetauschte Bauteile und Anforderungen gemäß des Gesamtenergieeffizienzansatzes zu wählen.

Fraglich ist allerdings, ob die vorgenannte Regelung des § 13 Abs. 2 Satz 2 EnEV zur Umsetzung von Art. 8 Gebäuderichtlinie ausreicht. Denn nach Art. 8 Gebäuderichtlinie sind die Mitgliedsstaaten verpflichtet, in Fällen des Austauschs gebäudetechnischer Systeme, zu denen auch Heizungsanlagen zählen, Anforderungen an die Gesamtenergieeffizienz zu stellen. Die Geltung von Gesamtenergieeffizienzanforderungen steht nach dem Konzept der Gebäuderichtlinie in Fällen des Art. 8 der Richtlinie gerade nicht unter dem Vorbehalt einer Wahlmöglichkeit.[250] Demgegenüber findet der Gesamtenergieeffizienzansatz gemäß § 13 Abs. 2 Satz 2 EnEV nur dann Anwendung, wenn sich der Gebäudeeigentümer freiwillig zur Installation einer bestimmten Art von Heizkesseln entscheidet. Dieser Zusammenhang spricht damit für ein Umsetzungsdefizit der EnEV im Hinblick auf die vorgenannte Vorgabe von Art. 8 der Gebäuderichtlinie. Dieser Verdacht wird durch eine Betrachtung der neueren Historie der EnEV erhärtet. Denn die Bundesregierung hat im Rahmen der EnEV-Novelle im Jahr 2014 die Umsetzung etwaiger Gesamtenergieeffizienzverpflichtungen anlässlich des Austauschs gebäudetechnischer Systeme nach Art. 8 Gebäuderichtlinie – jedenfalls in der Verordnungsbegründung – nicht erwogen.[251] Gerade im Rahmen dieser Novelle wäre aber eine Umsetzung von Art. 8 Gebäuderichtlinie zu erwarten gewesen, da diese Richtlinienbestimmung erst nachträglich im Jahr 2010 in die Gebäuderichtlinie eingefügt wurde.[252] Art. 8 Gebäuderichtlinie war nach Art. 28 Abs. 1 UAbs. 3 Gebäuderichtlinie bis zum 9. Juli 2013 umzusetzen. Damit weist die EnEV mit Blick auf die Vorgabe der Gebäuderichtlinie, dass

---

249 Siehe die Verordnungsbegründung der Bundesregierung zur EnEV 2009, BR-Drs. 569/08 vom 8. August 2008, S. 91.

250 Zur diesbezüglichen Auslegung der Gebäuderichtlinie bereits unter Teil 3 A. I. 3. b) cc).

251 In der Verordnungsbegründung (BR-Drs. 113/13 vom 8. Februar 2013) wird die Frage nicht problematisiert.

252 Zur Geschichte von Art. 8 Gebäuderichtlinie siehe bereits unter Teil 3 A. I. 1. b).

anlässlich des Austauschs gebäudetechnischer Systeme in Form von Heizungsanlagen Gesamtenergieeffizienzanforderungen an ein bestehendes Gebäude zu stellen sind, ein Umsetzungsdefizit auf.

dd) Anlassunabhängige Anforderungen

Seit ihrer ersten Fassung im Jahr 2002 enthält die EnEV auch einige anlassunabhängige Sanierungspflichten.[253] Diese wurden anlässlich der Verordnungsnovellen der EnEV sukzessive verschärft und erweitert.[254] Lediglich eine zwischenzeitlich in § 10a EnEV 2009 normierte Pflicht zur Außerbetriebnahme von Nachtspeicherheizungen[255] wurde im Jahr 2013 wieder gestrichen.[256] Nach der aktuellen Rechtslage betreffen anlassunabhängige Pflichten die Heizkesseltechnik, die Dämmung von Rohrleitungen sowie die Dämmung oberster Geschossdecken (§ 10 Abs. 1–3 EnEV).

Gemäß § 10 Abs. 1 Satz 2 EnEV dürfen Gebäudeeigentümer Heizkessel, die mit flüssigen oder gasförmigen Brennstoffen beschickt werden und vor dem 1. Januar 1985 eingebaut oder aufgestellt wurden, seit Beginn des Jahres 2015 nicht mehr betreiben. Ein solches doppelt stichtagsabhängiges Betriebsverbot für Heizkessel älteren Jahrgangs findet sich bereits seit der EnEV 2002 im Verordnungsrecht.[257] Zu beachten ist, dass zunächst nur der Betrieb der älteren Heizkessel verboten wird. Die EnEV enthält kein korrespondierendes Gebot, diese Heizkessel durch eine bestimmte neue Technik zu ersetzen.[258] Andererseits finden individuelle Eigenschaften von Heizkesseln bei der vorgenannten Stichtagsregelung keine Berücksichtigung. Der Verordnungsgeber geht somit in technischer Hinsicht pauschal davon aus, dass alle vor dem Stichtag installierten Anlagen „Uraltheizungen" sind, bei denen im Vergleich zum aktuellen Stand der Technik von einer energetischen Ineffizienz auszugehen ist.[259] In ökonomischer Hinsicht soll die Wahl des dreißigjährigen Betriebszeitraums sicherstellen, dass die Aufwendungen für den Heizkessel regelmäßig amortisiert

253 Siehe zu anlassunabhängigen Pflichten im Vorgängerrecht (§ 7 Abs. 1, 2 und § 9 Abs. 2 Heizungsanlagenverordnung) *Heye*, Treibhausgasreduktion, S. 62.

254 Ein knapper Überblick insbesondere zu den Verschärfungen der Novelle 2009 findet sich bei *Moser*, Energieeinsparverordnung, S. 51; ausführlich zur Historie *Lülsdorf*, in: Frenz/Lülsdorf, EnEV, § 10 Rn. 2 ff.

255 Näher zur Entstehungsgeschichte *Wüstemann*, EU-Energieffizienzrecht, S. 142; *Hänsel/Flache*, NJW-Spezial 2009, 332 (333).

256 Zum Hintergrund der Streichung des Nachtspeicherheizungsverbots bereits unter Teil 3 A. II. 1.

257 *Meyer*, Die EnEV, S. 12; *Beaucamp/Beaucamp*, NZM 2002, 323 (324).

258 Insoweit greifen alleine die Mindeststandards gem. § 13 EnEV für die ggf. freiwillig installierten neuen Heizkessel.

259 Vgl. zu den Stichtagsregelungen in älteren Fassungen der EnEV *Böhm/Schwarz*, NVwZ 2012, 129, (130). Dies kann in Einzelfällen zur Frage nach einer Ausnahme oder Befreiung gem. §§ 24, 25 EnEV führen.

wurden. Dieser Betriebszeitraum dient damit der Wahrung des Wirtschaftlichkeitsgrundsatzes gem. § 5 Abs. 1 Satz 1 EnEG.[260]

§ 10 Abs. 1 Satz 2 EnEV wird seit der EnEV-Novelle des Jahres 2014 um ein weiteres Betriebsverbot ergänzt.[261] Nach § 10 Abs. 1 Satz 3 EnEV dürfen auch Heizkessel neueren Datums nach einer Höchstbetriebsdauer von 30 Jahren nicht mehr weiterbetrieben werden. Durch § 10 Abs. 1 Satz 3 EnEV hat sich der Verordnungsgeber daher zum einen von der Festlegung einzelner Stichtage gelöst und das Betriebsverbot dynamisiert. Zum anderen wurde auch bei dem Betriebsverbot des § 10 Abs. 1 Satz 3 EnEV der Betriebszeitraum von 30 Jahren aufgegriffen, um das Gebot des § 5 Abs. 1 Satz 1 EnEG zu wahren.[262] Von den vorgenannten Anforderungen sind gem. § 10 Abs. 1 Satz 4 EnEV allerdings bestimmte Heizkessel ausgenommen, u. a. kleine Heizkessel mit einer Nennleistung unter 4 KW sowie die vergleichsweise energieeffizienten Niedertemperatur-Heizkessel sowie Brennwertkessel.[263] Durch die erstgenannte Ausnahme hat der Verordnungsgeber damit bestimmte Sachverhaltskonstellationen mit einem volkswirtschaftlich geringen Einsparpotenzial ausgeklammert, während durch die zweitgenannten Ausnahme bestimmte Kesseltechnologien älteren Baujahres auch nach aktuellen Maßstäben als ausreichend energieeffizient[264] bewertet werden. Die vorgenannten Ausnahmen beziehen sich allerdings nur auf Heizkessel, die mit flüssigen oder gasförmigen Brennstoffen betrieben werden, nicht hingegen auf Kessel, in denen feste Brennstoffe wie Holz verwendet werden. In dieser Abgrenzung zeigt sich erneut, dass die EnEV allein auf die Förderung der Energieeffizienz, nicht hingegen auf die Förderung des Erneuerbare-Energien-Einsatzes zielt.

§ 10 Abs. 2 EnEV verpflichtet die Gebäudeeigentümer zur Isolierung von nicht gedämmten Wärmeverteilungs- und Warmwasserleitungen. Die Bestimmung zielt daher ebenfalls auf eine Mindesteffizienz der Anlagentechnik. Die Regelung soll die Energietransportverluste innerhalb von Gebäuden minimieren, wobei der Verordnungsgeber vornehmlich in Kellerbereichen verlaufende und gänzlich ungedämmte Leitungssysteme vor Augen hatte.[265] Im Gegensatz zum Heizkesselverbot gem.

260 *Lülsdorf*, in: Frenz/Lülsdorf, EnEV, § 10 Rn. 26.

261 *Lülsdorf*, in: Frenz/Lülsdorf, EnEV, § 10 Rn. 30 spricht von der „dritten Stufe" der Anforderungen.

262 Verordnungsbegründung der Bundesregierung zur EnEV 2014, BR-Drs. 113/13 vom 8. Februar 2013, S. 7.

263 Die in § 2 Nr. 10 EnEV legal definierten Niedertemperaturkessel arbeiten gegenüber gewöhnlichen älteren Heizkesseln mit einer konstant geringeren Vorlauftemperatur. Bei Brennwertkesseln gem. § 2 Nr. 11 EnEV ist zusätzlich eine Nutzung der Kondensationswärme des Verbrennungsmediums möglich. Zu den einzelnen Heizkesseltypen siehe bereits unter Teil 1 C. I. 1. a).

264 *Frenz/Lülsdorf*, in: Frenz/Lülsdorf, EnEV, § 2 Rn. 92, 94.

265 So bereits die Verordnungsbegründung der Bundesregierung zur EnEV 2001, BR-Drs. 194/01 vom 7. März 2001, S. 97.

§ 10 Abs. 1 EnEV geht es dabei um ein positives Handlungsgebot, das Gebäudeeigentümer zu einer bestimmten Art von Energieeffizienzmaßnahmen verpflichtet.

Nach § 10 Abs. 3 Satz 1 EnEV sind Gebäudeeigentümer schließlich zur Dämmung oberster Geschossdecken nach den in der EnEV definierten Standards verpflichtet. Die Erfassung dieser Flächen erklärt sich aus dem physikalischen Prinzip, dass heiße Luft nach oben steigt und die obersten Geschossdecken damit regelmäßig eine optimale Dämmschicht darstellen.[266] Auch insoweit trifft die Gebäudeeigentümer ein Handlungsgebot zu bestimmten Energieeffizienzmaßnahmen. Auf energetisch ggf. weniger ertragreiche Pflichten zur Dämmung der Dachflächen, Außenwände oder Bodenflächen wurde bisher verzichtet.

Nach § 10 Abs. 4 Satz 1 Halbsatz 1 EnEV sind bestimmte Gebäudeeigentümer von allen vorgenannten anlassunabhängigen Pflichten freigestellt. Privilegiert sind Eigentümer von Wohngebäuden mit nicht mehr als zwei Wohnungen, von denen eine Wohnung zum Stichtag des 1. Februar 2002 selbst bewohnt wurde. Der Verordnungsgeber begründete diese Ausnahme mit der Absicht, Gebäudeeigentümer mit geringem Einkommen vor finanziellen Überforderungen schützen zu wollen.[267] Diese Erwägung ist in § 10 Abs. 4 Satz 1 Halbsatz 1 EnEV allerdings nicht unmittelbar umgesetzt, da die privilegierten Eigentümer unabhängig von deren finanzieller Situation ausgenommen sind. § 10 Abs. 4 Satz 1 Halbsatz 1 EnEV zielt daher der Sache nach darauf ab, vom Eigentümer genutzten Wohnraum generell zu privilegieren.

ee) Betriebsanforderungen

Nach § 11 Abs. 2 und 3 EnEV bestehen schließlich Gebote, Anlagen auf eine bestimmte Weise instand zu halten und zu betreiben.[268] Ersichtlich sind diese Anforderungen auf die Verordnungsermächtigung des § 3 EnEG gestützt. Adressaten der Betriebspflicht sind daher die Anlagenbetreiber, die nicht notwendigerweise mit den Bauherren oder Gebäudeeigentümern identisch sein müssen.[269]

Gegenstand von § 11 Abs. 2 Satz 1 EnEV sind „energiebedarfssenkende Einrichtungen in Anlagen". Insoweit wird zwischen Anlagen und den energiebedarfssenkenden Einrichtungen innerhalb derselben getrennt. § 11 Abs. 2 Satz 1 EnEV erfasst damit solche technischen Einrichtungen, die selbstständig in der Lage sind Energieeinsparungen zu bewirken. Hierunter fallen vor allem Steuerungssysteme wie Thermostate in Heizkörpern oder vergleichbare Mechanismen in Zentralheizungen.

§ 11 Abs. 2 Satz 1 EnEV verpflichtet die Anlagenbetreiber zu einer „bestimmungsgemäße Nutzung" der energiebedarfssenkenden Einrichtungen. In ähnlicher Weise verpflichtet § 11 Abs. 3 Satz 1 EnEV zur „sachgerechten Bedienung" von Anlagen.

---

266 *Lülsdorf*, in: Frenz/Lülsdorf, EnEV, § 10 Rn. 58.

267 Verordnungsbegründung der Bundesregierung zur EnEV 2001, BR-Drs. 194/01 vom 7. März 2001, S. 58; rezipiert von *Lülsdorf*, in: Frenz/Lülsdorf, EnEV, § 10 Rn. 2 und *Moser*, Energieeinsparverordnung, S. 109.

268 *Keyhanian*, Instrumente, S. 399.

269 *Stock*, in: Danner/Theobald, EnEV, § 11 Rn. 11.

Einige legen die vorgenannten Regelungen dahin aus, dass es um einen energiesparenden Betrieb der Anlagen gehen soll.[270] Insoweit könnte in der EnEV wiederum Energiesuffizienzrecht enthalten sein, welches die Anlagebetreiber verpflichtet, die Steuerungssysteme auf ein möglichst niedriges Temperaturniveau einzustellen. Eine solche Auslegung ist allerdings mit Blick auf § 3 EnEG abzulehnen. Der Begriff der bestimmungsgemäßen Nutzung gem. § 11 Abs. 2 Satz 1 EnEV ist mit dem Begriff des § 3 Abs. 1 EnEG identisch. Bei der bestimmungsgemäßen Nutzung geht es daher allein um die Sicherstellung einer individuell energieeffizienten Anlagennutzung, nicht hingegen um ein Gebot zu energetisch genügsamem Verhalten.[271]

ff) Ausnahmen und Befreiungen

Die vorangehend dargestellten Standards der EnEV können in der Praxis nicht durchgängig eingehalten werden. Abgesehen von der Ausklammerung einzelner Gebäudetypen aus dem Anwendungsbereich sieht die EnEV daher unterschiedliche Relativierungen der Standards vor. Zu nennen ist zunächst eine spezielle Ausnahme für den Fall der Unwirtschaftlichkeit von anlassunabhängigen Anforderungen (§ 10 Abs. 5 EnEV). Zudem sind behördliche Ausnahmen (§ 24 EnEV) und Befreiungen (§ 25 EnEV) vorgesehen.

Nach § 10 Abs. 5 EnEV finden die anlassunabhängigen Nachrüstpflichten für Leitungsrohre sowie die Dämmungspflichten für oberste Geschosspflichten (§§ 10 Abs. 2 und 3 EnEV) auf bestimmte Fälle keine Anwendung. § 10 Abs. 5 EnEV nimmt solche Fälle aus, in denen die zur Nachrüstung oder Dämmung erforderlichen Aufwendungen durch die eintretenden Einsparungen nicht innerhalb angemessener Fristen erwirtschaftet werden können. Somit ist § 10 Abs. 5 EnEV mit Blick auf den Wirtschaftlichkeitsgrundsatz gem. § 5 Abs. 1 EnEG konstruiert.[272] § 5 Abs. 1 EnEG verpflichtet den Verordnungsgeber allerdings nur zur generellen Wirtschaftlichkeit der Standards. § 10 Abs. 5 EnEV geht daher über diese gesetzliche Anforderung hinaus und gibt Gebäudeeigentümern die Möglichkeit, eine individuelle Unwirtschaftlichkeit der Standards geltend zu machen. Gegenstand der Prüfung nach § 10 Abs. 5 EnEV ist dabei allein die Amortisationsfähigkeit von Aufwendungen für die geforderte Maßnahme. Nicht erfasst sind daher Fälle, in denen die Nachrüstpflichten zu sozial bedingten finanziellen Notlagen führen können, bspw. in Fällen der Gefährdung der Altersversorgung oder des Lebensunterhaltes. Solche Fragen sind vielmehr über § 25 EnEV zu behandeln.[273] § 10 Abs. 5 EnEV ist ferner als echte Ausnahmevorschrift konstruiert. Ist daher eine einzelfallbezogene

270 *Stock*, in: Danner/Theobald, EnEV, § 11 Rn. 10.
271 Zur diesbezüglichen Auslegung von § 3 EnEG bereits unter Teil 3 A. II. 4. b) ee).
272 *Mechel*, ZUR 2011, 184 (187); ähnlich *Lülsdorf*, in: Frenz/Lülsdorf, EnEV, § 10 Rn. 96.
273 A. A. *Lülsdorf*, in: Frenz/Lülsdorf, EnEV, § 10 Rn. 99 ff., die über § 10 Abs. 5 EnEV auch eine Zumutbarkeitsprüfung zulassen will.

Unwirtschaftlichkeit absehbar, so kann der Eigentümer eine Nachrüstung auf eigene Verantwortung unterlassen.[274]

§ 24 EnEV regelt zwei weitere Ausnahmen. Die erste Ausnahme (§ 24 Abs. 1 EnEV) betrifft Baudenkmäler und besonders erhaltenswerte Bausubstanz. Gemeint sind hiermit vor allem denkmalgeschützte Gebäude.[275] Auch in solchen Fällen besteht die Ausnahme von Gesetzes wegen, weshalb die Verantwortung für eine Inanspruchnahme beim jeweiligen Bauherren oder Eigentümer liegt.[276] Über die Gewährung einer Ausnahme in Fällen des sog. Ersetzungsrechts gem. § 24 Abs. 2 EnEV muss hingegen eine behördliche Ermessensentscheidung getroffen werden.[277] Auch die EnEV enthält damit punktuelles Verwaltungsverfahrensrecht.[278] Tatbestandlich setzt § 24 Abs. 2 EnEV voraus, dass alternative Energieeinsparmaßnahmen angewendet werden können, die die Ziele der Energieeinsparung ebenso gut verwirklichen können wie die Standards der EnEV.[279] Somit soll die Handlungsfreiheit der Bauherren oder Eigentümer vor allem in Fällen architektonisch besonderer Gebäude, für die sich aus den einschlägigen DIN-Normen keine sinnvollen Aussagen ableiten lassen, gesichert werden.[280]

Schließlich enthält § 25 Abs. 1 EnEV eine allgemeine Befreiungsmöglichkeit für Fälle unbilliger Härten.[281] Auch in solchen Fällen ist eine Entscheidung der zuständigen Behörden zu treffen, die allerdings gebunden ist.[282] Tatbestandlich setzt § 25 Abs. 1 Satz 1 EnEV voraus, dass eine unbillige Härte entweder „durch einen unangemessenen Aufwand" oder „in sonstiger Weise" herbeigeführt wird. Als Beispiel für einen finanziell unangemessenen Aufwand führt § 25 Abs. 1 Satz 2 EnEV wiederum eine einzelfallbezogene Unwirtschaftlichkeit der Standards an. Bei Bestandsgebäuden hat § 25 Abs. 1 Satz 2 EnEV in systematischer Abgrenzung zu § 10 Abs. 5 EnEV vor allem in Fällen der anlassabhängigen Anforderungen nach § 9 EnEV einen eigenen Anwendungsbereich.[283] Insoweit sind die Anforderungen an die Inanspruchnahme dieser Befreiungsmöglichkeit allerdings hoch. Jegliche typischerweise in

274 *Nusser*, ZUR 2014, 67 (72).

275 *Stock*, in: Danner/Theobald, EnEV, § 24 Rn. 10; *v. Oppen*, in: Frenz/Lülsdorf, EnEV, § 24 Rn. 7.

276 *V. Oppen*, in: Frenz/Lülsdorf, EnEV, § 24 Rn. 24; *Nusser*, ZUR 2014, 67 (72).

277 *Stock*, in: Danner/Theobald, EnEV, § 24 Rn. 4; *v. Oppen*, in: Frenz/Lülsdorf, EnEV, § 11 Rn. 30.

278 *Nusser*, ZUR 2014, 67 (67).

279 *V. Oppen*, in: Frenz/Lülsdorf, EnEV, § 11 Rn. 29; *Stock*, in: Danner/Theobald, EnEV, § 24 Rn. 24.

280 *Stock*, in: Danner/Theobald, EnEV, § 24 Rn. 24.

281 *Halama*, Gebäudesanierung, S. 20.

282 *Stock*, in: Danner/Theobald, EnEV, § 25 Rn. 2; *v. Oppen*, in: Frenz/Lülsdorf, EnEV, § 25 Rn. 10.

283 Demgegenüber besteht bei den anlassunabhängigen Pflichten nach § 10 EnEV im Fall der Unwirtschaftlichkeit bereits eine gesetzliche Ausnahme (§ 10 Abs. 5 EnEV).

Betracht kommende Gestaltungsvariante der Sanierungsmaßnahme nach § 9 EnEV muss für den Bauherren unwirtschaftlich sein. Die Erteilung solcher Ausnahmen kommt daher nur sehr selten in Betracht.

5. *Zusammenfassung*

Die EnEV enthält ein kompexes und ausdifferenziertes System gebäudebezogener Anforderungen. Zentraler Regelungsinhalt ist die Begrenzung des Jahres-Primärenergiebedarfs von Neubauvorhaben. Bei diesem Ansatz wird das Verhältnis zwischen dem Maß der in der Natur vorkommenden Primärenergie (z.B. Rohöl) und dem letztlich in Gebäuden benötigten Maß an Nutzenergie (z.B. Raumwärme) in den Blick genommen. Fixpunkt dieser Betrachtung ist ein durchschnittliches Maß an Nutzenergie für den jeweiligen Nutzungszweck des Gebäudes. Mittels der sog. Referenzgebäudemethode wird, von diesem Fixpunkt ausgehend, ein Grenzwert für das zulässige Maß an Primärenergie ermittelt, das maximal im Gebäude zum Einsatz kommen darf. Nach der Referenzgebäudemethode wird dieser Primärenergiebedarfsgrenzwert unter Berücksichtigung individueller Gebäudefaktoren berechnet. Der Grenzwert ist anschließend von Bauherren bei der Realisierung des Vorhabens einzuhalten. Hierbei kann der Bauherr frei zwischen allen in Betracht kommenden technischen und baulichen Gestaltungsvarianten wählen. Beim vorgenannten Ansatz handelt es sich somit um eine umfassende und gleichzeitig flexible Regulierung der baulich-technischen Energieeffizienz. Dieser Ansatz ist auch mit Blick auf die Vorgaben der Gebäuderichtlinie nicht zu beanstanden.

Auch der Bereich der Bestandsgebäude wird auf unterschiedliche Weise von den Vorgaben der EnEV erfasst. Gemäß § 9 Abs. 1 EnEV gelten eine Reihe anlassabhängiger Standards in Fällen von Sanierungsmaßnahmen an der Gebäudehülle. Als Rechtsfolge sieht § 9 Abs. 1 EnEV grundsätzlich eine Geltung von bauteilbezogenen Grenzwerten für die Wärmedurchlässigkeit vor. Ersatzweise können Bauherren aber auch auf den Jahres-Primärenergiebedarfsansatz zurückgreifen, der im Bestandsgebäudebereich damit optional zum Einsatz kommen kann. Hierbei sind die Grenzwerte im Vergleich zum Neubaubereich allerdings großzügiger definiert, weshalb Sanierungsvorhaben im Bestand privilegiert werden. Dass der vorgenannte Ansatz im Bestandsgebäudebereich nur ersatzweise anzuwenden ist, ist in den Fällen des § 9 Abs. 1 EnEV mit Blick auf die Gebäuderichtlinie zulässig. In § 9 Abs. 4 und 5 EnEV werden ferner bestimmte Fälle von Innenausbau und Erweiterungen von Gebäuden anlassabhängig reguliert.

Weitere anlassabhängige Standards für die Sanierung von technischen Anlagen finden sich in §§ 13, 14 EnEV. Beachtlich sind insbesondere die Vorgaben zur Sanierung von Heizkesseln gem. § 13 Abs. 1 und 2 EnEV. In diesen Fällen setzt die EnEV auf eine Kombination aus verordnungsrechtlich definierten, materiellen Effizienzanforderungen und einer Inbezugnahme der Standards des Produktrechts. Im Fall des Heizkesselaustauschs kommt gem. § 13 Abs. 2 Satz 2 EnEV zudem auch der Jahres-Primärenergiebedarfsansatz Anwendung, der allerdings parallel zu § 9 Abs. 1 EnEV lediglich optional angewendet werden kann. Diese optionale Anwendbarkeit stellt nach der vorliegend vertretenen Auffassung allerdings ein Umsetzungsdefizit mit Blick auf Art. 8 der Gebäuderichtlinie dar, da Art. 8 der Gebäuderichtlinie für Konstellationen des Austauschs von Heizungsanlagen eine uneingeschränkte Geltung von Gesamtenergieeffizienzanforderungen verlangt.

Anlassunabhängige Pflichten sind in § 10 EnEV normiert, wobei der Umfang dieser Pflichten vergleichsweise gering ist. Eigentümer sind erstens zum Austausch sog. Uraltheizkessel verpflichtet, worunter die EnEV solche Heizkessel versteht, die mit flüssigen oder gasförmigen Brennstoffen betrieben werden und bei denen eine Betriebszeit von 30 Jahren überschritten ist. Zudem bestehen Verpflichtungen zur Nachrüstung ungedämmter Rohrleitungen zum Wärmetransport sowie zur Dämmung oberster Geschossdecken. Gesetzliche Ausnahmen von den vorgenannten Pflichten können in Fällen selbst genutzten Wohnraums bestehen.

Ergänzend zu den baulich-technischen Standards enthält § 11 EnEV Anforderungen an den Betrieb von Heizungsanlagen. § 11 EnEV erfasst seiner Natur nach auch Anlagen in bestehenden Gebäuden. Im Rahmen der bestimmungsgemäßen Nutzung muss der Energieverbrauch möglichst reduziert werden, weshalb von einer Pflicht zur individuell energieeffizienten Nutzung gesprochen werden kann.

Schließlich sieht die EnEV eine Reihe von Ausnahmen und Befreiungen von den Sanierungsstandards vor. Letztgenannte Befreiungen können von den zuständigen Behörden insbesondere dann erteilt werden, wenn eine einzelfallbezogene Unwirtschaftlichkeit der Sanierungsstandards vorliegt (§ 25 Abs. 1 Satz 2 EnEV). Auch darüber hinaus lässt sich folgern, dass der Verordnungsgeber das Wirtschaftlichkeitsgebot des § 5 Abs. 1 EnEG im Bestandsgebäudebereich an diversen Stellen berücksichtigt hat. Erstens finden sich aus Wirtschaftlichkeitsgründen generelle Ausnahmen vom Anwendungsbereich der Verordnung, zweitens wurden auch die anlassabhängigen und anlassunabhängigen Sanierungsstandards der §§ 9, 10, 13, 14 EnEV auf ihre Wirtschaftlichkeit hin geprüft. Insoweit überobligatorisch sind drittens einzelfallbezogene gesetzliche Ausnahmen gem. § 10 Abs. 5 EnEV sowie viertens die vorgenannten Rechtsgrundlagen zu behördlichen Befreiungen gem. § 25 Abs. 1 Satz 2 EnEV nach den individuellen ökonomischen Umständen vorgesehen.

Betrachtet man die Anwendungsbereiche der Sanierungsanforderungen, so wird insgesamt eine dichtes Netz anlassabhängiger Anforderungen ersichtlich, während anlassunabhängige Pflichten im geltenden Recht eher punktuell normiert sind. Bewertungen, nach denen die Anforderungen der EnEV im Gebäudebestand insgesamt sehr moderat[284] oder symbolischer Natur[285] sind, treffen daher nur begrenzt zu. Vielmehr kann gefolgert werden, dass gerade im Bereich anlassunabhängiger Pflichten – und somit im Bereich des „echten Sanierungszwangs" – möglicherweise Potenzial zur Ausschöpfung der Verordnungsermächtigung des § 4 Abs. 3 EnEG

284 *Keyhanian*, Instrumente, S. 404.
285 *Nusser*, ZUR 2014, 67 (70).

besteht. Solche Ansätze sind auch durch die Gebäuderichtlinie nicht gesperrt, die allein Vorgaben für anlassabhängige Sanierungsanforderungen macht. Auf dieses Potenzial ist noch zurückzukommen.[286]

IV. Vollzug

Ordnungsrechtsrechtliche Regelungskonzepte bedürfen der Umsetzungs-, Kontroll- und Sanktionsmechanismen. Ohne solche Mechanismen kann bei den materiellen Pflichten des Gebäudeeffizienzrechts nicht von Ordnungsrecht gesprochen werden, sie sind für eine solche Einordnung konstitutiv.[287] Im Folgenden wird daher ein knapper Überblick über die Grundstruktur der Vollzugsregelungen zur EnEV im Bestandsgebäudebereich gegeben. Neben der Bekräftigung des ordnungsrechtlichen Charakters der EnEV wird dabei auch der Blick für die abschließende Bewertung des Gebäudeeffizienzrechts geschärft.

Beim Vollzug der EnEV greifen im Ausgangspunkt verschiedene landes- und bundesrechtliche Rechtsgrundlagen ineinander. Dies hängt auch mit den verfassungsrechtlichen Rahmenbedingungen des Gesetzesvollzugs zusammen. Der Vollzug der EnEV obliegt gem. Art. 83 GG den Ländern als eigene Angelegenheit.[288] Nach Art. 84 Abs. 1 Satz 1 GG erlassen die Länder daher das entsprechende Vollzugsrecht. Nach Art. 84 Abs. 1 Satz 2 Halbsatz 1 GG kann der Bundesgesetzgeber Vollzugsfragen allerdings auch (teilweise) selbst regeln.[289] Gemäß diesen Vorgaben enthält zunächst die EnEV selbst punktuelle Vollzugsregelungen (bspw. §§ 26a, 26b EnEV). Im Landesrecht finden sich eine Reihe spezieller Durchführungsverordnungen zur EnEV,[290] neben denen ergänzend das jeweilige Verfahrensrecht der Bauordnungen Anwendung findet.[291]

Nach allgemeinen Grundsätzen lässt sich zwischen einem präventiven und einem repressiven Vollzug der EnEV unterscheiden. Ein präventiver Vollzug betrifft die Kontrolle von Vorhaben im Rahmen der Zulassung. Vorschriften der EnEV stellen insoweit regelmäßig „öffentlich-rechtliche Vorschriften" im Sinne des landesrechtlichen Bauzulassungsrechts dar.[292] Die Regelung von Art und Umfang der Zulassungspflicht für Bauvorhaben ist allerdings den Landesgesetzgebern überlassen. Derzeit wird beim präventiven Vollzug der EnEV auf eine weitgehende Einbindung privaten Sachverstandes gesetzt. So sind in aller Regel entsprechende bautechnische

286 Siehe noch unter Teil 5 A. I.

287 Siehe zur Definition von Ordnungsrecht bereits unter Teil 1 A.

288 *Meyer*, Die EnEV, S. 16.

289 Zum Charakter von Art. 84 Abs. 1 Satz 2 GG als spezieller Gesetzgebungskompetenz des Bundes *Kirchhof*, in:Maunz/Dürig, GG, Art. 84 Rn. 58.

290 Siehe bspw. die EnEV-Durchführungsverordnung Berlin vom 18. Dezember 2009 (GVBl. S. 889) i. d. F. vom 17. Dezember 2010 (GVBl. S. 665).

291 *Keyhanian*, Instrumente, S. 394; *Meyer*, Die EnEV, S. 16; *Nusser*, ZUR 2014, 67 (67).

292 *Otto*, ZfBR 2008, 550 (559).

Nachweise durch Bausachverständige zu erstellen und den zuständigen Behörden vorzulegen.[293] Diese Nachweise ersetzen eigene behördliche Prüfungen.[294]

Der repressive Vollzug betrifft demgegenüber die Kontrolle außerhalb der Zulassungsverfahren. Auch beim repressiven Vollzug der EnEV wird in großem Umfang auf die Einbindung Privater gesetzt. So bestehen in der Phase nach der Vollendung eines Sanierungsvorhabens regelmäßig Pflichten zur Vorlage von Konformitätserklärungen, die ebenfalls durch Bausachverständige erstellt werden.[295] Neben den Bausachverständigen haben auch die bauausführenden Unternehmen gem. § 26a Abs. 1 EnEV gegenüber den Eigentümern Nachweise über die Konformität der durchgeführten Baumaßnahmen in Form sog. Unternehmerklärungen auszustellen.[296] Unternehmererklärungen sind den zuständigen Behörden von den Eigentümern gem. § 26a Abs. 2 EnEV auf Verlangen vorzulegen. Speziell beim Vollzug anlassunabhängiger Anforderungen sieht die EnEV ferner die Einbindung der Bezirksschornsteinfeger vor. Bezirksschornsteinfeger müssen bspw. gem. § 26b Abs. 1 EnEV im Rahmen der Feuerstättenschau kontrollieren, ob Eigentümer ihren Sanierungspflichten nachgekommen sind. Schließlich sind die zuständigen Behörden gem. § 26d EnEV zur Durchführung repressiver Stichprobenkontrollen verpflichtet. Die letztgenannte Bestimmung stammt aus der letzten EnEV-Novelle des Jahres 2014. Sie stellte eine Reaktion der Bundesregierung auf ein vielfach festgestelltes erhebliches Vollzugsdefizit der EnEV dar, welches aus dem Umstand resultierte, dass die zuständigen Behörden in der Vergangenheit aus Kapazitätsgründen häufig vollständig vom repressiven Vollzug der EnEV absahen.[297]

Bei festgestellten Verstößen gegen die Regeln der EnEV besteht zunächst die Möglichkeit der Sanktionierung solcher Verstöße als Ordnungswidrigkeiten (§ 27 EnEV).

Darüber hinaus ist – unter Wahrung des Verhältnismäßigkeitsgrundsatzes - auch eine Durchsetzung der Pflichten durch bauordnungsrechtliche Verfügungen denkbar. In Betracht kommen zunächst die baurechtlich üblichen Verbotsverfügungen (Stilllegung, Nutzungsuntersagung, Abrissverfügung), die auf Grundlage des landesrechtlichen Verfahrensrechts ergehen können. Ferner können den Eigentümern auch bestimmte Gebote zur Realisierung von EnEV-Standards auferlegt werden. Hierbei ist aber zu unterscheiden. Die repressive Durchsetzung anlassabhängiger Standards, bspw. von Anordnungen zur Sanierung nach behördlich definierten energetischen Zielniveaus, wird aufgrund der tatsächlichen Unmöglichkeit einer

---

293 So bspw. in Nordrhein-Westfalen nach § 2 Abs. 4 Satz 1 EnEV-UVO NRW, zur parallen Rechtslage in Hessen *Otto.*, ZfBR 2008, 550 (559).

294 *Ziehm*, ZUR 2010, 411 (413).

295 So bspw. in Nordrhein-Westfalen nach § 2 Abs. 4 Satz 2 EnEV-DVO NRW.

296 *Nusser*, ZUR 2014, 67 (71).

297 Verordnungsbegründung zur EnEV 2014, BR-Drs. 113/13 vom 8. Februar 2013, S. 66; zum Vollzugsdefizit vor der Einführung von § 26d EnEV *Bürger u. a.*, Klimaschutz im Gebäudebereich, S. 315; *Kahl/Schmidtchen*, Kommunaler Klimaschutz, S. 70; *Nusser*, ZUR 2014, 67 (69).

nachträglichen „Neusanierung“ regelmäßig ausscheiden. Eine repressive Durchsetzung der anlassunabhängigen Standards, bspw. durch Anordnungen zur Dämmung bisher ungedämmter Rohrleitungen, ist hingegen denkbar.

Hinzuweisen ist schließlich darauf, dass in der Literatur Kritik an der einzelfallbezogenen Handhabung der Wirtschaftlichkeitsbetrachtungen nach den Regeln der EnEV laut wird. So werde sowohl die Ausnahme gem. §10 Abs. 5 EnEV durch die Eigentümer als auch die Befreiungsmöglichkeit gem. § 25 Abs. 1 EnEV durch die Behörden uneinheitlich gehandhabt, da in der EnEV keinerlei Maßstab für diese Betrachtung definiert sei.[298] Hiergegen kann zwar eingewendet werden, dass sich der gesetzlichen Definition des Wirtschaftlichkeitsgebots in § 5 Abs. 1 Satz 2 EnEG einzelne Parameter der Wirtschaftlichkeitsbetrachtung im Wege der Gesetzesauslegung entnehmen lassen. Mit Blick auf die Komplexität der vorgenannten Bestimmung verwundert die Kritik aber wenig.[299] Daher ist der Forderung zuzustimmen, dass aus Gründen der Vereinheitlichung und Vereinfachung des Vollzuges eine präzisere Auskonturierung dieser wichtigen Gesetzesbestimmung auf Gesetzes- oder Verordnungsebene erwogen werden sollte.[300]

V. Zusammenfassung und Bewertung

Das Gebäudeeffizienzrecht setzt sich aus den unionsrechtlichen Vorgaben der Gebäuderichtlinie der EU, den bundesgesetzlichen Ermächtigungsgrundlagen des EnEG und dem Verordnungsrecht der EnEV zusammen. Es zielt auf die Verbesserung des Verhältnisses zwischen Energieinput und Energieoutput in Fragen der baulichen oder technischen Gestaltung von Gebäuden und des Anlagenbetriebs, an einzelnen Stellen auch auf die effiziente Nutzung von Anlagen. Mittelbar verfolgt das Gebäudeeffizienzrecht damit alle Ziele der Wärmewende, namentlich Umwelt- und Klimaschutz, Versorgungssicherheit sowie Preiswürdigkeit der Energieversorgung.

Das Unionsrecht der Gebäuderichtlinie prägt Struktur und Konzept des nationalen Rechts wesentlich vor, beschränkt sich allerdings auf einen Mindestharmonisierungsansatz. Kern der Gebäuderichtlinie ist die Verpflichtung der Mitgliedsstaaten zur Gewährleistung eines Mindestmaßes an Gesamtenergieeffizienz in Gebäuden. Hierzu sind Grenzwerte für den zulässigen Primärenergiebedarf von Gebäuden einzuführen. Solche Grenzwerte müssen nach der Gebäuderichtlinie auch im Gebäudebestand anlässlich bestimmter Vorhaben, namentlich größerer Renovierungen, Renovierungen der Gebäudehülle oder eines Austauschs gebäudetechnischer Systeme in Form von Heizungsanlagen, eingreifen. Im Rahmen des jeweiligen Vorhabens ist die Einhaltung der Grenzwerte durch die Wahl von Anlagen und Bauteilen sicherzustellen.

298 *Nusser*, ZUR 2014, 67 (72–73).
299 Siehe zur Auslegung von § 5 Abs. 1 Satz 2 EnEG unter Teil 3 A. II. 4. b) gg).
300 Zu dieser Forderung *Nusser*, ZUR 2014, 67 (73) passim.

Das EnEG stellt der Bundesregierung für den Bestandsgebäudebereich weitgehende Verordnungsermächtigungen zur Verfügung. Sowohl anlagenbezogene als auch dämmungsbezogene Effizienzanforderungen können im Verordnungsrecht geregelt werden. Möglich sind auch Anforderungen an die Gesamtenergieeffizienz von bestehenden Gebäuden. Die vorgenannten Anforderungen können, wie nach dem Modell der Gebäuderichtlinie vorgesehen, anlassabhängig gestellt werden. Nach dem EnEG sind darüber hinaus aber auch anlassunabhängige Anforderungen und damit ein „echter Sanierungszwang" zulässig. Parallel zu den baulich-technischen Anforderungen sind nach dem EnEG schließlich auch Betriebsanforderungen an die individuelle Nutzung von Anlagen denkbar. Die weitgehenden Verordnungsermächtigungen werden allerdings durch das EnEG selbst eingeschränkt, wobei insbesondere durch den Vorbehalt der Wirtschaftlichkeit eine substanzielle und gleichzeitig komplexe Grenze aufstellt wird. Durch diesen Vorbehalt soll die Amortisationsfähigkeit der Aufwendungen für eine Sanierungsmaßnahme innerhalb bestimmter Zeiträume sichergestellt werden.

Die EnEV enthält das praktisch anzuwendende materielle Energieeffizienzrecht. In der EnEV findet sich ein ausdifferenziertes System ordnungsrechtlicher Anforderungen. Für Neubauvorhaben wird der Jahres-Primärenergiebedarf unter Anwendung der sog. Referenzgebäudemethode individuell begrenzt. Dieser Grenzwert ist von Bauherren durch die baulich-technische Gestaltung seines Vorhabens einzuhalten. Der vorgenannte Ansatz setzt dabei den von der Gebäuderichtlinie vorgesehenen Ansatz der Mindestanforderungen an die Gesamtenergieeffizienz überobligatorisch um.

Auch der Bereich der Bestandsgebäude wird in der EnEV auf unterschiedliche Weise reguliert. So gelten anlassabhängige Standards in Fällen von Renovierungen der Gebäudehülle. Bei solchen Maßnahmen müssen entweder bauteilbezogene Grenzwerte der Wärmedurchlässigkeit oder Jahres-Primärenergiebedarfsgrenzwerte eingehalten werden. Auf letztere Grenzwerte finden Abschläge gegenüber vergleichbaren Neubauvorhaben statt. Auch für die Sanierung von technischen Anlagen, insbesondere von Heizkesseln, definiert die EnEV anlassabhängige Energieeffizienzstandards. Für den Heizkesseltausch gelten ebenfalls anlagenbezogene Anforderungen alternativ zum Primärenergiebedarfsansatz. Diese Alternativität stellt nach der vorliegend vertretenen Auffassung allerdings ein Umsetzungsdefizit mit Blick auf Art. 8 Gebäuderichtlinie dar, welches es zukünftig zu beseitigen gilt.

Anlassunabhängige Standards sind in § 10 EnEV enthalten, wobei der Umfang dieser Pflichten vergleichsweise gering ist. Eigentümer sind zum Austausch sog. Uraltheizkessel verpflichtet. Zudem besteht eine Verpflichtung zur Nachrüstung ungedämmter Leitungen sowie zur Dämmung oberster Geschossdecken, die mittlerweile alle Bestandsgebäude erfasst. Schließlich regelt die EnEV in § 11 Anforderungen an den energieeffizienten Betrieb von (Heizungs)anlagen.

Insgesamt ist bei der Betrachtung des Gebäudeeffizienzrechts eine dichte Normierung anlassabhängiger Anforderungen an Bestandsgebäude festzustellen, während anlassunabhängige Anforderungen nur sehr punktuell für Heizkessel, Rohrleitungen und oberste Geschossdecken geregelt sind. Diese Rechtslage entspricht grundsätzlich dem besonderen Steuerungspotenzial, über welches das Ordnungsrecht im Gebäudebereich verfügt. Während durch die dichte Normierung der Mindeststandards für freiwillige Vorhaben Rechtssicherheit geschaffen wird, wird über punktuellen Sanierungszwang in einzelnen Fällen zur Nutzung energetischer und ökonomischer Einsparpotenziale gezwungen.

Im Bereich der anlassabhängigen Anforderungen machen insbesondere die Gesamtenergieeffizienzstandards die EnEV zu einem unverzichtbaren, speziell auf die Ziele der Wärmewende zugeschnittenen Steuerungsinstrument. Dabei hat die Komplexität der Standards für freiwillige Sanierungen aufgrund der beschränkten Vollzugsressourcen in der Vergangenheit allerdings zu einem erheblichen Vollzugsdefizit geführt. Dass dieses Vollzugsdefizit allein durch punktuelle Verbesserungen beim repressiven Vollzug (§ 26d EnEV) beseitigt wird, kann angezweifelt werden. Es besteht die Gefahr, dass der typische ordnungsrechtliche Vorteil von Klarheit, Bestimmbarkeit und Rechtssicherheit bei freiwilligen Sanierungen daher nicht mehr hinreichend zum Tragen kommt. Dies spricht für ein Bedürfnis an einer gewissen Konsolidierung und Präzisierung des Gebäudeeffizienzrechts. Dies könnte bspw. durch einen ausführlicher definierten Wirtschaftlichkeitsgrundsatz erreicht werden, dessen Parameter auch im Verwaltungsvollzug praktikabel sind.

Schließlich sind im bislang kaum ausgeschöpften Bereich der anlassunabhängigen Anforderungen noch weitergehende Regelungen denkbar, über die energetische und ökonomische Potenziale in einfach gelagerten Konstellationen erschlossen werden können, ohne dass dabei Verwaltungskapazitäten und Ressourcen der Gebäudeeigentümer zu stark in Anspruch genommen werden.[301]

B. Erneuerbare-Energien-Recht

Im Folgenden wird gebäudebezogenes Ordnungsrecht untersucht, das die Eigentümer von Immobilien zu einem Einsatz erneuerbarer Energien verpflichtet. Eine vermehrte Nutzung regenerativer Energieträger stellt nach dem politischen Konzept die zweite Säule der Wärmewende dar, der ein ähnliches Klima- und Umweltschutzpotenzial wie der ersten Säule der Energieeffizienz beigemessen wird.[302]

Konzeptionell betrachtet bestehen zwischen diesen beiden Säulen der Wärmewende allerdings Unterschiede. Während Energieeffizienz ein universelles Konzept ist, welches an alle technischen Stufen der Wärmeversorgung anknüpfen kann,[303] ist der Anwendungsbereich der Erneuerbare-Energien-Förderung vergleichsweise eng. Dabei geht es alleine darum, den Anteil regenerativer Energieträger auf der Stufe der Wärmegewinnung zu steigern und somit fossile Primärenergieträger zu ersetzen.[304] Fragen des Energietransports oder der Energienutzung spielen bei

301 Siehe noch unter Teil 5 A.
302 Vgl. *Wustlich*, in: Danner/Theobald, EEWärmeG, Einl. Rn. 3.
303 Zum Konzept der Energieeffizienz bereits unter Teil 1 D. II. 2. b).
304 Zum Konzept der Erneuerbare-Energien-Nutzung bereits unter Teil 1 D. II. 2. a).

diesem Ansatz hingegen keine Rolle. Sowohl die erzeugungsbezogene Perspektive als auch der Substitutionsgedanke spiegeln sich in den ordnungsrechtlichen Vorschriften der Erneuerbare-Energien-Förderung in der Wärmeversorgung wider.

Zunächst wird auf den unionsrechtlichen Rahmen der Erneuerbare-Energien-Richtlinie (EE-Richtlinie) eingegangen. Die EE-Richtlinie führt, parallel zum Gesamtenergieeffizienzansatz der Gebäuderichtlinie, mit den Erneuerbare-Energien-Nutzungsquoten das zentrale ordnungsrechtliche Modell bereits auf der europäischen Ebene ein (I.). Anschließend wird die Struktur des Bundesrechts untersucht, das seit dem Jahr 2009 im unmittelbar anwendbaren Erneuerbare-Energien-Wärme-Gesetzes des Bundes (EEWärmeG) geregelt ist (II.). Auch das Erneuerbare-Energien-Ordnungsrecht verfügt schließlich über Vollzugsregelungen (III.).

I. Unionsrechtlicher Hintergrund

Die EE-Richtlinie sieht seit dem Jahr 2009 Rahmenvorgaben für die Nutzung erneuerbarer Energien auf mitgliedsstaatlicher Ebene vor. Für den Gebäudesektor sind nach der Erneuerbare-Energien-Richtlinie Erneuerbare-Energien-Nutzungsquoten einzuführen. Dies gilt sowohl für den Neubaubereich als auch für den Gebäudebestand, wobei den Mitgliedsstaaten allerdings ein großer Umsetzungsspielraum zusteht.

1. Rechtsentwicklung und Ziele

Im Vergleich zum Energieeffizienzrecht stellt die Förderung des Erneuerbare-Energien-Einsatzes auf Unionsebene einen jüngeren Regelungsansatz dar. Dieser hatte seinen Ausgangspunkt erst im 21. Jahrhundert.[305] Der Fokus der EU lag zunächst allein auf der Steigerung der Erneuerbare-Energien-Nutzung im Bereich der Stromversorgung. So wurde am 27. September 2001 eine erste Richtlinie zur Harmonisierung der Förderbedingungen in der Erneuerbare-Energien-Stromerzeugung erlassen (EE-Richtlinie a. F.). Erst seit dem Inkrafttreten der aktuellen EE-Richtlinie im Jahr 2009 werden den Mitgliedsstaaten unionsrechtliche Vorgaben zur Nutzung erneuerbarer Energien in der Wärmeversorgung gemacht.[306] Beim Erlass der EE-Richtlinie stand, wie auch im Rahmen der jüngeren Energieeffizienzrechtsetzung, die Motivation einer unionsinternen Erfüllung des Kyoto-Protokolls im Vordergrund.[307] Kernziel der Richtlinie ist daher der Klimaschutz.[308]

Die EE-Richtlinie verpflichtet die Mitgliedsstaaten dazu, bestimmte volkswirtschaftlich definierte Erneuerbarer-Energien-Ausbau-Ziele zu erreichen (Art. 3 Abs. 1 EE-Richtlinie). Diese Ziele sind für jeden Mitgliedsstaat in der

---

305 *Müller*, in: Müller/Oschmann/Wustlich, Einl. Rn. 48.

306 *Müller*, in: Müller/Oschmann/Wustlich, Einl. Rn. 49; *Koch*, NVwZ 2011, 641 (651); *Ringel/Bitsch*, NVwZ 2009, 807 (807).

307 Art. 1 Abs. 1 EE-Richtlinie.

308 *Kahl*, NVwZ 2009, 265 (265).

EE-Richtlinie individuell festgelegt. So ist Deutschland nach Anhang I A EE-Richtlinie verpflichtet, bis zum Jahr 2020 eine anteilige Deckung des jährlichen Bruttoendenergieverbrauchs durch erneuerbare Energiequellen in Höhe von 18 % sicherzustellen.[309] Zur Umsetzung dieser Ziele enthält die EE-Richtlinie einen Rechtsrahmen für unterschiedliche sektorenübergreifende sowie sektorenspezifische Instrumente.[310]

2. *Erneuerbare-Energien-Nutzungspflichten*

Art. 13 EE-Richtlinie regelt sektorenspezifische Instrumente zur Steigerung der Erneuerbare-Energien-Nutzung im Gebäudebereich. So ist bspw. in Art. 13 Abs. 2 EE-Richtlinie eine Pflicht zur Berücksichtigung von Erneuerbare-Energien-Einspeisungsmöglichkeiten bei der Planung von Fernwärmenetzen geregelt. Ferner enthält Art. 13 Abs. 5 EE-Richtlinie Verpflichtungen zur Nutzung erneuerbarer Energiequellen im Gebäudebestand der öffentlichen Hand.

Für das Ordnungsrecht der Wärmewende ist indes Art. 13 Abs. 4 EE-Richtlinie von Bedeutung. Nach Art. 13 Abs. 4 UAbs. 1 EE-Richtlinie nehmen „die Mitgliedstaaten in ihre Bauvorschriften und Regelwerke geeignete Maßnahmen auf, um den Anteil aller Arten von Energie aus erneuerbaren Quellen im Gebäudebereich zu erhöhen". Die Mitgliedsstaaten werden nach dieser Bestimmung auf allgemeine Weise verpflichtet, die Erneuerbare-Energien-Nutzung im privaten Gebäudebereich zu steigern.[311] Diese Verpflichtung wird durch Art. 13 Abs. 4 UAbs. 4 EE-Richtlinie weiter konkretisiert. Gemäß Art. 13 Abs. 4 UAbs. 4 Satz 1 EE-Richtlinie schreiben die Mitgliedsstaaten „spätestens zum 31. Dezember 2014 in ihren Bauvorschriften und Regelwerken oder auf andere Weise mit vergleichbarem Ergebnis, sofern angemessen, vor, dass in neuen Gebäuden und in bestehenden Gebäuden, an denen größere Renovierungsarbeiten vorgenommen werden, ein Mindestmaß an Energie aus erneuerbaren Quellen genutzt wird."

Art. 13 Abs. 4 UAbs. 4 Satz 1 EE-Richtlinie verpflichtet nach dem Wortlaut in rechtstechnischer Hinsicht zur Verwendung von „Bauvorschriften und Regelwerken" oder Instrumenten „mit vergleichbarem Ergebnis" und damit zur Einführung von ordnungsrechtlichen Anforderungen an Gebäude.[312] Das Ordnungsrecht muss ferner einen bestimmten Inhalt haben, nämlich zu einer anteiligen Deckung des Energiebedarfs von Gebäuden aus erneuerbaren Energiequellen verpflichten. Dies ist das Konzept der sog. Erneuerbare-Energien-Nutzungs-Pflichten.[313] Solche

---

309 Näher *Müller*, in: Müller/Oschmann/Wustlich, Einl. Rn. 142.

310 Z. B. Informationsprogramme für Verbraucher, Bauunternehmer, Installateure und Architekten gem. Art. 14 Abs. 1 EE-Richtlinie, zu den Instrumentenkategorien *Kahl*, NVwZ 2009, 265 (265).

311 *Müller*, in: Müller/Oschmann/Wustlich, Einl. Rn. 147.

312 *Müller*, in: Müller/Oschmann/Wustlich, Einl. Rn. 151.

313 *Wustlich*, in: Danner/Theobald, EEWärmeG, Einl. Rn. 61; *Milkau*, EE im Wärmemarkt, S. 207. Die Pflichten sind auch in Art. 2 UAbs. 2 lit. l) EE-Richtlinie legaldefiniert.

Pflichten beziehen sich damit zum einen auf eine technische Ausrüstung von Gebäuden. Zum anderen wird darüber hinaus auch zur – regelmäßig langfristig angelegten – Nutzung der installierten Anlagen verpflichtet.[314] Eine solche Dualität weist daher deutliche Parallelen zum Instrument des netzbezogenen Anschluss- und Benutzungszwangs im nationalen Recht auf.[315]

Wenngleich Art. 13 Abs. 4 UAbs. 4 Satz 1 EE-Richtlinie nicht spezifisch auf erneuerbare Energiequellen zur Wärmeerzeugung bzw. auf den Wärmeenergiebedarf von Gebäuden verweist, wird doch im Wege einer Auslegung der Bestimmung klar, dass gerade die Wärmeenergie geregelt wird.[316] Denn die bauliche Gestaltung und Beschaffenheit von Gebäuden, die Gegenstand der Vorgaben von Art. 13 Abs. 4 UAbs. 4 EE-Richtlinie sind, wirkt sich typischerweise besonders auf den Wärmeenergiebedarf aus. Der Strombedarf der Gebäudenutzer hängt demgegenüber stark von den zum Einsatz gebrachten Geräten ab und wird durch die bauliche Gestaltung von Gebäuden kaum beeinflusst. Auch sind Erneuerbare-Energien-Nutzungspflichten in der Stromversorgung konzeptionell schlecht vorstellbar. Denn die vor Ort erzeugte elektrische Energie aus erneuerbaren Primärenergien, bspw. mittels Photovoltaik-Dachanlagen, wird im Normalfall in das allgemeine Versorgungsnetz eingespeist.[317] Eine physisch greifbare Deckung des Strombedarfs eines Gebäudes durch vor Ort selbst erzeugten Strom findet daher nicht statt.[318] Zwar wäre es denkbar, Gebäudeeigentümer zu einer anteiligen Deckung des Strombedarfs durch den Bezug von Erneuerbare-Energien-Strom aus dem allgemeinen Versorgungsnetz zu verpflichten.[319] Weshalb eine solche Verpflichtung allerdings, wie von Art. 13 Abs. 4 UAbs. 4 Satz 1 EE-Richtlinie vorgegeben, tatbestandlich mit der Renovierung von Gebäuden verknüpft werden sollte, ist nicht ersichtlich. Das Konzept der Verknüpfung von baulichen Sanierungen und dem Einsatz von erneuerbaren Energiequellen macht daher nur Sinn, wenn allein die Wärmeversorgungsstruktur von Gebäuden in Bezug genommen ist.

Damit stellt sich die Frage nach näheren Vorgaben zu Anlass und Inhalt der Erneuerbare-Energien-Nutzungspflichten und den Umsetzungsspielräumen der Mitgliedsstaaten.

---

314 So zum Landesrecht *Walsch*, LKRZ 2010, 291, 295.

315 Zum Anschluss- und Benutzungszwang bereits unter Teil 2 B. III. 2.

316 So im Ergebnis auch *Prall/Ewer*, in: Koch, Umweltrecht, S. 540.

317 Zur Sicherstellung einer solchen Einspeisemöglichkeit regelt das EEG entsprechende Anschluss- und Abnahmepflichten der Netzbetreiber (§§ 8, 11 EEG).

318 Anders ist dies allein in den Ausnahmefällen einer „echten" Eigenversorgung i. S. v. § 5 Nr. 12 EEG.

319 Zur „virtuellen Kennzeichnung" des Erneuerbare-Energien-Stroms auf dem Strommarkt sieht das EEG insoweit das Instrument der sog. *Herkunftsnachweise* vor (§ 79 EEG).

a) Neubaubereich

Erneuerbare-Energien-Nutzungspflichten sind gem. § 13 Abs. 4 UAbs. 4 Satz 1 EE-Richtlinie zunächst für Fälle einzuführen, in denen „neue Gebäude" errichtet werden. Ohne weiteres erfasst die Erneuerbare-Energien-Richtlinie damit den gesamten Neubaubereich.

b) Gebäudebestand

Erneuerbare-Energien-Nutzungspflichten müssen nach § Abs. 4 UAbs. 4 Satz 1 EE-Richtlinie ferner „bis zum 31. Dezember 2014" auch für Fälle „größerer Renovierungsarbeiten" an „bestehenden Gebäuden" geregelt werden.

In solchen Fällen sieht das Unionsrecht damit, dem bereits bekannten Regelungsmodell der Gebäudeeffizienzrichtlinie entsprechend,[320] eine Einführung anlassabhängiger Sanierungsstandards vor. Die Anlässe werden die EE-Richtlinie als „größere Renovierungsarbeiten" umschrieben. Solche größeren Renovierungsarbeiten bieten auch für einen möglichen Einsatz von Geothermie, Solarthermie- oder Biomasseanlagen zur Wärmeerzeugung einen günstigen Zeitpunkt, da eine optimale Abstimmung der Gebäudekomponenten aufeinander erfolgen kann.[321] Der genaueren Bedeutung des Begriffs der größeren Renovierungsarbeiten ist allerdings nachzugehen.

aa) Größere Renovierungen

Die EE-Richtlinie enthält, anders als die Gebäuderichtlinie[322], keine weiteren Bestimmungen zur Frage, welche Anlässe von den Mitgliedsstaaten tatbestandlich als „größere Renovierungen" definiert werden können. Insbesondere findet sich keine Festlegung von Grenzwerten für Investitionsvolumina, ab deren Überschreitung eine solche größere Renovierung vorliegt. Den Mitgliedsstaaten verbleibt bei der Definition der größeren Renovierungen daher ein größerer Umsetzungsspielraum als im Bereich der Gebäuderichtlinie.[323] Auch für diesen Umsetzungsspielraum ergeben sich aus dem Sinn und Zweck der EE-Richtlinie allerdings Grenzen. Denn der Zweck der EE-Richtlinie liegt in der vermehrten Nutzung erneuerbarer Energiequellen auf der Erzeugungsstufe.[324] Der Begriff der größeren Renovierungen muss daher so ausgelegt werden, dass jedenfalls der vollständige Austausch von fossiler Wärmeerzeugungstechnik wie z.B. von Brenn- oder Ölheizkessel und damit Maßnahmen an

---

320 Zu den anlassabhängigen Sanierungsstandards der Gebäuderichtlinie bereits unter Teil 3 A. I. 3. b).

321 *Kahl/Schmidtchen*, Kommunaler Klimaschutz S. 59.

322 Zum Begriff der größeren Renovierungen in der Gebäuderichtlinie bereits unter Teil 3 A. I. 3. b) aa).

323 *Mechel*, ZUR 2011, 184 (186) und *Ringel/Bitsch*, NVwZ 2009, 807 (811) verstehen hierunter ebenfalls einen nicht näher konturierten „erheblichen Renovierungsbedarf".

324 Erwägungsgrund Nr. 41 der EE-Richtlinie spricht von „Geräten zur Erzeugung von Wärme aus erneuerbaren Energiequellen".

den gebäudeinternen Wärmeerzeugungsanlagen erfasst werden. Maßnahmen, welche die Sanierung der Gebäudehülle betreffen, sind damit im Anwendungsbereich der EE-Richtlinie nicht notwendigerweise als größere Renovierungen zu verstehen. Für solche Renovierungsmaßnahmen sind vielmehr alleine die entsprechenden Vorgaben der Gebäuderichtlinie zu wahren.

bb) Nutzungspflichten

Auch die innerstaatlich zu normierenden Rechtsfolgen der Erneuerbare-Energien-Nutzungspflichten sind in der EE-Richtlinie nur rudimentär geregelt. Mit der Verpflichtung zur „anteiligen" Nutzung gemäß Art. 13 Abs. 4 UAbs. 4 Satz 1 EE-Richtlinie ist zunächst keine bestimmte Mindestdeckungsquote vorgeschrieben. Solche Quoten können von den Mitgliedsstaaten daher auch entsprechend niedrig angesetzt werden. Auch die unionsrechtlichen Vorgaben zu den einzelnen erneuerbaren Energiequellen, aus denen der Wärmebedarf anteilig gedeckt werden muss, schränken die Mitgliedsstaaten kaum ein. So werden in Art. 2 UAbs. 2a EE-Richtlinie „Wind, Sonne, aerothermischer, geothermischer, hydrothermischer Energie, Meeresenergie, Wasserkraft, Biomasse, Deponiegas, Klärgas und Biogas" und damit alle denkbaren erneuerbaren Primärenergien aufgeführt. Schließlich sind nach der EE-Richtlinie sowohl Verpflichtungen zur Nutzung dezentral Erzeugter Wärme (z. B. aus Solarthermie-Dachanlagen) als auch Verpflichtungen zum Bezug von Fernwärme aus erneuerbaren Energien zulässig. Ersteres ergibt sich aus der Natur der Sache. Letzteres ist explizit in Art. 13 Abs. 4 UAbs. 4 Satz 2 EE-Richtlinie klargestellt. Ein Fernwärmebezug ist hiernach zur Erfüllung der Mindestdeckungsquote allerdings nur unter der Voraussetzung zulässig, dass das angeschlossene Fernwärmenetz überwiegend mit Wärme aus erneuerbaren Energiequellen gespeist wird.[325]

cc) Vorbehalt der Angemessenheit

Die Verpflichtung zur Einführung von Erneuerbare-Energien-Nutzungsquoten steht nach dem Wortlaut des Art. 13 Abs. 4 UAbs. 4 Satz 1 EE-Richtlinie unter dem Vorbehalt der „Angemessenheit" solcher Standards. Einige Stimmen der Literatur sehen hierin einen volkswirtschaftlichen Vorbehalt und halten es daher für zulässig, alle Bestandsgebäude oder jedenfalls bestimmte Bestandsgebäudekategorien generell von den Nutzungsanforderungen auszunehmen.[326] Nach vorzugswürdiger Ansicht zielt der Angemessenheitsvorbehalt hingegen allein auf die innerstaatliche Normierung von Härtefallbestimmungen, die somit lediglich die Freistellung individueller Bestandsgebäude ermöglichen müssen.[327] Hierfür spricht der systematische Blick auf die vorangehend dargestellten Absätze von Art. 13 EE-Richtlinie, die den

---

325 *Müller*, in: Müller/Oschmann/Wustlich, Einl. Rn. 155.

326 *Holtmeier/Rasbach*, in: Säcker, Bd. II, EEWärmeG, Einl. Rn. 21.

327 *Müller*, in: Müller/Oschmann/Wustlich, Einl. Rn. 162–163; *Wustlich*, in: Danner/Theobald, EEWärmeG, Einl. Rn. 38; *Lehnert/Vollprecht*, ZUR 2009, 307 (314–315); offen gelassen von *Kahl/Schmidtchen*, Kommunaler Klimaschutz S. 89.

Mitgliedsstaaten ohnehin große Umsetzungsspielräume lassen. Dass bei ganzen Gebäudekategorien oder gar im gesamten Gebäudebestand eine Überforderung durch geringen Mindestdeckungsquoten droht, die bspw. durch eine Verwendung kostengünstiger Technologien wie Solarthermie-Dachanlagen erfüllt werden können, liegt daher fern.[328]

dd) Zulässigkeit von Ersatzmaßnahmen

Umstritten ist schließlich, ob die EE-Richtlinie alternativ zu den Erneuerbare-Energien-Nutzungsquoten sog. Ersatzmaßnahmen zulässt. Bei Ersatzmaßnahmen wird den Vorhabenträgern ermöglicht, anstelle der Erneuerbare-Energien-Nutzungsquoten bestimmte Maßnahmen durchzuführen, die zur Erreichung der Klimaschutzziele der EE-Richtlinie ebenso gut geeignet sind. Dabei dürfen zwar fossile Primärenergien verwendet werden, es muss allerdings eine besonders energieeffiziente Wärmeerzeugung, ein energieeffizienter Wärmetransport oder eine energieeffiziente Nutzung stattfinden. Ersatzmaßnahmen sind damit überobligatorische Energieeffizienzmaßnahmen, die über die im nationalen Recht ohnehin verbindlich vorgeschriebenen Energieeffizienzstandards hinausgehen.[329] Beispiele für Ersatzmaßnahmen sind Maßnahmen zur überobligatorischen Wärmedämmung oder die Verwendung von hocheffizienten Kraft-Wärme-Kopplungs-Anlagen in Form von Blockheizkraftwerken zur Strom- und Wärmeerzeugung.[330]

Einige halten Ersatzmaßnahmen mit Blick auf das Schweigen von Art. 13 Abs. 4 UAbs. 4 EE-Richtlinie zu diesen Maßnahmen für unzulässig.[331] Andere Stimmen sehen die Normierung von Ersatzmaßnahmen hingegen zur Wahrung des Angemessenheitsvorbehalts gem. Art. 13 Abs. 4 UAbs. 4 Satz 1 EE-Richtlinie als geboten an.[332] Überzeugend ist das Ergebnis der zweitgenannten Auffassung, wobei allerdings eine andere Begründung vorzugswürdig ist. Denn die Zulässigkeit von Ersatzmaßnahmen ergibt sich bereits aus der Vorschrift des Art. 13 Abs. 4 UAbs. 2 EE-Richtlinie. Hiernach können die Mitgliedsstaaten bei der Ausarbeitung von ordnungsrechtlichen Maßnahmen „nationale Maßnahmen für eine deutliche Steigerung der Energieeffizienz und in Bezug auf Kraft-Wärme-Kopplung sowie Passiv-, Niedrigenergie- oder Nullenergiehäuser berücksichtigen". Unter diese Bestimmung lassen sich auch Ersatzmaßnahmen subsumieren.[333]

---

328 So auch *Müller*, in: Müller/Oschmann/Wustlich, Einl. Rn. 153.

329 Vgl. zu den Ersatzmaßnahmen im EEWärmeG *Wustlich*, in: Müller/Oschmann/Wustlich, § 7 Rn. 23–24.

330 Zu den Ersatzmaßnahmen im deutschen Recht noch ausführlich unter Teil 3 B. II. 3. b).

331 *Müller*, in: Müller/Oschmann/Wustlich, Einl. Rn. 168; *Kahl/Schmidtchen*, Kommunaler Klimaschutz, S. 60–61; zweifelnd *Koch*, NVwZ 2011, 641 (653).

332 *Lehnert/Vollprecht*, ZUR 2009, 307 (315).

333 *Wustlich*, in: Danner/Theobald, EEWärmeG, Einf. Rn. 40; *Prall/Ewer*, in: Koch, Umweltrecht, 540–541.

Bereits im Wortlaut von Art. 13 Abs. 4 UAbs. 2 EE-Richtlinie klingt an, dass gerade überobligatorischen Energieeffizienzbemühungen („deutliche Steigerung") eine Rolle spielen dürfen. Zwar ist Art. 13 Abs. 4 UAbs. 2 EE-Richtlinie hinsichtlich der Art und Weise der „Berücksichtigung" nicht eindeutig und zwingt nicht zu dem Schluss, dass eine solche Berücksichtigung auch in Form von Ersatzmaßnahmen erfolgen kann.[334] Für ein solches Verständnis von Art. 13 Abs. 4 UAbs. 2 EE-Richtlinie spricht indes der Sinn und Zweck der EE-Richtlinie, der vorrangig im Klimaschutz liegt.[335] Aus Sicht des Klimaschutzes macht es keinen Unterschied, ob die zu erzielenden Einsparungen an Treibhausgasen auf der Substitution der fossilen Wärmeerzeugung durch erneuerbare Energien beruhen oder auf einer überobligatorischen Effizienzmaßnahme. Durch die ordnungsrechtlichen Vorschriften im Gebäudebereich soll jeder Gebäudeeigentümer verpflichtet werden, einen anteiligen Beitrag zum Klimaschutz zu leisten.[336] Insoweit macht es aber keinen Sinn, auf einer Verpflichtung zur Nutzung erneuerbarer Energien zu beharren, wenn für Gebäudeeigentümer möglicherweise praktikablere und wirtschaftlich günstigere Lösungen zur Nutzung einer hocheffizienten, fossilen Wärmeerzeugung bestehen.[337] Damit bewegen sich Ersatzmaßnahmen auch nach der vorliegend vertretenen Auffassung innerhalb des Regelungsspielraums von Art. 13 Abs. 4 UAbs. 2 i. V. m. UAbs. 4 EE-Richtlinie.

3. *Zusammenfassung*

Anders als in Fragen der Energieeffizienz ist die Erneuerbare-Energien-Förderung im Gebäudebereich derzeit nicht durch eine eigene sektorenspezifische Richtlinie geregelt. Indes enthält die sektorenübergreifende EE-Richtlinie einzelne Vorgaben für den Gebäudebereich, die innerstaatlich im Wege des Ordnungsrechts umzusetzen sind. Nach der EE-Richtlinie sind die Mitgliedsstaaten verpflichtet, bis zum 31. Dezember 2014 anteilige Erneuerbare-Energien-Nutzungsquoten für die Wärmeversorgung von Gebäuden vorzuschreiben. Diese Verpflichtung gilt auch für Fälle größerer Renovierungen im Gebäudebestand. Es ist damit anlassabhängiges Ordnungsrecht einzuführen.

Den Mitgliedsstaaten steht aber sowohl bei der Definition des Anlasses der zu erfassenden „größeren Renovierungen" als auch bezüglich des Inhalts und der Intensität der Erneuerbare-Energien-Nutzungsquoten ein großer Umsetzungsspielraum zu. Die EE-Richtlinie verpflichtet allein dem Grunde nach zur Einführung eines solchen Instruments. Insoweit ist der Ansatz der EE-Richtlinie durchaus mit dem Ansatz der Mindestharmonisierung nach der Gebäuderichtlinie vergleichbar. Auch die Gebäuderichtlinie verpflichtet nur dem Grunde nach zur Einführung anlassabhängigen Standards, ohne den Mitgliedsstaaten dabei inhaltliche Niveaus

334 *Müller*, in: Müller/Oschmann/Wustlich, Einl. Rn. 170.
335 Deutlich ausgedrückt in Art. 1 Abs. 1 EE-Richtlinie.
336 Zur Einbeziehung der Bürger vgl. Erwägungsgrund Nr. 43 EE-Richtlinie.
337 Ähnlich *Lehnert/Vollprecht*, ZUR 2009, 307 (315).

für diese Standards vorzuschreiben.[338] Nach der EE-Richtlinie ist schließlich auch die Normierung von sog. Ersatzmaßnahmen zulässig, worunter Maßnahmen einer überobligatorischen Steigerung der Energieeffizienz im Gebäude zu verstehen sind. Diese dürfen in den Regelungen des nationalen Rechts im Einzelfall an die Stelle der Erneuerbare-Energien-Nutzungspflichten treten.

II. Erneuerbare-Wärme-Gesetz des Bundes

Das Erneuerbare-Energien-Wärmegesetz des Bundes reguliert seit dem 1. Januar 2009 die Wärmeversorgung von Gebäuden. Dabei erfasst es allerdings allein den Neubaubereich. Im Neubaureich werden Erneuerbare-Energien-Nutzungspflichten vorgeschrieben, an deren Stelle eine Realisierung von Ersatzmaßnahmen treten kann.

1. Rechtsentwicklung und Ziele

Parallel zur Erarbeitung der EE-Richtlinie auf Unionsebene wurde der Einsatz ordnungsrechtlicher Erneuerbare-Energien-Nutzungspflichten auch auf Bundesebene intensiv diskutiert. Für diese Diskussion war das Integrierte Energie- und Klimaschutzprogramm der Bundesregierung von Dezember 2007 (IKEP) ausschlaggebend, in dem ein solcher Schritt erwogen wurde.[339] Als Alternative zu ordnungsrechtlichen Verpflichtungen wurden anschließend auch verschiedene förderrechtliche Modelle diskutiert. So befürworteten manche Stimmen ein finanzielles Bonusmodell für die Nutzung von Wärme aus erneuerbaren Energien, das an die Erneuerbare-Energien-Förderung in der Stromversorgung angelehnt werden sollte.[340] Einige schlugen die Einführung anderer ökonomische Instrumente, bspw. von Ersatzabgaben oder eines Zertifikatehandels für erneuerbare Wärme, vor.[341] Letztlich entschied sich der Gesetzgeber aber für ein rein ordnungsrechtliches Modell.[342] Nach den Vorstellungen des Gesetzgebers sollte der Einsatz von Ordnungsrecht damalige Bedenken an der Breitenwirksamkeit einer finanziellen Förderung überwinden.[343] Das EEWärmeG trat nach dessen § 20 zum 1. Januar 2009 in Kraft.

---

338 Zum Mindesharmonisierungsansatz der Gebäuderichtlinie bereits unter Teil 3 A. I. 4.

339 *Holtmeier/Rasbach*, in: Säcker, Bd. II, EEWärmeG, Einl. Rn. 6; *Wustlich*, in: Danner/Theobald, EEWärmeG, Einl. Rn. 44. Zu den Inhalten des IKEP bereits unter Teil 1 D. III. 2.

340 Ausführlich zur spezifischen Ausgestaltung von Bonusmodellen in der Wärmeversorgung *Milkau*, EE im Wärmemarkt, S. 178 ff.; knapper *Wustlich*, in: Danner/Theobald, EEWärmeG, Einl. Rn. 16 und *Fischer/Klinski*, ZUR 2007, 8 (13–14).

341 *Milkau*, EE im Wärmemarkt, S. 209.

342 *Koch*, NVwZ 2011, 641 (653).

343 *Brüning*, KommJur 2014, 121 (124).

Das EEWärmeG verfolgt die bereits aus dem Gebäudeeffizienzrecht bekannten Ziele einer Verbesserung des Klimaschutzes sowie der Versorgungssicherheit (§ 1 Abs. 1 Halbsatz 1 EEWärmeG).[344] Neben diesen vorrangigen Zielen soll das EEWärmeG auch der Weiterentwicklung von Technologien zur Nutzung von erneuerbaren Energien dienen (§ 1 Abs. 1 Halbsatz 2 EEWärmeG). Insoweit bezweckt das Gesetz eine gewisse Lenkung der Verhältnisse auf den Märkten für Solarthermieanlagen, Holzbrennkesseln oder Wärmekollektoren.[345]

Über § 1 Abs. 2 EEWärmeG werden die vorgenannten Zielsetzungen, entsprechend der gebäudeeffizienzrechtlichen Bestimmung des § 1 Satz 2 EnEV, mit den quantitativen Zielen der Energiepolitik der Bundesregierung verknüpft.[346] Nach § 1 Abs. 2 EEWärmeG soll das Gesetz „dazu beitragen, den Anteil erneuerbarer Energien am Endenergieverbrauch für Wärme bis zum Jahr 2020 auf 14 % zu erhöhen".[347] Diese Verknüpfung von energiepolitischen und quantitativen Zielen soll den betroffenen Akteuren im Gebäudesektor eine gewisse Planungssicherheit für den Zeitraum bis zum Jahr 2020 vermitteln.[348]

Schließlich stellt § 1 Abs. 2 Halbsatz 1 EEWärmeG das Ziel einer Wahrung der wirtschaftlichen Vertretbarkeit des Ordnungsrechts heraus. Dieses Ziel hat der Gesetzgeber offenkundig an die entsprechende Konzeption des Gebäudeeffizienzrechts angelehnt (§ 5 Abs. 1 EnEG). Auch im Rahmen der Erneuerbare-Energien-Förderung soll es daher grundsätzlich möglich sein, die abverlangten Aufwendungen zur Erfüllung der ordnungsrechtlichen Vorgaben innerhalb der üblichen Nutzungsdauer durch die eintretenden Einsparungen zu erwirtschaften.[349] Diese Anlehnung des EEWärmeG an das Gebäudeeffizienzrecht ist konzeptionell folgerichtig. Zwar ist mit der Nutzung erneuerbarer Energien nicht, wie im Bereich der Energieeffizienz, per se die Erwartungshaltung verbunden, dass sich eine durchgeführte Maßnahme auch „von selbst" rechnet.[350] Durch die „Energieautarkie"

---

344 Die Erwähnung des „Schutzes fossiler Ressourcen" in § 1 Abs. 1 EEWärmEG ist ebenfalls Ausdruck des Ziels einer Verringerung der Importabhängigkeit, *Holtmeier/Rasbach*, in: Säcker, Bd. II, EEWärmeG, Einl. Rn. 6.

345 *Müller*, in: Müller/Oschmann/Wustlich, § 1 Rn. 22.

346 Zur parallelen Ausgestaltung der Zielbestimmungen in der EnEV bereits unter Teil 3 A. III. 1.

347 Zur Herkunft des „20-20-20"-Ziels bereits unter Teil 1 D. III. 2.

348 *Wustlich*, in: Danner/Theobald, EEWärmeG; § 1 Rn. 17. Die von *Müller*, in: Müller/Oschmann/Wustlich, § 1 Rn. 32 angeführte Funktion eines Auslegungsgebotes dürfte bei den quantitativen Zielen demgegenüber eher nachrangig sein.

349 Gesetzentwurf der Bundesregierung zum EEWärmeG, BR-Drs. 9/08 vom 4. Januar 2008, S. 42. Über die diebesbezüglichen praktischen Erfahrungen muss die Bundesregierung im Rahmen der regelmäßigen Evaluation berichten (§ 18 Abs. 2 Satz 2 EEWärmeG), siehe hierzu bspw. aus dem Jahr 2015 *Bundesregierung*, Zweiter Erfahrungsbericht EEWärmeG, S. 41 ff.

350 Zum diesbezüglichen Vorteil des Effizienzkonzeptes siehe bereits unter Teil 1 D. II. 2. b).

einer Erneuerbare-Energien-Nutzung können Energiebezugskosten aber ebenso wie durch Energieeffizienzmaßnahmen verringert werden. Investitionskosten für Erneuerbare-Energien-Technologie sind zwar vergleichsweise höher als für vergleichbare fossil betriebene Anlagen, die Betriebskosteneinsparungen und verringerten Energiebezugskosten können durch die Nutzung erneuerbarer Energien aber ebenfalls erheblich sein.[351] Diese Zusammenhänge rechtfertigen somit auch ökonomische Erwartungen an das Ordnungsrecht.

2. *Erfassung von Gebäuden*

Gem. § 4 Halbsatz 1 EEWärmeG sind alle Gebäude mit einer Nutzfläche von mehr als 50 m² in den Anwendungsbereich der Nutzungspflichten einbezogen, soweit diese Gebäude „unter Einsatz von Energie beheizt oder gekühlt“ werden. Auch im EEWärmeG ist der Energieeinsatz somit das maßgebliche, funktionale Definitionsmerkmal.[352]

Im abschließenden Katalog des § 4 Halbsatz 2 EEWärmeG werden einige Gebäudekategorien aus dem Anwendungsbereich des Gesetzes ausgenommen. Diese Ausnahmen beziehen sich bspw. auf Traglufthallen oder Zelte (§ 4 Nr. 5 EEWärmeG), auf Wohngebäude mit einer voraussichtlich begrenzten Nutzungsdauer (§ 4 Nr. 8 EEWärmeG), auf Bauten der Kirchen oder Religionsgemeinschaften (§ 4 Nr. 7 EEWärmeG) sowie auf eine Reihe von gewerblich genutzten Betriebsgebäuden (§ 4 Nrn. 1, 2, 9 und 10 EEWärmeG).[353] Die Bundesregierung hat die Gestaltung dieser Ausnahmetatbestände dabei explizit an die Ausnahmetatbestände der EnEV[354] angelehnt, um einen Parallelität der Vorschriften zu erreichen.[355] Hintergrund für die Bereichsausnahmen im EEWärmeG ist ebenfalls die Vermutung einer generellen Unwirtschaftlichkeit von Anforderungen an die ausgenommenen Gebäudearten.[356] Dies gilt allerdings wiederum nicht für die Ausnahme von Bauten der Kirchen oder Religionsgemeinschaften, für die sozio-kulturelle Gründe anzuführen sind.[357]

---

351 *Bundesregierung*, Zweiter Erfahrungsbericht EEWärmeG, S. 7. Zur Ökonomie der Erneuerbare Energien-Nutzung siehe bereits unter Teil 1 D. II. 2. a).

352 *Rostankowski*, in: Müller/Oschmann/Wustlich, § 4 Rn. 10; ähnlich *Holtmeier/Rasbach*, in: Säcker, Bd. II, EEWärmeG, § 4 Rn. 4.

353 Insbesondere die Ausnahmen für gewerblich genutzte Gebäude sind relativ weit gefasst. So waren im Jahr 2014 annähernd 61 % aller gewerblich genutzten Gebäude vom Anwendungsbereich ausgenommen, *Bundesregierung*, Zweiter Erfahrungsbericht EEWärmeG, S. 26.

354 Vgl. zu den vorgenannten Beispielen die Parallelvorschriften der § 1 Abs. 3 Nr. 5, 6, 7 und 8EnEV.

355 Gesetzesbegründung der Bundesregierung, BR-Drs. 9/08 vom 04. Januar 2008, S. 47.

356 *Rostankowski*, in: Müller/Oschmann/Wustlich, § 4 Rn. 24.

357 A. A. *Rostankowski*, in: Müller/Oschmann/Wustlich, § 4 Rn. 55, jedoch ohne nähere Begründung.

An anderer Stelle bestehen zwischen der EnEV und dem EEWärmeG hingegen deutliche Unterschiede in Fragen des Anwendungsbereichs. Denn das EEWärmeG enthält alleine Anforderungen an die „Errichtung neuer Gebäude" (§ 3 Abs. 1 EEWärmeG). Nach der Definition des zeitlichen Anwendungsbereichs in § 19 Abs. 1 EEWärmeG gilt das Gesetz dabei für alle Neubauvorhaben, für die ab dem 1. Januar 2009 ein Bauantrag gestellt wurde. Im Falle der Genehmigungsfreiheit von Vorhaben kommt es darauf an, ob ggf. erforderliche Bauanzeigen vor diesem Stichtag erfolgt sind (§ 19 Abs. 2 Halbsatz 1 EEWärmeG).[358] Anlassabhängige Anforderungen an Sanierungen oder anlassunabhängige Gebote zu Sanierungen sind im EEWärmeG hingegen nicht geregelt.

Allerdings können die Bundesländer nach einer Öffnungsklausel in § 3 Abs. 4 Nr. 2 EEWärmeG Pflichten zur Nutzung erneuerbarer Energien von „bereits errichteten Gebäuden" regeln. Die vorgenannte Bestimmung beschreibt damit den bundesrechtlich ausgeklammerten Bereich der Bestandsgebäude im Sinne des EEWärmeG. Die genaue Reichweite der Öffnungsklausel ergibt sich wiederum aus dem systematischen Zusammenhang zu § 19 EEWärmeG. Dem Landesgesetzgeber steht insoweit die Regelung aller Sachverhalte offen, die gerade nicht vom zeitlichen Anwendungsbereich des EEWärmeG erfasst werden.[359] Zu den „bereits errichteten Gebäuden" im Sinne von § 3 Abs. 4 Nr. 2 EEWärmeG zählen damit alle Vorhaben zur Errichtung von Gebäuden, für die vor dem 1. Januar 2009 eine Baugenehmigung beantragt wurde.[360] Der Tag der physischen Fertigstellung eines Bauvorhabens, bspw. die Bauabnahme, ist daher ohne Bedeutung.

Schließlich ist bei der Betrachtung des Anwendungsbereichs auf die Vorgaben der EE-Richtlinie zurückzukommen. Art. 13 Abs. 4 UAbs. 4 Satz 1 EE-Richtlinie verpflichtet die Mitgliedsstaaten, bis zum 31. Dezember 2014 Erneuerbare-Energien-Nutzungspflichten in Fällen größerer Renovierungen von bestehenden Gebäuden innerstaatlich zu regeln.[361] Auch der Vorbehalt der Angemessenheit gem. Art. 13 Abs. 4 UAbs. 4 Satz 1 EE- Richtlinie erlaubt keinen vollständigen Verzicht auf solche anlassabhängigen Pflichten.[362] Demgegenüber ist der Bereich der Bestandsgebäude auch aktuell vollständig aus dem Anwendungsbereich des EEWärmeG ausgeklammert. Anlassabhängige Anforderungen an Sanierungsvorhaben sind weiterhin nicht im EEWärmeG geregelt. Seit dem 1. Januar 2015 ist in

358 Im Falle der praktisch kaum relevanten Entbehrlichkeit von Anzeigen kommt es schließlich darauf an, ob mit der Bauausführung vor dem Stichtag begonnen wurde (§ 19 Abs. 2 Halbsatz 2 EEWärmeG).

359 *Wustlich*, in: Müller/Oschmann/Wustlich, § 3 Rn. 93.

360 Bzw. für die eine entsprechender Tatbestand im Sinne der § 19 Abs. 2 EEWärmeG erfüllt war.

361 Zum diesbezüglichen Streit um die Auslegung der EE-Richtlinie bereits unter Teil 3 B. I. 2. b) cc).

362 *Holtmeier/Rasbach*, in: Säcker, Bd. II, EEWärmeG, Einl. Rn. 21; *Müller*, Schriftliche Stellungnahme v. 16. Februar 2016, S. 3.

dieser Beschränkung des Anwendungsbereichs damit ein Umsetzungsdefizit mit Blick auf die Vorgaben von Art. 13 Abs. 4 UAbs. 4 Satz 1 EE-Richtlinie zu sehen.

3. *Materielle Standards*

Kern des EEWärmeG sind die Erneuerbare-Energien-Nutzungspflichten, die auch durch bestimmte Ersatzmaßnahmen erfüllt werden können. Im EEWärmeG wird damit, entsprechend dem Modell der EE-Richtlinie, auf ein duales Konzept von baulich-technischen Vorgaben zur Anlageninstallation sowie einer Verpflichtung zur tatsächlichen Verwendung der Anlagen gesetzt.[363]

a) Nutzungspflichten

Nach § 3 Abs. 1 EEWärmeG müssen Eigentümer von Gebäuden, die neu errichtet werden, den Wärmeenergiebedarf durch die anteilige Nutzung von erneuerbaren Energien decken. Hierzu muss Wärmeversorgungstechnik auf Basis erneuerbarer Energien eingebaut und betriebsbereit gemacht werden.[364] Ferner müssen diese Anlagen auch tatsächlich – und zwar grundsätzlich über die gesamte Nutzungsdauer des Gebäudes – zur Wärmebereitstellung verwendet werden.[365] Letzteres wird bspw. dadurch sichergestellt, dass gem. § 10 Abs. 2 EEWärmeG Nachweise über den Bezug erneuerbarer Brennstoffe aufzubewahren und ggf. an die zuständigen Behörden vorzulegen sind.[366]

Der Begriff des Wärmeenergiebedarfs ist in § 2 Abs. 2 Nr. 4 Satz 1 EEWärmeG legal definiert. § 2 Abs. 2 Nr. 4 Satz 1 EEWärmeG verweist wiederum auf die einschlägigen Berechnungsverfahren der EnEV. Auch im EEWärmeG geht es beim Wärmeenergiebedarf damit um den (anteiligen) Primärenergiebedarf, der auf die Bereitstellung von Nutzwärme entfällt. Zur Ermittlung sind folglich die entsprechenden technischen Normen des Referenzgebäudeverfahrens zu verwenden.[367]

Die Verpflichtung des § 3 EEWärmeG wird durch § 5 EEWärmeG weiter konkretisiert. Die letztgenannte Bestimmung enthält konkrete Mindestquoten zur Deckung des Wärmeenergiebedarfs. Dabei sind für die unterschiedlichen erneuerbaren Primärenergien jeweils unterschiedliche Mindestquoten geregelt.[368] So muss der Wärmeenergiebedarf eines Gebäudes bspw. bei der Nutzung solarer Strahlungsenergie zu mindestens 15 % aus dieser Primärenergie gedeckt werden (§ 5 Abs. 1 EEWärmeG). Im Falle der Nutzung gasförmiger Biomasse beträgt die

---

363 Zum Inhalt der Nutzungspflichten nach der EE-Richtlinie bereits unter Teil 3 B. I. 2. b) bb).

364 *Wustlich*, in: Müller/Oschmann/Wustlich, § 3 Rn. 59.

365 *Wustlich*, in: in: Müller/Oschmann/Wustlich, § 3 Rn. 60; vgl. zum Nutzungspflichtenmodell auch *Milkau*, EE im Wärmemarkt, S. 207.

366 *Wustlich*, in: Müller/Oschmann/Wustlich, § 10 Rn. 60.

367 *Milkau*, EE im Wärmemarkt, S. 208; *Oschmann*, in: Müller/Oschmann/Wustlich, § 2 Rn. 73.

368 *Müller*, in: Müller/Oschmann/Wustlich, § 2 Rn. 27.

Mindestdeckungsquote 30 % (§ 5 Abs. 2 EEWärmeG). Bei der Nutzung von flüssiger oder fester Biomasse (§ 5 Abs. 3 EEWärmeG) oder Geothermie und Umweltwärme (§ 5 Abs. 4 EEWärmeG) jeweils 50 %. Unter den Begriff der „festen Biomasse" fällt nach § 2 Nr. 4 a) EEWärmeG auch die praktisch besonders relevante Nutzung von Holz.[369] Bei der Erfüllung der Nutzungspflicht gem. § 3 Abs. 1 EEWärmeG steht dem Gebäudeeigentümer dabei eine freie Wahl zwischen den vorgenannten Erfüllungsoptionen zu.[370]

Zur Wärmebereitstellung aus erneuerbaren Energieträgern bedarf es aber nicht nur der erneuerbaren Primärenergien, sondern auch spezieller Technologien zur Nutzbarmachung derselben (z. B. Solarthermieanlagen zur Nutzung solarer Strahlungsenergie). Diesbezüglich finden sich in der Anlage zum EEWärmeG technologiebezogene Anforderungen, die die Vorgaben zum jeweiligen Primärenergieträger ergänzen.[371] So legt bspw. Ziffer I. 1. b) der Anlage zum EEWärmeG bspw. fest, dass Solarkollektoren nach DIN-Normen mit dem Prüfzeichen „Solar Keymark" zertifiziert sein müssen. Bemerkenswert ist, dass die technologischen Anforderungen an die Nutzung der erneuerbaren Primärenergien in einzelnen Fällen gleichzeitig Energieeffizienzanforderungen darstellen. Als Beispiel lässt sich Ziffer III. 1. der Anlage zum EEWärmeG anführen, wonach Geothermie mittels Wärmepumpen nur zur Erfüllung der Nutzungsquoten anerkannt wird, wenn beim Einsatz der Wärmepumpen eine bestimmte Jahresarbeitszahl gewährleistet werden kann.[372] Insoweit werden über die Anlage zum EEWärmeG an einzelnen Stellen beide Säulen der Wärmewende verbunden und eine effiziente Nutzung erneuerbarer Energiequellen gefordert.

Schließlich werden in der Anlage zum EEWärmeG, vor allem mit Blick auf die Nutzung solarer Strahlungsenergie, bestimmte Möglichkeiten zur pauschalen Erfüllung der Mindestnutzungsquoten definiert.[373] So „gilt" der Mindestdeckungsanteil des § 5 Abs. 1 EEWärmeG nach Ziffer I. 1. a) der Anlage zum EEWärmeG als erfüllt, wenn eine bestimmte Fläche des Gebäudes mit Solarthermieanlagen bedeckt wird, die sich nach den jeweiligen m^2 an Nutzfläche im Gebäude richtet. Der tatsächliche Anteil der Solarthermieanlagen an der Wärmeenergiebedarfsdeckung tritt bei dieser pauschalierten Erfüllungsmöglichkeit in den Hintergrund. Die Pauschalierung entlastet damit einerseits von den individuellen Berechnungen, die bei einer unmittelbaren Erfüllung der Pflicht gem. § Abs. 1 EEWärmeG vorzunehmen

369 *Oschmann*, in: Müller/Oschmann/Wustlich, § 2 Rn. 33, 39 zur diesbezüglichen Auslegung der gem. § 2 Nr. 4 a) EEWärmeG in Bezug genommenen Biomasseverordnung.

370 *Holtmeier/Rasbach*, in: Säcker, Bd. II, EEWärmeG, § 3 Rn. 6; *Müller*, in: Müller/Oschmann/Wustlich, Einl. Rn. 14.

371 *Holtmeier/Rasbach*, in: Säcker, Bd. II, EEWärmeG, § 5 Rn. 5.

372 Zu Jahresarbeitszahlen als Kennziffern der Anlageneffizienz bereits unter Teil 1 D. II. 2. b).

373 Vgl. zur Solarenergie *Wustlich,* in: Danner/Theobald, Energierecht, EEWärmeG, Einf. Rn. 82.

wären.[374] Andererseits wird der eigentliche Steuerungsansatz des Gesetzes abgeschwächt und eine praktische Untererfüllung der Nutzungsquoten ermöglicht.

b) Ersatzmaßnahmen

Nach § 7 Abs. 1 Halbsatz 1 EEWärmeG gilt die Nutzungspflicht auch dann als erfüllt, wenn Verpflichtete bestimmte, in § 7 Abs. 1 Nrn. 1 – 3 EEWärmeG aufgezählte Maßnahmen durchführen. Die Bestimmung regelt somit die bereits skizzierten Ersatzmaßnahmen.[375] Diese treten im EEWärmeG, entgegen der begrifflich suggerierten Nachrangigkeit eines „Ersatzes", rechtlich gleichrangig an die Stelle der Erneuerbare-Energien-Nutzung.[376]

Zulässig sind drei Arten von Ersatzmaßnahmen, die gem. § 8 Abs. 1 EEWärmeG auch mit einer Erneuerbare-Energien-Nutzung sowie untereinander kombiniert werden können. Erstens können Eigentümer auf die Nutzung von Abwärme oder Kraft-Wärme-Koppelungsanlagen ausweichen, wenn der Wärmebedarf zu mindestens 50 % aus diesen Quellen gedeckt wird (§ 7 Nr. 1 EEWärmeG). Als Abwärmenutzung gilt gemäß Ziffer IV Nr. 2 der Anlage zum EEWärmeG bspw. die Wärmerückgewinnung mittels raumlufttechnischer Anlagen. Als KWK-Anlagen können nach Ziffer V Nr. 1 der Anlage zum EEWärmeG nur hocheffiziente KWK-Anlagen im Sinne des einschlägigen Unionsrechts verwendet werden. In erster Linie können Blockheizkraftwerke (BHKW), die KWK-Technologie für den häuslichen Bereich, zum Einsatz kommen.[377]

Zweitens ist es gemäß § 7 Nr. 2 EEWärmeG möglich, Maßnahmen „zur Einsparung von Energie" vorzunehmen. § 7 Nr. 2 EEWärmeG verweist auf Ziffer VI. der Anlage zum EEWärmeG, aus der sich ergibt, dass es dabei um die Möglichkeit einer Übererfüllung der aktuellen EnEV-Standards für Neubauten (Jahres-Primärenergiebedarf, Wärmedämmung) geht.[378] Die für das Gebäude geltenden EnEV-Werte müssen gemäß Ziffer VI.1 Halbsatz 2 der Anlage zum EEWärmeG um mindestens 15 % unterschritten werden.

Schließlich ist nach § 7 Nr. 3 EEWärmeG unter gewissen Umständen auch die Nutzung von zentral erzeugter Fernwärme zulässig. Dabei muss das Fernwärmenetz, an das das Gebäude angeschlossen werden soll, nach Ziffer VII. 1 Satz 1 der Anlage

---

374 So zum Sinn und Zweck der vergleichbaren Pauschalierungsmöglichkeiten im baden-württembergischen Landesrecht die LT-Drs. 16/4333 vom 9. Dezember 2014, S. 33.

375 Zum Begriff der Ersatzmaßnahmen in der Gebäuderichtlinie bereits unter Teil 3 B. I. 2. b) dd).

376 *Holtmeier/Rasbach*, in: Säcker, Bd. II; EEWärmeG, § 7 Rn. 1; *Milkau*, EE im Wärmemarkt, S. 247. Nach *Wustlich*, in: Müller/Oschmann/Wustlich, § 7 Rn. 30 muss der Begriff der Ersatzmaßnahmen vor dem gesetzlichen Ziel der EE-Förderung aber eng ausgelegt werden.

377 *Wustlich*, in: Müller/Oschmann/Wustlich, § 7 Rn. 65.

378 *Kahl/Schmidtchen*, Kommunaler Klimaschutz S. 55; *Holtmeier/Rasbach*, in: Säcker, Bd. II, EEWärmeG, § 7 Rn. 7; *Nusser*, ZUR 2014, 67 (69).

zum EEWärmeG zu mindestens 50 % aus erneuerbaren Energien, aus Anlagen zur Nutzung von Abwärme, aus KWK-Anlagen oder aus einer entsprechenden Kombination dieser Quellen gespeist werden.

Das EEWärmeG stellt den Eigentümern somit auch bei den vorgenannten Ersatzmaßnahmen eine breite Palette an Gestaltungsoptionen zur Verfügung.[379] Sowohl beim Konzept der Ersatzmaßnahmen als solchen als auch bei der Ausgestaltung einzelner Ersatzmaßnahmen wird eine Verknüpfung zwischen der Erneuerbare-Energien-Förderung und der Steigerung der Energieeffizienz deutlich.[380] Diese Verknüpfung ist vor allem vor dem bereits erwähnten Hintergrund einer klimapolitischen Austauschbarkeit von EE-Einsatz und Energieeffizienz zu verstehen.[381]

c) *Ausnahmen und Befreiungen*

Schließlich sieht § 9 Abs. 1 EEWärmeG, parallel zu den Vorschriften der §§ 24, 25 EnEV im Gebäudeeffizienzrecht, Ausnahmen und Befreiungen vor. Ausgenommen sind Vorhaben, bei denen die Erfüllungsoptionen zur Erneuerbare-Energien-Nutzung und alle Ersatzmaßnahmen im Einzelfall technisch unmöglich sind (§ 9 Abs. 1 Nr. 1b EEWärmeG). Zur Inanspruchnahme einer solchen Ausnahme bedarf es, wie auch bei den Ausnahmen des Gebäudeeffizienzrechts, keines behördlichen Umsetzungsaktes.[382] Die Nichterfüllung der gesetzlichen Pflichten erfolgt daher in der Eigenverantwortung des jeweiligen Eigentümers, der sich auf eine solche technische Unmöglichkeit berufen will.

Demgegenüber sind Eigentümer nach § 9 Abs. 1 Nr. 2 EEWärmeG durch die zuständigen Behörden unter bestimmten Voraussetzungen von den Anforderungen des EEWärmeG zu befreien.[383] Tatbestandlich sind für eine Befreiung gem. § 9 Abs. 1 Nr. 2 EEWärmeG besondere Umstände erforderlich, die entweder zu einem unangemessenen Aufwand oder aber zu einer unbilligen Härte für die Verpflichteten führen.

Anders als im Gebäudeeffizienzrecht (§§ 10 Abs. 5; 25 Abs. 1 Satz 2 EnEV) hat der Gesetzgeber die Unwirtschaftlichkeit von Standards allerdings weder als gesetzliche Ausnahme noch als Regelbeispiel für Befreiungstatbestände ausdrücklich normiert. Darüber hinaus fehlt es im EEWärmeG an eine Parallelvorschrift zu § 5 Abs. 1 EnEG. Im Gegensatz zum Gebäudeeffizienzrecht ist im Erneuerbare-Energien-Recht des Bundes damit überhaupt kein Wirtschaftlichkeitsmaßstab normiert, der ggf. bereichsspezifische Parameter für die ökonomische Betrachtung

---

379 *Wustlich*, in: Müller/Oschmann/Wustlich, § 7 Rn. 4;*Kahl/Schmidtchen*, Kommunaler Klimaschutz S. 27 und *Holtmeier/Rasbach*, in: Säcker, Bd. II, EEWärmeG, § 7 Rn. 1 sprechen jeweils von „Technologieoffenheit".

380 *Kahl/Schmidtchen*, Kommunaler Klimaschutz, S. 50, 54; *Knauff*, DV 2014, 407 (416).

381 *Wustlich*, in: Müller/Oschmann/Wustlich, § 7 Rn. 3.

382 *Pause*, in: Müller/Oschmann/Wustlich, § 9 Rn. 25; *Holtmeier/Rasbach*, in: Säcker , Energierecht, Bd. II, EEWärmeG, § 9 Rn. 3.

383 *Holtmeier/Rasbach*, in: Säcker, Bd. II, EEWärmeG, § 9 Rn. 4.

der Erneuerbare-Energien-Nutzung definiert. Das EEWärmeG enthält lediglich eine abstrakte Zielbestimmung, nach der die wirtschaftlichen Vertretbarkeit des Ordnungsrechts gewahrt werden soll (§ 1 Abs. 2 EEWärmeG). Auf die Frage nach konkreten Parametern für die Erteilung von Ausnahmen aus ökonomischen Gründen liefert das EEWärmeG aber keine Antwort.[384]

Mit Blick auf die Gesetzgebungsgeschichte des § 1 Abs. 2 EEWärmeG ist allerdings naheliegend, dass der Gesetzgeber das gebäudeeffizienzrechtliche Verständnis der Wirtschaftlichkeit auch bei der Erarbeitung des EEWärmeG vor Augen hatte.[385] Im Wege der historischen Auslegung ergibt sich daher, dass der Maßstab des § 5 Abs. 1 EnEG auf die Ausnahme- und Befreiungstatbestände des EEWärmeG zu übertragen ist. Der Tatbestand der unbilligen Härte gem. § 9 Abs. 1 Nr. 2 EEWärmeG erfasst damit auch Fälle, in denen eine Umsetzung der Standards des EEWärmeG für den Eigentümer nach den besonderen Umständen des Einzelfalls unwirtschaftlich ist.[386]

Eine unbillige Härte kann daher angenommen werden, wenn die erforderlichen Aufwendungen, die für die in Betracht kommenden Erfüllungsoptionen oder Ersatzmaßnahmen anfallen, nicht innerhalb der voraussichtlichen wirtschaftlichen Nutzungsdauer des Gebäudes eingespart werden können. Ähnlich wie im Gebäudeeffizienzrecht[387] muss der Eigentümer beim jeweiligen Vorhaben zudem alle ihm zustehenden Gestaltungs- und Erfüllungsmöglichkeiten überprüfen, um sich auf eine Unwirtschaftlichkeit berufen zu können.[388] Es muss daher jegliche Erfüllungsvariante von Nutzungspflichten oder Ersatzmaßnahmen individuell unwirtschaftlich sein.

Nach dem bereits zu § 5 Abs. 1 EnEG Gesagten[389] muss es dabei um einen Vergleich zwischen einer Realisierung des Vorhabens nach den ordnungsrechtlichen Anforderungen und einer Realisierung des Vorhabens nach einem „business-as-usual"-Szenario geht. Als „business-as-usual"-Szenario ist im Anwendungsbereich des EEWärmeG dabei die Realisierung eines entsprechenden Neubaus unter

384 Dies ist im Gebäudeeffizienzrecht anders. Zwar richtet sich auch § 5 Abs 1 EnEG primär an den Verordnungsgeber, bleibt darüber hinaus allerdings auch für die Rechtsanwender, also insbesondere für die Bauherren bei der Prüfung von Ausnahmen (§ 10 Abs. 5 EnEV) oder für die Verwaltung bei der Prüfung von Befreiungen (§ 25 Abs. 1 Satz 2 EnEV) anwendbar.

385 Zu § 1 Abs. 2 EEWärmeG bereits unter Teil 3 B. II. 1.

386 *Rostankowski*, in: Müller/Oschmann/Wustlich, § 4 Rn. 26.

387 Zu den Befreiungsmöglichkeiten der EnEV siehe Teil 3 A. III. 4. b) ff).

388 So die Gesetzesbegründung der Bundesregierung, BR -Drs. 9/08 vom 04. Januar 2008, S. 42; siehe auch *Kahl/Schmidtchen*, Kommunaler Klimaschutz S. 27 sowie *Nusser*, ZUR 2014, 67 (69), der ebenfalls auf die positiven ökonomischen Effekte der Wahlmöglichkeiten betont.

389 Zum Wirtschaftlichkeitsgebot des EnEG bereits unter Teil 3 A. II. 4. b) gg).

Verwendung rein fossiler Wärmeerzeugungstechnik[390] heranzuziehen. Somit geht es bei der Wirtschaftlichkeitsbetrachtung allein um die Amortisationsfähigkeit der Mehrkosten, die durch die Standards gem. §§ 5, 7 EEWärmeG verursacht werden. Diese Mehrkosten rechnen sich im allein vom EEWärmeG erfassten Neubaubereich aber häufig bereits deshalb, weil die gesamte wirtschaftliche Nutzungsdauer von Gebäuden als Amortisationszeitraum zur Verfügung steht.[391] Die individuelle Unwirtschaftlichkeit der Standards spielt damit im EEWärmeG, das allein den Neubaubereich erfasst, nur eine untergeordnete Rolle.

4. *Zusammenfassung*

Das EEWärmeG regelt seit dem Jahr 2009 Erneuerbare-Energien-Nutzungspflichten. Solche baulich-technischen und gleichzeitig nutzungsbezogenen Anforderungen gelten bei Vorhaben zur Errichtung neuer Gebäude, die nach dem Inkrafttreten des Gesetzes am 1. Januar 2009 genehmigt oder angezeigt wurden. Erneuerbare-Energien-Nutzungspflichten für zum Stichtag bereits genehmigte oder angezeigte Errichtungsvorhaben können hingegen durch Landesrecht geregelt werden. Die aktuelle Ausklammerung von Sanierungskonstellationen aus dem Anwendungsbereich des EEWärmeG ist seit dem 1. Januar 2015 hingegen nicht mehr mit der EE-Richtlinie zu vereinbaren, die die Normierung anlassabhängiger Erneuerbare-Energien-Nutzungsquoten im nationalen Recht fordert.

Gebäudeeigentümer werden durch das EEWärmeG verpflichtet, den Wärmebedarf von zu errichtenden Gebäuden anteilig aus erneuerbaren Primärenergien zu decken. Für die einzelnen erneuerbaren Primärenergien gelten dabei unterschiedliche Mindestdeckungsquoten sowie unterschiedliche Anforderungen an die einzusetzende Technologie. Zwischen den zur Verfügung stehenden Erfüllungsoptionen können die Verpflichteten weitgehend wählen. Diese Wahlmöglichkeiten werden zudem durch eine Reihe von Ersatzmaßnahmen erweitert, die gleichwertig neben die Erfüllungsoptionen zur Erneuerbare-Energien-Nutzung treten. Ersatzmaßnahmen stellen regelmäßig überobligatorische Energieeffizienzmaßnahmen dar. Sie sind bspw. in Form einer Abwärme- oder KWK-Nutzung, einer Übererfüllung der EnEV-Anforderungen sowie einer Nutzung effizient oder regenerativ erzeugter Fernwärme zulässig. Die Gleichwertigkeit von Nutzungspflichten und Ersatzmaßnahmen verdeutlicht die klimapolitische Austauschbarkeit der Energieeffizienz und der Erneuerbare-Energien-Förderung.

Anders als das Gebäudeeffizienzrecht enthält das EEWärmeG keinen gesetzlich auskonturierten Wirtschaftlichkeitsgrundsatz entsprechend § 5 Abs. 1 EnEG. Hierdurch sollte aber keine materielle Abweichung von der ökonomischen Betrachtung des Gebäudeeffizienzrechts herbeigeführt werden. Vielmehr ist die vorgenannte

390 Auch die *Bundesregierung*, Zweiter Erfahrungsbericht EEWärmeG, S. 41, zog als Vergleichsszenario die Realisierung von Vorhaben mit den am Markt verfügbaren konventionellen Anlagen heran.

391 *Bundesregierung*, Zweiter Erfahrungsbericht EEWärmeG, S. 44.

Lücke im EEWärmeG durch die geringe praktische Relevanz von Wirtschaftlichkeitsfragen der Erneuerbare-Energien-Nutzung im aktuell alleine erfassten Neubaubereich zu erklären.[392]

III. Vollzug

Auch im Erneuerbare-Energien-Recht bedarf es schließlich eines knappen Blickes auf die Grundstrukturen der Vollzugsregelungen.

Parallel zum Gebäudeeffizienzrecht obliegen sowohl Regelung als auch Durchführung des Vollzugs gem. Art. 83, 84 Abs. 1 GG grundsätzlich den Ländern, soweit bundesrechtlich nichts Abweichendes geregelt ist. Ähnlich wie im Gebäudeeffizienzrecht findet sich auch im EEWärmeG eine Mischung aus punktuellem bundesrechtlichen Vollzugsrecht (§§ 10, 11 EWärmeG), landesrechtlichen Spezialverordnungen[393] und dem allgemeinen Verfahrensrecht der Länder.[394] Dementsprechend sind die Vollzugsregelungen und die hieraus folgenden Vollzugsbedingungen im Erneuerbare-Energien-Recht ebenfalls nicht einheitlich.[395]

Auch im Erneuerbare-Energien-Recht ist zwischen einem präventiven Vollzug und einem repressiven Vollzug zu unterscheiden. Auch das EEWärmeG setzt bei beiden Arten des Vollzugs weniger auf behördliche Prüfungen und mehr private Herstellernachweise und Bescheinigungen.[396]

Speziell für den repressiven Vollzug sind, parallel zu § 26d EnEV, behördliche Stichproben bundesrechtlich vorgeschrieben (§ 11 EEWärmeG). Im Unterschied zum Gebäudeeffizienzrecht werden die Eigentümer beim repressiven Vollzug des EEWärmeG aber noch weitergehend in die Pflicht genommen. Dies hängt mit dem speziellen Inhalt der Erneuerbare-Energien-Nutzungspflichten zusammen, die auch zu einer tatsächlichen Nutzung der installierten Anlagen zwingen.[397] So müssen Eigentümer gem. § 10 Abs. 2 Nr. 1 EEWärmeG nach der Installation von Anlagen zur Nutzung gasförmiger oder flüssiger Biomasse die Rechnungen der Brennstofflieferanten aufbewahren und ggf. bei den zuständigen Behörden einreichen. Im Anwendungsbereich des EEWärmeG ist damit auch die tatsächliche Nutzung der erneuerbaren Energien nachzuweisen.

---

392 Nach den Angaben der *Bundesregierung*, Zweiter Erfahrungsbericht EEWärmeG, S. 23 wurden im Jahr 2014 ca. 2.400 Ausnahmen nach § 9 EEWärmeG erteilt.

393 Bspw. die Verordnung zur Durchführung des Erneuerbare-Energien-Wärmegesetzes im Land Berlin vom 7. Mai 2015 (GBl. S. 258).

394 Zum Vollzug der EnEV siehe bereits unter Teil 3 A. IV.

395 *Bundesregierung*, Zweiter Erfahrungsbericht EEWärmeG, S. 7.

396 *Ziehm*, ZUR 2010, 411(413); weiterführend *Milkau*, EE im Wärmemarkt, S. 250.

397 Ähnlich *Wustlich*, in: Danner/Theobald, EEWärmeG, § 3 Rn. 17c.

Für den nicht explizit gesetzlich normierten repressiven Vollzug des EEWärmeG durch behördliche Verbote und Gebote auf Grundlage der allgemeinen Verfahrensordnungen gelten dieselben Grundsätze wir im Gebäudeeffizienzrecht.[398]

Im Falle des Verstoßes gegen das EEWärmeG drohen schließlich Sanktionen in Form von Bußgeldern (§ 17 EEWärmeG Bund). Parallel zum Gebäudeeffizienzrecht sind auch bauordnungsrechtlichen Anordnungen theoretisch denkbar[399], spielen allerdings auch im Erneuerbare-Energien-Recht praktisch keine Rolle.[400]

Zusammenfassend ist damit festzuhalten, dass auch die materiellen Vorschriften des EEWärmeG durch Kontroll- und Sanktionsbestimmungen ergänzt werden. Auch das EEWärmeG stellt damit klassisches Ordnungsrecht dar. Im Unterschied zur EnEV ist im EEWärmeG zusätzliches Vollzugsrecht normiert, über welches die tatsächliche Nutzung der erneuerbaren Energien sichgestellt werden soll.

IV. Zusammenfassung und Bewertung

Das gebäudebezogene Ordnungsrecht der Erneuerbare-Energien-Nutzung ist durch die unionsrechtliche EE-Richtlinie aus dem Jahr 2009 vorgeprägt und auf bundesrechtlicher Ebene im EEWärmeG des Bundes aus demselben Jahr geregelt. Es zielt auf die vermehrte Nutzung erneuerbarer Energien zur Wärmegewinnung in Gebäuden und damit auf die Substitution fossiler Technologien. Wie im Gebäudeeffizienzrecht verfolgt das Erneuerbare-Energien-Recht alle Ziele der Wärmewende, nämlich Umwelt- und Klimaschutz, Versorgungssicherheit sowie Preiswürdigkeit der Energieversorgung.

Nach der EE-Richtlinie waren die Mitgliedsstaaten bis zum 31. Dezember 2014 verpflichtet, anteilige Erneuerbare-Energien-Nutzungspflichten für die Wärmeversorgung von Gebäuden vorzuschreiben. Solche anteiligen Nutzungsplichten sind als baulich-technischen und gleichzeitig nutzungsbezogenen Anforderungen das zentrale Pflichtenmodell in der Erneuerbare-Energien-Förderung. Die Verpflichtungen der EE-Richtlinie gelten dabei sowohl für den Neubau als auch für Fälle größerer Renovierungen im Gebäudebestand. Den Mitgliedsstaaten steht aber sowohl bei der Definition der vorgenannten Anlässe als auch bei der Festlegung der einzelnen Nutzungsquoten ein größerer Umsetzungsspielraum zu. Auch eine innerstaatliche Normierung sog. Ersatzmaßnahmen, die eine überobligatorische Steigerung der Energieeffizienz im Gebäude vorschreiben und die nach Wahl der Gebäudeeigentümer an die Stelle der Erneuerbare-Energien-Nutzungspflichten treten können, ist nach der EE-Richtlinie unionsrechtlich zulässig.

Das EEWärmeG des Bundes regelt seit dem Jahr 2009 ordnungsrechtliche Erneuerbare-Energien-Nutzungspflichten. Zeitlich erfasst sind bestimmte Vorhaben zur Errichtung von Gebäuden, die nach dem Inkrafttreten des Gesetzes am 1. Januar 2009

398 Zu den (theoretischen) Möglichkeiten des repressiven Vollzugs im Gebäudeeffizienzrecht bereits unter Teil 3 A. IV.

399 *Bundesregierung*, Zweiter Erfahrungsbericht EEWärmeG, S. 51.

400 *Wustlich*, in: Müller/Oschmann/Wustlich, § 3 Rn. 75.

genehmigt oder angezeigt wurden. In dieser Beschränkung des Anwendungsbereichs liegt gleichzeitig ein Verstoß gegen die vorgenannte Pflicht der EE-Richtlinie, eine EE-Nutzung auch im Rahmen bestimmter Sanierungsanforderungen innerstaatlich zu normieren. Der Schritt zu einer solchen Erfassung des Gebäudebestands muss bei der Fortentwicklung des EEWärmeG daher schon aus Rechtsgründen gegangen werden.

Die jeweilige Mindestdeckungsquote sowie die jeweiligen Anforderungen an die einzusetzenden Technologien richten sich im EEWärmeG nach der Art der zur Verwendung vorgesehenen Primärenergie. Zwischen den unterschiedlichen erneuerbaren Primärenergien und den jeweiligen Technologien können die Verpflichteten weitgehend wählen. Die vorgenannten Erfüllungsoptionen werden zudem durch eine Reihe von Ersatzmaßnahmen erweitert, worunter gleichwertige, überobligatorische Maßnahmen zur Steigerung der Energieeffizienz zu verstehen sind. Die Gleichwertigkeit von Nutzungspflichten und Ersatzmaßnahmen verdeutlicht dabei die klimapolitische Austauschbarkeit der Energieeffizienz und der Erneuerbare-Energien-Förderung. Ähnlich wie im Gebäudeeffizienzrecht, wenngleich lediglich im Wege der Gesetzesauslegung, lassen sich dem EEWärmeG schließlich Befreiungsmöglichkeiten für Fälle einer individuellen Unwirtschaftlichkeit der Anforderungen entnehmen.

Insgesamt bildet das Erneuerbare-Energien-Recht des Bundes damit einen konzeptionell vom Gebäudeeffizienzrecht abweichenden Ansatz, der speziell auf die zweite Säule der Wärmewende zugeschnitten ist. Im Hinblick auf die Erreichung der Fernziele, insbesondere des Klimaschutzes, ist dieses Steuerungsinstrument gegenüber dem Gebäudeeffizienzrecht aber durchaus als gleichwertig anzusehen. Denn ebenso wie das Gebäudeeffizienzrecht definiert das EEWärmeG für den gesetzlich erfassten Neubaubereich verbindlich durchsetzbare Anforderungen, die gleichzeitig technologieoffen ausgestaltet und mit Handlungsspielräumen zugunsten der Eigentümer versehen sind.

Ähnlich wie im Gebäudeeffizienzrecht wird der besondere Steuerungsvorteil des Ordnungsrechts, die Gewährleistung von Rechtssicherheit, allerdings auch im EEWärmeG an einigen Stellen in Frage gestellt. So findet sich im EEWärmeG überhaupt keine gesetzliche Auskonturierung des Wirtschaftlichkeitsgrundsatzes. Der abstrakten Zielbestimmung des § 1 Abs. 2 EEWärmeG lassen sich keine Vorgaben zu konkreten Parametern der Wirtschaftlichkeit entnehmen. Diese Lücke kann nur durch eine umständliche historische Auslegung des Gesetzes geschlossen werden, was die einheitliche Handhabung der ökonomischen Betrachtungen im Gesetzesvollzug in Frage stellt. Dieser Umstand kann aktuell noch mit der geringen Praxisrelevanz von Wirtschaftlichkeitsfragen im allein gesetzlich erfassten Neubaubereich gerechtfertigt werden. Bei der zukünftigen Einbeziehung des Bestandsgebäudebereichs in das EEWärmeG sollte diesem Umstand allerdings durch eine bereichsspezifische Definition des Wirtschaftlichkeitsgrundsatzes Rechnung getragen werden. Denn die Rentabilität des EE-Einsatzes wird im Rahmen von Sanierungsmaßnahmen deutlich häufiger in Frage gestellt werden als in vergleichbaren Neubaukonstellationen.

Zudem entsteht beim Vollzug des EEWärmeG im Vergleich zum Gebäudeeffizienzrecht generell ein Mehraufwand. Dieser ist aufgrund des speziellen Pflichtencharakters der Erneuerbare-Energien-Nutzungspflichten als zwingende Vorgaben der tatsächlichen Nutzung erneuerbarer Energien unvermeidbar. Dennoch birgt auch dieser Mehraufwand die Gefahr eines Vollzugsdefizits und einer anschließenden Verlagerung von Konformitätstreitigkeiten in privatrechtliche Verhältnisse. Auch im Erneuerbare-Energien-Recht ist damit zu klären, inwieweit diesem Problem bereits durch eine vorbeugende Gestaltung des materiellen Rechts entgegengetreten werden kann. Denkbar wäre hier bspw. eine Normierung pauschalierter Erfüllungsmöglichkeiten für weitere Technologien außerhalb der Solarthermie. Solche Änderungen sollten allerdings nicht zu weitgehend vorgenommen werden, da sonst die Steuerungswirkung der grundsätzlich verbindlichen Nutzungsquoten in Frage gestellt würde.

C. Immissionsschutzrecht

Die ordnungsrechtliche Steuerung der Wärmewende findet nicht allein durch spezielle Rechtsgrundlagen statt, die unmittelbar auf die beiden Säulen der Gebäudeeffizienz und der Erneuerbare-Energien-Nutzung zugeschnitten sind. Vielmehr gerät auch das bundesrechtliche Immissionsschutzrecht in den Blick, dessen Steuerungswirkung für die Wärmewende zu klären ist. Zum Immissionsschutzrecht des Bundes gehören das zentrale Bundes-Immissionsschutzgesetz (BImSchG) und zahlreiche, auf diesem Gesetz basierende Rechtsverordnungen der Bundesregierung.

Im Vergleich zum Gebäudeeffizienzrecht und zum Recht der Erneuerbare-Energien-Förderung wurde der Bedeutung des Immissionsschutzrechtes für die Wärmewende bisher deutlich weniger Aufmerksamkeit gewidmet.[401] Dies mag daran liegen, dass der Gedanke einer „immissionsschutzrechtlichen Wärmewende" einer ersten Erwartung widerspricht, nach der das Immissionsschutzrecht klassischerweise vor örtlich bemerkbaren, gesundheitsschädlichen Luftverschmutzungen durch industrielle Anlagen schützt.[402] Hiermit sind die zentralen Bestimmungen zum Schutz vor schädlichen Umwelteinwirkungen (§ 3 Abs. 1 BImSchG) in Form von Luftverunreinigungen (§ 3 Abs. 4 BImSchG) angesprochen, die vom Betrieb genehmigungsbedürftiger Anlagen ausgehen (§§ 4 – 21 BImSchG).

Der Immissionsschutz im BImSchG wurde vom Gesetzgeber im Laufe der letzten Jahrzehnte allerdings substantiell erweitert.[403] So sind im BImSchG mittlerweile

401 Untersucht wurde das Gesetz bspw. von *Keyhanian*, Instrumente, 2008, S. 410–411 unter dem Gesichtspunkt der vom BImSchG ausgehenden Energieeinsparungen, von *Hutsch*, Anlagenrecht, S. 114 ff. in Fragen der Abgrenzung zum Klimaschutz nach dem TEHG sowie allgemein von *Wustlich*, Atmosphäre, 2003, S. 328 ff.

402 Ähnlich *Britz*, UPR 2004, 55 (61). Zu diesem Grundgedanken der Luftreinhaltung siehe auch *Kahl/Schmidt/Gärditz*, Umweltrecht, S. 279–280; *Gärditz*, JuS 2008, 324 (324) und *Enders*, LKV 2007, 193 (194).

403 Eine detaillierte Übersicht findet sich bspw. bei *Koch*, Umweltrecht, S. 225–228.

einer Reihe von Bestimmungen verankert, die über den klassischen Schutz weit hinausgehen. Dies gilt sowohl für Erweiterungen des anlagenbezogenen Immissionsschutzes[404] als auch für den gebietsbezogenen und den produktbezogenen Immissionsschutz.[405] In Bezug auf den anlagenbezogenen Immissionsschutz ist außerdem zu beachten, dass das BImSchG einen speziellen Abschnitt zum Schutz vor den Auswirkungen des Betriebs nicht genehmigungsbedürftiger Anlagen enthält (§§ 22 – 25 BImSchG).

Im Folgenden werden die ordnungsrechtlichen Instrumente des BImSchG auf ihren Bezug zum Klimaschutz untersucht (I.). Denn gerade über einen solchen Bezug könnte das Ordnungsrecht des BImSchG in die ordnungrechtliche Steuerung der Wärmewende eingebunden sein. So könnte das Treibhausgasemissionsverhalten von häuslichen Heizungsanlagen, das von den Regelungen der EnEV und des EEWärmeG nicht erfasst wird, im BImSchG explizit reguliert sein. Anschließend wird das auf Grundlage des BImSchG erlassene Verordnungsrecht auf solche Bezüge untersucht (II.). Schließlich wird wiederum ein Blick auf die Besonderheiten des immissionsschutzrechtlichen Gesetzesvollzugs geworfen (III.).

I. Bundes-Immissionsschutzgesetz

Im BImSchG findet sich mittlerweile ein gesetzliches Ziel des Atmosphärenschutzes. In den Anwendungsbereich des Gesetzes sind auch häusliche Heizungsanlagen einbezogen, die in der Regel als nicht genehmigungsbedürftige Anlagen einzuordnen sind. Das BImSchG normiert zum einen unmittelbare gesetzliche Pflichten für den Betrieb von häuslichen Heizungsanlagen. Zum anderen ist die Festlegung weitergehender Pflichten im Verordnungsrecht vorgesehen.

1. Rechtsentwicklung und Ziele

Das BImSchG, das im Jahr 1976 erstmals in Kraft trat,[406] dient zunächst dem Schutz der Menschen (§ 1 Abs. 1 BImSchG). Darüber hinaus schützt das Gesetz aber auch Atmosphäre, Boden und Wasser (§ 1 Abs. 1 BImSchG) als sog. Umweltgüter.[407] Hinter diesem Konzept steht die Vorstellung, dass auch die Umwelt als Lebensgrundlage des Menschen geschützt werden soll.[408]

---

404 Siehe bspw. das Energieeffizienzgebot im Recht der genehmigungsbedürftigen Anlagen (§ 5 Abs. 1 Nr. 4 BImSchG,) vertiefend zu diesem Gebot *Britz*, UPR 2004, 55 ff.

405 Näher zu den Begriffen *Koch*, Umweltrecht, S. 186, 188. Erwähnenswert sind bspw. die Vorschriften zu Biokraftstoffquoten im Straßenverkehr nach § 37 a) BImSchG, *Koch/Welss*, NVwZ 2015, 633 (637).

406 Bundes-Immissionsschutzgesetz vom 4. Mai 1976 (BGBl. I S. 1148).

407 Zum Begriff der Umweltgüter *Jarass*, BImSchG, § 1 Rn. 6.

408 *Wustlich*, Atmosphäre S. 106; *Dietlein*, in: Landmann/Rohmer, BImSchG, § 1 Rn. 10–11; weiterführend zur Unterscheidung zwischen athropozentrischen

Im Jahr 1990 wurde auch die „Atmosphäre" in den Schutzgüterkatalog des Gesetzes aufgenommen.[409] Der Begriff der Atmosphäre im Sinne des § 1 Abs. 1 BImSchG war und ist wesentlich durch das naturwissenschaftliche Verständnis geprägt. Es geht insoweit um den Schutz der Lufthülle der Erde, die aus verschieden Schichten mit einer jeweils unterschiedlichen Zusammensetzung von Gasen und Partikeln besteht.[410]

Nicht ausdrücklich vom gesetzlichen Wortlaut umfasst ist daber der Schutz des Klimas, also des Wetterzustandes, der sich langfristig innerhalb der Atmosphäre entwickelt.[411] Der Gesetzgeber hatte im Jahr 1990 noch zugunsten des Begriffs der Atmosphäre auf die Aufnahme des Klimas als Schutzgut verzichtet. Dies wurde damit begründet, dass es im Jahr 1990 noch keine naturwissenschaftlichen Modelle gegeben habe, die Wechselwirkungen zwischen atmosphärischen und klimatischen Bedingungen hinreichend erklären konnten.[412] Demgegenüber hat sich mittlerweile die Auffassung gefestigt, dass das Klima aufgrund des fortgeschrittenen naturwissenschaftlichen Forschungs- und Erkenntnisstandes ebenfalls vom Schutz des BImSchG erfasst ist.[413] Eine Verbesserung des Schutzniveaus der Umweltgüter ist mit dieser Auffassung allerdings nicht verbunden, da atmosphärische Veränderungen den klimatischen Veränderungen ohnehin zeitlich vorgelagert sind.[414]

Mit § 1 Abs. 1 ist damit auch im BImSchG eine allgemeine Rechtsgrundlage zum Klimaschutz in Form einer gesetzlichen Zielbestimmung vorhanden.[415]

2. *Erfassung von Anlagen*

Häusliche Heizungsanlagen fallen unter den Anlagenbegriff des BImSchG. Solche Anlagen sind dabei regelmäßig nicht genehmigungsbedürftig.

---

und ökozentrischen Schutzzwecken *Kahl/Schmid/Gärditz*, Umweltrecht, S. 32 sowie *Heye*, Treibhausgasreduktion, S. 69.

409 Gesetz vom 11. Mai 1990 (BGBl I, S. 870); ausführlich zur Entstehungsgeschichte *Wustlich*, Atmosphäre, S. 73–76.

410 *Jarass*, BImSchG, § 1 Rn. 6c.

411 Zur Differenzierung zwischen Atmosphäre und Klima siehe bereits unter Teil 1 D. II. 1. c).

412 Beschlussempfehlung des Umweltausschusses des Bundestags, BT-Drs. 11/6633 vom 12. März 1990, S. 33, *Wustlich*, Atmosphäre, S. 75.

413 *Jarass*, BImSchG, § 1 Rn. 6c; *Heye*, Treibhausgasreduktion, S. 67; *Kusche*, Kompetenzen, S. 113; Knauff, DV 2016, 237 (251). Einige Stimmen in der Literatur sehen aber nur das Mikro- und Regionalklima als geschützt an, vgl. *Dietlein*, in: Landmann/Rohmer, BImSchG, § 1 Rn. 15; *Schulte/Michalk*, in: Giesberts/Reinhardt, BImSchG, § 1 Rn. 7.

414 Vgl. *Heye*, Treibhausgasreduktion, S. 66–67, der den Atmosphärenschutz als „bestgeeigneten Anknüpfungspunkt" für rechtliche Regelungen ansieht.

415 *Koch*/Wieneke, DVBl 2001, 1085 (1087); vgl. auch *Gärditz*, JuS 2008, 324 (328–329) und *Sailer*, NVwZ 2011, 718 (719).

a) Anlagenbegriff und Heizungsanlagen

Nach der Legaldefinition des Anlagenbegriffs in § 3 Abs. 5 Nr. 1 BImSchG sind „Betriebsstätten und sonstige ortsfeste Einrichtungen“ als „ortsfeste Anlagen“ im Sinne des Gesetzes anzusehen. Der Begriff der ortsfesten Anlagen wird aus funktionalen Gründen weit ausgelegt.[416] Sowohl Gebäude als auch einzelne bauliche Bestandteile eines Gebäudes können daher eine Anlage darstellen, soweit sie im weitesten Sinne betrieben werden und Umwelteinwirkungen verursachen können.[417]

Auch bauliche Teile von Bürogebäuden des Gewerbe-, Handels- und Dienstleistungssektors können dem Anlagenbegriff unterfallen.[418] Dies gilt gerade auch für Heizungsanlagen, die mit fossilen oder regenerativen Brennstoffen betrieben werden und entsprechende Schadstoffe emittieren.[419] Die Einbeziehung von Heizungsanlagen ist ferner auch unabhängig von der Nutzungsart des diese Anlagen umfassenden Gebäudes. Auch häusliche Heizungsanlagen in Wohngebäuden können daher erfasst sein.[420]

Zu den Heizungsanlagen lassen sich nach der vorgenannten Definition des Anlagenbegriffs alle zusammenhängend verbauten Komponenten zählen, die im weiteren technischen Sinne gemeinsam betrieben werden können, wie bspw. Brennkessel, Wärmetauscher oder Lüftungsrohre. Ein solches Begriffsverständnis liegt auch dem Verordnungsrecht gem. § 2 Nr. 5 der 1. BImSchV zugrunde, wonach zu „Feuerungsanlagen“ die Bestandteile Feuerstätte und, soweit vorhanden, Einrichtungen zur Verbrennungsluftzuführung, Verbindungsstück und Abgaseinrichtung gehören. Zu weit würde es hingegen gehen, entsprechend dem Gebäudeeffizienzrecht sämtliche Gebäudekomponenten in den Anlagenbegriff einzubeziehen, die aufgrund ihrer Beschaffenheit oder aufgrund ihrer Nutzung auf das Immissionsverhalten von Einfluss sein können. Denn bei einem solchen Verständnis wäre die klare Zuordnung von Verantwortlichkeiten, bspw. in Fällen von großen und von diversen Parteien gemischt genutzten Immobilien, nicht mehr zu gewährleisten. Insbesondere Heizungsrohre oder Heizkörper fallen daher nicht unter den immissionsschutzrechtlichen Anlagenbegriff.

---

416 *Koch*, Umweltrecht, S. 289–290; *Feldhaus*, BImSchG, § 3 Rn. 6; kritisch zur weiten Auslegung *Heilshorn/Sparwasser*, in: Landmann/Rohmer, BImSchG, Vorbem. zu § 22 ff. Rn. 2.

417 Zur weiten, funktionalen Auslegung *Schulte/Michalk*, in: Giesberts/Reinhardt, BImSchG, § 3 Rn. 71, vgl. auch *Seiler, Anlagen*, S. 36.

418 *Jarass*, BImSchG, § 3 Rn. 66; *Thiel*, in: Landmann/Rohmer, BImSchG, § 3 Rn. 85; *Enders*, in: Giesberts/Reinhardt, BImSchG, § 22 Rn. 2.

419 *Heye*, Treibhausgasreduktion, S. 64; *Kusche*, Kompetenzen, S. 113–114.

420 Vgl. die Absicht zur Einbeziehung solcher Anlagen im ersten Gesetzentwurf der Bundesregierung zur Ausgangsfassung des BImSchG; BT-Drs. VI/2868 vom 30. November 1971, S. 25.

b) Genehmigungspflicht

Das BImSchG unterscheidet generell zwischen Anforderungen an genehmigungsbedürftige Anlagen (§§ 4 – 21 BImSchG) und Anforderungen an nicht genehmigungsbedürftigen Anlagen (§§ 22 – 25 BImSchG). Für die beiden Bereiche enthält das Gesetz dabei teilweise sehr unterschiedliche materielle Pflichten sowie voneinander abweichendes Verfahrensrecht. Generell unterliegt der Betrieb genehmigungsbedürftiger Anlagen strengeren Anforderungen als der Betrieb nicht genehmigungsbedürftiger Anlagen.[421]

Die Abgrenzung zwischen genehmigungsbedürftigen und nicht genehmigungsbedürftigen Anlagen ist nach den Vorgaben der Verordnung über genehmigungsbedürftige Anlagen (4. BImSchV) vorzunehmen.[422] Die 4. BImSchV basiert auf der gesetzlichen Ermächtigung des § 4 Abs. 1 Satz 3 BImSchG. Sie legt in ihrem Anhang I abschließend fest, welche Anlagentypen ab welchen Leistungsgrenzen genehmigungsbedürftig sind. Alle Anlagen, die nicht von Anhang I der 1. BImSchV erfasst werden, sind daher im Umkehrschluss genehmigungsfrei.[423]

Nach Nr. 1. 2 Anhang I zur 4. BImSchV sind zunächst bestimmte „Feuerungsanlagen zur Erzeugung von Warmwasser“ einschließlich der „zugehörigen Dampfkessel“, genehmigungsbedürftig. Vom Anlagentyp her können daher auch konventionelle Gebäudeheizungsanlagen mit dem Leitmedium Wasser genehmigungsbedürftig sein. Wird allein der Anlagentyp betrachtet, so können nach Nr. 1. 4 Anhang I der 4. BImSchV auch „Verbrennungsmotoranlagen oder Gasturbinenanlagen zum Antrieb von Arbeitsmaschinen“ genehmigungsbedürftig sein. Das sind solche Anlagen, bei denen neben Wärme auch Arbeit (im physikalischen Sinne) erzeugt wird.[424] Dies geschieht z. B. durch den Einsatz von Generatoren zur Stromerzeugung in KWK-Anlagen. Auch häusliche KWK-Anlagen, bspw. Blockheizkraftwerke (BHKW) können daher dem Anlagentyp nach genehmigungsbedürftig sein.[425]

Die entscheidende Rolle für die Genehmigungsbedürftigkeit häuslicher Heizungsanlagen spielen damit die Leistungsgrenzen der 4. BImSchV. In allen vorgenannten Bestimmungen des Anhangs I der 4. BImSchV werden solche Leistungsgrenzen in Form von Angaben zur Feuerungsleistung in MW aufgestellt. Die Leistungsgrenzen für die Verwendung fossiler oder regenerativer Brennstoffe betragen dabei übereinstimmend mindestens 1 MW Feuerungsleistung. Diese Leistungsgrenze ist allerdings so hoch, dass sie in der Regel bei Heizungsanlagen in normalen Wohn- oder

---

421 *Koch*, Umweltrecht, S. 290; ebenso *Seiler, Anlagen*, S. 52.

422 Verordnung über genehmigungsbedürftige Anlagen vom 2. Mai 2013 (BGBl. I S. 973) i. d. F. vom 28. April 2015 (BGBl. I S. 670).

423 *Kloepfer*, Umweltrecht, S. 1357; *Dietlein*, in: Landmann/Rohmer, BImSchG, § 4 Rn. 15; *Seiler, Anlagen*, S. 45.

424 Zu diesen thermodynamischen Begriffen bereits unter Teil 1 B. I. 2.

425 Zur ausnahmsweisen Genehmigungsbedürftigkeit von BHKW-Anlagen wegen eines Überschreitens der Leistungsgrenze vgl. OVG Münster, NVwZ-RR 2009, 462 (462).

Geschäftsgebäuden nicht überschritten wird.[426] Die ganz überwiegende Mehrzahl häuslicher Heizungsanlagen ist damit nach den Regeln der 4. BImSchV als nicht genehmigungsbedürftig einzuordnen.

3. *Standards für Heizungsanlagen*

Für nicht genehmigungsbedürftige häusliche Heizungsanlagen gilt das Recht der §§ 22 – 25 BImSchG. Ähnlich wie das Gebäudeeffizienzrecht im EnEG[427] enthält das BImSchG dabei sowohl abstrakte gesetzliche Betreiberpflichten (§ 22 BImSchG) als auch Verordnungsermächtigungen zur Festlegung detaillierter Betreiberpflichten durch die Bundesregierung (§ 23 BImSchG). Die gesetzlichen Betreiberpflichten enthalten alleine Anforderungen zur Gefahrenabwehr, während im Verordnungsrecht auch Anforderungen zur Vorsorge geregelt werden können.

a) Grundstruktur

§ 22 Abs. 1 Satz 1 BImSchG sieht zunächst gesetzliche Betreiberpflichten als ersten Baustein des gesetzlichen Schutzes vor den Auswirkungen nicht genehmigungsbedürftiger Anlagen vor.

Nach § 22 Abs. 1 Satz 1 Nr. 1 BImSchG sind nicht genehmigungsbedürftige Anlagen „so zu betreiben, dass schädliche Umwelteinwirkungen verhindert werden, die nach dem Stand der Technik vermeidbar“ sind. Nach § 22 Abs. 1 Satz 1 Nr. 2 BI mSchG sind nicht genehmigungsbedürftige Anlagen zudem „so zu betreiben, dass nach dem Stand der Technik unvermeidbare schädliche Umwelteinwirkungen auf ein Mindestmaß beschränkt“ werden.

Nach dem Willen des Gesetzgebers sollen die Betreiberpflichten des § 22 Abs. 1 Satz 1 BImSchG dort eingreifen, wo sich Beeinträchtigungen für die Schutzgüter des Gesetzes nicht durch das individuelle Störungspotenzial einzelner größerer Anlagen, sondern erst durch das Zusammenwirken einer Vielzahl kleinerer Anlagen ergeben.[428] Auch auf den Betrieb häuslichen Heizungsanlagen finden die vorgenannten Betreiberpflichten damit dem Grunde nach Anwendung.

Neben den gesetzlichen Betreiberpflichten ist in § 23 BImSchG vorgesehen, dass Anforderungen an den Betrieb von nicht genehmigungsbedürftigen Anlagen auch durch Rechtsverordnungen der Bundesregierung festgelegt werden können. § 23 BImSchG sieht damit immissionsschutzrechtliches Verordnungsrecht als zweiten Baustein des Schutzkonzepts vor. Aktuell ist solches Verordungsrecht in der

---

426 Zu Heizungsanlagen in gewerblich genutzten Gebäuden *Manten/Elbel*, LKV 2009, 1 (4).

427 Siehe zur Struktur des EnEG bereits unter Teil 3 A. II. 2.

428 Siehe die entsprechenden Vorstellungen der Bundesregierung im ersten Gesetzentwurf zum BImSchG, BT-Drs. VI/2868 v. 30. November 1971, S. 25 sowie auch im zweiten Gesetzentwurf zum BImSchG, BT-Drs. 7/179 vom 14. Februar 1973, S. 38.

1. BImSchV geregelt. Dem Verordnungsrecht der 1. BImSchV kommt aufgrund des erhöhten Konkretisierungsgrades dabei eine weitaus größere praktische Rolle zu als den gesetzlichen Betreiberpflichten.[429]

Nach § 23 Abs. 1 Satz 1 BImSchG wird „die Bundesregierung ermächtigt, durch Rechtsverordnung vorzuschreiben, dass die Errichtung, die Beschaffenheit und der Betrieb nicht genehmigungsbedürftiger Anlagen bestimmten Anforderungen zum Schutz der Allgemeinheit und der Nachbarschaft vor schädlichen Umwelteinwirkungen sowie zur Vorsorge gegen schädliche Umwelteinwirkungen" genügen müssen.

Bereits dem Wortlaut von § 23 Abs. 1 Satz 1 BImSchG sind zwei unterschiedliche Arten von Verordnungsermächtigungen zu entnehmen. Erstens geht es, soweit Verordnungen zum „Schutz" vor schädlichen Umwelteinwirkungen erlassen werden können, um die Möglichkeit einer näheren Konkretisierung der gesetzlichen Betreiberpflichten.[430] Ohne eine solche Konkretisierung kann ein Vollzug der Betreiberpflichten praktisch kaum erfolgen.[431] Die zweite Ermächtigung des § 23 Abs. 1 Satz 1 BImSchG ermöglicht hingegen - über die Betreiberpflichten des § 22 Abs. 1 BImSchG hinausgehend - Festlegungen von Anforderungen zur „Vorsorge" gegen schädliche Umwelteinwirkungen.[432]

Die Reichweite der beiden Verordnungsermächtigungen ist im Hinblick auf ihre Klimaschutzrelevanz genauer zu untersuchen.

b) Standards zum Schutz vor schädlichen Umwelteinwirkungen

Zunächst könnte über den Aspekt des Schutzes vor schädlichen Umwelteinwirkungen eine Reduzierung des Treibhausgasausstoßes aus häuslichen Heizungsanlagen erreicht werden.

Für Verordnungsrecht zum Schutz vor schädlichen Umwelteinwirkungen ist tatbestandlich die Sachlage einer Gefahr für die Schutzgüter des BImSchG in der speziellen Form der schädlichen Umwelteinwirkungen (§ 3 Abs. 1 BImSchG) erforderlich.[433] Nach § 3 Abs. 1 BImSchG sind schädliche Umwelteinwirkungen

---

429 Zur praktischen Bedeutung *Sparwasser/Heilshorn*, in: Landmann/Rohmer, BImSchG, § 23 Rn. 53; auch in der Rechtsprechung finden sich viele Nachweise zu Streitigkeiten über die Einhaltung der verordnungsrechtlichen Schutzstandards, bspw. OVG Bremen, Urt. vom 14. April 2015 (1A 213/13), juris Rn. 52 oder VG Ansbach, Urt. vom 20. Oktober 2010 (AN 11 K 10.00998), juris Rn. 29–30.

430 OVG Koblenz, UPR 2015, 452 (542); VG Magdeburg, Urt. vom 14. April 2015 (4 A 184/14), juris Rn. 25; *Feldhaus*, BImSchG, § 23 Rn. 1; *Seiler, Anlagen*, S. 71.

431 Gesetzesentwurf der Bundesregierung zum BImSchG, BT-Drs. 7/179 vom 14. Februar 1973, S. 38.

432 BVerwGE 108, 260 (263); *Sparwasser/Heilshorn*, in: Landmann/Rohmer, BImSchG, § 23 Rn. 14; *Seiler, Anlagen*, S. 71.

433 *Jarass*, BImSchG, § 5 Rn. 18; *Enders*, in:Giesberts/Reinhardt, BImSchG, § 22 Rn. 19.

„Immissionen, die nach Art, Ausmaß oder Dauer geeignet sind, erhebliche Nachteile oder erhebliche Belästigungen für die Allgemeinheit oder die Nachbarschaft herbeizuführen".[434]

Der Immissionscharakter von Treibhausgasen (§ 3 Abs. 1 Halbsatz 1 BImSchG) ist zunächst kaum anzuzweifeln. Der Begriff der Immissionen ist in § 3 Abs. 2 BImSchG legal definiert als „auf Menschen, Tiere und Pflanzen, den Boden, das Wasser, die Atmosphäre sowie Kultur- und sonstige Sachgüter einwirkende Luftverunreinigungen". Luftverunreinigungen sind nach § 3 Abs. 4 BImSchG wiederum „Veränderungen der natürlichen Zusammensetzung der Luft durch Gase."

Auch Treibhausgase, die beim Betrieb von Anlagen ausgestoßen werden, verändern die natürliche Zusammensetzung der Luft und fallen damit unter § 3 Abs. 4 BImSchG.[435] Sie wirken ferner auch auf die Atmosphäre im Sinne von § 3 Abs. 2 BImSchG ein. Dies ergibt sich bereits aus der historischen Auslegung der Bestimmung. Denn der Begriff der „Atmosphäre" wurde im Jahr 1990 vom Gesetzgeber gerade mit dem Ziel eingefügt, den vermuteten Wirkungen von Treibhausgasausstößen entgegenzusteuern.[436] Kohlendioxid sollte nach dem Willen des Gesetzgebers „zu einem Luftschadstoff definiert" werden, sofern es „übermäßig vorhanden" sei.[437] Der Begriff der Einwirkung von Luftverunreinigungen auf die Atmosphäre setzt auch keine genaue Erfassung der Wirkungsbeziehungen zwischen Luftverunreinigungen und atmosphärischen Veränderungen voraus, sondern lässt die abstrakte Annahme eines Kausalitätszusammenhangs ausreichen.[438]

Um eine Gefahr in Form von schädlichen Umwelteinwirkungen darzustellen, müssen Treibhausgasimmissionen allerdings nach „Art, Ausmaß oder Dauer geeignet sein, erhebliche Nachteile oder erhebliche Belästigungen für die Allgemeinheit oder die Nachbarschaft herbeizuführen" (§ 3 Abs. 1 Halbsatz 2 BImSchG). Eine Subsumption von Treibhausgasimmissionen unter den vorgenannten Tatbestand scheitert allerdings aus zwei Gründen.

Erstens ist zur Bejahung einer Gefahr in Form von schädlichen Umwelteinwirkungen die Annahme einer hinreichenden Wahrscheinlichkeit des Auftretens von Beeinträchtigungen der geschützten Rechtsgüter erforderlich.[439] Der erforderliche Wahrscheinlichkeitsgrad kann zwar bei Beeinträchtigungen besonders wichtiger

---

434 Zur herausragenden Bedeutung des Begriffs der schädlichen Umweltauswirkungen *Jarass*, BImSchG, § 3 Rn. 11; *Schulte/Michalk*, in:Giesberts/Reinhardt, BImSchG, § 3 Rn. 3.

435 *Müller*, in: Müller/Oschmann/Wustlich, Einl. Rn. 113.

436 Gesetz vom 11. Mai 1990 (BGBl I, S. 870); siehe auch die Beschlussempfehlung des Umweltausschusses des Bundestags, BT-Drs. 11/6633 vom 12. März 1990, S. 43.

437 *Wustlich*, Atmosphäre S. 74; zur Subsumption von Treibhausgasen unter den Luftverunreinigungsbegriff vgl. auch *Heye*, Treibhausgasreduktion, S. 68 und *Hutsch*, Anlagenrecht, S. 124.

438 *Hutsch*, Anlagenrecht, S. 126.

439 *Heye*, Treibhausgasreduktion, S. 72–73.

Schutzgüter oder hoher Schädigungspotenziale normativ gesenkt werden.[440] Die Bejahung einer hinreichenden Wahrscheinlichkeit setzt aber stets ein im Mindestmaß vorhandenes empirisches Wissen voraus, anhand dessen die Wahrscheinlichkeit des Auftretens von Beeinträchtigungen prognostiziert werden kann.[441] Der Klimatologie ist es aber derzeit kaum möglich, die zukünftigen Veränderungen des Klimas genauer zu prognostizieren. Erst recht trifft die Klimatologie keine Aussagen über konkrete Folgen des Klimawandels, also zeitlich und örtlich auftretender Ereignisse. Sie beschränkt sich derzeit auf die Darstellung allgemein möglicher Szenarien in bestimmten Regionen. Diese empirische Lage wird allgemein als unzureichend für die Ableitung der hinreichenden Wahrscheinlichkeit von Beeinträchtigungen gesehen.[442]

Zweitens kommt die generelle Unklarheit über die Wirkungsbeziehung zwischen Immissionen (Einwirkungen der Treibhausgase auf die Atmosphäre) und den potenziellen Beeinträchtigungen hinzu. Denn auch die Wirkungsbeziehungen zwischen atmosphärischen Veränderungen, dem Klimawandel und dessen mutmaßlichen Folgen werden über diverse Zwischenschritte vermittelt, bei denen aus wissenschaftlicher Sicht Wechselwirkungen mit einer Vielzahl anderer Klimafaktoren vermutet werden.[443]

Schließlich ergibt sich aus der systematischen Auslegung des § 3 Abs. 1 BImSchG, dass „Immissionen" im Sinne von § 3 Abs. 2 BImSchG im Rahmen der Gefahrenabwehr stets auf „Emissionen" aus einzelnen Anlagen gem. § 3 Abs. 3 BImSchG zurückzuführen sein müssen.[444] Eine solche Zurechnung setzt sachlogisch voraus, dass eine gewisse Schadstoffmenge an einem konkreten Einwirkungsort (Immissionsort) gemessen werden kann, an dem der Schadstoff seine schädliche Wirkung entfaltet. Nur auf einer solchen örtlichen Messung können Rückschlüsse auf die aus einzelnen Anlagen stammenden Schadstoffmengen im Einzugsgebiet (Emissionsort) gezogen werden.[445] Insoweit ist allerdings folgern, dass Treibhausgase gerade nicht lokal auf die Atmosphäre einwirken, sondern sich durch Diffusion untrennbar mit

440 *Di Fabio*, JURA 1996, 566 (568) charakterisiert den Wahrscheinlichkeitsgrad als „mixtum compositum" aus alltagsweltlicher Erfahrung und normativer Abwägung.

441 *Heye*, Treibhausgasreduktion, S. 72–73; *Reese*, ZUR 2010, 339 (341).

442 *Heye*, Treibhausgasreduktion, S. 75; *Hutsch*, Anlagenrecht, S. 132–133; *Reese*, ZUR 2010, 339 (342); *Wustlich*, Atmosphäre, S. 104 verneint im Ergebnis ebenfalls den Gefahrentatbestand, zweifelt aber bereits die hinreichende Wahrscheinlichkeit einer Schädigung der *Atmosphäre* an.

443 *Manten/Elbel*, LKV 2009, 1 (2) lehnen eine Zurechnung aus diesen Gründen ebenfalls ab.

444 *Wustlich*, Atmosphäre, S. 106; nicht klimaspezifisch *Jarass*, BImSchG, § 5 Rn. 19. *Dietlein*, in: Landmann/Rohmer, BImSchG, § 5 Rn. 94 spricht von einem „Kausalbeitrag" der Anlagen. Allgemein zum umweltrechtlichen Erfordernis der Zurechnung von Folgen zu einzelnen Handungen *Reese*, ZUR 2010, 339 (342).

445 BVerwGE 69, 37 (43–44).

den übrigen Luftbestandteilen vermischen und sich anschließend global verteilen.[446] Mangels eines bestimmbaren Einwirkungsortes, an dem die Treibhausgase ihre schädigende Wirkung auf die Atmosphäre entfalten, scheidet daher eine Zuordnung von Schadstoffvolumina zu einzelnen Anlagen aus.[447]

Das Schutzkonzept der Abwehr schädlicher Umwelteinwirkungen stößt daher bei den Folgen des Treibhausgasausstoßes aus mehreren Gründen an seine Grenzen.[448] Es kann daher nicht für Anforderungen an die Reduzierung des Ausstoßes solcher Gase aus Heizungsanlagen herangezogen werden.

c) Standards zur Vorsorge gegen schädliche Umwelteinwirkungen

Standards zur Reduzierung des Ausstoßes von Treibhausgasen beim Betrieb häuslicher Heizungsanlagen könnten allerdings auf den Aspekt der Vorsorge gegen schädliche Umwelteinwirkungen zu stützen sein.

aa) Konzept der Risikovorsorge

Dem immissionsschutzrechtlichen Konzept der Vorsorge werden unterschiedliche Funktionen zugeschrieben, wobei vorliegend alleine der Bereich der Risikovorsorge interessiert.[449] Das Bundesverwaltungsgericht beschreibt die Risikovorsorge als die Möglichkeit, Maßnahmen mit einem angemessenen Abstand zur Gefahrenschwelle festzulegen.[450] Die Risikovorsorge soll daher eingreifen, wenn potenziellen Bedrohungen noch nicht im Rahmen der Abwehr schädlicher Umwelteinwirkungen entgegengetreten werden kann.[451] Daher findet ein Perspektivwechsel von einer immissionsbezogenen Betrachtungsweise hin zu einer emissionsbezogenen Betrachtungsweise statt. Risikovorsorge setzt insoweit an der „Quelle" des Schadstoffausstoßes an.[452]

---

446 Siehe zu den naturwissenschaftlichen Grundlagen bereits einleitend unter Teil 1 D. II. 1. c).

447 So auch *Hutsch*, Anlagenrecht, S. 136; ähnlich *Gärditz*, JuS 2008, 324 (324–325).

448 Vgl. *Wustlich*, Atmosphäre, S. 107, der dieses Fazit allerdings auch in Bezug auf die Vorsorgepflichten zieht.

449 Zu den weiteren Funktionen des Vorsorgekonzeptes (Sicherung von Freiräumen, Steuerung der Bewirtschaftung von Umweltgütern) *Koch*, Umweltrecht, S. 256; *Di Fabio*, JURA 1996, 566 (571) und *Ossenbühl*, NVwZ 1986, 161 (163). Ausführlich zu den Funktionen der Vorsorge *Hansmann*, in: Kirchhof/Paetow/ Uechtritz, Festschrift Dolde, S. 92–93.

450 BVerwG, NVwZ 1995, 994 (995); ähnlich *Kloepfer*, Umweltrecht, S. 1363; *Jarass*, BImSchG, § 5 Rn. 47; *Dietlein*, in: Landmann/Rohmer, BImSchG, § 5 Rn. 136.

451 *Hutsch*, Anlagenrecht, S. 122; frühzeitig bereits *Kloepfer/Kröger* NuR 1990, 8 (11).

452 BVerwGE 69, 37 (42); *Heye*, Treibhausgasreduktion, S. 70; *Rebentisch*, in: Kirchhof/Paetow/ Uechtritz, Festschrift Dolde, S. 79; speziell zu § 22 BImSchG *Seiler, Anlagen*, S. 72.

Tatbestandlich erfordert die Risikovorsorge eine potenzielle Schädlichkeit von Emissionen.[453] Die genaue Auskonturierung dieser potenziellen Schädlichkeit, der dogmatische Zusammenhang zur Abwehr schädlicher Umwelteinwirkungen und die einzelnen Fallgruppen sind allerdings nicht genau geklärt.[454]

Eine begrenzende Funktion kann von einem solchen Tatbestandsmerkmal nur ausgehen, wenn man hierin primär ein Begründungserfordernis des Verordnungsgebers sieht. Bei einem solchen Verständnis ist damit erforderlich, dass der Verordnungsgeber unter Ausschöpfung aller verfügbaren Erkenntnisquellen eine hinreichend wissenschaftlich begründbare Annahme der potenziellen Gefährlichkeit von Emissionen belegen muss.[455]

Risikovorsorge kann insoweit eine Vielzahl von unterschiedlichen Konstellationen erfassen. So geht es bspw. um Fälle, in denen zwar lokal wirkende Immissionen feststellbar sind, die auch auf die Emissionen einzelner Anlagen zurückgeführt werden können, eine beeinträchtigende Wirkung dieser Immissionen allerdings nicht mit dem hinreichender Wahrscheinlichkeit angenommen werden kann. Diese Gruppe kann als klassischer Fall der Vorsorge bezeichnet und dogmatisch dem polizeirechtlich bekannten Gefahrenverdacht zuordnen.[456] Unter dem Begriff des Gefahrenverdachts wurde in der Rechtsprechung ferner auch die Konstellation des sog. Ferntransports von Luftschadstoffen diskutiert. Beim Ferntransport von Luftschadstoffen kann eine beeinträchtigende Wirkung bestimmter Substanzen zwar angenommen werden, einzelne Immissionsvolumina können an ihrem Einwirkungsort allerdings nicht mehr den Emissionen konkreter Anlagen zugeordnet werden.[457]

Risikovorsorge kann darüber hinaus auch in Konstellationen eingreifen, in denen eine hinreichende Wahrscheinlichkeit oder eine zeitliche Nähe einzelner Beeinträchtigungen nicht bejaht werden kann oder in denen eine Zurechnung von immissionsbedingten Beeinträchtigungen zu den Emissionen einzelner Anlagen scheitert. Für Vorsorgeanforderungen ist daher weder eine strenge Wahrscheinlichkeitsprognose einzelner Ereignisse noch eine strikte Wahrung von Kausalitäts- und Zurechnungskriterien erforderlich.[458]

Eine Anwendung des Vorsorgekonzepts auf die Risiken des Klimawandels liegt dementsprechend nahe. Die potenzielle Schädlichkeit von Treibhausgasemissionen kann über die mittlerweile wissenschaftlich gesicherte, modellhafte Wirkungsweise zwischen einzelnen Treibhausgasimmissionen einer Anlage, atmosphärischen Veränderungen, dem Klimawandel und potenziellen Folgen des Klimawandels

---

453 *Dietlein*, in: Landmann/Rohmer, BImSchG, § 5 Rn. 145–146.

454 Zu den einzelnen Ansätzen und Fallgruppen *Jarass*, BImSchG, § 5 Rn. 51.

455 So *Di Fabio*, JURA 1996, 566 (572–573), der dieses Erfordernis auch aus dem umweltrechtlichen Vorsorgeprinzip herleitet; *Ossenbühl*, NVwZ 1986, 161 (166–167) sowie *Jarass*, BImSchG, § 5 Rn. 48.

456 Vgl. *Kloepfer/Kröger*, NuR 1990, 8 (13).

457 BVerwGE 69, 37 (43–44).

458 BVerwGE 69, 37 (43); 119, 329 (332–333); *Hutsch*, Anlagenrecht, S. 122; *Dietlein*, in: Landmann/Rohmer, BImSchG, § 5 Rn. 143; *Reese*, ZUR 2010, 339 (342).

hinreichend belegt werden.[459] Mit dieser Begründung sind damit Anforderungen zur Reduzierung von Treibhausgasemissionen auf Grundlage der Vorsorgetatbestände des BImSchG zulässig.[460]

Eine solche „weite" Auslegung der Vorsorgetatbestände ist schließlich auch mit Blick auf Art. 80 Abs. 1 Satz 2 GG unbedenklich. Hiernach müssen Inhalt, Zweck und Ausmaß einer erteilten Ermächtigung in der gesetzlichen Grundlage, vorliegend also in § 23 Abs. 1 Satz 1 BImSchG, hinreichend bestimmt sein. Zweck dieses speziellen verfassungsrechtlichen Bestimmtheitsgrundsatzes ist es, die grundsätzliche Entscheidungszuständigkeit des Gesetzgebers sicherzustellen und eine Vorhersehbarkeit des sich abzeichnenden Verordungsrechts zu gewährleisten.[461] Das immissionsschutzrechtliche Vorsorgekonzept in seinen hergebrachten Voraussetzungen durch Literatur und Rechtsprechung indes klar umrissen.[462] Dies gilt auch für die Voraussetzungen einer klimaschutzbezogenen Vorsorge. Tatbestandlich gilt für diesen speziellen Fall der Vorsorge, namentlich in Bezug auf die Anforderungen an eine detaillierte Ermittlung, Einschätzung und Begründung der potenziellen Schädlichkeit, nichts anderes als bei den klassischen Luftschadstoffen. Damit bleiben sowohl das Ausmaß der delegierten Gesetzgebungskompetenzen als auch die Umstände, unter denen Verordnungsrecht erlassen werden kann, hinreichend klar.

bb) Inhalte der Vorsorgeanforderungen

Es schließt sich die Frage an, welche konkreten Anforderungen an Heizungsanlagen festgelegt werden können, inwieweit also das immissionsschutzrechtliche Verordnungsrecht die Anforderungen des Gebäudeeffizienzrechts und des Erneuerbare-Energien-Rechts ergänzen kann.

§ 23 Abs. 1 Satz 1 BImSchG lässt dem Wortlaut nach sowohl Anforderungen an die Beschaffenheit als auch den Betrieb von Anlagen zu. Da keine weiteren Einschränkungen dieser Regelungsmöglichkeiten vorgesehen sind, bestehen diese gerade auch für bestehende Anlagen.[463]

Einzelne Beschaffenheits- und Betriebsanforderungen sind in den Regelbeispielen gem. § 23 Abs. 1 Satz 1 Nrn. 1–5 BImSchG konkretisiert.[464]

---

459 *Hutsch*, Anlagenrecht, S. 122; siehe auch *Heye*, Treibhausgasreduktion, S. 82, der anstelle des „Besorgnispotenzials" auf den allgemeineren Risikobegriff abstellt.

460 Vgl. zur Vorsorgepflicht nach § 5 Abs. 1 Nr. 2 BImSchG *Hutsch*, Anlagenrecht, S 136; *Rebentisch*, in: Koch, Probleme des Immissionsschutzrechts, S. 42; *Sailer*, NVwZ 2011, 718 (719); *Koch/Wieneke*, DVBl 2001, 1085 (1087) und *Enders*, LKV 2007, 193 (197). A. A. ist *Verheyen*, ZUR 2010, 403 (406).

461 Zusammenfassend *Remmert*, in: Maunz/Dürig, Art. 80, Rn. 66–67; näher *Hill/Martini*, in: Hoffmann-Riem/Schmidt-Aßmann/Voßkuhle, Grundlagen des Verwaltungsrechts, Bd. II, S. 1044.

462 Bayerischer VGH, Beschl. vom 16. Oktober 2002 (22 ZB 02.2301), juris Rn. 16.

463 *Sparwasser/Heilshorn*, in: Landmann/Rohmer, BImSchG, § 23 Rn. 19.

464 *Jarass*, BImSchG, § 23 Rn. 8.

So können bspw. nach § 23 Abs. 1 Satz 1 Nr. 2 BImSchG „Emissionsgrenzwerte“ festgesetzt werden.[465] Nach dem aufgezeigten Verständnis des Vorsorgekonzeptes ist damit grundsätzlich auch die Festsetzung von Grenzwerten für Treibhausgasemissionen wie Kohlendioxid zulässig. Emissionsgrenzwerte sind für die Betreiber von Anlagen insoweit vorteilhaft, als dass sie diesen eine gewisse Flexibilität einräumen. Ob die der Einhaltung von Grenzwerten bereits von technischer Seite gewährleistet ist oder allein im Betrieb gewahrt wird, bleibt den Anlagentreibern selbst überlassen.[466]

Nach § 23 Abs. 1 Satz 1 Nr. 1 BImSchG sind ferner auch technische Anforderungen an Heizungsanlagen zulässig.[467] Hierunter fallen solche Anforderungen, die nicht erst am „Schornstein“, sondern „früher“ ansetzen.[468] Möglich sind insoweit bspw. Beschaffenheitsanforderungen wie Wirkungsgradanforderungen an Brennkessel.[469] Auch das Immissionsschutzrecht ermöglicht damit unter gewissen Umständen Anforderungen an die Effizienz von Anlagen. Allein dem Betrieb zuzuordnen sind bspw. Anforderungen an Betriebszeiten der Anlage.[470] In der Mitte zwischen Beschaffenheits- und Betriebsanforderungen liegen Anforderungen an die Betriebsweise, die implizit eine bestimmte Anlagenbeschaffenheit voraussetzen. Dies gilt z. B. für Anforderungen an die verwendeten Brennstoffe.[471] Als solche Anforderungen sind im Ausgangspunkt sowohl Anforderungen an die Qualität der eingesetzten Brennstoffe als auch Verpflichtungen zum Einsatz bestimmter (z. B. regenerativer) Brennstoffe denkbar.

cc) Ausrichtung am Emissionsverhalten

Bei der Normierung aller Arten von Anforderungen besteht schließlich eine Restriktion, die sich aus dem Sinn und Zweck von § 23 Abs. 1 Satz 1 BImSchG ergibt. Ziel des Vorsorgekonzeptes ist es, die potenziell schädlichen Auswirkungen von Emissionen „am Schornstein“ zu begrenzen. Hieraus folgt, dass sich die Anforderungen des Verordnungsrechts gerade am Emissionsverhalten der erfassten Heizungsanlagen ausrichten und dieses mit Blick auf die potenziell schädlichen

---

465 Rechtsetzungstechnisch kann der Verordnungsgeber nach § 23 Abs. 1 Satz 3 i. V. m. § 7 BImSchG auf technische Normen wie DIN-Normen oder VDI-Richtlinien Bezug nehmen, siehe *Sparwasser/Heilshorn*, in: Landmann/Rohmer, BImSchG, § 23 Rn. 16.

466 *Sparwasser/Heilshorn*, in: Landmann/Rohmer, BImSchG, § 23 Rn. 25.

467 Zur herausgehobenen Rolle der technischen Anforderungen im Klimaschutzrecht *Koch/Wieneke*,DVBl 2001, 1085 (1093–1094).

468 Vgl. *Rebentisch*, in: Koch, Probleme des Immissionsschutzrechts, S. 43.

469 *Rebentisch*, in: Koch, Probleme des Immissionsschutzrechts, S. 49.

470 *Sparwasser/Heilshorn*, in: Landmann/Rohmer, BImSchG; § 23 Rn. 20.

471 *Sparwasser/Heilshorn*, in: Landmann/Rohmer, BImSchG, § 23 Rn. 24 subsumieren solche Vorgaben als Vorgaben zur Verfahrenstechnik unter die *technischen* Anforderungen.

Auswirkungen zielgerichtet vermindern müssen.[472] Eine primäre Ausrichtung an energetischen Merkmalen der Anlagen, bspw. an deren Energieeffizienz, ist dem Vorsorgekonzept hingegen fremd.

Diese Auslegung wird durch den Blick auf das Recht der genehmigungsbedürftigen Anlagen bestätigt. So ist in § 5 Abs. 1 Nr. 4 BImSchG ein spezielles Energieeffizienzgebot[473] für den Betrieb genehmigungsbedürftiger Anlagen normiert. In den §§ 22 ff. BImSchG fehlt es aber an einer § 5 Abs. 1 Nr. 4 BImSchG entsprechenden Regelung. Die gesetzliche Systematik bekräftigt daher, dass im Recht der nicht genehmigungsbedürftigen Anlagen keine primäre Ausrichtung des Verordnungsrechts am energetischen Verhalten der erfassten Anlagen zulässig ist.

Für die Festlegung von Emissionsgrenzwerten wurde dieses Erfordernis in der Rechtsprechung des BVerwG durch das sog. Konzeptgebot näher konkretisiert. Die Festlegung von Grenzwerten soll nach diesem Gebot von einer situativen Betrachtung der Emissionswirkungen individueller Anlagen losgelöst sein und auf einem langfristigen, einheitlichen und gleichmäßigen Konzept beruhen.[474] Speziell für Heizungsanlagen wird in der Literatur zusätzlich gefordert, dass sich der Verordnungsgeber bei der Festlegung von Grenzwerten am Schädigungspotenzial der großen Menge von Heizungsanlagen orientieren muss.[475]

Mit Blick auf Emissionsgrenzwerte für Treibhausgasemissionen erweist sich das Konzeptgebot als problematisch. Denn das potenzielle Schädigungspotenzial solcher Emissionen liegt in den möglichen „Summationsschäden" der globalen Atmosphäre. Aus diesem Schädigungspotenzial müsste ein konkreter Beitrag zur notwendigen Einsparung von Treibhausgasemissionen abgeleitet werden können, der von den Betreibern der Heizungsanlagen zu erbringen ist.[476] Die Ableitung eines solchen Beitrags ist aber nicht notwendigerweise ausgeschlossen. So finden sich mittlerweile auf Unions- und Bundesebene quantitative Klimaschutzziele für einzelne Sektoren.[477] Insoweit ist vorstellbar, dass auf Grundlage dieser Ziele auch ein spezieller Anteil an notwendigen Treibhausgaseinsparungen definiert werden kann, der auf den Betrieb fossiler Heizungsanlagen in Gebäuden entfällt. Durch ein solches Vorgehen könnte das Konzeptgebot folglich erfüllt werden.

---

472 Vgl. zu § 5 BImSchG *Rebentisch*, in: Koch, Probleme des Immissionsschutzrechts, S. 44; *Reese*, ZUR 2010, 339 (341) und *Schröder*, Klimavorsorge, S. 285.

473 So bezeichnet von *Britz*, UPR 2004, 55 (55).

474 So BVerwGE 69, 37 (44–45), welches ein solches Konzeptgebot auf den Verhältnismäßigkeitsgrundsatz stützt. Vertiefend zum Konzeptgebot *Koch/Wieneke*, DVBl 2001, 1085 (1088); speziell zur Anwendbarkeit des Konzeptgebotes im Rahmen von §§ 22, 23 BImSchG *Seiler, Anlagen*, S. 72–73.

475 Vgl. *Seiler, Anlagen*, S. 73.

476 Ähnlich *Wustlich*, Atmosphäre, S. 106–107, der die Eignung der immissionsschutzrechtlichen Vorsorgepflichten zum Klimaschutz aufgrund solcher Notwendigkeiten ablehnt.

477 Zu den Einsparzielen im Gebäudebereich bereits unter Teil 1 D. III.

Auch hinsichtlich der Festlegungsmöglichkeiten für technische Anforderungen zum Klimaschutz sind aus dem Erfordernis einer Ausrichtung der Standards am potenziellen Schädigungspotenzial einige Schlüsse zu ziehen. Erstens sind technische Anforderungen ausgeschlossen, die nur in zweiter Linie auf Verbesserungen des Emissionsverhaltens der Anlagen zielen, in erster Linie hingegen Energieeinsparungen erreichen sollen. So wären bspw. Wirkungsgradanforderungen an Heizkessel, die nicht jedenfalls auch durch wissenschaftliche Grundnahmen zur Emissionsminderung aus den Heizungsanlagen, sondern allein durch Gutachten zu erzielbaren Endenergieeinsparungen im jeweiligen Gebäude hinterlegt würden, rechtswidrig.

Erst recht wären Anforderungen rechtswidrig, die auf Energieeinsparungen zielen, die außerhalb der gegenständlich geregelten Heizungsanlagen erreicht würden.[478] Rechtswidrig wäre bspw. eine immissionsschutzrechtliche Verpflichtung zur Nutzung bestimmter Erdgasprodukte, die sich nicht durch ein günstiges Emissionsverhalten im Anlagenbetrieb, sondern durch geringe energetische Verluste im Rahmen des leitungsgebundenen Erdgastransportes auszeichneten. Eine solche Anforderung würde alleine Fragen der volkswirtschaftlichen Energieeffizienz, nicht hingegen das Emissionsverhalten der geregelten Anlage betreffen.

Schließlich folgt aus der vorgenannten Einschränkung eine weitgehende Unzulässigkeit für eine „immissionsschutzrechtliche Erneuerbare-Energien-Förderung“. Denn im Hinblick auf das Emissionsverhalten von Treibhausgasen stellt sich die Verbrennung von erneuerbaren Rohstoffen wie Holz ähnlich dar wie die Verbrennung fossiler Rohstoffe. Aus Klimaschutzgesichtspunkten ist der Einsatz erneuerbarer Energien als Brennstoffe nur deswegen günstig, weil die Treibhausgasimmissionen einer einzelnen Anlage bei globaler Betrachtung durch nachwachsende Rohstoffe wieder ausgeglichen werden.[479] Eine solche globale Betrachtung widerspricht aber der gerade der Beschränkung, dass sich Anforderungen immer auf eine Verbesserung des Emissionsverhaltens der einzelnen Anlage richten müssen. Daher wäre bspw. die Regelung eines verpflichtenden Einsatzes von Holz als Brennstoff immissionsschutzrechtlich unzulässig.

Die prinzipielle Unzulässigkeit von Anordnungen zur Nutzung regenerativer Brennstoffe folgt auch noch aus einem anderen Gesichtspunkt. Denn auch in Bezug auf das übrige Emissionsverhalten, insbesondere den Feinstaubausstoß, ist die Verbrennung von erneuerbaren Rohstoffen ebenfalls mit der Verbrennung fossiler Rohstoffe vergleichbar.[480] Mitunter kann der Schadstoffausstoß, wie bspw. bei der Verbrennung von behandeltem oder lackiertem Holz (z. B. Spanplatten),

---

478 In Bezug auf die Vorsorgepflicht des § 5 Abs. 1 Nr. 2 BImSchG und des Energieeffizienzgebotes nach § 5 Abs. 1 Nr. 4 BImSchG wurde dies von *Britz*, UPR 2004, 55 (56–57) herausgearbeitet.

479 Zu den Emissionen bei der Verbrennung von regenerativen Energien bereits unter Teil 1 C. I. 1. a).

480 *Röckinghausen*, in: Landmann/Rohmer, 1. BImSchV, Vorb. Rn. 2.

sogar ungünstiger ausfallen.[481] In Bezug auf die Verbrennung regenerativer Energieträger lässt sich daher sagen, dass die Abwehr schädlicher Umwelteinwirkungen, die von den klassischen Luftschadstoffen ausgehen können, Vorrang vor der klimabezogenen Vorsorge hat.[482]

dd) Bindung an den Stand der Technik

Schließlich liegt eine weitere Beschränkung des Verordnungsermessens darin, dass der Verordnungsgeber bei der Festlegung von Anforderungen an den jeweiligen Stand der Technik gebunden ist.

Dies ergibt sich zwar nicht unmittelbar aus dem Wortlaut von § 23 Abs. 1 Satz 1 Nr. 1 BImSchG, allerdings aus dem Vergleich zu den Vorsorgepflichten im Recht der genehmigungsbedürftigen Anlagen (§ 5 Abs. 1 Nr. 2 BImSchG). Wenn schon im Recht der genehmigungsbedüftigen Anlagen, das grundsätzlich vergleichsweise strenge Anforderungen an den Anlagenbetrieb zulässt, ein solcher Vorbehalt besteht, so muss dieser erst recht im Recht der nicht genehmigungsbedürftigen Anlagen gelten.[483]

Der Rechtsbegriff des Standes der Technik ist in § 3 Abs. 6 und dem Anhang zum BImSchG näher definiert.[484] Unter den Begriff des Standes der Technik lässt sich - die einzelnen Definitionsmerkmale zusammenfassend - der Stand der aktuellen Technologie sowie der Art und Weise der Planung, des Baus und des Betriebs vergleichbarer Anlagen(typen) verstehen.[485]

Bei der Begrenzung des Verordnungsermessens durch den Stand der Technik geht es dem Sinn und Zweck nach darum, dass der Schutzzweck nicht schlechthin, sondern nur nach dem Stand des technisch Möglichen und des wirtschaftlich Vernünftigen erreicht werden soll.[486] Mit dem zweitgenannten Aspekt ist daher auch eine eine gewisse ökonomische Begrenzung angesprochen. Diese Begrenzung ist aber schwächer ausgeprägt als im Gebäudeeffizienz- und Erneuerbare-Energien-Recht, wo der sog. Wirtschaftlichkeitsgrundsatz gilt und den Spielraum des Verordnungsgebers teilweise stark einschränkt.[487]

---

481 Allgemein *Röckinghausen*, ZUR 2011, 65 (67); zur Verbrennung von Stroh vgl. auch die Verordnungsbegründung der Bundesregierung zur BImSchV-Novelle des Jahres 2010, BT-Drs. 16/13100 vom 22. Mai 2009, S. 30.

482 Siehe zu diesem Konflikt BT-Drs. 16/13100 vom 22. Mai 2009, S. 22.

483 A. A. mit Blick auf § 23 BImSchG ist *Seiler, Anlagen,* S. 73, der dieses Argument allerdings nicht widerlegt.

484 Nicht relevant für Heizungsanlagen ist hingegen der Stand der Technik nach den BVT-Merkblättern und Schlussfolgerungen (§ 3 Abs. 6a und 6b BImSchG). Diese betreffen allein genehmigungsbedürftige Anlagen.

485 *Jarass*, BImSchG; § 3 Rn. 35a; zur Abgrenzung gegenüber anderen Technikklauseln *Kloepfer*, Umweltrecht, S. 150–151.

486 So bereits der Gesetzentwurf der Bundesregierung vom 14. Februar 1973, BT-Drs. 7/179, S. 38.

487 Zum Wirtschaftlichkeitsgrundsatz des EnEG bereits unter Teil 3 A. II. 4. b). gg).

d) Verhältnis zum Gebäudeeffizienzrecht

Die dargestellten Regelungsmöglichkeiten gem. § 23 Abs. 1 Satz 1 BImSchG machen es schließlich notwendig, das Verhältnis des Immissionsschutzrechts zu den übrigen bundesrechtlichen Instrumenten der Wärmewende, insbesondere zum Gebäudeeffizienzrecht, zu klären.

Nach § 4 Abs. 2 EnEG können Energieeffizienzanforderungen an bestehende Gebäude, Anlagen und Einrichtungen per Rechtsverordnung festgelegt werden, soweit eine wesentliche Änderung von Gebäuden vorgenommen werden soll. Das EnEG ermächtigt den Verordnungsgeber somit zur Regelung anlassabhängiger Sanierungsstandards. Hierbei können insbesondere Anforderungen an die Anlagentechnik von bestehenden Heizungs- und Warmwasserversorgungsanlagen (§ 4 Abs. 2 i. V. m. § 2 EnEG) geregelt werden. Nach § 4 Abs. 3 Satz 1 Nr. 1 EnEG können einzelne Anforderungen an bestehende Gebäude darüber hinaus auch anlassunabhängig festgelegt werden. Für beide Arten von Anforderungen gelten spezifische Wirtschaftlichkeitsgebote (§§ 5 Abs. 1, 4 Abs. 3 Satz 2 EnEG), im Fall der anlassunabhängigen Anforderungen außerdem ein spezielles Energieeinspargebot (§ 4 Abs. 3 Satz 2 EnEG).

Soweit es um Heizungsanlagen im immissionsschutzrechtlichen Sinne (Brennkessel, Wärmetauscher oder Lüftungsrohre) geht, enthält § 23 Abs. 1 Satz 1 BImSchG nach der vorliegend vertretenen Auffassung im Ergebnis ebenfalls gewisse Festsetzungsmöglichkeiten für Effizienzanforderungen. Möglich sind bspw. Wirkungsgrade für Heizkessel, wenn sich solche Anforderungen primär an den erzielbaren Treibhausgasemissionsminderungen der Anlagen ausrichten.

Zwischen den Regelungsmöglichkeiten des Gebäudeeffizienzrechts und den Regelungsmöglichkeiten des Immissionsschutzrechts besteht daher ein gewisses inhaltliches Überschneidungspotenzial. Insoweit stellt sich die Frage, ob die Regelungsmöglichkeiten des Verordnungsgebers auf Grundlage des § 23 Abs. 1 Satz 1 BImSchG möglicherweise mit Blick auf die Verordnungsermächtigungen des EnEG beschränkt sind, ob also ein Spezialitätsverhältnis des Gebäudeeffizienzrechts besteht.

Ein solches Spezialitätsverhältnis würde allerdings voraussetzen, dass zwischen den Verordnungsermächtigungen eine Normenkollision droht.[488] Der Verordnungsgeber müsste sich in einer Situation befinden, in der von zwei alternativ in Betracht kommenden Rechtsgrundlagen nur eine Rechtsgrundlage ausgewählt werden könnte.[489]

Eine solche Situation liegt bei sich überschneidenden Verordnungsermächtigungen aber nicht vor. Beim Verordnungserlass geht es, funktional betrachtet, um Rechtssetzung.[490] Der Verordnungsgeber unterliegt zwar den inhaltlichen Vorgaben

488 Zum Begriff der Normenkollision *Korioth*, in: Maunz/Dürig, Art. 31 Rn. 9–10; *Barczak*, JuS 2015, 969 (970–971).

489 Vgl. *Reimer*, Methodenlehre, S. 298 sowie *Zippelius*, Methodenlehre, S. 30.

490 *Ossenbühl*, in: Isensee/Kirchhof, Handbuch des Staatsrechts, Bd. V, S. 262.

der Verordnungsermächtigung.[491] Diese Vorgaben haben aber lediglich die Funktion, das Verordnungsermessen aufgrund verfassungsrechtlicher Notwendigkeiten (Art. 80 Abs. 1 Satz 2 GG) genauer zu konturieren.[492] Verordnungsermächtigungen geben dem Verordnungsgeber programmatische Vorgaben an die Hand.[493] Sie wirken als Erlaubnisnormen.[494] Aus diesem Grund können Verordnungsermächtigungen auch nicht miteinander kollidieren. Es besteht damit ein Wahlrecht des Verordnungsgebers zwischen alternativ in Betracht kommenden Verordnungsermächtigungen, auf deren Grundlage dieselbe Sachfrage geregelt werden kann.[495]

Auch die Verordnungsermächtigungen nach § 4 Abs. 2, 3 EnEG und § 23 Abs. 1 Satz 1 BImSchG stehen damit nebeneinander. Normenkollisionen sind erst auf Ebene des Verordnungsrechts denkbar.

4. Zusammenfassung

Das BImSchG enthält mit dem gesetzlichen Ziel des Atmosphärenschutzes einen Überschneidungspunkt mit den Fernzielen der Wärmewende. In gegenständlicher Hinsicht erfasst das BImSchG auch häusliche Heizungsanlagen als nicht genehmigungsbedürftige Anlagen.

Die Betrachtung der materiellen Bestimmungen des BImSchG ergibt, dass Klimaschutzstandards nicht auf Grundlage der Ermächtigungsgrundlagen zur Abwehr schädlicher Umwelteinwirkungen erlassen werden können. Aus den Tatbeständen zur Abwehr schädlicher Umwelteinwirkungen lassen sich keine Anforderungen an eine Verringerung des Treibhausgasausstoßes ableiten, sondern nur solche Anforderungen, die auf die Verringerung der Einwirkungen von gewöhnlichen, bei Verbrennungsprozessen entstehenden Luftschadstoffen auf bestimmbare Immissionsorte abzielen.

Im Rahmen der Ermächtigungsgundlagen zur Vorsorge gegen schädliche Umwelteinwirkungen sind Klimaschutzstandards hingegen zulässig. § 23 Abs. 1 Satz 1 BImSchG enthält für den Bereich nicht genehmigungsbedürftiger Anlagen eine solche Ermächtigungsgrundlage.

Nach § 23 Abs. 1 Satz 1 BImSchG sind Anforderungen an die technische Beschaffenheit und an den Betrieb von Anlagen zulässig. Als Besonderheit des Immissionsschutzrechts sind Emissionsgrenzwerte zu nennen, die für örtliche Heizungsanlagen

---

491 *Voßkuhle/Wischmeyer*, JuS 2015, 311 (313). Insoweit geht es gleichzeitig um Rechtsanwendung, zu dieser Doppelstellung *v. Danwitz*, Gestaltungsfreiheit des Verordnungsgebers, S. 54–55.

492 *V. Danwitz*, Gestaltungsfreiheit des Verordnungsgebers, S. 144–145 spricht von einer „formellen Grenze" und einem „äußeren Rahmen" der Gestaltungsfreiheit.

493 *Ossenbühl*, in: Isensee/Kirchhof, Handbuch des Staatsrechts, Bd. V, S. 281.

494 Zur Unanwendbarkeit von Kollisionsregeln im Fall von Erlaubnisnormen vgl. *Korioth*, in: Maunz/Dürig, Art. 31 Rn. 13.

495 Siehe *Sparwasser/Engel*, in: Landmann/Rohmer, BImSchG, § 23 Rn. 8 zum Verhältnis zwischen §§ 23 und 48 a) BImSchG.

vorgegeben werden können. Emissionsgrenzwerte stellen einen ordnungsrechtlich flexiblen Regelungsansatz dar, der den Betreibern den Weg zur Einhaltung derselben überlässt. Im Übrigen ermächtigt § 23 Abs. 1 Satz 1 BImSchG auch zu technischen Anforderungen sowie zu Betriebsanforderungen.

Eingeschränkt wird der Spielraum des Verordnungsgebers durch zwei Erfordernisse. Erstens müssen die Anforderungen des Verordnungsrechts primär auf eine Emissionsreduzierung der gegenständlich erfassten Heizungsanlagen ausgerichtet sein. Eine Ausrichtung der Standards am energetischen Verhalten ist hingegen nicht zulässig. Aus diesem Grund kann das Immissionsschutzrecht nicht zielgerichtet zur Förderung der Energieeffizienz oder des Erneuerbare-Energien-Einsatzes herangezogen werden, sondern nur zum unmittelbaren Ziel des Klimaschutzes.

Mit Blick auf das Ziel des Klimaschutzes steht dem Verordnungsgeber allerdings ein Wahlrecht zwischen den alternativ in Betracht kommenden Rechtsgrundlagen zu. Auch alternativ nebeneinander bestehende Regelungsmöglichkeiten im Immissionsschutzrecht und im Gebäudeeffizienzrecht, bspw. zu Wirkungsgradanforderungen an Heizkessel, verpflichten den Verordnungsgeber nicht zur Wahl einer der beiden Rechtsgrundlagen.

II. Erste Verordnung zum Bundes-Immissionsschutzgesetz

Seit dem Jahr 1974 existiert die Erste Verordnung zum Bundes-Immissionsschutzgesetz (1. BImSchV) als einschlägige Rechtsverordnung zu § 23 BImSchG.[496] Sie ist in ihrer aktuellen Fassung am 22. März 2010 in Kraft getreten.[497]

Der Anwendungsbereich der 1. BImSchV erfasst nach § 1 „nicht genehmigungsbedürftige Feuerungsanlagen“ und damit gerade auch Heizungsanlagen in Gebäuden.[498] Aktuell fällt eine Anzahl von etwa 30 Millionen Heizungsanlagen in den Anwendungsbereich.[499] Die Vorgaben der 1. BImSchV sind daher von erheblicher praktischer Bedeutung.

Die 1. BImSchV regelt unterschiedliche Arten materieller Standards. Zunächst werden Anforderungen an Brennstoffe geregelt, die in Heizungsanlagen zum Einsatz kommen (§ 3 der 1. BImSchV). Ferner enthält das Verordnungsrecht technische- und Betriebsanforderungen an Heizungsanlagen. Hierbei ist wiederum zwischen Anforderungen an Feuerungsanlagen für feste Brennstoffe (§§ 4, 5 der 1. BImSchV) und Anforderungen an Öl- und Gasfeuerungsanlagen (§§ 6 – 11 der 1. BImSchV) zu differenzieren.

---

496 Erste Verordnung zum Bundes-Immissionsschutzgesetz vom 28. August 1974 (BGBl. I S. 2121). Auch *Salje*, ET 1982, 674 (680) bezeichnete die 1. BImSchV als Energiesparrecht.

497 Ausführlich *Röckinghausen*, in: Landmann/Rohmer, 1. BImSchV, Vorb. Rn. 3.

498 Siehe die Verordnungsbegründung der Bundesregierung aktuellen Fassung der 1. BImSchV, BT-Drs. 16/13100 vom 22. Mai 2009 S. 27; ähnlich *Keyhanian*, Instrumente, S. 410.

499 *Röckinghausen*, ZUR 2011, 65 (65).

1. *Anforderungen an Brennstoffe*

§ 3 Abs. 1 der 1. BImSchV definiert auf abschließende Weise diejenigen Brennstoffe, die in Heizungsanlagen verfeuert werden dürfen.[500] Ziel dieser Vorgaben ist es, den Ausstoß von Luftschadstoffen bei der Verbrennung gering zu halten.[501]

Die Vorgaben knüpfen tatbestandlich an den Einsatz der Brennstoffe in Feuerungsanlagen an (§ 3 Abs. 1 Halbsatz 1 der 1. BImSchV). Dabei werden für eine Reihe von Brennstoffen auch qualitative Voraussetzungen normiert. So verweist bspw. § 3 Abs. 1 Nr. 9 der 1. BImSchV Nr. 9 auf Qualitätsanforderungen an den Brennstoff Heizöl, die in einschlägige DIN-Normen definiert sind.

Nach § 3 Abs. 1 der 1. BImSchV sind diverse erneuerbare Energieträger als Brennstoffe zugelassen. Dabei enthält das Verordnungsrecht auch Qualitätsvorgaben für die wichtigen Brennstoffe Holz und Biomasse (§ 3 Abs. 1 Nrn. 4 – 8 der 1. BImSchV). Ferner ist eine Öffnungsklausel für sonstige erneuerbare Energieträger normiert, die in Zukunft vermehrt zum Einsatz kommen könnten (§ 3 Abs. 1 Nr. 13 der 1. BImSchV).[502] Der Einsatz von Energieträgern nach der Öffnungsklausel ist ebenfalls nur bei Wahrung bestimmter Qualitätsvorgaben zulässig (§ 3 Abs. 5 der 1. BImSchV). Diese Vorgaben stellen ihrem Sinn und Zweck nach ein Gleichlauf des Emissionsverhaltens mit dem Referenzbrennstoff Holz in Form von Holzpellets sicher.[503]

Mit dem Ansatz der Zulassung erneuerbarer Energien als Brennstoffe unter Absicherung eines gegenüber anderen Brennstoffen gleichwertigen Emissionsverhaltens bewegt sich § 3 der 1. BImSchV damit innerhalb des gesetzlichen Regelungsspielraums.[504] Gleichzeitig zeigt sich sehr deutlich, dass eine immissionsschutzrechtliche Förderung des Erneuerbare-Energien-Einsatzes kaum über die grundsätzliche Zulassung von erneuerbaren Energien als Brennstoffen hinausgehen kann.

2. *Anforderungen an Feuerungsanlagen für feste Brennstoffe*

Zweitens enthält die 1. BImSchV Anforderungen an Heizungsanlagen, in denen feste Brennstoffe zum Einsatz kommen (§§ 4 – 5 der 1. BImSchV). Erfasst sind allen Arten von Brennkesseln zur Versorgung ganzer Gebäude sowie darüber hinaus auch sog. Einzelraumfeuerungsanlagen (§ 2 Nr. 3 der 1. BImSchV). Zu letzteren zählen typischerweise Kamin- und Kachelöfen.[505] Einzelraumfeuerungsanlagen wurden

---

500 Zum abschließenden Charakter siehe BT-Drs. 16/13100 vom 22. Mai 2009, S. 28.

501 Vgl. BT-Drs. 16/13100 vom 22. Mai 2009, S. 28 zum Emissionsverhalten von Holzprodukten.

502 *Röckinghausen*, in: Landmann/Rohmer, 1. BImSchV, Vorb. Rn.8; *Behnke*, 1. BImSchV, S. 3.

503 Vgl. *Röckinghausen*, in: Landmann/Rohmer, 1. BImSchV, § 3 S. 10–11.

504 Siehe zu den gesetzlichen Grenzen des BImSchG bereits unter Teil 3 C. I. 3. c) cc).

505 *Behnke*, 1. BImSchV, S. 4; *Röckinghausen*, ZUR 2011, 65 (68).

erstmals mit der Verordnungsnovelle des Jahres 2010 in den Anwendungsbereich der 1. BImSchV einbezogen.[506]

Nach § 4 der 1. BImSchV müssen Feuerungsanlagen für feste Brennstoffe eine Reihe ordnungsrechtlicher Anforderungen erfüllen. Unter anderem dürfen einige Typen von Feuerungsanlagen (z. B. Einzelraumfeuerungsanlagen) nur betrieben werden, wenn nach § 4 Abs. 3, Abs. 7 der 1. BImSchV Emissionsgrenzwerte eingehalten werden. Solche Emissionsgrenzwerte sind derzeit für die Luftschadstoffe Kohlenmonoxid, Feinstaub, Stickstoffoxide, Dioxine und Furane in Anlage 4 Nrn. 1 und 2 der 1. BImSchV festgesetzt.[507]

Dabei reicht es nach den vorgenannten Bestimmungen aus, dass diese Grenzwerte vor dem Einbau vom Hersteller der Anlage unter Prüfbedingungen eingehalten wurden. Das Verordnungsrecht greift insoweit auf das Regelungsmodell einer sog. Typprüfung zurück (§ 4 Abs. 3, Abs. 7 der 1. BImSchV). Private Betreiber solcher Anlagen können dann auf entsprechende Konformitätsbescheinigungen der Hersteller verweisen.[508] Überschreitet die Feuerungswärmeleistung von Heizungsanlagen im häuslichen Bereich allerdings eine Grenze von 4 MW, so greifen die zusätzlichen Vorgaben gem. § 5 der 1. BImSchV ein. Emissionsgrenzwerte für Kohlenmonoxid und Feinstaub sind in diesem Fall auch beim privaten Betrieb der Anlagen jederzeit einzuhalten (§ 5 Abs. 1 der 1. BImSchV).[509] Die große Mehrzahl aller häuslichen Anlagen zur Heizwärme- und Warmwasserbereitung liegt allerdings unter dieser Leistungsgrenze.[510]

Zweitens legt § 4 Abs. 3 i. V. m. Anlage 4 Nr. 1 zur 1. BImSchV - allein für Einzelraumfeuerungsanlagen - fest, dass bestimmte Mindestwirkungsgrade für den Verbrennungsprozess eingehalten werden müssen. Die Mindestwirkungsgrade sind aber nicht im Betrieb einzuhalten, sondern nach § 4 Abs. 3 der 1. BImSchV ebenfalls nur im Rahmen der Typprüfung. Die Mindestwirkungsgrade werden in technischer Hinsicht mit Blick auf den sog. Abgasverlust ermittelt (Anlage 4 Nr. 3.3 der 1. BImSchV).

Mit Blick auf einen möglichen Klimaschutzbezug der vorgenannten Standards ist erstens festhalten, dass bisher keine Grenzwerte für Treibhausgasausstöße durch Feuerungsanlagen für feste Brennstoffe festgelegt sind. Zweitens sind lediglich für einzelne Anlagentypen Effizienzanforderungen in Form von Mindestwirkungsgraden geregelt. Mit Blick auf die Historie der Verordnung wird allerdings ersichtlich, dass diese Effizienzanforderungen alleine der Abwehr schädlicher Umwelteinwirkungen dienen. So stand die Reduzierung des Treibhausgasausstoßes aus Heizungsanlagen für feste Brennstoffe im Rahmen der Novellierung der 1. BImSchV im Jahr 2010 nicht im Fokus des Verordnungsgebers. Vielmehr begründete die Bundesregierung

506 BT-Drs. 16/13100 vom 22. Mai 2009, S. 29.
507 *Röckinghausen*, in: Landmann/Rohmer, 1. BImSchV, Vorb. Rn. 10.
508 *Behnke*, 1. BImSchV, S. 4.
509 *Behnke*, 1. BImSchV, S. 7.
510 BT-Drs. 16/13100 vom 22. Mai 2009, S. 27.

eine Verschärfung der Wirkungsgrade mit der Absicht, das Emissionsverhalten von Heizungsanlagen in Bezug auf die übrigen Luftschadstoffe – insbesondere Feinstaub – verbessern zu wollen.[511] Damit enthalten die Anforderungen an Feuerungsanlagen für feste Brennstoffe weder Energieeffizienz- noch Klimaschutzrecht.

3. Anforderungen an Feuerungsanlagen für Gas und Öl

Die Betrachtung der Vorschriften zu Gas- und Ölfeuerungsanlagen ergibt hinsichtlich der Emissionsgrenzwerte ein ähnliches Bild. Auch für alle Typen von Gas- und Ölfeuerungsanlagen setzt die 1. BImSchV zwar solche Emissionsgrenzwerte fest, bezieht Treibhausgasemissionen aber nicht mit ein.[512]

In Fragen der Effizienzregulierung weisen die Regelungen zu Gas- und Ölfeuerungsanlagen aber Unterschiede zu den Anforderungen an Festbrennstoffanlagen auf. Für größere Gas- und Ölfeuerungsanlagen, die Wasser als Wärmeträger benutzen (ab einer Nennwärmeleistung von mehr als 400 KW) gilt nach § 6 Abs. 2 der 1. BImSchV eine spezielle Effizienzanforderung. Solche größeren Gas- und Ölfeuerungsanlagen haben in Rahmen von Typprüfungen bestimmte Mindestnutzungsgrade einzuhalten. Nutzungsgrade definieren Werte zur Effizienz im Betrieb von Anlagen und berücksichtigen dabei die individuellen Umstände des Einsatzes.[513]

Für alle Ölfeuerungsanlagen mit Verdampfungs- und Zerstäubungsbrenner sowie für Gasfeuerungsanlagen begrenzt die 1. BImSchV darüber hinaus die zulässigen Abgasverluste (§ 10 Abs. 1 der 1. BImSchV).[514] Auch hiermit hat der Verordnungsgeber ein Effizienzkriterium verbindlich vorgeschrieben.[515] Die Bestimmung ist grundsätzlich auf alle Bestandanlagen unabhängig von der jeweiligen Wärmeleistung anwendbar. Die Begrenzungen für Abgasverluste gelten dabei nicht allein im Rahmen von Typprüfungen, sondern auch im Betrieb der Anlagen (§ 10 Abs. 1 Satz 1 der 1. BImSchV).

Allerdings handelt es sich auch bei den vorgenannten Anforderungen nicht um Klimaschutz- oder Energieeffizienzrecht. Auch die Festlegungen zur Begrenzung von Abgasverlusten für Gas- und Ölfeuerungsanlagen verfolgen bisher nicht den Zweck der Verringerung von Treibhausgasemissionen. Auch diese Anforderungen stehen allein mit dem (sonstigen) Emissionsverhalten der Anlagen im Zusammenhang.[516]

---

511 Vgl. BT-Drs. 16/13100 vom 22. Mai 2009, S. 22.

512 Siehe die Bestimmungen in §§ 6 Abs. 1; 7 Satz 1 Nr. 1, 2, 4; 8 Satz 1 Nr. 1, 2, 4; 9 Abs. 1; 10 Abs. 1 Satz 1 der 1. BImSchV.

513 Zum Unterschied zwischen Wirkungsgraden und Nutzungsgraden siehe bereits unter Teil 1 C. I. 1. a).

514 Siehe die Bestimmungen in §§ 7 Satz 1 Nr. 3; 8 Satz 1 Nr. 3; 9 Abs. 2 der 1. BImSchV. Zu den Abgasverlusten als Indikatoren für den Wirkungsgrad siehe bereits unter Teil 1 C. I. 1. a).

515 *Heye*, Treibhausgasreduktion, S. 108.

516 Vgl. *Röckinghausen*, in: Landmann/Rohmer, 1. BImSchV, Vorb. Rn. 11–12.

4. Zusammenfassung

Die 1. BImSchV erfasst 30 Mio. Heizungsanlagen des Gebäudebestandes. Sie kann damit als ein zentrales Steuerungsinstrument des Gebäudesektors bezeichnet werden. Die Verordnung enthält qualitative Anforderungen an Brennstoffe. Darüber hinaus regelt sie technische Anforderungen und Betriebsanforderungen an Anlagen für feste Brennstoffe und an Öl- und Gasfeuerungsanlagen.

Die 1. BImSchV legt für keine der erfassten Anlagenarten Emissionsgrenzwerte für den Treibhausgasausstoß fest. In der Möglichkeit einer solchen Festlegung liegt aber gerade das besondere Potenzial des Immissionsschutzrechts für die Wärmewende. Dieses Potenzial bleibt bislang ungenutzt.

Zwar sind alle denkbaren Arten erneuerbarer Energieträger von der Verordnung als Brennstoffe zugelassen. In dieser Zulassung erschöpft sich die Erneuerbare-Energien-Förderung allerdings. Die qualitative Anforderungen des Verordnungsrechts an regenerative Brennstoffe stellen lediglich sicher, dass die zunehmende Verbrennung erneuerbarer Energieträger im Hinblick auf die Emissionen klassischer Luftschadstoffe keine zusätzlichen Belastungen der Luftqualität mit sich bringt.

Im Übrigen enthält die 1. BImSchV eine Reihe von Effizienzanforderungen an Heizungsanlagen. Feuerungsanlagen für feste Brennstoffe müssen bestimmte Mindestwirkungsgrade einhalten. Im Hinblick auf Öl- und gasbetriebene Heizungsanlagen wird über eine Begrenzung von Abgasverlusten ebenfalls eine energieeffiziente Verbrennung vorgeschrieben. Für leistungsstärkere Öl- und Gasfeuerungsanlagen sind Mindestnutzungsgrade vorgeschrieben.

Keine der vorgenannten Vorgaben zielt allerdings auf die Energieeffizienz der Prozesse als solche oder auf die Verringerung des Treibhausgasausstoßes und damit auf den Klimaschutz ab. Ziel des Verordnungsgebers ist vielmehr die Gewährleistung einer hinreichenden Luftqualität und eine Vermeidung von Luftbelastungen durch die klassischen Luftschadstoffe. Die Verringerung des Treibhausgasausstoßes ist daher allein ein „mittelbarer" Effekt des bisherigen Verordnungskonzeptes.

Somit beschränken sich die Vorgaben der 1. BImSchV im Ergebnis auf die Abwehr schädlicher Umwelteinwirkungen. Von den weitergehenden Möglichkeiten zur Vorsorge gegen die Gefahren des Klimawandels wurde bisher kein Gebrauch gemacht.[517]

III. Vollzug

Abseits des materiellen Rechts enthält auch das BImSchG – wie bereits das Gebäudeeffizienz- und das Erneuerbare-Energien-Recht – punktuelles Vollzugsrecht.

Das BImSchG setzt in Fragen des Vollzugs, mangels einer präventiven Kontrolle der §§ 22, 23 BImSchG in immissionsschutzrechtlichen Genehmigungsverfahren,

517 *Heye*, Treibhausgasreduktion, S. 109 und *Koch*, Probleme des Immissionsschutzrechts, S. 49 sprechen hingegen von „Klimaschutzrecht". Dies ist zu präzisieren, es muss von „mittelbarem" Klimaschutzrecht gesprochen werden.

allein auf eine repressive Durchsetzung.[518] Eine Präventivkontrolle ist daher nur ausnahmsweise denkbar, wenn einzelne Länder die materiellen Bestimmungen der §§ 22, 23 BImSchG in das Prüfprogramm zur Erteilung von Baugenehmigungen aufnehmen.[519] Soweit dies nicht der Fall ist, kann eine repressive Durchsetzung des Immissionsschutzrechts nach den §§ 24, 25 BImSchG grundsätzlich auch ungeachtet etwaiger Baugenehmigungen erfolgen.[520] Die zuständigen Behörden können dabei sowohl nachträgliche Anordnungen im Einzelfall treffen (§ 24 BImSchG) als auch Untersagungen des Betriebs verfügen (§ 25 BImSchG).[521]

Sollten zukünftig auch Klimaschutzstandards im Immissionsschutzrecht geregelt werden, so können solche Standards auch durch die vorgenannten Verfügungen durchgesetzt werden. Rechtswidrig installierte oder betriebene Heizungsanlagen im Gebäudebestand wären folglich entsprechend nachzurüsten oder außer Betrieb zu nehmen.

IV. Zusammenfassung und Bewertung

Die Ziele des Immissionsschutzrechts decken sich partiell mit den Zielvorstellungen der Wärmewende. Dies betrifft insbesondere den Umwelt- sowie den Atmosphärenschutz, der im Immissionsschutzrecht durch eine Begrenzung der Emissionen aus Heizungsanlagen erreicht werden kann. Fragen der Energieversorgungssicherheit und der Preiswürdigkeit spielen im Immissionsschutzrecht hingegen keine Rolle. Dem Immissionsschutzrecht kommt daher im Ausgangspunkt eine eher ergänzende Funktion bei der Steuerung der Wärmewende zu.

Die Vorschriften des BImSchG zu nicht genehmigungsbedürftigen Anlagen (§§ 22 – 25 BImSchG) finden auch auf Heizungsanlagen Anwendung, die in Gebäuden installiert sind und betrieben werden. Gesetzlicher Anknüpfungspunkt für Ordnungsrecht mit dem Ziel des Klimaschutzes sind dabei nicht die Rechtsgrundlagen zur Gefahrenabwehr, sondern die Rechtsgrundlagen zur Vorsorge. Das Vorsorgekonzept lässt grundsätzlich auch emissionsmindernde Maßnahmen zu, die den Gefahren des Klimawandels begegnen sollen. Die Verordnungsermächtigung in § 23 Abs. 1 Satz 1 BImSchG ermöglicht die Regelung solcher Vorsorgeanforderungen auch für nicht genehmigungsbedürftige Anlagen.

Das Vorsorgekonzept lässt ordnungsrechtliche Standards allerdings nicht mit dem unmittelbaren Ziel einer Steigerung des Erneuerbare-Energien-Einsatzes oder einer Steigerung der Energieeffizienz zu. Anforderungen sind vielmehr immer mit der Notwendigkeit verbunden, sich am Emissionsverhalten der gegenständlich erfassten Anlagen auszurichten und dieses zu verbessern. Daher scheidet bspw.

---

518 *Heye*, Treibhausgasreduktion, S. 5.

519 Zu dieser möglichen Rolle der §§ 22, 23 BImSchG als zu prüfende „öffentlich-rechtliche Vorschriften" im Sinne der Landesbauordnungen *Seiler, Anlagen,* S. 104.

520 BVerwG, Beschluss v. 09. März 1988 (7 B 34/88), juris Rn. 3–4.

521 *Enders*, in:Giesberts/Reinhardt, BImSchG, § 22 Rn. 11;.*Jarass*, BImSchG, § 22 Rn. 12.

eine Förderung des Einsatzes erneuerbarer Brennstoffe auf Grundlage des Immissionsschutzrechts aus.

Anderseits ist der Spielraum für immissionsschutzrechtliches Verordnungsrecht an anderer Stelle, nämlich in Fragen der wirtschaftlichen Belastung der Anlagenbetreiber, durchaus weiter als im Gebäudeeffizienz- oder Erneuerbare-Energien-Recht. Einschränkungen geht hier nur mit der Bindung des Verordnungsgebers an den Stand der Technik einher.

In Rechtsverordnungen zur Vorsorge nach § 23 Abs. 1 Satz 1 BImSchG können als Besonderheit des Immissionsschutzrechts Grenzwerte für Treibhausgasemissionen festgelegt werden. Solche Anforderungen überlassen den Anlagenbetreibern den genauen Weg zur Einhaltung und weisen daher den Vorteil einer Flexibilität des Ordnungsrechts auf. Neben Emissionsgrenzwerten können technische- oder Betriebsanforderungen an die Effizienz von Heizungsanlagen festgelegt werden, soweit diese im Zusammenhang mit dem Gebot der Emissionsminderung stehen.

Das punktuell in der 1. BImSchV festgelegte Effizienzrecht ist seinem Charakter nach Gefahrenabwehrrecht und kein Vorsorgerecht. Durch die derzeitigen Anforderungen wird die Effizienz von Anlagen daher auch nur in dem Maße gesteigert, in der dies zur Gefahrenabwehr von klassischen Luftschadstoffen erforderlich ist. Auch eine Erneuerbare-Energien-Förderung über die verordnungsrechtlichen Brennstoffanforderungen findet, insoweit konform mit der gesetzlichen Verordnungsermächtigung, nicht statt.

Auch zukünftig besteht ein gewisses, wenngleich begrenztes Potenzial für eine Einbeziehung des Immissionsschutzrechts in die Wärmewende. Aufgrund der fehlenden Perspektive auf Fragen der Energieversorgungssicherheit und der ökonomischen Rahmenbedingungen sollte dem Immissionsschutzrecht wie bislang eine ergänzende Rolle zukommen. Indes besteht die besondere Steuerungsleistung des Immissionsschutzrechts in der Möglichkeit, Treibhausgasemissionsbegrenzungen nach dem Stand der Technik rechtsverbindlich festzulegen und durchzusetzen.

Soll diese Steuerungsleistung genutzt werden, so müssen klimaschützende Inhalte des immissionsschutzrechtlichen Verordnungsrechts zunächst Normenkollisionen mit der EnEV vermeiden und die EnEV sinnvoll ergänzen.[522] Rechtstechnisch kommt insoweit vor allem eine Normierung von Emissionsgrenzwerten für den Ausstoß von Treibhausgasemissionen beim Betrieb von Heizungsanlagen in Betracht. Dabei müssen die immissionsschutzrechtlichen Standards am volkswirtschaftlich definierten Schädigungspotenzial der Treibhausgasemissionen aus Heizungsanlagen anknüpfen. Dieses kann bspw. auf Grundlage der Klimaschutzziele für den Gebäudebereich ermittelt werden, wobei ein spezifischer Klimaschutzbeitrag der Anlagenbetreiber zu definieren ist.

522 Diese Empfehlung findet sich auch bei *Heye*, Treibhausgasreduktion, S. 108.

Vierter Teil: Ordnungsrecht der Länder

Auch auf landesrechtlicher Ebene existiert derzeit ein Bestand an Normen, die als gebäudebezogenes Ordnungsrecht der Wärmewende eingeordnet werden können.

Der große Umfang an einschlägigem Bundesrecht bringt es dabei mit sich, dass dem Landesrecht im Ausgangspunkt eine eher ergänzende Rolle zukommt.[1] Diese ergänzende Funktion ist auch eine Konsequenz der verfassungsrechtlichen Kompetenzordnung. Im ersten Schritt wird daher der verbleibende landesgesetzgeberische Spielraum neben dem bestehenden Bundesrecht skizziert (A.).

Mit der Feststellung einer ergänzenden Funktion ist allerdings noch keine Aussage über die Steuerungsleistung des Landesrechts verbunden. Auch decken sich die Inhalte des Landesrechts nicht notwendigerweise mit dem untersuchten Bundesrecht. Schließlich kann, streng genommen, auch nicht von dem Landesordnungsrecht der Wärmewende gesprochen werden, da auf landesrechtlicher Ebene sechzehn unterschiedliche Rechtsordnungen mit unterschiedlichen Rechtsgrundlagen existieren. Ungeachtet dieser Schwierigkeiten für eine zu stark vereinheitlichende Betrachtung lassen sich dennoch bestimmte Grundstrukturen im Landesrecht ausmachen. Diese Strukturen werden im Folgenden - entsprechend der Untersuchung des Bundesrechts - geordnet nach den jeweiligen Rechtsgrundlagen dargestellt. Ein erster ordnungsrechtlicher Ansatz, der speziell auf die Nutzung erneuerbarer Energien abzielt, findet sich im Erneuerbare-Wärme-Gesetz des Landes Baden-Württemberg (B.). Zweitens enthalten die Bauordnungen der Länder sowohl Regelungen zur Energieeffizienz als auch zur Nutzung erneuerbarer Energien (C.). Im Ordnungsrecht der Landesklimaschutzgesetze steht schließlich alleine die Energieeffizienz von Gebäuden im Vordergrund (D.).

A. Verbleibender Gestaltungsspielraum

Die Frage nach dem verbleibenden Spielraum der Landesgesetzgeber neben EEWärmeG, EnEG und EnEV sowie BImSchG und 1. BImSchV muss mit Blick auf die Gesetzgebungskompetenzen nach den Art. 70 ff. GG beantwortet werden.

Die verfassungsrechtlichen Bestimmungen zur Verteilung der Gesetzgebungskompetenzen zwischen Bund und Ländern sehen im Ausgangspunkt drei unterschiedliche Kompetenztypen vor.[2] Erstens bestehen nach Art. 71 GG für die in Art. 73 GG benannten Materien ausschließliche Gesetzgebungszuständigkeiten

---

1 *Wustlich*, in: Danner/Theobald, EEWärmeG, Einl. Rn. 29–30 spricht mit Blick auf EnEV und EEWärmeG insoweit von einer zunehmenden Föderalisierung ehemals landesrechtlicher Regelungsmaterien; ähnlich *Knauff*, DV 2016, 233 (236) zum Klimaschutzrecht.

2 Zu dieser Grobdifferenzierung der Kompetenzen *Uhle*, in:Maunz/Dürig, Art. 72 Rn. 74.

des Bundes. Die Kompetenztitel des Art. 73 GG sind allerdings für die Fragen der Wärmewende von vorneherein nicht einschlägig.[3] Zweitens weist Art. 70 Abs. 1 GG den Landesgesetzgebern eine Auffangzuständigkeit für die nicht näher im Grundgesetz geregelten Materien zu.[4] In den unter Art. 70 Abs. 1 GG fallenden Materien ist eine Bundeszuständigkeit für die Gesetzgebung folglich ausgeschlossen. Unter diese Zuständigkeit fällt bspw. das klassische materielle Landesbaurecht mit Gefahrenabwehrcharakter.[5] Drittens regelt Art. 72 GG im Bereich der konkurrierenden Gesetzgebung eine grundsätzliche Gesetzgebungszuständigkeit der Länder für bestimmte Materien, die in Art. 74 Abs. 1 GG aufgeführt werden. Die vorgenannte Zuständigkeit der Landesgesetzgeber steht gem. Art. 72 GG allerdings unter dem Vorbehalt der Nichtwahrnehmung einer parallel für diese Materien bestehenden Gesetzgebungskompetenz des Bundes.[6]

Die Fragen der Wärmewende sind typischerweise im letztgenannten Bereich der Art. 72, 74 GG angesiedelt. Damit kommt dem verfassungsrechtlichen Konzept einer möglichen Sperrwirkung des Bundesrechts[7] gem. Art. 72 Abs. 1 GG eine zentrale Bedeutung zu. Dieses Konzept wird zunächst abstrakt skizziert (I.). Danach wird auf die Reichweite der Sperrwirkung eingegangen werden, die aus den jeweiligen bundesrechtlichen Rechtsgrundlagen des EEWärmeG (II.), des Gebäudeeffizienzrechts (III.) sowie des BImSchG (III.) folgt. Die Ergebnisse bereiten den Boden für die anschließende kompetenzrechtliche Einordnung der landesrechtlichen Regelungen.

I. Grundsatz der Sperrwirkung gem. Art. 72 Abs. 1 GG

Nach Art. 72 Abs. 1 GG haben „die Länder im Bereich der konkurrierenden Gesetzgebung die Befugnis zur Gesetzgebung, solange und soweit der Bund von seiner Gesetzgebungszuständigkeit nicht durch Gesetz Gebrauch gemacht hat".

1. Einschlägigkeit der Kompetenztitel gem. Art. 74 Abs. 1 Nr. 11, 18, 24 GG

Erste Voraussetzung für eine mögliche Sperrwirkung des Bundesrechts gem. Art. 72 Abs. 1 GG ist, dass für die Fragen der Wärmewende der „Bereich der konkurrierenden Gesetzgebung" gem. Art. 74 Abs. 1 GG einschlägig ist.

---

3 So *Kusche*, Kompetenzen, S. 83 mit Blick auf den Normenbestand des Klimaschutzrechts.

4 „Residualkompetenz" der Länder, siehe *Degenhardt*, in: Sachs, Art. 70 Rn. 7; *Braun*, NordÖR 2008, 253 (254); *Schladebach*, RdE 1998, 138 (138).

5 So bereits das BVerfG im Baurechtsgutachten des Jahres 1954, BVerfGE 3, 407 (433–434); *Wittreck*, in: Dreier, Bd. II, Art. 70 Rn. 15.

6 Prägnant *Wittreck*, in: Dreier, Bd. II, Vorb. Art. 70 Rn. 30; ähnlich *Uhle*, in: Maunz/Dürig, Art. 72 Rn. 76.

7 Zum Begriff der Sperrwirkung BVerfGE 29, 11 (16).

In den Kompetenztiteln des Art. 74 Abs. 1 GG sind einzelne Materien dem Bereich der konkurrierenden Gesetzgebung zugeordnet. Der Normtext der Verfassung nimmt die Zuordnungen teilweise in Anknüpfung an Sachbereiche, teilweise in Anknüpfung an Rechtsbereiche vor.[8] Diese Zuordnungen sind in ihrem verfassungsgeschichtlichen Kontext vor allem als Ausdruck politischer Kompromisse zwischen Bund und Ländern zu verstehen. Vor diesem Hintergrund sind die Zuweisungen des Art. 74 Abs. 1 GG weder einheitlich systematisiert noch sind thematische Überschneidungen zwischen einzelnen Zuweisungen ausgeschlossen.[9] Fragen der Wärmewende können regelmäßig den drei Kompetenztiteln der Art. 74 Abs. 1 Nrn. 11, 18 und 24 GG unterfallen.[10]

Unter den weit auszulegenden Titel des „Rechts der Wirtschaft" gem. Art. 74 Abs. 1 Nr. 11 GG fallen Rechtsvorschriften, die die Erzeugung, Herstellung oder Verteilung von Gütern des wirtschaftlichen Bedarfs regeln.[11] Erfasst werden auch Rechtsvorschriften, die als wirtschaftsregulierend oder wirtschaftslenkend einzuordnen sind.[12] Art. 74 Abs. 1 Nr. 11 GG führt beispielhaft den Wirtschaftsbereich der „Energiewirtschaft" auf.[13] In diesem speziellen Wirtschaftsbereich muss es um Rechtsvorschriften gehen, die Fragen der Erzeugung oder Verteilung von Energie sowie der Energiesicherung oder der Energieeinsparung regulieren oder lenken.[14] Gerade mit dem Aspekt der Energieeinsparung ist somit auch der „Verbrauch" von Energie als eigener Stufe der energiewirtschaftlichen Wertschöpfungskette erfasst.[15]

Unter den Titel des „Bodenrechts" gem. Art. 74 Abs. 1 Nr. 18 GG fallen alle Normen, welche die rechtlichen Beziehungen der Menschen zu Grund und Boden im Hinblick auf dessen Nutzbarkeit regeln.[16] Diese Definition des BVerfG wird in

---

8 Zu diesem Unterschied zwischen„normativ-rezeptiven" und „faktisch-deskriptiven" Kompetenznormen BVerfGE 138, 261 (273–274); *Degenhardt*, in: Sachs, Art. 70 Rn. 51; *Milkau*, EE im Wärmemarkt, S. 33–35.

9 Diese überzeugende Begründung für potenzielle Überschneidungen findet sich bei *Wittreck*, in: Dreier, Bd. II, Art. 74 Rn. 15.

10 Vgl. zur Verortung der Klimaschutzgesetzgebung *Kusche*, Kompetenzen, S. 84.

11 BVerfG, NVwZ 1982; 306 (307). Speziell zur weiten Auslegung in Energieeffizienzfragen *Knauff*, DV 2014, 407 (411); allgemein zur weiten Auslegung *Pieroth*, in: Jarass/Pieroth, Art. 74 Rn. 21; *Degenhardt*, in: Sachs, Art. 74 Rn. 44 und *Wittreck*, in: Dreier, Bd. II, Art. 74 Rn. 50.

12 Diese Formel des BVerfG findet sich bspw. in BVerfGE 68, 319 (330) oder BVerfGE 116, 202 (216).

13 Zum Beispielscharakter der Klammerzusätze in Art. 74 Abs. 1 Nr. 11 GG *Uhle*, in: Maunz/Dürig, Art. 74 Rn. 135.

14 *Pieroth*, in: Jarass/Pieroth, Art. 74 Rn. 25; *Wittreck*, in: Dreier, Bd. II, Art. 74 Rn. 50; *Degenhardt*, in: Sachs, Art. 74 Rn. 46; *Kusche*, Kompetenzen, S. 86–87; *Knauff*, DV 2016, 233 (237); speziell zu den Aspekten des Energietransports und der Energieeinsparung *Uhle*, in: Maunz/Dürig, Art. 74 Rn. 144.

15 *Degenhardt*, in: Sachs, Art. 72 Rn. 46; Milkau, ZUR 2008, 561 (563).

16 BVerfGE 3, 407 (424); *Degenhardt*, in: Sachs, Art. 74 Rn. 83; *Uhle*, in: Maunz/Dürig, Art. 74 Rn. 200; *Longo*, Örtliche Energieversorgung, S. 251.

der Literatur dahin präzisiert, dass nur solche öffentlich-rechtlichen Normen erfasst werden, welche der Verringerung oder Vermeidung von Nutzungskonflikten im Hinblick auf Grund und Boden dienen.[17]

Bei der Normierung des Titels der „Luftreinhaltung“ gem. Art. 74 Abs. 1 Nr. 24 GG hat der Verfassungsgeber im Jahr 1972 schließlich an die Begrifflichkeiten des Bundes-Immissionsschutzgesetzes angeknüpft.[18] Art. 74 Abs. 1 Nr. 24 GG erfasst daher Fragen des Schutzes gegenüber Luftverunreinigungen im Sinne von § 3 Abs. 4 BImSchG.[19] Die Reichweite des Art. 74 Abs. 1 Nr. 24 GG ist allerdings nicht notwendigerweise deckungsgleich mit dem einfachgesetzlichen Immissionsschutzrecht, sondern für die Zuordnung anderer Gesetzeswerke mit ähnlich gelagerten Konzepten offen.[20] Der Kompetenztitel bezieht dabei sowohl den – eher auf die Immissionsperspektive ausgerichteten - Schutz im Sinne des Gefahrenabwehrkonzepts als auch den – eher auf die Emissionsperspektive ausgerichteten - Schutz im Sinne des Vorsorgekonzeptes ein.[21]

Unter den verfassungsrechtlichen Begriff der Luftreinhaltung fällt nach der überwiegend vertretenen Literaturansicht auch die Vorsorge gegen Gefahren des Klimawandels.[22] Dies ist aufgrund des wenig fortgeschrittenen wissenschaftlichen Kenntnisstandes im Jahr 1972 allerdings genauer zu begründen.

Einige Stimmen gelangen mittels einer „dynamischen“ Interpretation des Kompetenztitels zu diesem Ergebnis. Ein solche Interpretation sei möglich, wenn der im Auslegungswege „neu“ gewonnene Inhalt eines Kompetenztitels in wesentlichen Teilen mit dem historischen Begriffsverständnis des Kompetenztitels übereinstimme. Mit Blick auf Art. 74 Abs. 1 Nr. 24 GG seien rechtliche Anforderungen an die Vorsorge von Treibhausgasen in ihren Adressaten, Anknüpfungspunkten, und Belastungen kaum von anderen Vorsorgeanforderungen zu unterscheiden, weshalb eine solche Übereinstimmung mit dem historischen Verständnis der immissionsschutzrechtlichen Vorsorge gegeben sei.[23]

Gerade bei der Auslegung von normativ definierten Kompetenztiteln wie Art. 74 Abs. 1 Nr. 24 GG ist das historische Verständnis des Verfassungsgebers allerdings von besonderer Bedeutung. Denn im Gegensatz zu sachbereichsbezogenen Kompetenztiteln legt der Verfassungsgeber bei der Schaffung normativer

---

17 *Wittreck*, in: Dreier, Bd. II, Art. 74 Rn. 81.

18 *Milkau*, EE im Wärmemarkt, S. 47; *Braun*, NordÖR 2008, 253 (255).

19 *Uhle*, in: Maunz/Dürig, Grundgesetz, Art. 74 Rn. 251; *Sösemann*, ZNER 2008, 137 (139).

20 In diese Richtung auch *Milkau*, EE im Wärmemarkt, S. 49

21 *Degenhardt*, in: Sachs, Art. 74 Rn. 102.

22 *Kahl/Schmidtchen*, Kommunaler Klimaschutz, S. 299; *Milkau*, EE im Wärmemarkt, S. 48; *Knauff*, DV 2016, 233 (237); *Sösemann*, ZNER 2008, 137 (139). Siehe zur Auslegung des BImSchG bereits unter Teil 3 C. I. 3. c) aa).

23 *Milkau*, EE im Wärmemarkt, S. 45; ähnlich *Schladebach*, RdE 1998, 138 (139); vgl. auch *Kahl*, VBlBW 2011, 53 (55) in der Diskussion um die kompetenzielle Grundlage von § 16 EEWärmeG.

Kompetenztitel regelmäßig eine konkrete, zum Zeitpunkt der Grundgesetzänderung geltende Rechtslage zugrunde.[24] Um nicht mit dem historischen Verständnis von Art. 74 Abs. 1 Nr. 24 GG zu brechen, muss daher im Ausgangspunkt auf das weite Verständnis des einfachgesetzlichen Begriffs der Immissionen und Emissionen im Jahr 1972 abgestellt werden. Der Gesetzgeber des BImSchG wollte diese Begriffe ausdrücklich entwicklungsoffen definieren. Sie sollten mit dem „Fortschritt der Erkenntnisse" einem Wandel unterworfen sein.[25] Diese Erwägung hat sich folglich auch der Verfassungsgeber im Jahr 1972 zu Eigen gemacht.[26] Gerade über die möglichen Auswirkungen von Treibhausgasemissionen liegen seit Beginn der 1990er Jahre solche Erkenntnisse vor. Aus diesem Grund erfolgte im Jahr 1990 auch die Einfügung des Schutzgutes der „Atmosphäre" in das BImSchG, der insoweit eine deklaratorische Bedeutung beizumessen ist.[27] Aus diesem Grund ist Art. 74 Abs. 1 Nr. 24 GG in Fragen der klimaschutzbezogenen Vorsorge einschlägig.

2. *Erlass formellen, erforderlichen Bundesrechts*

Innerhalb einer der Materien des Art. 74 Abs. 1 GG muss der Bundesgesetzgeber ferner gem. Art. 72 Abs. 1 Halbsatz 2 GG von seiner Gesetzgebungskompetenz „durch Gesetz Gebrauch gemacht" haben. Das erlassene Bundesrecht muss daher unter einen der vorgenannten Kompetenztitel des Art. 74 Abs. 1 GG subsumiert werden, damit eine Sperrwirkung entstehen kann. Diese Subsumption muss im Wege einer Gesamtbetrachtung des jeweiligen Bundesrechts mit Blick auf dessen Inhalte, Historie und Ziele erfolgen.[28] Dabei ist jede einzelne Norm eines Gesetzes einem der Titel des Art. 74 Abs. 1 GG zuzuordnen, wobei auch eine Zuordnung von Normen zu unterschiedlichen Titeln des Art. 74 Abs. 1 GG denkbar ist. Eine „doppelte" Abstützung einer Norm auf zwei unterschiedliche, potenziell in Betracht kommende Kompetenztitel des Art. 74 Abs. 1 GG ist allerdings nicht möglich. In solchen Fällen kommt es vielmehr auf den engeren Zusammenhang mit einer einzelnen Materie des Art. 74 Abs. 1 GG an.[29]

Wird eine Norm des Wärmewenderechts vom Bundesgesetzgeber auf den Titel des Art 74 Nr. 11 GG gestützt, muss solches Bundesrecht nach Art. 72 Abs. 2 GG

24 BVerfGE 106, 62 (105); BVerfGE 138, 261 (274).
25 Gesetzentwurf der Bundesregierung zur Ausgangsfassung des BImSchG; BT-Drs. VI/2868 vom 30. November 1971, S. 29.
26 So auch *Sösemann*, ZNER 2008, 137 (140).
27 Siehe zur Gesetzgebungsgeschichte des § 1 BImSchG bereits unter Teil 3 C. I. 1.
28 Zu den Kriterien der kompetenzrechtlichen Qualifikation *Degenhardt*, in: Sachs, Art. 70 Rn. 57.
29 Zum Kriterium des engeren Zusammenhangs siehe *Uhle*, in: Maunz/Dürig, Art. 74 Rn. 12; *Wittreck*, in: Dreier, Bd. II, Art. 74 Rn. 56 und *Kusche*, Kompetenzen, S. 83. Das BVerfG spricht bspw. von einer Zuordnung nach der „wesensmäßigen und historischen Zugehörigkeit", BVerfGE 7, 29 (40).

außerdem zur „Wahrung der Wirtschaftseinheit im gesamtstaatlichen Interesse erforderlich“ sein.[30] Nur bei einer solchen Erforderlichkeit des Bundesrechts kann dieses eine Sperrwirkung nach Art. 72 Abs. 1 GG entfalten.[31] Dabei ist zu prüfen, ob Regelungen durch die Landesgesetzgeber oder alternativ eine Untätigkeit der Länder erhebliche Nachteile für die Gesamtwirtschaft mit sich bringen und die bundeseinheitliche Regelung somit die Funktionsfähigkeit des Wirtschaftsraums der Bundesrepublik Deutschland erhält.[32]

3. Bestimmung der Reichweite der Sperrwirkung

Anschließend ist die Reichweite der Sperrwirkung zu bestimmen, die aus dem Bundesrecht folgt. Diese kann nicht der Verfassung, sondern allein dem jeweiligen Bundesgesetz selbst entnommen werden. Nach den Begrifflichkeiten des BVerfG muss untersucht werden, ob das Gesetz eine „erschöpfende“ oder „abschließende“ Regelung der jeweiligen Materie herbeiführt hat.[33]

Dies verlangt wiederum eine Gesamtwürdigung des Bundesrechts unter Anwendung bestimmter Kriterien. Als solche Kriterien werden die jeweiligen Inhalte, der Normzweck, die Gesetzgebungsgeschichte sowie die Gesetzgebungsmaterialien der maßgeblichen Regelungen diskutiert.[34] Der Normzweck kann bei dieser Würdigung zwar ausschlaggebend sein, darf aber nicht alleine zur Ableitung einer Sperrwirkung herangezogen werden.[35] Wichtig ist ferner, in welchen Umfang und in welcher Intensität das jeweilige Regelwerk die einschlägige Materie adressiert.[36] Als Ergebnis dieser Würdigung kann sich nicht nur eine vollständige, sondern auch eine teilweise, lediglich auf bestimmte Sachaspekte beziehende Sperrwirkung ergeben.[37]

---

30 Eine Erforderlichkeit zur Wahrung der „Rechtseinheit“ gem. Art. 72 Abs. 2 GG scheidet beim Wärmewenderecht aus.

31 BVerfGE 106, 62 (135); *Uhle,* in: Maunz/Dürig, Art. 72 Rn. 80.

32 BVerfGE 106, 62 (146); *Milkau,* ZUR 2008, 561 (565).

33 So die Terminologie des BVerfG, siehe BVerfGE 138, 261 (279–280) oder Beschl. vom 19. Juli 2007 (1 BvR 650/03), juris Rn. 43.

34 Zusammenfassend zu den Kriterien BVerfGE 138, 261 (280); siehe auch *Degenhardt,* in: Sachs, Art. 72 Rn. 27; *Wittreck,* in: Dreier, Bd. II, Art. 72 Rn. 26; und *Uhle,* in: Maunz/Dürig, Art. 72 Rn. 82–83.

35 BVerfGE 138, 291 (280); *Kusche,* Kompetenzen, S. 101; *Schladebach,* RdE 1998, 138 (141).

36 *Degenhardt,* in: Sachs, Art. 72 Rn. 27; *Uhle,* in: Maunz/Dürig, Art. 72 Rn. 86 spricht von einer „inhaltlichen Regelungskonzeption“.

37 *Pieroth,* in: Jarass/Pieroth, Art. 72 Rn. 10; *Wittreck,* in: Dreier, Bd. II, Art. 72 Rn. 27; *Degenhardt,* in: Sachs, Art. 72 Rn. 32.

4. *Sperrwirkung von Verordnungsermächtigungen*

Mit Blick auf das Bundesrecht des EnEG und des BImSchG ist die Frage, inwiefern auch formell-gesetzliche Verordnungsermächtigungen eine Sperrwirkung entfalten können, von besonderer Bedeutung.[38]

Unter den Begriff der „Gesetze" im Sinne von Art. 72 Abs. 1 Halbsatz 2 GG fallen nach allgemeiner Meinung im Ausgangspunkt alle formellen Bundesgesetze.[39] Eine teilweise vertretene Literaturansicht nimmt daher bereits im Hinblick auf den formellen Gesetzescharakter von Verordnungsermächtigungen eine Sperrwirkung derselben an.[40] Die herrschende Meinung vertritt hingegen eine differenzierte Betrachtungsweise. Es soll darauf ankommen, ob sich aus dem formellen Gesetz, welches die Verordnungsermächtigung enthält, im Wege der Auslegung ergibt, dass bereits die Verordnungsermächtigung als solche eine Sperrwirkung entfalten soll.[41] Bei dieser Auslegung soll es wiederum auf allgemeine Auslegungskriterien, wie bspw. den gesetzgeberischen Willen, ankommen.[42] Als spezielle Kriterien für die Einordnung von Verordnungsermächtigungen sollen die Regelungsdichte der Verordnungsermächtigung selbst[43], die Einbindung der Verordnungsermächtigung in ein konzeptionell entworfenes Stammgesetz[44] sowie die Vollzugsfähigkeit des Stammgesetzes ohne eine weitergehende Konkretisierung[45] herangezogen werden können.

5. *Subsumption des Landesrechts*

Nachdem die Reichweite der Sperrwirkung des Bundesrechts festgestellt ist, muss im letzten Schritt geprüft werden, ob die einzelnen landesrechtlichen Regelungen unter denselben Gesetzgebungstitel des Art. 74 Abs. 1 GG und ferner in die Reichweite der Sperrwirkung des Bundesrechts fallen.Hierzu bedarf es wiederum einer näheren Analyse der landesrechtlichen Regelungen. Insbesondere kann eine bloße Überschneidung der Zielsetzungen von Bundes- und Landesrecht nicht alleine

---

38 Vor allem das EnEG sowie das BImSchG delegieren in großem Umfang Rechtssetzungskompetenzen auf die Bundesregierung, hierzu bereits unter Teil 3 A. II. 2. Sowie Teil 3 C. I. 3. a).

39 *Pieroth*, in: Jarass/Pieroth, Art. 72 Rn. 6; *Kusche*, Kompetenzen, S. 96; zum Sonderfall der Verordnungsermächtigungen noch unter Teil 4 A. I. 4.

40 *Degenhardt*, in: Sachs, Art. 72 Rn. 26.

41 *Pieroth*, in: Jarass/Pieroth, Art. 72 Rn. 12; ausführlich *Uhle*, in: Maunz/Dürig, Art. 72 Rn. 97.

42 *Uhle*, in: Maunz/Dürig, Art. 72 Rn. 98.

43 *Uhle*, in: Maunz/Dürig, Art. 72 Rn. 98.

44 In diese Richtung *Wittreck*, in: Dreier, Bd. II, Art. 72 Rn. 25.

45 *Uhle*, in: Maunz/Dürig, Art. 72 Rn. 99.

ausschlaggebend sein.[46] Vielmehr muss das erlassene Landesrecht mit seinen Zielsetzungen und Inhalten in die vom Bundesrecht ausgehende Sperrwirkung fallen.[47]

Nicht erforderlich ist hingegen ein inhaltlicher Widerspruch gegen das Bundesrecht. Gerade in der Entbehrlichkeit eines solchen Widerspruchs liegt der Unterschied zwischen Art. 72 Abs. 1 GG und Art. 31 GG.[48] Insoweit kann eine Sperrwirkung vor allem gegenüber solchem Landesrecht bestehen, welches Bundesrecht „ergänzt" oder über das Bundesrecht „hinausgehende" Anforderungen festlegen soll.[49]

6. *Rechtsfolge der Nichtigkeit von Landesrecht*

Art. 72 Abs. 1 Halbsatz 2 GG sieht vor, dass die Gesetzgebungszuständigkeit der Länder im Umfang der bundesrechtlich geregelten Materien von Verfassung wegen entfällt.[50] Rechtsfolge eines Landesgesetzes, das innerhalb der Sperrwirkung des bestehenden Bundesrechts erlassen wird oder fortbesteht, ist damit dessen Nichtigkeit.[51] Die Sperrwirkung des erlassenen Bundesrechts schließt daher im festgestellten Umfang landesgesetzliche Regelungen zur selben Materie nach Art. 74 Abs. 1 GG aus.[52]

II. Sperrwirkung des EEWärmeG

Von den ordnungsrechtlichen Instrumente der Wärmewende im Bundesrecht kann zunächst das EEWärmeG eine Sperrwirkung entfalten.

1. *Kompetenztitel*

Die Vorschriften des EEWärmeG sind nach der überwiegend vertretenen Auffassung aufgrund der Emissionsreduzierung, die durch den Einsatz erneuerbarer Energien herbeigeführt wird, dem Recht der Luftreinhaltung gem. Art. 74 Abs. 1 Nr. 24 GG zuzuordnen.[53]

---

46 *Degenhardt,* in: Sachs, Art. 72 Rn. 31.

47 *Uhle*, in: Maunz/Dürig, Art. 74 Rn. 39 spricht davon, dass das Gesetz denselben „Stoff" zum Inhalt haben muss.

48 Vgl. BVerfGE 121, 317 (348); *Degenhardt*, in: Sachs, Art. 72 Rn. 38.

49 *Uhle*, in: Maunz/Dürig, Art. 72 Rn. 118. Nach der diesbezüglichen Terminologie des BVerfG, z.B. in BVerfGE 36, 314 (320) ist in der grundgesetzlichen Kompetenzordnung keine „Nachbesserung" des Bundesrechts durch die Länder vorgesehen.

50 *Uhle*, in: Maunz/Dürig, Art. 72 Rn. 106.

51 BVerfGE 29, 11 (16); *Pieroth*, in: Jarass/Pieroth, Art. 72 Rn. 11a.

52 Zur materienbezogenen Reichweite der Sperrwirkung vgl. *Wittreck*, in: Dreier, Bd. II, Art. 72 GG Rn. 30; *Degenhardt*, in: Sachs, Art. 72 Rn. 29.

53 VG Gießen, Urt. vom 12. Mai 2010 (8 K 4071–08.GI), juris Rn. 115; *Degenhardt,* in: Sachs, Art. 74 Rn. 102; *Schmidt*, Solarenergie, S. 148; *Müller*, in: Müller/Oschmann/

Teilweise wird diese Argumentation allerdings angezweifelt. Vielmehr habe der Gesetzgeber die Ziele des Klimaschutz durch Emissionsreduktionen sowie der Energieversorgungssicherheit durch dezentrale Reduzierung des Energieverbrauchs, in gleicher Weise betont. Während das erstgenannte Ziel für eine Einordnung unter Art. 74 Abs. 1 Nr. 24 GG spreche, deute das zweitgenannte, gleichwertige Ziel auf eine Zuordnung zu Art. 74 Abs. 1 Nr. 11 GG hin.[54] Da eine Zuordnung der Bestimmungen des EEWärmeG zu einem einzelnen Kompetenztitel vor dem Hintergrund der Gleichwertigkeit der Ziele willkürlich erscheine, sei das EEWärmeG sowohl auf Art. 74 Abs. 1 Nr. 11 GG als auch auf Art. 74 Abs. 1 Nr. 24 GG gestützt.[55]

Beiden Auffassungen ist zu widersprechen. Denn mit Blick auf den Gesetzesinhalt des EEWärmeG lässt sich unter Anwendung des Kriteriums des „engeren Zusammenhangs" gerade eine engere Beziehung zur Stufe des über Art. 74 Abs. 1 Nr. 11 GG erfassten Energieverbrauchs - und damit zur „Energiewirtschaft" - begründen. Für einen solchen engeren Zusammenhang kann angeführt werden, dass sich das Maß der Erneuerbare-Energien-Nutzung und der in Betracht kommenden Ersatzmaßnahmen, die den Gebäudeeigentümern abverlangt werden, allein nach dem Energiebedarf des jeweiligen Gebäudes richten. Der „Wärmeenergiebedarf" im Sinne von § 2 Abs. 2 Nr. 4 Satz 1 EEWärmeG ist die maßgebliche Steuerungsgröße der Standards im EEWärmeG. Der auf die Gebäude entfallende Emissionsausstoß ist demgegenüber gerade kein Kriterium, das derzeit in das gesetzliche Konzept des EEWärmeG eingebunden ist.[56]

Aus diesem Grund ist das EEWärmeG daher dem Kompetenztitel der Energiewirtschaft gem. Art. 74 Abs. 1 Nr. 11 GG zuzuordnen.[57]

2. *Erforderlichkeit*

Die Zuordnung zu Art. 74 Abs. 1 Nr. 11 GG führt zur Frage, ob das EEWärmeG zur Wahrung der Wirtschaftseinheit gem. Art. 72 Abs. 2 GG erforderlich ist. Nach den bereits skizzierten Voraussetzungen müssen (denkbare) Landesregelungen oder ein Untätigbleiben der Länder insoweit erhebliche Nachteile für die Gesamtwirtschaft mit sich bringen.[58]

Wustlich, Einl. Rn. 117; *Walsch*, LKRZ 2010, 291 (292); *Ekardt/Schmitz/Schmidtke*, ZNER 2008, 334 (336).

54 Ähnlich argumentiert *Braun*, NordÖR 2008, 253 (255) bei der Zuordnung des HmbKliSchG.

55 *Milkau*, EE im Wärmemarkt, S. 57–58.

56 Zu den methodischen Anknüpfungspunkten des EEWärmeG bereits unter Teil 3 B. II. 3. a).

57 So im Ergebnis auch *Sösemann*, ZNER 2008, 137 (138), der die Marktrelevanz des EEWärmeG als ausschlaggebendes Kriterium betont. Die bloße Marktrelevanz einer gesetzlichen Regelung allerdings immer zu einer Zuordnung zu Art. 74 Abs. 1 Nr. 11 GG führen und ließe den Zusammenhang zur Luftreinhaltung unberücksichtigt.

58 Zum Begriff der Erforderlichkeit siehe bereits unter Teil 4 A. I. 2.

Milkau führt zur Begründung der Erforderlichkeit des EEWärmeG an, dass nur bei einer bundesweit einheitlichen Stimulation des Marktes durch Ordnungsrecht spürbare Preissenkungseffekte für die kostenintensiven Erneuerbare-Energien-Technologien erzielt werden können.[59] Es ist zu ergänzen, dass solche Preissenkungseffekte wiederum gerade eine überobligatorische Installation von Erneuerbare-Energien-Technologien durch die Gebäudeeigentümer anreizen können. Die Nachfrage nach solcher Technologie kann damit über die ohnehin „ordnungsrechtlich geschaffene" Nachfrage hinaus verstärkt werden. Eine solche bundeseinheitliche Steuerung hin zu einem vergrößerten Markt für Erneuerbare-Energien-Technologien liegt schon aus Gründen der Stellung Deutschlands als Technologiestandort im gesamtwirtschaftlichen Interesse.[60]

Dass eine bundeseinheitliche Steuerung durch Ordnungsrecht erhebliche Vorteile für die gesamtwirtschaftliche Entwicklung mit sich bringen kann, erscheint aus juristischer Perspektive somit plausibel. Die Erforderlichkeit des EEWärmeG kann daher bejaht werden.

3. *Reichweite der Sperrwirkung*

Nunmehr ist die Reichweite der Sperrwirkung zu klären, die vom EEWärmeG für die Materie der Energiewirtschaft gem. Art. 74 Abs. 1 Nr. 11 GG ausgeht. Die Frage wurde vom Gesetzgeber des EEWärmeG explizit beantwortet.

Nach der Öffnungsklausel des § 3 Abs. 4 Nr. 2 EEWärmeG hat der Bundesgesetzgeber den Ländern die Regelung von Anforderungen an solche Gebäude überlassen, die zum Stichtag des 1. Januar 2009 „bereits errichtet" waren. Entgegen dem Wortlaut des § 3 Abs. 4 Nr. 2 EEWärmeG ist diese Öffnungsklausel aufgrund des systematischen Zusammenhangs zu § 19 EEWärmeG noch weiter auszulegen und lässt landesrechtliche Anforderungen an alle vor dem 1. Januar 2009 genehmigten Bauvorhaben zu.[61]

§ 3 Abs. 4 Nr. 2 EEWärmeG enthält zum einen einen „positiven" gesetzlichen Hinweis auf die Ausklammerung der bestehenden Gebäude. § 3 Abs. 4 Nr. 2 EEWärmeG stellt folglich klar, dass die Gesetzgebungskompetenz der Länder nach Art. 72 Abs. 1 Halbsatz 1 GG für den Bereich der bestehenden Gebäude in vollem Umfang fortbesteht.[62] Daher sind die Landesgesetzgeber beim Erlass von Ordnungsrecht zur Erneuerbare-Energien-Nutzung im Bereich der Bestandsgebäude

---

59 *Milkau,* ZUR 2008, 561 (565); ähnlich *Schneider,* Landesenergierecht, S. 15.

60 *Milkau,* ZUR, 2008, 561 (566).

61 Zur diesbezüglichen Auslegung des EEWärmeG bereits unter bereits unter Teil 3 B. II. 2.

62 *Wustlich,* in: Müller/Oschmann/Wustlich, § 3 Rn. 83; *Kahl/Schmidtchen,* Kommunaler Klimaschutz S. 96; *Walsch,* LKRZ 2010, 291 (295); *Milkau,* ZUR 2008, 561 (567). Zur verfassungsrechtlichen Unbedenklichkeit und Üblichkeit solcher Klarstellungen BVerfG, NVwZ-RR 2004, 313 (313); *Degenhardt,* in: Sachs, Art. 72 Rn. 27 und *Uhle,* in: Maunz/Dürig, Art. 72 Rn. 89.

weitgehend frei. Sie sind insbesondere nicht auf die Übernahme der konzeptionellen Strukturen des Bundesrechts beschränkt. Ordnungsrecht der Länder darf vielmehr, soweit es sich auf Bestandsgebäude bezieht, jede Art (bauliche Anforderungen und tatsächliche Nutzungsanforderungen) und jeden Inhalt (Art der erneuerbaren Energiequellen, Intensität der Nutzungspflichten etc.) anlassabhängig oder sogar anlassunabhängig regeln. Da auch der Geltungsrang der jeweiligen Rechtsgrundlage des Landesrechts keine Rolle spielt, sind sowohl landesgesetzliche Regelungen als auch kommunale Satzungen möglich.[63]

Zum anderen muss aus § 3 Abs. 4 Nr. 2 EEWärmeG in „negativer" Hinsicht gefolgert werden, dass der vom EEWärmeG erfasste Neubaubereich umfassend bundesrechtlich geregelt worden ist.[64] Durch § 3 Abs. 4 Nr. 2 EEWärmeG hat der Bundesgesetzgeber klargestellt, dass die Regelungen für den vom EEWärmeG erfassten Neubaubereich abschließend im Sinne von Art. 72 Abs. 1 GG sein sollen.[65] Damit besteht für den Neubaubereich des EEWärmeG eine kompetenzrechtlich begründete Sperrwirkung für entsprechendes Ordnungsrecht.[66]

Fraglich ist allerdings, wo die genaue sachliche Grenze dieser Sperrwirkung verläuft. Einerseits kann der Bundesgesetzgeber durch das EEWärmeG kaum – wie bspw. im Bauplanungsrecht durch das BauGB im Hinblick auf Art. 74 Abs. 1 Nr. 18 GG geschehen[67] – die gesamte Sachmaterie des „Energieverbrauchs" in Gebäuden gem. Art. 74 Abs. 1 Nr. 11 GG geregelt haben. Eine solche Sperrwirkung wäre zu weitgehend. Dies ergibt sich bereits aus der Existenz des EnEG mit anderen baulich-technischen und nutzungsbezogenen Energieeffizienzanforderungen an Gebäude und Anlagen in Gebäuden. Solche Anforderungen kann der Bundesgesetzgeber daher auch gegenüber dem Landesgesetzgeber nicht durch den Erlass des EEWärmeG gesperrt haben.

Grenzt man die beiden vorgenannten – nach dem Willen des Bundesgesetzgebers offensichtlich nebeneinander bestehenden – Regelungsbereiche voneinander ab, so kann die Sperrwirkung des EEWärmeG nur für den Bereich der Erneuerbare-Energien-Nutzung bestehen. Innerhalb dieses Bereichs muss die Sperrwirkung des EEWärmeG allerdings weit zu verstehen sein, um der gesetzgeberischen Absicht eines ausschließlich bundesrechtlichen Ordnungsrechts Rechnung zu tragen.

Verboten sind zunächst sämtliche anlassabhängigen oder anlassunabhängigen ordnungsrechtlichen Anforderungen an die baulich-technische Gestaltung von

---

63 *Milkau*, EE im Wärmemarkt, S. 280; *Böhm/Schwarz*, NVwZ 2012, 129 (130).

64 Siehe den Gesetzentwurf der Bundesregierung zum EEWärmeG; BR-Drs. 9/08 vom 4. Januar 2008, S. 19; *Kahl/Schmidtchen*, Kommunaler Klimaschutz, S. 93; allgemein zum Argument des Gegenschlusses aus Regelungsvorbehalten zugunsten der Länder *Degenhart*, in: Sachs, Art. 72 Rn. 27 und *Uhle*, in: Maunz/Dürig, Art. 72 Rn. 89.

65 BR-Drs. 9/08 vom 4. Januar 2008, S. 19.

66 *Becker*, in: Hebeler/Hendler/Proelß/Reiff, Kommunaler Umweltschutz, S 37; *Milkau*, ZUR 2008, 561 (566).

67 Hierzu bereits unter Teil 4 A. I. 1.

Gebäuden, die auf einer vermehrte Nutzung erneuerbarer Energien zielen.[68] Aufgrund des speziellen Pflichtencharakters der Erneuerbare-Energien-Nutzungspflichten, die auch den Aspekt der tatsächlichen Nutzung von erneuerbaren Energien mit einbeziehen, muss die Sperrwirkung des EEWärmeG aber noch weiter gehen. Insoweit ist auch solches Landesrecht verboten, das primär auf die Förderung eines tatsächlichen Einsatzes erneuerbarer Energien zugeschnitten ist.

III. Sperrwirkung des Gebäudeeffizienzrechts

Auch aus EnEG und EnEV kann sich eine Sperrwirkung für Landesrecht ergeben.

1. Kompetenztitel

Im Gegensatz zum EEWärmeG wird das EnEG nach der überwiegend vertretenen Auffassung allein Art. 74 Abs. 1 Nr. 11 GG zugeordnet.[69] Das EnEG sei aufgrund seines spezifischen Zwecks der Energieeinsparung allein dem Kompetenztitel des Rechts der (Energie)wirtschaft zuzuordnen.[70]

Eine solche, vorrangig auf die gesetzlichen Ziele abstellende Einordnung ist zwar historisch zutreffend, allein mit dem Argument der Zielsetzung aber mittlerweile überholt. Zum Zeitpunkt der Einführung des EnEG im Jahr 1976 hatte das „Fernziel" des Klimaschutzes, dem heutzutage durch eine Steigerung der baulichen Energieeffizienz und einer dementsprechenden Verminderung des auf ein Gebäude entfallenden CO_2-Ausstoßes nachgegangen werden soll, zwar noch keine Relevanz. Dieses Argument kann aber seit den neueren Novellen des EnEG kaum mehr angeführt werden. Denn der Klimaschutz wurde vom Gesetzgeber des EnEG in den letzten Jahren ebenfalls als wichtiges Ziel des Gebäudeeffizienzrechts herausgestellt.[71] Diese Entwicklung deutet insoweit auf eine Einschlägigkeit von Art. 74 Abs. 1 Nr. 24 GG hin.

Die Zuordnung des EnEG muss daher anhand des Blicks auf die Inhalte des Gesetzes erfolgen. Parallel zum EEWärmeG verlangt das EnEG nicht primär nach messbaren Emissionsreduzierungen, sondern vielmehr nach einer Reduktion des Energiebedarfs oder -verbrauchs in Gebäuden. Diese Reduktion wird im Anwendungsbereich des EnEG durch Standards für die bauliche-technische Energieeffizienz von Wärmedämmung und Anlagen sowie für die tatsächlich effiziente Nutzung von Anlagen gesichert.[72]

---

68 Ähnlich *Müller,* in: Müller/Oschmann/Wustlich, § 3 Rn. 77.

69 *Kloepfer,* Umweltrecht, S. 1620; *Pielow,* ZUR 2010, 115 (120).

70 *Müller-Kulmann/Stock,* in: Danner/Theobald, EnEG, Einl. Rn. 52; *Uhle,* in: Maunz/Dürig, Art. 74 Rn. 144; *Kusche,* Kompetenzen, S. 107; *Schladebach,* RdE 1998, 138 (139).

71 Zu den Zielsetzungen der EnEG-Novelle des Jahre 2013 bereits unter Teil 3 A. II. 1.

72 Zu diesen Inhalten der Verordnungsermächtigungen im EnEG bereits unter Teil 3 A. II. 4.

Auch das EnEG ist daher, vorrangig seinem Inhalt nach, unter Anwendung des Kriteriums des „engeren Zusammenhangs“ Art. 74 Abs. 1 Nr. 11 GG zuzuordnen.

2. *Erforderlichkeit*

Aufgrund der Abstützung auf Art. 74 Abs. 1 Nr. 11 GG muss auch das Gebäudeeffizienzrecht nach Art. 72 Abs. 2 GG zur Wahrung der Wirtschaftseinheit erforderlich sein. Hier kann wiederum auf ein erhebliches Bedürfnis an einer bundesweiten Steuerung der Märkte für effiziente Technik und Gebäudekomponenten verwiesen werden. Diesbezüglich bestehen keine Unterschiede zur Rechtfertigung des EEWärmeG.[73]

Ferner kann auf der Landesebene ein Trend zur Streichung ordnungsrechtlicher Rechtsgrundlagen der Wärmewende festgestellt werden. Dies gilt speziell für die Rechtsgrundlagen örtlicher Bauvorschriften mit Energiebezug, auf deren Grundlage die Gemeinden Anforderungen festlegen konnten.[74] Von einer Situation, in der die Materie der Wärmewende zufriendenstellend, ausschließlich und in den Grundzügen einheitlich von den Ländern geregelt ist, kann daher nicht gesprochen werden.[75] Vielmehr deutet der vorgenannte Trend darauf hin, dass eine ordnungsrechtliche Lenkung auf Landesebene nicht ausreicht, um die notwendigen ökonomischen Impulse für die Entwicklung des bundesweiten Marktes für Effizienzprodukte zu setzen. Auch die Erforderlichkeit des Gebäudeeffizienzrechts ist daher zu bejahen.[76]

3. *Reichweite der Sperrwirkung*

Die Bestimmung des Umfangs einer Sperrwirkung des EnEG anhand der dargestellten Auslegungskriterien[77] erweist sich zunächst als Herausforderung.

So ist festzustellen, dass das EnEG in umfassender und differenzierter Weise Vorgaben zur baulich-technischen und nutzungsbasierten Energieeinsparung sowohl im Neubau- als auch den Bestandgebäudebereich zulässt. Das EnEG ist somit konzeptionell angelegt, was für eine Sperrwirkung spricht.

Ferner besteht das EnEG im Kern aus Verordnungsermächtigungen, die der Konkretisierung nicht vollzugsfähiger gesetzlichen Pflichten dienen.[78] Die Regelungsdichte dieser Verordnungsermächtigungen ist mit Blick auf die gesetzlichen Vorgaben

---

73 Zur Erforderlichkeit des EEWärmeG bereits unter Teil 4 A. II. 2.

74 Zu den örtlichen Bauvorschriften noch ausführlich unter Teil 4 C. II. 1.

75 Eine solche Situation führt nach *Schneider*, Landesenergierecht, S. 15, zur fehlenden Erforderlichkeit.

76 Auch *Knauff*, DV 2016, 233 (237) geht in Bezug auf das Klimaschutzrecht davon aus, dass aus der Erforderlichkeitsklausel kaum Beschränkungen des Bundesgesetzgebers folgen.

77 Zu diesen Kriterien bereits unter Teil 4 A. I. 3.

78 Zur Struktur des EnEG bereits unter Teil 3 A. II. 2.

für Inhalte (§§ 1 Abs. 2, 2 Abs. 2, 3 Abs. 2 EnEG) und Grenzen (§ 5 Abs. 1 EnEG) des Verordnungsrechts zwar höher als die Regelungsdichte der vergleichbaren Verordnungsermächtigung im BImSchG (§ 23 Abs. 1 BImSchG). Ein eindeutiger Schluss lässt sich aus dieser Regelungsdichte aber ebenfalls nicht ziehen.

Indes enthält auch das EnEG explizite formell-gesetzliche Bestimmungen, aus denen Aussagen zu einer Sperrwirkung abgeleitet werden können. Nach den §§ 1 Abs. 3, 2 Abs. 4, 3 Abs. 3 EnEG bleiben „andere Rechtsvorschriften", die „höhere Anforderungen" an den baulichen Wärmeschutz von zu errichtenden Gebäuden, an die Beschaffenheit von neu eingebauten oder aufgestellten Anlagen oder an den Betrieb derselben stellen, „unberührt".

Unter diese Öffnungsklauseln können landesrechtliche Vorschriften ebenfalls subsumiert werden.[79] Sie erfassen nach ihrem Wortlaut nicht nur solches Landesrecht, das zum Zeitpunkt des Inkrafttretens des EnEG bereits bestand, sondern auch nachträglich erlassenes Landesrecht.[80] Eine solche Auslegung steht auch im Einklang mit den Gesetzeszwecken der langfristigen Energieversorgungssicherheit und des Klimaschutzes, denen nachträglich erlassenes, strengeres Landesrecht nicht widerspricht.[81] Die Öffnungsklauseln ermöglich es den Landesgesetzgebern daher, ordnungsrechtliche Anforderungen an neu zu errichtende Gebäude und neu zu installierende Anlagen zu stellen, die über die Anforderungen des Gebäudeeffizienzrechts hinausgehen.

Es bleiben allerdings noch Fragen offen. Erstens muss geklärt werden, ob das EnEG gegenüber landesrechtlichen Anforderungen an den Gebäudebestand, bspw. in Form von anlassabhängigen Sanierungsstandards oder in Form von echtem Sanierungszwang, Sperrwirkung entfaltet.

Teilweise wird in der Literatur vertreten, dass die Verordnungsermächtigungen in § 4 Abs. 2 und 3 EnEG den Erlass jeglicher – und somit auch strengerer - Rechtsvorschriften im Bestandsgebäudebereich sperrten. Als Argument wird ein systematischer Gegenschluss aus den vorgenannten Öffnungsklauseln des EnEG für den Neubaubereich angeführt[82] In § 4 Abs. 2 und 3 EnEG, den Verordnungsermächtigung zu Bestandsgebäuden, fehle hingegen eine §§ 1 Abs. 3; 2 Abs. 4; 3 Abs. 3 EnEG entsprechende Öffnungsklausel.[83] Gesperrt seien damit sämtliche Rechtsvorschriften mit energiesparrechtlichen Zielsetzungen im Gebäudebereich,

79 *Kusche*, Kompetenzen, S. 109; *Walsch*, LKRZ 2010, 291 (295); *Braun*, NordÖR 2008, 253 (255).

80 *Kusche*, Kompetenzen, S. 109–110; *Walsch*, LKRZ 2010, 291 (295); *Schladebach*, RdE 1998, 138 (140–141).

81 Vgl. *Kusche*, Kompetenzen, S. 110, mit einem Fokus auf den nach alter Rechtslage betonten Zweck der Energieeinsparung.

82 *Müller-Kulmann/Stock*, in: Danner/Theobald, EnEG, § 4 Rn. 21.

83 *Müller-Kulmann/Stock*, in: Danner/Theobald, EnEG, Einl. Rn. 53; so auch *Jesse*, Instrumentenverbund, S. 268–269.

die energetische Anforderungen anlässlich baulicher Änderungen von Gebäuden stellten oder Nachrüst- und Außerbetriebnahmepflichten für Anlagen enthielten.[84]

Hiergegen kann angeführt werden, dass § 4 Abs. 2 und 3 EnEG für die sachlichen Anforderungen an Bestandsgebäude weitgehend auf die Ermächtigungsgrundlagen der §§ 1 bis 3 EnEG verweisen. §§ 4 Abs. 2 und 3 EnEG enthalten daher, systematisch gesehen, keine vollständigen Verordnungsermächtigungen für Bestandsgebäude, sondern nur Erweiterungen der Verordnungsermächtigungen für den Neubaubereich.[85] Dies spricht dafür, dass die Öffnungsklauseln der §§ 1 Abs. 3; 2 Abs. 4; 3 Abs. 3 EnEG auch für den Bestandsgebäudebereich gelten.

Auch aus der Entstehungsgeschichte des § 4 EnEG ergibt sich kein Anhaltspunkt für eine vollumfängliche Sperrwirkung im Bestandsgebäudebereich. Zwar betonte der Gesetzgeber im Jahr 1980, dass mit Ordnungsrecht im Bestandsgebäudebereich zurückhaltend verfahren werden sollte.[86] Eine eindeutige - und angesichts der im Jahr 1980 bereits bestehenden Öffnungsklauseln naheliegende - Klarstellung mit Blick auf ergänzendes Landesrecht findet sich in der Gesetzesbegründung des EnEG 1980 aber nicht. Es ist daher nicht notwendigerweise davon auszugehen, dass der Bundesgesetzgeber Sanierungsstandards im Landesrecht unter allen Umständen vermeiden wollte. Ferner ist zu beachten, dass der Gesetzgeber des EnEG trotz der Existenz landesrechtlicher Bestimmungen zur baulichen Energieeffizienz[87] auch anlässlich neuerer Novellen des Gesetzes keine explizite Sperrklausel für den Gebäudebereich normiert hat.

Gegen eine Sperrwirkung für Anforderungen an Bestandsgebäude kann schließlich auch die grundsätzliche Vereinbarkeit von strengerem Landesrecht mit den Gesetzeszielen des EnEG, der langfristigen Energieversorgungssicherheit und des Klimaschutzes, angeführt werden.

Insgesamt ist den Verordnungsermächtigungen des EnEG damit keine Sperrwirkung für gebäude- oder anlagenbezogenes Ordnungsrecht im Bestandsgebäudebereich zu entnehmen. Vielmehr muss es für alle Standards dabei bleiben, dass das Bundesrecht lediglich, „milderes" Ordnungsrecht auf Landesebene sperrt.

Zweitens ist zu klären, welche Rechtsvorschriften des Gebäudeeffizienzrechts überhaupt der Vergleichsmaßstab für das Landesrecht sein sollen. Insoweit ist festzustellen, dass die unmittelbaren gesetzlichen Pflichten des EnEG so allgemein gefasst sind, dass sie sich kaum als Vergleichsmaßstab für Standards des Landesrechts eignen. Daher kann nach dem Sinn und Zweck der Öffnungsklauseln allein das Verordnungsrecht des Bundes, somit die EnEV, der Vergleichsmaßstab sein.[88]

---

84 *Müller-Kulmann/Stock*, in: Danner/Theobald, EnEG, Einl. Rn. 51, 53.

85 Diese systematische Auslegung findet sich auch bei *Schneider*, Landesenergierecht, S. 31–32.

86 Siehe zur der Gesetzesnovelle des EnEG im Jahr 1980 bereits unter Teil 3 A. II. 1.

87 Hierzu noch ausführlich unter Teil 4. D. III.

88 A. A. *Schneider*, Landesenergierecht, S. 28–29, der von einer möglichen Sperrwirkung des EnEG selbst ausgeht, ohne allerdings den Vergleichmaßstab zu definieren.

Landesrecht, das über die Anforderungen der EnEV hinausgeht, ist folglich zulässig, Landesrecht, das weniger strenge Anforderungen regelt, gesperrt.[89]

Drittens ist in den Öffnungsklauseln die sachliche Reichweite der Sperrwirkung des Gebäudeeffizienzrechts nicht eindeutig definiert. Es bleibt zu fragen, welche landesrechtlichen Anforderungen genau als „strengere" Regelungen zulässig sind. Dies ist mit Blick auf die EnEV zu beantworten, die den Vergleichsmaßstab für Landesrecht bildet.

Im Gebäudebestand wird in der EnEV zunächst vorgeschrieben, dass Gebäudeeigentümern anlässlich freiwilliger Sanierungen bestimmte Dämmstandards einhalten müssen. Alternativ ist eine Realisierung von Sanierungsvorhaben unter Anwendung des Gesamtenergieeffizienzansatzes und der Gesamtwärmebedarfsbegrenzung zulässig. Als „strengere", Anforderungen des Landesrechts kommen insoweit niedrigere Grenzwerte bei den Dämmstandards, bei der zu wahrenden Gesamtenergieeffizienz oder der zu wahrenden Wärmedurchlässigkeit im Gebäude in Betracht. Darüber hinaus ist Landesrecht vorstellbar, welches die Schwelle für die „auslösenden" Sanierungstatbestände niedriger ansetzt. Auch eine solche landesrechtliche Regelung wäre als „strengere" Parallelvorschrift zur EnEV anzusehen.

Ferner enthält die EnEV im Gebäudebestand auch punktuelle anlassunabhängige Pflichten. Diesbezüglich sind als „strengere", Anforderungen Vorschriften denkbar, die ein höheres energetisches Niveau definieren (z. B. Verpflichtungen zur Installation von Heizkesseln, die eine höhere Energieeffizienz als die Standards der EnEV abverlangen).

Schließlich müssen auch solche landesrechtliche Regelungen möglich sein, die anlassabhängige Sanierungsstandards oder anlassunabhängige Sanierungspflichten mit dem Ziel einer Energieeffizienzsteigerung erstmalig regeln, sich also mit dem derzeitigen Verordnungsrecht der EnEV strukturell und inhaltlich nicht überschneiden. Denkbar wären bspw. landesrechtliche Pflichten zur nachträglichen Dämmung von Kellerdecken oder -wänden.

IV. Sperrwirkung des BImSchG

Schließlich kann auch von § 23 Abs. 1 Satz 1 BImSchG eine Sperrwirkung für landesrechtliches Ordnungsrecht ausgehen.

1. Kompetenztitel

Die Vorschriften des BImSchG zum anlagenbezogenen Immissionsschutz fallen nach allgemeiner Meinung unter das Recht der Luftreinhaltung gem. Art. 74 Abs. 1 Nr. 24 GG. Dies soll aufgrund des historischen Bezugs zwischen dem Erlass des BImSchG und der Einfügung von Art. 74 Abs. 1 Nr. 24 GG in das Grundgesetz

89 Ähnlich *Manten/ Elbel*, LKV 2009, 1 (4).

sowohl für die gefahrenabwehrrechtlichen Vorschriften als auch für die Vorschriften zur immissionsschutzrechtlichen Vorsorge gelten.[90]

Diese Einordnung ist auch mit Blick auf § 23 Abs. 1 Satz 1 BImSchG als Ermächtigungsgrundlage für Anforderungen zur Vorsorge gegen die Gefahren des Klimawandels zutreffend. Denn die Besonderheit dieser immissionsschutzrechtlichen Ermächtigungsgrundlage liegt gegenüber dem Gebäudeeffizienz- oder Erneuerbare-Energien-Recht gerade darin, dass Anforderungen auf Grundlage von § 23 Abs. 1 BImSchG stets auf eine Reduzierung der Emissionen aus den erfassten Anlagen gerichtet sein müssen.[91]

§ 23 Abs. 1 BImSchG ist daher dem Kompetenztitel des Art. 74 Abs. 1 Nr. 24 GG zuzuordnen.

2. *Reichweite der Sperrwirkung*

Auch das BImSchG enthält eine explizite Öffnungsklausel zugunsten des Landesrechts.

Nach § 23 Abs. 2 BImSchG gilt, dass „soweit die Bundesregierung von der Ermächtigung keinen Gebrauch macht“, „die Landesregierungen ermächtigt“ sind, „durch Rechtsverordnung Vorschriften im Sinne des § 23 Abs. 1 BImSchG“ zu erlassen.

Auch im Immissionsschutzrecht sind landesrechtliche Anforderungen an nicht genehmigungsbedürftige Anlagen daher in einem bestimmten Umfang von Gesetzes wegen zulässig, im Übrigen hingegen gesperrt. Eine Sperrwirkung kann gem. § 23 Abs. 2 BImSchG – ebenfalls parallel zur Rechtslage im Gebäudeeffizienzrecht[92] – allein vom immissionsschutzrechtlichen Verordnungsrecht ausgehen, da ein „Gebrauchmachen“ von der Verordnungsermächtigung vorausgesetzt wird.

Im Vergleich zwischen Gebäudeeffizienzrecht und Immissionsschutzrecht besteht allerdings auch ein Unterschied. Denn § 23 Abs. 2 BImSchG lässt landesrechtliches Ordnungsrecht nur zu, „soweit die Bundesregierung von der Ermächtigung keinen Gebrauch gemacht hat“. Hat die Bundesregierung hingegen von der Verordnungsermächtigung Gebrauch gemacht, so ergibt sich im Gegenschluss aus § 23 Abs. 2 BImSchG eine vollständige Sperrwirkung für landesrechtliches Ordnungsrecht.[93] Auch „strengeres“ Ordnungsrecht auf Landesebene ist damit gesperrt. Eine solche vollständige Sperrwirkung besteht aber nur, „soweit“ die Bundesregierung von der Verordnungsermächtigung Gebrauch macht und bestimmte Inhalte verordnungsrechtlich regelt.[94]

---

90 *Degenhardt*, in: Sachs, Art. 74 Rn. 102; *Wittreck*, in: Dreier, Bd. II, Art. 74 Rn. 119.

91 Zu diesem Erfordernis für das immissionsschutzrechtliche Verordnungsrecht bereits unter Teil 3 C. 3. c) cc).

92 Zur Sperrwirkung des Gebäudeeffizienzrechts bereits unter Teil 4 A. III.

93 *Sparwasser/Heilshorn*, in: Landmann/Rohmer, BImSchG, § 23 Rn. 13.

94 *Jarass*, BImSchG, § 23 Rn. 60, der zwischen den Fallkonstellationen des „Nichtgebrauchmachens“ und des „nicht erschöpfenden Gebrauchmachens“ unterscheidet.

Mit Blick auf die Anforderungen an Heizungsanlagen nach der 1. BImSchV ergibt sich, dass die Bundesregierung von der speziellen Möglichkeit der immissionsschutzrechtlichen Vorsorge gegen die Gefahren des Klimawandels gem. § 23 Abs. 1 BImSchG noch keinen Gebrauch gemacht. Die Anforderungen der 1. BImSchV bewirken lediglich mittelbar eine Reduktion des Treibhausgasausstoßes, sind primär aber auf eine Reduktion des Belastungsniveaus an klassischen Luftschadstoffen ausgerichtet. Ähnliches gilt für die derzeitigen Anforderungen der 1. BImSchV an die Nutzung regenerativer Brennstoffe. Auch diese bezwecken keinen Klimaschutz.[95] Daher entfaltet das Verordnungsrecht der 1. BImSchV derzeit keine Sperrwirkung für Wärmewenderecht auf Landesebene. Insbesondere landesrechtliche Ansätze zur Emissionsregulierung des Treibhausgasausstoßes aus häuslichen Heizungsanlagen sind damit zulässig.

V. Zusammenfassung

Die bundesrechtlichen Instrumente des EEWärmeG, des Gebäudeeffizienzrechts und des Immissionsschutzrechts sperren den Erlass von Landesrecht gem. Art. 72 Abs. 1 GG jeweils zu einem gewissen Umfang. Dabei ist die Sperrwirkung der vorgenannten Rechtsgrundlagen unterschiedlicher Reichweite.

Nach dem auf Art. 74 Abs. 1 Nr. 11 GG basierenden EEWärmeG verläuft die Grenze der Sperrwirkung zwischen den bundesrechtlich geregelten Neubauvorhaben und den „bestehenden Gebäuden" gem. § 3 Abs. 4 Nr. 2 EEWärmeG. Soweit solche bestehenden Gebäude betroffen sind, ist der Landesgesetzgeber bei der Normierung ordnungsrechtlicher Standards weitestgehend frei. Landesgesetzgeberische Aktivitäten im Neubaubereich im Sinne des EEWärmeG sind demgegenüber vollumfänglich gesperrt.

Das ebenfalls Art. 74 Abs. 1 Nr. 11 GG zuzuordnende Gebäudeeffizienzrecht in EnEG und EnEV zieht eine andere Grenze. Nach diesen Rechtsgrundlagen ist eine Regelung von „strengeren" Anforderungen im Landesrecht zulässig. Maßstab für den Vergleich ist allein das Verordnungsrecht der EnEV. Die EnEV entfaltet eine Sperrwirkung für „weniger strenge" Rechtsvorschriften, die sich inhaltlich mit den Anforderungen der EnEV decken. Anlassabhängige Anforderungen an die Gesamtenergieeffizienz oder die Wärmedurchlässigkeit der Gebäudedämmung können daher landesrechtlich nur geregelt werden, wenn qualitativ höhere Anforderungen an die Standards gestellt oder alternativ weitergehende Sanierungsanlässe erfasst werden. Außerhalb der Regelungen der EnEV besteht hingegen weiterhin eine umfassende Gestaltungsfreiheit der Landesgesetzgeber, bspw. bei einem Sanierungszwang zur nachträglichen Dämmung von Fensterflächen.

Das auf Art. 74 Abs. 1 Nr. 24 GG beruhende BImSchG sperrt schließlich landesrechtliches Ordnungsrecht, soweit die Bundesregierung im Verordnungsrecht klimaschützende Vorgaben zur Reduzierung von Treibhausgasemissionen beim

---

95 Zu den Inhalten der 1. BImSchV siehe bereits unter Teil 3 C. II.

Betrieb von Heizungsanlagen macht. Auch im Immissionsschutzrecht kann die Sperrwirkung alleine vom Verordnungsrecht ausgehen. Die Sperrwirkung ist beim Erlass entsprechenden Versorgungsrechts allerdings weiter als im Gebäudeeffizienzrecht, selbst „strengere“ landesrechtliche Vorschriften sind in diesem Fall gesperrt. Die 1. BImSchV enthält mit ihren Anforderungen an Brennstoffe sowie den punktuellen Effizienzanforderungen an Heizungsanlagen derzeit aber nur Regelungen, die auf eine Reduzierung des Ausstoßes an klassischen Luftschadstoffen abzielen. Insoweit hat die Bundesregierung im Hinblick auf einen möglichen immissionsschutzrechtlichen Klimaschutz noch keinen Gebrauch von der einschlägigen Verordnungsermächtigung des § 23 Abs. 1 Satz 1 EnG gemacht. Eine Sperrwirkung der 1. BImSchV besteht für immissionsschutzrechtlichen Klimaschutz auf Landesebene derzeit nicht.

Insgesamt verbleibt für die Landesgesetzgeber – speziell im Bestandsgebäudebereich – damit ein größerer Gestaltungsspielraum mit unterschiedlichen Anknüpfungspunkten für eigenes Ordnungsrecht der Wärmewende.

B. Erneuerbare-Energien-Recht

Ein spezielles Gesetz zur Förderung der Wärmegewinnung aus erneuerbaren Energien existiert derzeit allein in Baden-Württemberg. Die historische Entwicklung dieses Gesetzes weist einen engen Bezug zum bundesrechtlichen EEWärmeG auf (I.). Inhaltlich wird die bundesrechtlich offen gelassene Lücke im Bestandsgebäudebereich teilweise geschlossen (II.). Dabei hat der Baden-Württembergische Gesetzgeber seine Standards weitgehend an das Bundesrecht angelehnt, mitunter allerdings durch eigene Ansätze erweitert (III.). Das Verhältnis zum Bundesrecht ist jedenfalls im Ausgangspunkt klar geregelt (IV.). Ähnlich wie die materiellen Standards weisen auch die landesrechtlichen Vollzugsregelungen schließlich punktuelle Modifikationen auf (V.).

I. Rechtsentwicklung und Ziele

Bereits im Vorfeld der Diskussion um das EEWärmeG des Bundes war die Landesregierung in Baden-Württemberg der Auffassung, dass finanzielle Förderungen alleine nicht ausreichen würden, um die Sanierungsrate im Gebäudebestand mittel- bis langfristig hinreichend zu steigern.[96] Aus diesem Grund erließ Baden-Württemberg mit Wirkung zum 1. Januar 2008 das sog. Erneuerbare-Wärme-Gesetz (EWärmeG BW a. F.).

Das EWärmeG BW a. F. enthielt eine Grundstruktur, die im Wesentlichen dem Aufbau des nachfolgenden Bundesrechts entsprach. So war für den Fall der Errichtung von Gebäuden eine zentrale Erneuerbare-Energien-Nutzungspflicht

96 Gesetzesentwurf der Landesregierung Baden-Württemberg zum EWärmeG a. F., LT-Drs. 14/1781 vom 2. Oktober 2007, S. 13.

vorgesehen, die durch Ersatzmaßnahmen ergänzt wurde. Anders als im EEWärmeG war allerdings eine einheitliche Mindestdeckungsquote von 10 % für alle Arten erneuerbarer Primärenergien vorgeschrieben (§ 4 Abs. 1 EWärmeG BW a. F.). Die Quote orientierte sich dabei an den typischen Kapazitäten von Solarthermieanlagen, die in der Wärmeerzeugung häufig nur ergänzend neben anderen Erzeugungsanlagen zum Einsatz kommen.[97] Hierdurch war das Gesetz primär auf die Nutzung solarer Strahlungsenergie zugeschnitten.[98] Gleichzeitig wurden durch diesen Fokus auf solare Strahlungsenergie entsprechend geringe Anreize zur Nutzung anderer erneuerbarer Energien gesetzt, was in der Literatur kritisch gesehen wurde.[99]

Eine weiterer Unterschied zum Bundesrecht lag darin, dass das EWärmeG BW a. F. auch Vorgaben für die Durchführung von Sanierungsvorhaben enthielt, die ab dem 1. Januar 2010 realisiert wurden (§ 4 Abs. 2 EWärmeG a. F.). Somit wurde auch der Gebäudebestand durch anlassabhängige Pflichten erfasst.[100] Mit dieser Einbeziehung des Gebäudebestands ging der Landesgesetzgeber daher bereits frühzeitig einen Schritt weiter als der Bundesgesetzgeber im nachfolgenden EEWärmeG. Dieser verhältnismäßig weite Anwendungsbereich des EWärmeG a. F. wurde allerdings an anderer Stelle wieder eingeengt. Nach § 2 Satz 1 EWärmeG a. F. waren nur solche Gebäude in den Anwendungsbereich einbezogen, die überwiegend zu Wohnzwecken genutzt wurden.[101]

Mit dem Inkrafttreten des EEWärmeG des Bundes am 1. Januar 2009 wurden die Regelungen des EWärmeG BW a. F. für den Neubaubereich gem. Art. 72 Abs. 1 GG verdrängt.[102] Nur die Anforderungen an die Durchführung von Sanierungsvorhaben galten daher fort.

Außerhalb von Baden-Württemberg zeigte sich auf landerechtlicher Ebene eine gewisse Zurückhaltung bei der Verabschiedung von Ordnungsrecht für den Gebäudebestand. In den allermeisten Bundesländern kam es generell nicht zu Rechtssetzungsinitiativen wie in Baden-Württemberg. In einigen Bundesländern schritten Pläne zum Einsatz von entsprechendem Ordnungsrecht zwar voran, wurden aber nicht finalisiert. So sollten ordnungsrechtliche Erneuerbare-Energien-Nutzungspflichten im Land Berlin gemäß eines Referentenentwurfes aus dem Jahr 2009 in das zwischenzeitlich geplante Berliner Klimaschutzgesetz integriert werden.[103] Das letztlich verabschiedete Berliner Energiewendegesetz aus dem Jahr 2016 (EWG Bln)

97 Siehe zur Ökonomie der Solarthermie bereits unter Teil 1 C. I. 1. c).

98 *Müller*, in: Müller/Oschmann/Wustlich, Einl. Rn. 56.

99 *Wustlich*, in: Müller/Oschmann/Wustlich, § 3 Rn. 114.

100 *Böhm/Schwarz*, NVwZ 2012, 129 (130).

101 *Wustlich*, in: Müller/Oschmann/Wustlich, § 3 Rn. 112.

102 *Kahl*, VBlBW 2011, 53 (53); im Ergebnis auch *Milkau*, EE im Wärmemarkt, S. 269, der die verfassungsrechtliche Rechtsgrundlage der „Verdrängung" allerdings offen lässt.

103 Referentenentwurf eines Berliner Klimaschutzgesetzes vom 6. Juli 2009, passim bei *Holtmeier/Rasbach*, in: Säcker, Bd. II, EEWärmeG, Einl. Rn. 29. Zu diesem Referentenentwurf auch *Kahl/Schmidtchen*, Kommunaler Klimaschutz S. 102.

hat diesen Ansatz aber nicht aufgegriffen. Stattdessen wird lediglich die Berliner Landesverwaltung verpflichtet, sich um Klimaschutzvereinbarungen mit privaten Akteuren der Immobilienwirtschaft zu bemühen (§ 10 EWG Bln). Auch in Thüringen sah ein Referentenentwurf aus dem Jahr 2013 die Schaffung eines landesrechtlichen Erneuerbare-Energien-Wärmegesetzes mit Ordnungsrecht für den Gebäudebestand vor.[104] Auch dieser Gesetzentwurf erreichte keine Beschlussfähigkeit.

Entgegen diesem allgemeinen Trend novellierte Baden-Württemberg im Jahr 2015 das bis dato fortbestehende EWärmeG BW a. F. grundlegend. Anlässlich dieser Novelle wurden zunächst die Vorschriften für den vom Bundesrecht erfassten Neubaubereich (aus redaktionellen Gründen) gestrichen.[105] Inhaltlich wurden die anlassabhängigen Sanierungsanforderungen erstmals auf Nichtwohngebäude erstreckt.[106] Ferner wurden die bisherige Ausrichtung auf die Solarthermienutzung an gewissen Stellen gelockert[107] und die bestehenden Erfüllungsvarianten und Ersatzmaßnahmen ergänzt. Letzteres geschah vor allem durch die Einführung sog. Sanierungsfahrpläne.[108] Das EWärmeG BW ist in seiner aktuellen Fassung am 01. Juli 2015 in Kraft getreten.

Wie die meisten Bundesgesetze verknüpft auch das EWärmeG BW die bereits bekannten energiepolitischen Ziele (Klimaschutz, Versorgungssicherheit, Technologieförderung) mit einem quantitativen Einsparziel.[109] Das EWärmeG BW soll nach dessen § 1 dazu beitragen, die „Gesamtsumme der Treibhausgasemissionen in Baden-Württemberg im Vergleich zu den Gesamtemissionen des Jahres 1990 bis zum Jahr 2020 um mindestens 25 % und bis zum Jahr 2050 um 90 % zu verringern." Bei diesem Ziel handelt es sich um das Klimaschutzziel gem. § 4 Abs. 1 des Baden-Württembergischen Klimaschutzgesetzes aus dem Jahr 2013 (KSG BW)[110], das seit der Gesetzesnovelle des EWärmeG BW auch über dieses Gesetz in Bezug genommen wird.

Folglich sind die Vorgaben im EWärmeG BW in quantitativer Hinsicht nicht darauf ausgerichtet, ein wärmebereichsspezifisches Einsparziel zu erreichen, sondern vielmehr zu einem allgemeinen klimapolitischen Einsparziel beizutragen. Der volkswirtschaftliche Anteil an Energieeinsparungen, den die beteiligten Akteure im Gebäudesektor zukünftig erbringen sollen, wird aus der Zielbestimmung daher

104 *Holtmeier/Rasbach*, in: Säcker, Bd. II, EEWärmeG, Einl. Rn. 29.

105 Siehe die Gesetzesbegründung der Landesregierung zum EWärmeG n. F., LT-Drs. 16/4333 vom 9. Dezember 2014, S. 30.

106 LT-Drs. 16/4333 vom 9. Dezember 2014, S. 31; *Steinwachs*, BWGZ 2015, 1072 (1072).

107 LT-Drs. 16/4333 vom 9. Dezember 2014, S. 31; *Steinwachs*, BWGZ 2015, 1072 (1073).

108 LT-Drs. 16/4333 vom 9. Dezember 2014, S. 32; zu den Sanierungsfahrplänen noch unter Teil 4 B. III. 3. d)

109 Zu den quantitativen Zielen des Bundes bereits unter Teil 1 D. III. 2.

110 Gesetz zur Förderung des Klimaschutzes in Baden-Württemberg vom 23. Juli 2013 (GBl. S. 229).

nicht ersichtlich. Insoweit gewährleistet § 1 EWärmeG BW im Vergleich zu den Regelungen des Bundesrechts, die auf wärmebereichsspezifische Einsparziele Bezug nehmen,[111] nur eine eingeschränkte Planungssicherheit.

II. Erfassung von Gebäuden

Das EWärmeG BW gilt nach § 2 Abs. 1 Halbsatz 2 für Gebäude, die „unter Einsatz von Energie beheizt werden". Dieses funktionale Definitionsmerkmal hat das EWärmeG BW mit den bundesrechtlichen Regelungen gemein.[112]

Ferner beziehen sich die ordnungsrechtlichen Anforderungen seit der Novelle des Jahres 2015 sowohl auf Wohngebäude (§§ 6 ff. EWärmeG BW) als auch auf Nichtwohngebäude (§§ 13 ff. EWärmeG BW). Die Abgrenzung zwischen Wohn- und Nichtwohngebäuden erfolgt nach § 3 Nr. 6 EWärmeG BW mit Blick auf den jeweiligen Anteil der Nutzungsart an der Gesamtfläche des Gebäudes.[113]

Auch das EWärmeG BW sieht allerdings gewisse Bereichsausnahmen vor (§ 2 EWärmeG BW). Einige dieser Bereichsausnahmen sind vor allem für Nichtwohngebäude von besonderer Bedeutung. Dies gilt zunächst für solche Gebäude, die gem. § 2 Nr. 11 EWärmeG BW einen „Teil oder eine Nebeneinrichtung einer Anlage im Anwendungsbereich des Treibhausgas-Emissionshandelsgesetzes (TEHG)" darstellen. Diese Bereichsausnahme ist an die korrespondierende Regelung für den Neubaubereich im Bundesrecht angelehnt.[114] Ausgenommen werden alle Gebäude, die lediglich die äußere Hülle einer industriellen Anlage im Anwendungsbereich des TEHG sind. Denn die Betreiber dieser Anlagen müssen zum Zwecke des Klimaschutzes (§ 1 TEHG) nach den Regeln der §§ 7 – 8 TEHG bereits auf eigene Kosten Emissionszertifikate für Treibhausgasemissionen erwerben. Das spezielle ökonomische Instrument des Treibhausgasemissionshandels soll daher nicht durch weitere ordnungsrechtliche Vorgaben mit einer ähnlichen Zielrichtung beeinflusst werden.[115]

Neben Bereichsausnahmen für die Industrie hat der Landesgesetzgeber noch weitere Bereichsausnahmen für Nichtwohngebäude geschaffen. Gem. § 2 Nr. 12 EWärmeG sind auch „gewerbliche und industrielle Hallen, bei denen der überwiegende Teil der Nettogrundfläche der Fertigung, Produktion, Montage und Lagerung dient", vom Anwendungsbereich ausgenommen. Folglich reduziert sich der Anwendungsbereich für Nichtwohngebäude auf Bürogebäude und Gebäude mit Verkaufsflächen.[116]

Schließlich erfasst das EWärmeG BW nach § 2 Abs. 1 Halbsatz 1 „am 1. Januar 2009 bereits errichtete" Gebäude. Die genaue Bedeutung dieser Bestimmung erschließt sich wiederum nur mit Blick auf die Entstehungsgeschichte des EWärmeG BW und den bundesrechtlichen Hintergrund. Mit Wirkung zum 1. Januar 2009

111 Siehe zu § 1 EEWärmeG bereits unter Teil 3 B. II. 1.

112 Zum Anwendungsbereich des EEWärmeG bereits unter Teil 3 B. II. 2.

113 LT-Drs. 16/4333 vom 9. Dezember 2014, S. 44.

114 Vgl. § 4 Nr. 10 EEWärmeG, *Steinwachs*, BWGZ 2015, 1072 (1073).

115 *Wustlich*, in: Danner/Theobald, EEWärmeG, § 4 Rn. 15.

116 Vgl. *Steinwachs*, BWGZ 2015, 1072 (1072).

hat der Bundesgesetzgeber Erneuerbare-Energien-Nutzungspflichten im bundesrechtlichen EEWärmeG eingeführt. Der zeitliche Anwendungsbereich des Bundesrechts erfasst allerdings allein die nach Inkrafttreten des Gesetzes beantragten bzw. angezeigten Neubauvorhaben (§ 19 EEWärmeG). Folglich stellen die zeitlich nicht vom EEWärmeG erfassten Vorhaben den „Bestandsgebäudebereich" im Sinne des Bundesrechts da.[117] Die Regelung von ordnungsrechtlichen Anforderungen an diesen Bestandsgebäudebereich hat der Bundesgesetzgeber gem. § 3 Abs. 4 Nr. 2 EEWärmeG den Ländern überlassen.

In diesem Kontext hat der baden-württembergische Gesetzgeber den Anwendungsbereich des EWärmeG BW im Rahmen der Novellierung des Gesetzes im Jahr 2015 spiegelbildlich zu § 19 EEWärmeG gestaltet.[118] Der Wortlaut von § 2 Abs. 1 EWärmeG BW („bereits errichtet") stellt zwar auf die bauliche Fertigstellung von Gebäuden am Stichtag des 1. Januar 2009 ab. Andererseits wurde § 2 Abs. 1 EWärmeG BW gerade an den Wortlaut des bundesrechtlichen § 3 Abs. 4 Nr. 2 EEWärmeG angelehnt.[119] Sinn und Zweck von § 2 Abs. 1 EWärmeG BW ist daher die Gewährleistung einer trennscharfen Erfassung aller Bestandsgebäude, die nicht dem Bundesrecht unterworfen sind. [120] Vor diesem Hintergrund ist § 2 Abs. 1 EWärmeG dahin auszulegen, dass das Landesrecht alle Vorhaben zur Errichtung von Gebäuden erfasst, für die am Stichtag des 1. Januar 2009 bereits eine Genehmigung beantragt war.[121] Der Zeitpunkt der baulichen Fertigstellung des jeweiligen Gebäudes ist somit, wie auch im Bundesrecht des EEWärmeG, unbeachtlich. Bei einer solchen Auslegung ist der Anwendungsbereich des EWärmeG BW trennscharf zum Bundesrecht abgegrenzt. Mit Blick auf die Sperrwirkung des EEWärmeG nach Art. 72 Abs. 1 GG bestehen daher keine Bedenken.

III. Erneuerbare-Energien-Standards

Auch im aktuellen EWärmeG BW hat sich der Landesgesetzgeber allein für die Normierung anlassabhängiger Anforderungen entschieden. Diese knüpfen an den Anlass einer Sanierung der Heizungsanlage an. In diesem Fall gilt in den bestehenden Gebäuden eine allgemeine Erneuerbare-Energien-Nutzungspflicht, die durch eine allgemeine Energieeinsparpflicht ergänzt wird.

Hinsichtlich der weiteren Details zur Erfüllung dieser Pflichten unterscheidet das EWärmeG BW zwischen Wohngebäuden und Nichtwohngebäuden. Für beide Arten von Nutzungen sind schließlich Ausnahmen und Befreiungen vorgesehen.

---

117 Zur Abgrenzung aus Sicht des Bundesrechts bereits unter Teil 3 B. II. 2.

118 LT-Drs. 16/4333 vom 9. Dezember 2014, S. 43.

119 LT-Drs. 16/4333 vom 9. Dezember 2014, S. 43.

120 LT-Drs. 16/4333 vom 9. Dezember 2014, S. 43.

121 Im Falle der Genehmigungsfreistellung kommt es hingegen entsprechend § 3 Abs 4 Nr. 2 EEWärmeG auf den Zeitpunkt der Bauanzeige an, im Fall der Entbehrlichkeit solcher Anzeigen auf den Baubeginn.

1. Austausch der Heizungsanlage

Nach § 4 Abs. 1 Halbsatz 1 EWärmeG BW lösen die Anlässe des „Austauschs" sowie des „nachträglichen Einbaus einer Heizanlage" die gesetzlichen Pflichten aus.

Eine Legaldefinition dieser beiden Konstellationen findet sich in § 3 Nrn. 2 und 3 EWärmeG BW. Unter einen Austausch fallen sowohl Fälle, in denen ein Heizkessel oder ein anderer zentraler Wärmeerzeuger ausgetauscht wird (§ 3 Nr. 1 Satz 1 EWärmeG BW) als auch Fälle, in denen eine solche dezentrale Erzeugungsanlage durch einen Anschluss an ein Wärmenetz ersetzt wird (§ 3 Nr. 1 Satz 2 EWärmeG BW). Das EWärmeG erfasst insoweit die beiden wesentlichen Konstellationen einer grundlegenden Sanierung der Wärmeerzeugungstechnik.[122] § 4 Abs. 1 Halbsatz 1 EWärmeG BW lässt sich damit als rein erzeugungstechnikbezogene Definition von Sanierungsanlässen beschreiben.

Hintergrund dieser Anknüpfung ist die Annahme des Landesgesetzgebers, dass beim Wechsel der Erzeugungstechnik eine neue Gesamtabstimmung aller (wärme) energetischen Faktoren im Gebäude aufeinander notwendig wird. Gerade in diesen Situationen ist es daher sinnvoll, die Eigentümer zu ergänzenden Sanierungsmaßnahmen zu verpflichten.[123]

2. Nutzungs- und Einsparpflichten

Als Rechtsfolge des Austauschs von Heizanlagen sieht § 4 Abs. 1 Halbsatz 2 EWärmeG BW vor, dass Eigentümerinnen und Eigentümer mindestens „15 % des jährlichen Wärmeenergiebedarfs durch erneuerbare Energien decken" oder alternativ „den Wärmeenergiebedarf um mindestens 15 % reduzieren". § 4 Abs. 1 EWärmeG BW enthält damit eine allgemeine Erneuerbare-Energien-Nutzungspflicht sowie eine rechtlich gleichwertige, allgemeine Energieeinsparpflicht.

Diese Verpflichtungen können auch mit einem gewissen zeitlichen Abstand zum Heizungsanlagentausch erfüllt werden. § 4 Abs. 2 EWärmeG BW sieht zur Erfüllung der Erneuerbare-Energien-Nutzungs- oder Einsparpflicht eine Frist von 18 Monaten vor, die durch die Inbetriebnahme der neuen Heizungsanlage ausgelöst wird. Den Verpflichteten wird somit ausreichend Zeit zu lassen, um sich mit der Sinnhaftigkeit möglicher ergänzender Sanierungsschritte auseinanderzusetzen.[124]

---

122 Die Landesregierung geht diesbezüglich von ca. 40.000 – 45.000 Austauschfällen pro Jahr aus, LT-Drs. 16/4333 vom 9. Dezember 2014, S. 37.

123 LT-Drs. 16/4333 vom 9. Dezember 2014, S. 51.

124 LT-Drs. 16/4333 vom 9. Dezember 2014, S. 51–52.

a) *Nutzungspflicht*

Bei der allgemeinen Erneuerbare-Energien-Nutzungspflicht setzt das EWärmeG BW, dem unions- und bundesrechtlichen Modell entsprechend,[125] auf eine ordnungsrechtliche Verpflichtung zur Nutzung erneuerbarer Energien. Dabei wird in § 4 Abs. 1 Halbsatz 2 EWärmeG BW allerdings für alle Arten erneuerbarer Primärenergien eine einheitliche Mindestdeckungsquote von 15 % vorgeschrieben. Diese Quote betrug nach § 4 Abs. 2 Satz 1 EWärmeG BW a. F. noch 10 %[126] und wurde im Rahmen der Gesetzesnovelle um 5 % erhöht.[127] Das System einer einheitlichen Erfüllungsquote wurde beibehalten. Mit dieser einheitlichen Quote weicht das EWärmeG BW strukturell vom EEWärmeG des Bundes ab, das auf spezifische Quoten für die jeweilige Art der Erneuerbaren Primärenergie setzt.

Differenzierende Vorgaben finden sich im EWärmeG BW erst bei den Erfüllungsmöglichkeiten der vorgenannten einheitlichen Quote. § 5 Abs. 1 EWärmeG listet zunächst alle anerkannten Energieträger erneuerbarer Energien auf, die grundsätzlich für die Erfüllung der gesetzlichen Verpflichtungen in Betracht kommen (solare Strahlungsenergie, Geothermie, Umweltwärme, feste, flüssige und gasförmige Biomasse). Für die allermeisten erneuerbaren Primärenergien werden in den § 5 Abs. 2 bis 5 EWärmeG BW anschließend technologiespezifische Anforderungen gestellt.[128] Alleine Solarthermieanlagen zur Nutzung solarer Strahlungsenergie sowie zentralen Heizungsanlagen zur Nutzung von Holz bleiben generell frei von technologiespezifischen Anforderungen. Aus § 5 EWärmeG BW ergibt sich insoweit eine mittelbare Privilegierung der Nutzung solarer Strahlungsenergie.[129] Eine Abkehr von Solarthermie als „Ankertechnologie", die von der Landesregierung anlässlich der Novelle angekündigt wurde,[130] wird an dieser Stelle des Gesetzes damit nicht vollzogen.

b) *Einsparpflicht*

Neben der Erneuerbare-Energien-Nutzungspflicht gilt nach § 4 Abs. 1 Halbsatz 2 EWärmeG BW eine Pflicht zur Durchführung von „Maßnahmen zur Reduzierung des Wärmeenergiebedarfs um 15 %. Diese allgemeine Einsparpflicht steht, wie sich bereits aus der inneren Systematik des § 4 EWärmeG BW ergibt, gleichwertig und alternativ neben der Erneuerbare-Energien-Nutzungspflicht. Auch in Bezug auf Maßnahmen zur Reduzierung des Wärmeenergiebedarfs ist eine einheitliche Mindestgröße (15 %) vorgesehen.

---

125 Zur bundes- und unionsrechtlichen Konzeption der EE-Nutzungspflichten siehe bereits unter Teil 3 B.

126 *Milkau*, EE im Wärmemarkt, S. 272.

127 *Steinwachs*, BWGZ 2015, 1072 (1072).

128 § 5 Abs. 2–5 EWärmeG BW ähneln in ihrer Funktion daher der Anlage zum EWärmeG des Bundes.

129 So zur alten Gesetzesfassung *Wustlich*, in: Müller/Oschmann/Wustlich, § 5 Rn. 194.

130 LT-Drs. 16/4333 vom 9. Dezember 2014, S. 31.

Mit den Maßnahmen zur Reduzierung des Wärmeenergiebedarfs sind vorrangig Maßnahmen zur Gebäudedämmung i. S. v. §§ 8, 15 EWärmeG BW gemeint.[131] Neben solchen Dämmungsmaßnahmen enthält das EWärmeG BW in den §§ 10, 17 allerdings noch weitere Ersatzmaßnahmen[132] zur Reduzierung des Wärmeenergiebedarfs. Sowohl bei der Gebäudedämmung als auch bei den Ersatzmaßnahmen geht es dabei – analog zum Bundesrecht –um die Steigerung der Energieeffizienz des zu sanierenden Gebäudes.[133]

3. *Wohngebäude*

In Bezug auf die einzelnen Erfüllungsoptionen, die für ein zu sanierendes Gebäude konkret in Betracht kommen, differenziert das EWärmeG BW zwischen Sanierungen von Wohn- und Nichtwohngebäuden.

Für zu sanierende Wohngebäude sind im EWärmeG BW vier unterschiedliche Arten von Erfüllungsoptionen zur Wahrung des § 4 Abs. 1 EWärmeG BW definiert. Neben den Möglichkeiten zur Nutzung erneuerbarer Energien und zur Gebäudedämmung sieht das Gesetz spezielle Ersatzmaßnahmen für Nichtwohngebäude vor. Schließlich besteht die Möglichkeit einer Aufstellung von Sanierungsfahrplänen. Nach § 6 Abs. 3 i. V. m. § 11 EWärmeG BW können die vorgenannten Optionen weitgehend miteinander kombiniert werden.

a) Erneuerbare-Energien-Nutzung

Die anteilige Nutzung erneuerbarer Energien im Sinne von § 5 EWärmeG BW ist bei Wohngebäuden unter den Voraussetzungen des § 6 Abs. 1 EWärmeG BW möglich. Grundsätzlich ist die Mindestdeckungsquote von 15 % auf Basis einer „Berechnung im Einzelfall" zu erfüllen (§ 6 Abs. 1 Satz 1 Halbsatz 1 EWärme GW). In diesem Fall muss der Gebäudeeigentümer daher eine individuelle Berechnung des Wärmeenergiebedarfs für das jeweilige Gebäude und des entsprechenden Anteils, der durch die gewählte Erneuerbare-Energien-Nutzung gedeckt werden kann, vornehmen (§ 20 Abs. 6 EWärmeG).[134]

Allein im Fall der Nutzung von Solarthermie kann die Nutzungspflicht auch auf einer „pauschalierten" Basis erfüllt werden. In diesem Fall „gilt" die Nutzungspflicht aufgrund einer bestimmten Abdeckung von Dachfläche durch Solarthermieanlagen als erfüllt (§ 6 Abs. 1 Satz 1 Halbsatz 2 i. V. m. § 7 EWärmeG BW). Der Umfang

---

131 LT-Drs. 16/4333 vom 9. Dezember 2014, S. 50.

132 Ähnlich wie im EEWärmeG ist diese Terminologie auch im EWärmeG BW in gewisser Weise irreführend. Denn auch im Landesrecht stellen die Ersatzmaßnahmen rechtlich gleichwertige Erfüllungsoptionen zur Wahrung der Einsparpflicht des § 4 Abs. 1 EWärmeG BW dar.

133 Zu den Ersatzmaßnahmen im EEWärmeG bereits unter Teil 3 B. II. 3. b).

134 LT-Drs. 16/4333 vom 9. Dezember 2014, S. 58.

dieser Fläche richtet sich dabei nach den jeweiligen m² an Wohnfläche des Gebäudes (§ 7 Halbsatz 1 EWärmeG BW).

Da eine solche pauschalierte Erfüllung nur bei der Nutzung von Solarthermie möglich ist, privilegiert das EWärmeG BW solare Strahlungsenergie gegenüber anderen erneuerbaren Primärenergien auch an dieser Stelle durch eine vereinfachte Methodik. Hier besteht eine Parallele zum Bundesrecht im EEWärmeG, in dem solche Vereinfachungen ebenfalls nur für Solarthermie greifen. Mit Blick auf mögliche Verringerungen beim Vollzugsaufwand und das Ziel einer möglichst technologieoffenen Ausgestaltung besteht daher auch im baden-württembergischen Landesrecht Verbesserungsbedarf.[135]

b) Dämmung

§ 8 EWärmeG BW definiert Dämmungsmaßnahmen, die zur Erfüllung der Einsparpflicht gem. § 4 Abs. 1 Satz 2 EWärmeG BW vorgenommen werden können.

Gem. § 8 Abs. 1 Nr. 1 EWärmeG BW kann eine anteilige Erfüllung der Einsparpflicht durch die Dämmung von „Dachflächen, Wänden und Decken gegen unbeheizte Räume" erfolgen. Für kleine Gebäude (maximal 2 Vollgeschosse) kommt gem. § 8 Abs. 2 EWärmeG BW auch eine anteilige Erfüllung durch eine Dämmung der Kellerdecken in Betracht.[136] Voraussetzung hierfür ist, dass die einschlägigen Grenzwerte der aktuellen EnEV für die Anforderungen an die jeweiligen Bauteile (Wärmedurchgangskoeffizienten) um „mindestens 20 %" unterschritten werden.

Den Eigentümern wird daher, wie bereits aus dem EWärmeG des Bundes für den Neubaubereich bekannt[137], die Möglichkeit einer Übererfüllung der bauteilbezogenen EnEV-Anforderungen zur Option gestellt.[138] Da diese Erfüllungsvariante aber nur anteilig zur Erfüllung der Einsparpflicht herangezogen kann (§ 8 Abs. 1 Nr. 1 Satz 2 EWärmeG BW), sind neben einer solchen Dämmung noch zusätzliche Maßnahmen durchzuführen.

Demgegenüber erweitert § 8 Abs. 1 Nr. 2 EWärmeG BW die Option der EnEV-Übererfüllung, wenn Gebäudeeigentümer die Außenwände des Gebäudes in vollem Umfang dämmen. Werden die bauteilbezogenen Anforderungen an die Dämmung von Außenwänden nach der EnEV um 20 % überschritten, so gilt die Energieeinsparpflicht gem. § 4 Abs. 1 EWärmeG BW in vollem Umfang als erfüllt.

Gem. § 8 Abs. 1 Nr. 3 EWärmeG BW können ferner Maßnahmen durchgeführt werden, die zu einer Verringerung des Wärmeverlustes über den gesamten Baukörper eines Gebäudes führen. Insoweit wird auf die Vorgaben der EnEV zum sog.

---

135 Zu den pauschalierten Erfüllungsmöglichkeiten des EEWärmeG bereits unter Teil 3 B. II. 3. a).

136 Zur dieser Auslegung von § 8 Abs. 2 EWärmeG BW siehe LT-Drs. 16/4333 vom 9. Dezember 2014, S. 34.

137 Zu solchen Ersatzmaßnahmen im EEWärmeG bereits unter Teil 3 B. II. 3. b).

138 So zur identischen Rechtslage nach dem EWärmeG BW a. F. *Milkau*, EE im Wärmemarkt, S. 272.

Transmissionswärmeverlust abgestellt.[139] Die entsprechenden Grenzwerte richten sich an den Grenzwerten der EnEV für Neubauten aus. § 8 Abs. 1 Nr. 3 EWärmeG BW sieht allerdings gewisse Auf- und Abschläge auf diese Grenzwerte vor, die sich nach dem Alter des jeweiligen Gebäudes richten.[140] Je älter das Gebäude ist, desto großzügiger sind die entsprechenden Grenzwerte gewählt.

Insgesamt fällt bei allen vorgenannten Erfüllungsoptionen durch Dämmungsmaßnahmen auf, dass bei keiner Wahlmöglichkeit die tatsächlich durch die Maßnahme erzielte Energieeinsparung zu ermitteln ist. Vielmehr wird die Pflicht zur Reduzierung des Wärmeenergiebedarfs um 15 % gem. § 4 Abs. 1 EWärmeG bei Erfüllung der Anforderungen des § 8 EWärmeG BW ebenfalls pauschal angenommen.[141] Die allgemeine Einsparpflicht des § 4 Abs. 1 EWärmeG BW erweist sich daher vornehmlich als gesetzliches Leitbild, nicht hingegen als rechtsverbindliche Zielgröße. Dies ist zwar vor dem Hintergrund des administrativen Aufwands für Berechnungen im Einzelfall nachvollziehbar, stellt die Steuerungswirkung der gesetzlichen Ziele allerdings in Frage.

c) Ersatzmaßnahmen

In Anlehnung an das Bundesrecht sieht auch das EWärmeG BW einige Ersatzmaßnahmen vor (§ 6 Abs. 1 Satz 3 EWärmeG BW). Wie im Bundesrecht handelt es sich bei den „Ersatz"maßnahmen entgegen der Begrifflichkeiten um rechtlich gleichwertige Erfüllungsoptionen.[142]

Als Ersatzmaßnahmen sind zunächst eine anteilige Nutzung dezentraler KWK-Anlagen (§ 10 Abs. 1 EWärmeG BW) sowie eine Umstellung auf eine netzbasierte Wärmeversorgung (§ 10 Abs. 2 EWärmeG BW) zulässig. Im zweitgenannten Fall genügt allerdings nicht jegliches Wärmenetz den gesetzlichen Anforderungen. Ähnlich wie in § 7 Abs. 3 EEWärmeG des Bundes ist nur ein Anschluss an solche Netze zulässig, die zu einem gewissen Mindestanteil aus besonders effizient erzeugter Wärme, Wärme aus erneuerbaren Energiequellen oder einer Kombination beider Varianten gespeist werden.

Ein zentraler Unterschied zum Bundesrecht liegt allerdings in der Ersatzmaßnahme des § 10 Abs. 3 EWärmeG BW. Hierin sieht das Landesrecht auch die Nutzung von Photovoltaik-Dachanlagen vor. Anstelle einer Deckung des Wärmeenergiebedarfs aus erneuerbaren Energiequellen kann der Gebäudeeigentümer daher ersatzweise Strom aus erneuerbaren Energien erzeugen. Die zu installierende Mindestleistung der Photovoltaik-Dachanlagen richtet sich gem. § 10 Abs. 3 Halbsatz 2 EWärmeG BW nach der jeweiligen Wohnfläche des Gebäudes. Technisch gesehen geht es bei

---

139 Zum Verständnis der Transmissionswärmeverluste in der EnEV bereits unter Teil 3 A. III. 4. a) bb).

140 *Wustlich*, in: Müller/Oschmann/Wustlich, § 7 Rn. 166.

141 So die Gesetzesbegründung der Landesregierung gem. LT-Drs. 16/4333 vom 9. Dezember 2014, wonach in diesen Fällen eine Berechnung „nicht mehr möglich" ist.

142 *Wustlich*, in: Müller/Oschmann/Wustlich, § 7 Rn. 168.

§ 10 Abs. 3 EWärmeG zwar nicht um eine Deckung des Strombedarfs des jeweiligen Gebäudes, da auch „vor Ort erzeugter" Strom im Normalfall in das angeschlossene Versorgungsnetz eingespeist wird.[143] Dennoch nimmt § 10 Abs. 3 EWärmeG eine normative Gleichstellung mit den Konstellationen der Wärmeerzeugung und -nutzung vor Ort vor. Einschränkend ist vorgesehen, dass die Photovoltaik-Dachanlagen, „im unmittelbaren räumlichen Zusammenhang" mit dem jeweiligen Gebäude installiert werden müssen (§ 10 Abs. 3 Halbsatz 1 EWärmeG BW).

Sinn und Zweck von § 10 Abs. 3 EWärmeG BW ist es, den Gebäudeeigentümern eine technisch bewährte kostengünstige Wahlmöglichkeit zur Verfügung stellen. Denn Photovoltaik-Dachanlagen weisen gegenüber Solarthermieanlagen regelmäßig geringere Investitionskosten auf.[144] Dieser Schritt des Gesetzgebers ist allerdings kritisch zu sehen. Denn er birgt die Gefahr, dass eigentlich erforderliche Maßnahmen zur Veränderung der Wärmeversorgungsstruktur im Gebäudebereich unterlassen werden.[145] In jedem Fall hat der Landesgesetzgeber mit § 10 Abs. 3 EWärme BW das gesetzliche Grundkonzept durchbrochen und die Bedeutung des Gesetzes für die Wärmewende relativiert.

d) Sanierungsfahrplan

Als vierte Erfüllungsoption im Wohngebäudebereich sieht § 9 EWärmeG BW seit der Gesetzesnovelle des Jahres 2015 schließlich die Vorlage von sog. Sanierungsfahrplänen an die zuständigen Behörden vor. Mit dieser Erfüllungsoption hat der Landesgesetzgeber ein Instrument aufgegriffen, das in neuerer Zeit zunehmend in den wissenschaftlichen[146] und politischen[147] Fokus gerückt ist. Auch in einzelnen rechtlichen Ansätzen spielen Sanierungsfahrpläne mittlerweile eine Rolle.[148] Im EWärmeG BW sind Sanierungsfahrpläne seit dem Jahr 2015 nunmehr erstmals in ordnungsrechtliche Konzepte eingebunden.

Die Details zur Erarbeitung und Vorlage von Sanierungsfahrplänen wunrden durch die Landesregierung auf Grundlage von § 9 Abs. 4 EWärmeG in einer

---

143 Hierzu existieren im EEG die Anschluss- und Abnahmepflichten der Netzbetreiber (§§ 8, 11 EEG).

144 *Wustlich*, in: Müller/Oschmann/Wustlich, § 3 Rn. 116.

145 So auch *Milkau*, EE im Wärmemarkt, S. 275 zur a.F. des EWärmeG BW.

146 Siehe bspw. die Studien des Instituts für Energie- und Umweltforschung Heidelberg, Übersicht unter http://ifeu.de/index.php?bereich=ene&seite=waermeschutz gebaeude (zul. abger. am 7. Januar 2017).

147 Sanierungsfahrpläne wurden von staatlicher Seite erstmals im Energiekonzept 2010 der Bundesregierung erwähnt (S. 27). Auch in der Energieeffizienzstrategie Gebäude der Bundesregierung aus dem Jahr 2015 wird der Ansatz aufgegriffen. Unter Verweis auf Praxiserfahrungen aus Baden-Württemberg, Brandenburg und Hessen hat die Bundesregierung die Erarbeitung von Sanierungsfahrplänen für eine Reihe von Bundesliegenschaften angekündigt (S. 62).

148 So ist bspw. der Senat von Berlin nach § 8 EWG Bln zur Aufstellung von Sanierungsfahrplänen für öffentliche Gebäude verpflichtet.

speziellen Rechtsverordnung, der Sanierungsfahrplan-Verordnung (SFP-VO) geregelt. Ziel eines Sanierungsfahrplans ist die Entwicklung und Vermittlung einer individuellen Sanierungsstrategie, durch die dem Gebäudeeigentümer die individuellen Potenziale des einzelnen Gebäudes aufgezeigt werden (§ 1 Abs. 1 Satz 1, Satz 6 SFP-VO). Sanierungsfahrpläne sind daher typische Informationsinstrumente, die den Gebäudeeigentümer zu Maßnahmen anstoßen bzw. motivieren sollen.[149] Daneben geht es auch darum, die in Betracht kommenden Schritte planvoll und langfristig aufeinander abzustimmen.[150] Insoweit sind Sanierungsfahrpläne auch Planungsinstrumente, denen die Funktion der Koordination zukünftiger Sanierungsschritte zukommt.[151]

Sanierungsfahrpläne können regelmäßig nicht durch den Eigentümer selbst, sondern nur durch qualifizierte Dritte verfasst werden. Daher sieht die SFP-VO Rahmenbedingungen für die Erarbeitung solcher Pläne vor, bei denen Experten mit den Gebäudeeigentümern zusammenwirken. §§ 3 Abs. 1 Satz 1; Abs. 2 SPF-VO schreiben insoweit einen bestimmten Ablauf zwischen den Beteiligten vor, der auf individuellen Beratungen vor und nach Erstellung des Sanierungsfahrplans basiert.[152] Ausstellungsberechtigt sind nur solche privaten Energieberater, welche die in § 6 Abs. 1 SFP-VO i. V. m. Anlage 2 zur SFP-VO niedergelegten Anforderungen erfüllen. Diese dienen neben der Sicherstellung der Qualität der Beratung auch der Unabhängigkeit der Berater.[153]

Begriff und Inhalt von Sanierungsfahrplänen sind in § 9 Abs. 2 EWärmeG legal definiert und in den §§ 3, 4 SFP-VO weiter ausgeformt. Ein Sanierungsfahrplan beschreibt nach § 9 Abs. 2 Satz 1 EWärmeG BW zunächst den „Ist-Zustand eines Gebäudes".[154] Diese Beschreibung beinhaltet gem. § 4 SFP-VO eine Reihe individueller Kennwerte, insbesondere zur (wärme)energetischen Qualität des Gebäudes. Insoweit sind im Sanierungsfahrplan der Nutz-, End- und Primärenergiebedarf für Heizung, Lüftung und Trinkwarmwasser sowie – über die bisherigen Regelungsansätze hinausgehend – auch CO_2-Emissionen des Gebäudes darzustellen (§ 4 Abs. 1 Nr. 3 SFP-VO). Für die Methodik zur Ermittlung und Darstellung der vorgenannten Größen macht die SFP-VO aber keine strikten Vorgaben. Insbesondere wurde auf eine Verpflichtung zum Rückgriff auf EnEV-Kennwerte oder

149 Begründung der Landesregierung zur SFP-VO vom 28. Juli 2015, S. 1, abrufbar unter https://um.baden-wuerttemberg.de/fileadmin/redaktion/m-um/intern/Dateien/Dokumente/5_Energie/Beratung_und_Information/SanierungsfahrplanBW/Begruendung_Sanierungsfahrplan.pdf (zul. abger. am 7. Januar 2017).

150 Begründung SFP-VO vom 28. Juli 2015, S. 5–6; *Steinwachs*, BWGZ 2015, 1072 (1073).

151 Zukunftsbezogenheit und Zielorientiertheit sind auch nach *Hoppe*, in: Isensee/Kirchhof, Handbuch des Staatsrechts, Bd. IV, S. 318 typische Merkmale von Planung.

152 Begründung der SFP-VO vom 28. Juli 2015, S. 8.

153 *Steinwachs*, BWGZ 2015,1072 (1073).

154 So auch Schritt eins im Konzept des *Umweltbundesamtes*, Klimaneutraler Gebäudebestand, S. 13.

Bilanzierungsverfahren verzichtet.[155] Neben den energetischen Kennwerten sind zur Beschreibung des Ist-Zustandes auch die aktuellen Energiebedarfs- und ggf. Energieverbrauchskosten anzugeben (§ 4 Abs. 1 Nr. 4 SFP-VO). Daher schreibt die SFP-VO sowohl eine energetische als auch eine ökonomische Erfassung des Ist-Zustandes vor.

Aufbauend auf der Beschreibung des Ist-Zustandes enthalten Sanierungsfahrpläne gem. § 9 Abs. 2 Satz 1 EWärmeG BW fachmännische „Empfehlungen für Maßnahmen" am Gebäude.[156] § 4 Abs. 1 Nr. 5 Satz 1 SFP-VO umschreibt diesen Inhalt des Fahrplans als „Konzept für eine schrittweise Sanierung". Dem Gebäudeeigentümer dürfen nur sog. „ambitionierte Sanierungsmaßnahmen" gem. § 3 Abs. 3 Satz 1 i. V. m. § 2 Abs. 2 SFP-VO vorgeschlagen werden. Dies sind einerseits Maßnahmen an der Gebäudehülle, bei denen die einzelteilbezogenen Standards der aktuellen EnEV 2014 um mind. 20 % unterschritten werden (§ 2 Abs. 2, 1. Fall SFP-VO). Andererseits kommen auch Maßnahmen an der Anlagentechnik in Betracht, die auf die Realisierung eines klimaneutralen Gebäudes abzielen (§ 2 Abs. 2, 1. Fall SFP-VO). Die vorgeschlagenen Maßnahmen sind in aufeinander aufbauenden Schritten und Maßnahmenpakten zu beschreiben (§ 4 Abs. 1 Nr. 5 Satz 2 SFP-VO). Sanierungsfahrpläne beinhalten damit auch eine Einschätzung zur optimalen zeitlichen Reihenfolge der möglichen Sanierungsschritte. Kommt eine Mehrzahl an Sanierungsschritten in Betracht, so kann bei Wohngebäuden eine Durchführung in mehreren Zügen oder aber auch in einem Zug vorgeschlagen werden (§ 4 Abs. 1 Nr. 5 Satz 3, Satz 5 SFP-VO). Die einzelnen Vorschläge müssen schließlich mit einer Kosten-Nutzen-Analyse untermauert werden, die sich insbesondere auf die voraussichtlichen Investitionskosten und die voraussichtlichen Einsparungen durch verminderte Energiebezugskosten und damit auf die Wirtschaftlichkeit der Sanierungsmaßnahmen bezieht (§ 4 Abs. 1 Nr. 7 b) und c) SFP-VO).

Durch die Vorlage eines Sanierungsfahrplans bei der zuständigen Behörde können die Pflichten gem. § 4 Abs. 1 EWärmeG BW anteilig zu einem Drittel erfüllt werden (§ 9 Abs. 1 EWärmeG BW). Die anteilige Erfüllung erfolgt allein durch die Vorlage des Sanierungsfahrplans. Eine Verpflichtung zur Umsetzung der im Plan vorgeschlagenen Maßnahmen besteht hingegen nicht.[157] Die Eigentümer bleiben nach § 4 Abs. 1 EWärmeG BW allerdings verpflichtet, neben dem Sanierungsfahrplan noch weitere Maßnahmen zur vollständigen Erfüllung der Nutzungs- und Einsparpflicht vorzunehmen. Daher können im Sanierungsfahrplan zunächst solche Maßnahmen aufgezeigt werden, die zur Erfüllung der Pflichten gem. § 4 Abs. 1 EWärmeG BW geeignet sind. Darüber hinaus können solche Schritte

155 Begründung der SFP-VO vom 28. Juli 2015, S. 11.

156 So auch Schritt drei im Konzept des *Umweltbundesamtes*, Klimaneutraler Gebäudebestand, S. 13.

157 Begründung der SFP-VO vom 28. Juli 2015, S. 1; *Steinwachs*, BWGZ 2015, 1072 (1073).

aber auch um mittel- und langfristig umzusetzende, überobligatorische Sanierungsvorschläge ergänzt werden. Die Kombination solcher aufeinander abgestimmten Vorschläge in einem einheitlichen Plan erhöht damit die Wahrscheinlichkeit, dass alle im Plan vorgeschlagenen Maßnahmen langfristig umgesetzt werden.

Zusammengefasst geht es bei Sanierungsfahrplänen damit um ein Informations- und Planungsinstrument, das sowohl die (wärme)energetische Gesamtbilanz als auch die korrespondierende Kostenstruktur eines Gebäudes in den Fokus nimmt und zukünftigen Möglichkeiten für Sanierungen aufzeigt. Zweckmäßig scheint diese Einbindung des Sanierungsfahrplans in das Ordnungsrecht vor allem deshalb, weil durch die Vorlage eines Sanierungsfahrplans nur eine anteilige Erfüllung der Pflichten gem. § 4 Abs. 1 EWärmeG BW möglich ist. Insoweit stellt § 9 EWärmeG BW eine sinnvolle Ergänzung des bisherigen gesetzlichen Modells dar.

4. *Nichtwohngebäude*

Für Nichtwohngebäude enthält das EWärmeG BW grundsätzlich dieselben Arten von Erfüllungsoptionen wie für Wohngebäude, modifiziert die einzelnen Gestaltungsvarianten aber an diversen Stellen.

a) Nutzungspflichten

Zunächst bestehen bei der Möglichkeit einer pauschalierten Erfüllung der Erneuerbare-Energien-Nutzungspflicht durch Solarthermieanlagen Unterschiede. Bei Wohngebäuden richtet sich die mit Solarthermieanlagen abzudeckende Dachfläche nach der gesamten Wohnfläche des Gebäudes (§ 7 EWärmeG BW). Demgegenüber richtet sich die abzudeckende Dachfläche bei Nichtwohngebäuden nicht nach der entsprechenden Nutzfläche, sondern allein nach der Nettogrundfläche des Gebäudes (§§ 13 Abs. 1 Satz 1; 14 EWärmeG BW). Bei Nichtwohngebäuden sind mögliche Nutzflächen in anderen Geschossen als dem Erdgeschoss daher nicht zu betrachten. Dieser abweichende Maßstab deutet daher darauf hin, dass bei Nichtwohngebäuden im Vergleich zu Wohngebäuden grundsätzlich weniger Dachfläche mit Solarthermieanlagen abgedeckt werden muss. Dies lässt sich zwar dadurch erklären, dass es aufgrund der Vielzahl denkbarer Bauvarianten von Nichtwohngebäuden und entsprechender gewerblicher oder industriellen Nutzungen keine einheitlichen Maßstäbe zur rechnerischen Bestimmung von Nutzflächen gibt.[158] Andererseits ließe sich aus ökonomischen Gründen durchaus fragen, ob die pauschalierte Erfüllungsmöglichkeit im privaten Bereich auch langfristig inhaltlich strengeren Anforderungen unterliegen sollte als im gewerblichen Bereich.

---

158 Vgl. die Gesetzesbegründung zum EWärmeG BW, LT-Drs. 16/4333 vom 9. Dezember 2014, S. 75.

b) Dämmung

Auch die zulässigen Dämmungsmaßnahmen bei Nichtwohngebäuden weisen im Vergleich zum Wohngebäudebereich zwei Unterschiede auf.

Erstens ist für Nichtwohngebäude gem. § 15 Abs. 2 EWärmeG BW eine unmittelbare Erfüllung der Einsparpflicht gem. § 4 Abs. 1 Halbsatz 2 EWärmeG BW möglich.[159] Gebäudeeigentümer können daher auch solche Dämmungsmaßnahmen durchführen, die den Wärmeenergiebedarf tatsächlich um 15 % gegenüber dem vorangehenden Bedarf senken. Diese zusätzliche Erfüllungsoption verfolgt das Ziel, der großen Vielfalt aller Nichtwohngebäude durch eine flexible Handlungsmöglichkeit Rechnung zu tragen.[160]

Zweitens ist im Bereich der Nichtwohngebäude keine Erfüllungsoption zu einer frei gestaltbaren Begrenzung der Gesamtwärmedurchlässigkeit des Gebäudekörpers (entsprechend § 8 Abs. 1 Nr. 3 EWärmeG BW) normiert.[161] Zwar enthält die EnEV mit dem sog. mittleren Wärmedurchgangskoeffizienten auch einen entsprechenden Referenzwert für Nichtwohngebäude, der auch für die Zwecke des EWärmeG BW hätte genutzt werden können.[162] Der Verzicht auf eine solche Erfüllungsoption lässt sich vor allem damit erklären, dass durch die Möglichkeit der tatsächlichen Erfüllung der Einsparpflicht bereits eine anderweitige, hinreichend flexible Erfüllungsvariante geschaffen wurde. Insofern hängen die beiden vorangehend dargestellten Unterschiede zusammen.

c) Ersatzmaßnahmen

Auch die zulässigen Ersatzmaßnahmen für Nichtwohngebäude orientieren sich an den Erfüllungsoptionen für Wohngebäude (§ 17 Abs. 1 EWärmeG BW). Dies gilt wiederum vorbehaltlich zweier Ausnahmen. Erstens ist bei Nichtwohngebäuden unter gewissen Voraussetzungen auch die Nutzung von Wärmerückgewinnungstechnologie in Lüftungsanlagen zulässig (§ 17 Abs. 2 EWärmeG BW). Diese Erfüllungsoption beruht auf der Erwägung, dass Wärmerückgewinnung als spezielle Effizienztechnologie besonders in gewerblich genutzten Bürogebäuden zum Einsatz kommt.[163]

Zweitens kommt bei Nichtwohngebäuden auch die Nutzung sog. Abwärme in Betracht, soweit hieraus 15 % des jährlichen Wärmeenergiebedarfs gedeckt werden können. Im Gesetzestext ist von „Abwärme, die aus anderen Prozessen als dem Heizprozess selbst stammt“, die Rede (§ 17 Abs. 3 EWärmeG BW). Unter diese Definition

---

159 LT-Drs. 16/4333 vom 9. Dezember 2014, S. 75; siehe auch *Steinwachs*, BWGZ 2015, 1072 (1075).

160 LT-Drs. 16/4333 vom 9. Dezember 2014, S. 75.

161 *Steinwachs*, BWGZ 2015, 1072 (1075).

162 Zu Wärmedurchgangskoeffizienten in der EnEV bereits unter Teil 3 A. III. 4. a) bb).

163 LT-Drs. 16/4333 vom 9. Dezember 2014, S. 76.

fällt vor allem solche Wärme, die als Nebenprodukt in industriellen Fertigungsprozessen anfällt und nicht weiter genutzt wird.[164]

Dass die Abwärmenutzung nur für den Bereich der Nichtwohngebäude zugelassen ist, kann zwar grundsätzlich damit erklärt werden, dass die Nutzung von Abwärme vornehmlich in betriebszugehörigen Gebäuden in der nahen räumlichen Umgebung zu industriellen Anlagen in Betracht kommt. Andererseits klammert das EWärmeG BW einen Großteil der industriell genutzten Gebäude ohnehin aus dem Anwendungsbereich aus, was die Nutzbarkeit der Erfüllungsoption in Frage stellt.[165] Sinnvoll wäre eine solche Erfüllungsoption vielmehr gerade für Wohngebäude im Nahbereich industrieller Anlagen, die ggf. über Nahwärmenetze aus solchen Industrieanlagen versorgt werden könnten. Auch insoweit bietet sich eine Neugestaltung der Erfüllungsoptionen an.

d) Sanierungsfahrplan

Schließlich hat der Landesgesetzgeber für den Bereich der Nichtwohngebäude auch die Erfüllungsoption der Sanierungsfahrpläne modifiziert.

Für Nichtwohngebäude gilt erstens ein erweiterter Sanierungsfahrplanbegriff. Neben den (Wärme)energiebedarfswerten für Heizung, Lüftung und Trinkwarmwasser sind auch die energetischen Kennwerte für Lüftung, Kühlung, Klimatisierung und Beleuchtung in die Betrachtung einzubeziehen (§ 16 Abs. 2 EWärmeG BW). Die Einbeziehung dieses zusätzlichen Energiebedarfs beruht auf dem Gedanken, dass solche Energien im Bereich gewerblicher Nutzungen regelmäßig einen noch größeren Faktor darstellen als im Wohngebäudebereich. Diese Faktoren können perspektivisch kaum sinnvoll aus einer energetischen Gesamtbewertung ausgeklammert werden.[166]

Ferner sind für Nichtwohngebäude weitergehende Inhalte von Sanierungsfahrplänen vorgeschrieben. So müssen die unterbreiteten Vorschläge für Nichtwohngebäude mindestens zwei unterschiedliche Sanierungsvarianten (Sanierung in einem Zug sowie schrittweise Sanierung in mehreren Zügen) beinhalten (§ 4 Abs. 1 Nr. 5 Satz 5 SFP-VO).

Ein zentraler Unterschied besteht schließlich in der Reichweite der Erfüllungsoption. Nach § 13 i. V. m. § 16 Abs.1 EWärmeG kann die Nutzungs- und Einsparpflicht gem. § 4 Abs. 1 EWärmeG BW bei Nichtwohngebäuden durch die Vorlage eines Sanierungsfahrplans nicht nur anteilig, sondern vollständig erfüllt werden.[167]

---

164 Siehe hierzu die gesetzliche Definition der industriellen Abwärme im bundesrechtlichen § 2 Nr. 9 KWK-G. Auch die Gesetzesbegründung der Landesregierung benennt solche Produktionsprozesse als Anwendungsfall des Landesrechts, LT-Drs. 16/4333 vom 9. Dezember 2014, S. 76.

165 Zum Anwendungsbereich des EWärmeG BW bereits unter Teil 4 B. II.

166 LT-Drs. 16/4333 vom 9. Dezember 2014, S. 76.

167 Begründung der SFP-VO vom 28. Juli 2015, S. 1; *Steinwachs*, BWGZ 2015, 1072 (1073).

Wird ein Sanierungsfahrplan durch den Gebäudeeigentümer vorgelegt, ist dieser im Ergebnis weder zur Durchführung der im Fahrplan vorgeschlagenen Maßnahmen noch überhaupt zu einer verbleibenden, anteiligen Vornahme ergänzender Sanierungsmaßnahmen verpflichtet. Ordnungsrechtliche Handlungsgebote zu tatsächlichen Sanierungen können damit durch die Wahl dieser Erfüllungsoption vollständig vermieden werden.

Im Fall von § 16 Abs. 1 EWärmeG BW reduziert sich die Funktion des Ordnungsrechts daher auf die Verpflichtung zur Nutzung eines Informationsinstruments. Insoweit durchbricht § 16 Abs. 1 EWärmeG BW das grundsätzliche Konzept des Gesetzes, nach welchem bei allen Erfüllungsoptionen Pflichten zur Durchführung konkreter Sanierungsmaßnahmen vorgesehen sind.

Die vorgenannte Durchbrechung des gesetzlichen Konzeptes durch § 16 Abs. 1 EWärmeG BW kann zwar sachlich gerechtfertigt werden. So werden Eigentümer gewerblicher Gebäude den Vorschlägen wirtschaftlich sinnvoller Sanierungsmaßnahmen regelmäßig strategischer gegenüberstehen als Privateigentümer, bei denen häufig auch Affektionsinteressen eine größere Rolle spielen. Zudem kann vermutet werden, dass gewerbliche tätige Eigentümer grundsätzlich unproblematischer auf das benötigte Kapital für Anfangsinvestitionen zurückgreifen können.[168] Schließlich lässt sich auch das Kosten-Nutzen-Dilemma anführen, das in erster Linie auf vermieteten Wohnraum zutrifft und damit im Bereich (häufig selbst genutzter) gewerblicher Gebäude kein entsprechendes Hemmnis für Sanierungen darstellt.[169] Diese Erwägungen legen insgesamt nahe, dass Eigentümer von Nichtwohngebäuden die vorgeschlagenen Sanierungsschritte mit einer höheren Wahrscheinlichkeit freiwillig realisieren als Eigentümer von Wohngebäuden.

Andererseits ist diese Annahme nicht zwingend. So fällt die Rendite aus Effizienzmaßnahmen regelmäßig geringer aus als die Rendite aus Investitionen in unternehmerische Kerngeschäfte, was die Anreize zu freiwilligen Sanierungsmaßnahmen wiederum senken kann.[170]

Daher ist zu folgern, dass auch durch § 16 Abs. 1 EWärmeG ein Potenzial für sinnvolle energetische Sanierungen im Nichtwohngebäudebereich nicht in vollem Umfang ausgeschöpft wird.

5. Ausnahmen und Befreiungen

Auch das EWärmeG BW sieht schließlich Ausnahmen und Befreiungen von den ordnungsrechtlichen Anforderungen vor.

Neben der bereits aus der EnEV bekannten Ausnahme des Denkmalschutzes (§ 19 Abs. 1, 2. Fall EWärmeG BW)[171] entfällt die Nutzungspflicht kraft Gesetzes, wenn „alle zur Erfüllung anerkannten Maßnahmen technisch oder baulich

168 Vgl. *Umweltbundesamt*, Klimaneutraler Gebäudebestand, S. 12.
169 Zum Kosten-Nutzen-Dilemma siehe bereits unter Teil 1 C. III.
170 *Umweltbundesamt*, Klimaneutraler Gebäudebestand, S. 12.
171 Siehe zu § 24 Abs. 1 EnEV unter Teil 3 A. III. 4. b) ff).

unmöglich" sind (§ 19 Abs. 1, 2. Fall EWärmeG BW). Auch diese Ausnahme stimmt grundsätzlich mit dem Bundesrecht überein.[172] Erwähnenswert ist allerdings der historische Kontext dieser Bestimmung. Nach der alten Rechtslage war die korrespondierende Regelung des § 4 Abs. 8 Nr. 3 EWärmeG a. F. bereits dann einschlägig, wenn aus technischen oder baulichen Gründen keine solarthermische Anlagentechnik zur Verfügung stand, mit der die anteilige Nutzungspflicht erfüllt werden konnte.[173] Dieser äußerst weit gefasste Ausnahmetatbestand wurde in der Literatur im Hinblick auf die Effektivität des Gesetzes zu Recht kritisiert.[174] Diesen Bedenken ist der Gesetzgeber im Rahmen der Novelle des Jahres 2015 nunmehr nachgekommen und hat die Ausnahmevorschrift enger gefasst. Nunmehr müssen alle Erfüllungsoptionen technisch oder baulich unmöglich sein.[175]

§ 19 Abs. 2 EWärmeG BW enthält eine Möglichkeit zur Erteilung von Befreiungen durch gebundene Verwaltungsentscheidung. Tatbestandliche Voraussetzungen für solche Befreiungen sind, wiederum in Anlehnung an das Bundesrecht,[176] „besondere Umstände des Einzelfalls", die zu einer „unzumutbaren Belastung" führen (§ 19 Abs. 2 Satz 1 EWärmeG BW). Abweichend vom Bundesrecht findet sich im EWärmeG BW allerdings eine gesetzliche Konkretisierung dieser Umstände durch Regelbeispiele.

Nach § 19 Abs. 2 Satz 2 EWärmeG BW kann eine unzumutbare Belastung dann vorliegen, wenn die Verpflichteten „aufgrund ihrer persönlichen oder betrieblichen Situation nicht in der Lage sind, die günstigste Maßnahme oder Kombination zu erfüllen." Gegenstand dieses Regelbeispiels ist eine finanzielle Abwägung zwischen den Kosten für die individuell günstigste Erfüllungsoption und den Mitteln, die den Verpflichteten zur Verfügung stehen. Auf der zweitgenannten Seite der Abwägung geht es damit um Aspekte der individuellen Liquidität der Verpflichteten. Aus einer mangelnden individuellen Liquidität soll nach der Absicht des Gesetzgebers in keinem Fall eine Pflicht zur Unternehmensinsolvenz oder zur Veräußerung von Immobilien folgen.[177] Diese finanzielle Abwägung stellt insoweit einen eigenen Ansatz des Landesrechts dar, der sich in keiner der bundesrechtlichen Ausnahmebestimmungen widerspiegelt. § 19 Abs. 2 Satz 2 EWärmeG BW lässt sich auch als Notwendigkeit der erstmals umfassenden Regulierung des Gebäudebestandes durch das EWärmeG BW erklären.

Weitergehend ist zu fragen, welche Rolle die aus dem Bundesrecht bekannte individuelle (Un)wirtschaftlichkeit der Erfüllungsoptionen bei der Erteilung von Befreiungen spielt. Auch der baden-württembergische Gesetzgeber hat zunächst alle

172 § 9 Abs. 1 Nr. 1 b EEWärmeG.
173 Vgl. *Kahl/Schmidtchen*, Kommunaler Klimaschutz, S. 97 und *Milkau*, EE im Wärmemarkt, S. 273.
174 Kritisch zu den Umgehungsmöglichkeiten bei der Planung von Neubauten *Wustlich*, in: Müller/Oschmann/Wustlich, § 3 Rn. 115.
175 LT-Drs. 16/4333 vom 9. Dezember 2014, S. 34; *Steinwachs*, BWGZ 2015, 1072 (1074).
176 § 9 Abs. 1 Nr. 2 EEWärmeG.
177 LT-Drs. 16/4333 vom 9. Dezember 2014, S. 81–82.

ordnungsrechtlichen Standards am Grundsatz der Amortisationsfähigkeit und damit am Wirtschaftlichkeitsgrundsatz ausgerichtet.[178] Dies spricht zunächst dafür, unter § 19 Abs. 2 Satz 1 BW vor allem solche Fälle zu subsumieren, in denen aufgrund besonderer Umstände des Einzelfalls keine der Erfüllungsoptionen wirtschaftlich durchgeführt werden kann.[179]

Nach der Gesetzesbegründung zu § 19 Abs. 2 Satz 1 EWärmeG BW soll allerdings bereits die Höhe der Investitionskosten selbst das ausschlaggebende Kriterium für die Erteilung von Befreiungen sein. Die anschließende Frage nach der Amortisationsfähigkeit dieser Investitionen soll hingegen nur einen nachrangigen Abwägungsaspekt darstellen.[180] Nach diesem gesetzgeberischen Verständnis ist der Ausnahmetatbestand des EWärmeG BW damit weit auszulegen. Befreiungen sind bereits dann zulässig, wenn die Investitionskosten für alle in Betracht kommenden Erfüllungsoptionen aufgrund der Eigenheiten des sanierungspflichtigen Gebäudes besonders hoch sind. Der individuellen Wirtschaftlichkeit im Sinne des Bundesrechts kommt bei einem solchen Verständnis, anders als in den bisher untersuchten rechtlichen Instrumenten, keine Leitbildfunktion für die Erteilung von Ausnahmen zu.

Fraglich ist allerdings, ob eine solche Handhabung der Ausnahmebestimmungen dem Telos des Gesetzes in seiner novellierten Fassung entspricht. Der gesetzgeberische Fokus auf die Höhe der Investitionskosten war zwar nach der alten Gesetzesfassung durchaus gerechtfertigt. Hier stand allein die Nutzung von Solarthermie im Zentrum der Erfüllungsoptionen. Folglich standen auch die regelmäßig erhöhten Investitionskosten für Solarthermieanlagen bei der Frage nach Befreiungen im Vordergrund.[181] Nunmehr wurde die Struktur des EEWärmeG BW im Rahmen der Novelle aber umfassend verändert. Ungeachtet der weiterhin bestehenden Privilegierungen der Solarthermie wurden die Erfüllungsoptionen deutlich ausgeweitet. Steht dem Eigentümer allerdings eine solche Vielzahl von theoretisch wirtschaftlichen Erfüllungsoptionen zur Verfügung, so ist es wenig stringent, dass allein die Höhe der Investitionskosten zur Rechtfertigung einer Befreiung ausreichen soll.

Vor diesem Hintergrund liegt eine engere Handhabung der Befreiungstatbestände nahe. Ausnahmen gem. § 9 Abs. 1 Nr. 2 EWärmeG BW sollten regelmäßig nur im Falle der individuellen Unwirtschaftlichkeit aller abverlangten Erfüllungsoptionen erteilt werden. Zwar ist im EWärmeG BW auch weiterhin kein Wirtschaftlichkeitsgrundsatz im Sinne von § 5 Abs. 1 EnEG normiert, der einzelne Abwägungskriterien für die Beurteilung der Wirtschaftlichkeit vorgibt. Insoweit können aber die zu

---

178 Vgl. LT-Drs. 16/4333 vom 9. Dezember 2014, S. 38, wonach mindestens eine der Erfüllungsoptionen „regelmäßig wirtschaftlich vertretbar“ ist.

179 Zur diesbezüglichen Auslegung der Befreiungstatbestände in EnEV und EEWärmeG bereits unter Teil 3 A. III. 4. b) ff) und Teil 3 B. II. 3. c).

180 Vgl. LT-Drs. 16/4333 vom 9. Dezember 2014, S. 81.

181 Siehe allgemein zu den vergleichsweise hohen Investitionskosten für Erneuerbare-Energien-Technologien *Bundesregierung*, Zweiter Erfahrungsbericht EEWärmeG, S. 7; *Nast u. a.*, Untersuchungen zum EEWärmeG, S. 43.

§ 5 Abs. 1 EnEG entwickelten Abwägungskriterien herangezogen werden.[182] Dabei müssen die Wirtschaftlichkeit aller Nutzungspflichten, Dämmungsmaßnahmen und Ersatzmaßnahmen technologiespezifisch betrachtet werden.[183] Eine solche Auslegung der Befreiungstatbestände genügt dem Telos des EWärmeG BW.

IV. Verhältnis zum Bundesrecht

Das Verhältnis des EWärmeG BW zum bundesrechtlichen EEWärmeG, insbesondere die trennscharfe Abgrenzung der Anwendungsbereiche, wurde bereits geklärt.[184]

Allerdings stellt sich die Frage nach einer Abgrenzung zum Gebäudeeffizienzrecht. Insoweit ist zu klären, ob die landesrechtlichen Ersatzmaßnahmen - insbesondere die Dämmungsmaßnahmen nach §§ 8, 17 EWärmeG BW - unter die Sperrwirkung von EnEG und EnEV fallen. Denn es wurde bereits festgestellt, dass die EnEV auch für den Bereich der Bestandsgebäude eine teilweise Sperrwirkung für „weniger strenge" Rechtsvorschriften entfaltet , die sich mit den Anforderungen der EnEV decken.[185]

An der übereinstimmenden kompetenzrechtlichen Zuordnung der bundes- und landesrechtlichen Dämmvorschriften zu Art. 74 Abs. 1 Nr. 11 GG bestehen zunächst keine Zweifel. Für einen Konflikt mit den Standards der EnEV könnte sprechen, dass die Dämmungsmaßnahmen nach §§ 8, 17 EWärmeG BW rechtlich gleichwertige Erfüllungsoptionen zum Erneuerbare-Energien-Einsatz darstellen. Insoweit kann gesagt werden, dass das EWärmeG BW anlässlich von Sanierungen (auch) zu einer baulich-technischen Verbesserung der Energieeffizienz verpflichtet und damit der Struktur des Ordnungsrechts in der EnEV entspricht.

Daher kommt es entscheidend darauf an, ob die Erfüllungsoptionen des EWärmeG BW als „strengeres" Landesrecht im Sinne der bundesrechtlichen Öffnungsklauseln angesehen werden können. Wie bereits geklärt wurde, sind mit Blick auf den aktuellen Inhalt der EnEV niedrigere Grenzwerte bei den Dämmstandards, niedrigere Grenzwerte bei der zu wahrenden Gesamtenergieeffizienz und niedrigere Grenzwerte für die Gesamtwärmedurchlässigkeit von Gebäuden als „strengeres Landesrecht" anzusehen.[186] Soweit das Landesrecht solche niedrigeren Grenzwerte festlegt, handelt es sich um zulässige Anforderungen.

---

182 Zum Wirtschaftlichkeitsmaßstab des § 5 Abs. 1 EnEG bereits ausführlich unter Teil 3 A. II. 4. b) gg).

183 Sanierungsfahrpläne nach den §§ 9, 16 EWärmeG BW sind als kostenträchtige Informationsinstrumente *per se* nicht wirtschaftlich. Dennoch hat der Gesetzgeber eine bewusste Entscheidung zugunsten der Normierung von Sanierungsfahrplänen als Erfüllungsoption getroffen. Folglich kann eine „Unwirtschaftlichkeit" der Erstellung solcher Fahrpläne keine Ausnahme vom Gesetz begründen.

184 Siehe zu diesem Verhältnis unter Teil 4 B. II.

185 Zur Begründung und Reichweite der Sperrwirkung der EnEV siehe Teil 4 A. III.

186 Siehe zu dieser Auslegung der Öffnungsklauseln des EnEG unter Teil 4 A. III.

Genau solche strengeren Anforderungen werden in §§ 8, 17 EWärmeG BW geregelt. Denn in den vorgenannten Bestimmungen hat der Landesgesetzgeber unmittelbar an die aktuellen Dämmstandards der EnEV 2014 angeknüpft. Auf diese Dämmstandards der EnEV (bauteilbezogene Grenzwerte für Transmissionswärmeverluste, gesamtflächenbezogene Grenzwerte für Wärmedurchgangskoeffizienten) werden im Landesrecht jeweils punktgenau einzelne Aufschläge vorgenommen. Folglich hat der Landesgesetzgeber das Modell der Übererfüllung der aktuellen EnEV-Standards zutreffend angewendet.

§§ 8, 17 EWärmeG stellen daher ein Musterbeispiel für „strengere" Anforderungen des Landesrechts dar. Sie sind folglich nicht gem. Art. 72 Abs. 1 GG durch das Gebäudeeffizienzrecht des Bundes gesperrt.

V. Vollzug

Der Vollzug des EWärmeG BW ist auf Grundlage von Art. 30 GG im EWärmeG BW selbst geregelt.[187]

Auch das EWärmeG BW setzt vornehmlich auf einen repressiven Vollzug der materiellen Sanierungsstandards. So sind in § 23 EWärmeG BW Ordnungswidrigkeitentatbestände normiert. Ferner enthält das Gesetz besondere Nachweispflichten. Nach § 20 Abs. 1 EWärmeG BW müssen die Verpflichteten der zuständigen Behörde nachweisen, welche Maßnahmen oder Maßnahmenkombinationen sie „zur Erfüllung der Nutzungspflicht ergriffen haben." § 20 Abs. 2 EWärmeG BW sieht zu diesem Zweck für alle Erfüllungsoptionen einen (bau)technischen Nachweis gegenüber den zuständigen Behörden vor, der von Sachverständigen auszustellen ist.

§ 20 Abs. 3 EWärmeG BW ergänzt diesen bautechnischen Nachweis – parallel zu § 10 Abs. 2 EEWärmeG des Bundes – um die Vorlage von Brennstoffrechnungen für feste und flüssige Biomasse. Entsprechende Pflichten betreffen schließlich die Vorlage der Sanierungsfahrpläne (§ 20 Abs. 4 EWärmeG BW) sowie die Vorlage von Bescheinigungen des Netzbetreibers im Fall des Anschlusses an ein Wärmenetz (§ 20 Abs. 5 EWärmeG BW).

Schließlich sieht das EWärmeG BW eine besondere Ermächtigungsgrundlage für bauordnungsrechtliche Verfügungen vor. Gem. § 22 Abs. 3 Satz 1 EWärmeG BW kann im Fall des Verstoßes gegen die gesetzlichen Nachweispflichten zunächst die Vorlage eines Nachweises angeordnet werden.

Nach § 22 Abs. 3 Satz 2 EWärmeG BW können die zuständigen Behörden darüber hinaus „die Erfüllung der Nutzungspflicht anordnen". Letztgenanntes Instrument ist durchaus beachtlich, da – anders als im bundesrechtlichen Verfahrensrecht - explizit klargestellt wird, dass eine Durchsetzung der materiellen Standards auch durch Gebote erfolgen kann. Diese Möglichkeit besteht beim Vollzug des Bundesrechts

187 *Braun*, NordÖR 2008, 253 (257).

zwar auf Grundlage des allgemeinen Verfahrensrechts der Länder ebenfalls. Dennoch ist eine solche Klarstellung, auch mit Blick auf eine mögliche Signalwirkung für den konsequenten Vollzug des Bundesrechts, zu begrüßen.[188] Sie entbindet auch die Landesbehörden indes nicht von der Notwendigkeit, die Verhältnismäßigkeit solcher Anordnungen im Einzelfall zu prüfen.

VI. Zusammenfassung und Bewertung

Mit dem Erneuerbare-Energien-Wärme-Gesetz hat Baden-Württemberg ein ordnungsrechtliches Modell geschaffen, das im Ländervergleich einzigartig ist. Das EWärmeG BW erfasst in trennscharfer Abgrenzung zum bundesrechtlichen EEWärmeG alle bestehenden Gebäude. Es hat damit einen volkswirtschaftlich außerordentlich großen und bedeutsamen Anwendungsbereich, der seit einer Gesetzesnovelle im Jahre 2015 neben Wohngebäuden auch einen Großteil der Nichtwohngebäude, vor allem des Dienstleistungsbereiches, erfasst.

Nach dem Modell des EWärmeG BW sind Eigentümer von bestehenden Gebäuden im Falle des Austauschs von Heizungsanlagen einer allgemeinen Erneuerbare-Energien-Nutzungspflicht unterworfen. Diese verpflichtet Eigentümer zu einer mindestens 15-prozentigen Deckung des Wärmeenergiebedarfs eines Gebäudes aus erneuerbaren Energien. Diese Quote gilt einheitlich für alle in Betracht kommenden erneuerbaren Primärenergien. Alternativ zu dieser Nutzungspflicht ist eine allgemeine Energieeinsparpflicht normiert, die die Gebäudeeigentümer zur Reduzierung des Wärmeenergiebedarfs um 15 % verpflichtet. Mit dieser konzeptionellen Gleichstellung von Erneuerbare-Energien-Nutzung und Energieeffizienz hat der baden-württembergische Landesgesetzgeber damit begonnen, die ohnehin rechtlich folgenlose Unterscheidung zwischen Erneuerbare-Energien-Nutzung und den lediglich terminologischen „Ersatz“maßnahmen nach dem bundesrechtlichen Vorbild aufzulösen.

Das Gesetz sieht grundsätzlich vier Kategorien rechtlich gleichwertiger Erfüllungsoptionen vor, durch die die gesetzliche Nutzungs- oder Einsparpflichten erfüllt werden können. Dies sind die Nutzung erneuerbarer Energien, die Durchführung von Dämmungsmaßnahmen, die Durchführung von Ersatzmaßnahmen sowie die Aufstellung von Sanierungsfahrplänen. Diese vier Kategorien lassen sich jeweils in eine Vielzahl einzelner Erfüllungsvarianten aufteilen, die auch untereinander oder miteinander kombiniert werden können. Dabei definiert das Gesetz die konkret zulässigen Erfüllungsoptionen anhand des Wohngebäudebereichs und modifiziert diese Erfüllungsoptionen für den Bereich der Nichtwohngebäude.

Teilweise kommt neben einer tatsächlichen Erfüllung der Mindestdeckungs- bzw. Einsparquote auch eine pauschalierte Erfüllung in Betracht, bei der die tatsächlichen

188 Zum Vollzug des Bundesrechts der Wärmewende bereits unter Teil 3 A. IV. und Teil 3 B. III.

Effekte auf die Wärmeenergiebilanz von Gebäuden in den Hintergrund treten. Dies gilt bei den Erneuerbare-Energien-Nutzungspflichten vornehmlich für die Nutzung von Solarthermie und Holz. Ähnlich wie im Bundesrecht besteht insoweit ein gewisses Potenzial an einer Öffnung dieses Ansatzes für weitere Technologien. Andererseits verzichtet das EEWärmeG bei den Ersatzmaßnahmen zur Dämmung vollständig auf eine individuelle Bemessung der herbeigeführten Energieeinsparung und setzt allein auf eine pauschalierte Erfüllung. Dies stellt wiederum die Steuerungsfunktion der gesetzlich definierten Energieeinsparpflicht in Frage. Zwischen den beiden Polen einer tatsächlichen Erfüllung und einer vollständigen Pauschalierung bedarf es daher an einigen Stellen einer zukünftigen Ausbalancierung.

Ökonomisch verständlich, mit Blick auf die Funktionsfähigkeit des Gesetzes kritisch zu sehen ist die Erfüllungsoption der Photovoltaiknutzung im Bereich der Wohngebäude. Diese birgt die Gefahr, dass durch das EWärmeG BW keine Transformation der Wärmeversorgung herbeiführt, sondern lediglich ein punktueller Beitrag zur Energiewende in der Stromversorgung geleistet wird.

Der Erfüllungsoption der Sanierungsfahrpläne, die im Rahmen der Gesetzesnovelle des Jahres 2015 bundesweit erstmals in eine ordnungsrechte Rechtsgrundlage eingefügt wurde, wird zukünftig eine große Beachtung zu schenken sein. Sanierungsfahrpläne stellen ein innovatives Informations- und Planungsinstrument dar. Sie verpflichten zwar nicht zur Durchführung einzelner Maßnahmen, unterbreiten auf Grundlage einer detaillierten Ermittlung des Ist-Zustandes eines Gebäudes hingegen sinnvolle mittel- und langfristige individuelle Sanierungsvorschläge. Sowohl energetische als auch ökonomische Fragen werden in diese Betrachtung einbezogen.

Kritisch ist allerdings zu sehen, dass im Bereich der Nichtwohngebäude vollständig auf ordnungsrechtliche Anforderungen verzichtet wird, wenn ein Sanierungsfahrplan erstellt wird. Auch durch diese Modifikation wird die Steuerungsleistung des Ordnungsrechts in Frage gestellt.

Auch das EWärmeG BW sieht Ausnahmen und Befreiungen vor. Letztere sind insbesondere dann zu erteilen, wenn individuelle Liquiditätsengpässe vorliegen, die den Gebäudeeigentümer selbst bei einer Durchführung der günstigsten Erfüllungsvariante finanziell überfordern würden. Abseits dieser Konstellation kann aber auch die individuelle Unwirtschaftlichkeit der ordnungsrechtlichen Anforderungen eine Rolle bei der Erteilung von Befreiungen spielen. Ähnlich wie im Bundesrecht ist die einheitliche Handhabung des Wirtschaftlichkeitsgrundsatzes im Gesetzesvollzug allerdings auch in Baden-Württemberg nicht sichergestellt. Auch diesbezüglich besteht ein Bedarf an einer gesetzlichen Konkretisierung der Maßstäbe.

C. Bauordnungsrecht

Nicht nur im speziell auf die Wärmewende zugeschnittenen EEWärmeG BW, sondern auch in den hergebrachten Rechtsgrundlagen des Landesrechts findet sich an verschiedenen Stellen Wärmewenderecht.

Die Bauordnungen der Bundesländer enthalten als objektbezogenes Landesrecht[189] sowohl materiell-rechtliche Vorschriften als auch formelle Vorschriften zu Behördenaufbau, Zuständigkeiten und Zulassungsverfahren.[190] Das materielle Bauordnungsrecht ist traditionellerweise spezielles, also auf den Baubereich zugeschnittenes, Gefahrenabwehrrecht im polizeirechtlichen Sinne.[191] Diese Tradition wurde bereits mit dem Kreuzberg-Urteil des preußischen Oberverwaltungsgerichts im Jahr 1882 begründet und ist im Grundsatz bis heute erhalten geblieben.[192] Fragen des Klimaschutzes oder der Energieversorgungssicherheit, die den rechtlichen Umgang mit Risiken betreffen[193], spielten in den Landesbauordnungen demgegenüber lange Zeit keine Rolle.[194]

Allein diese Tradition hindert die Landesgesetzgeber allerdings nicht daran, in den Landesbauordnungen auch Vorschriften zu regeln, die über die Gefahrenabwehr hinausgehen. So betreffen bspw. die baugestalterischen Vorgaben in den Landesbauordnungen allein ästhetische Aspekte.[195] Insoweit ergibt sich die genaue Reichweite möglicher Regelungen in den Landesbauordnungen allein aus der verfassungsrechtlichen Verteilung der Gesetzgebungskompetenzen zwischen Bund und Ländern.[196] Soweit den Ländern gem. Art. 70 Abs. 1 GG[197] oder Art. 72 Abs. 1 GG Gesetzgebungskompetenzen zustehen, können in den Landesbauordnungen daher auch nicht-gefahrenabwehrrechtliche Regelungen normiert werden.[198]

Die relevanten Regelungen in den Landesbauordnungen können in zwei Arten differenziert werden. Erstens kann das anwendbare Recht in den Landesbauordnungen selbst geregelt sein, wobei wiederum zwischen formellem und materiellem Recht zu unterscheiden ist (I.). Zweitens kann die Festlegung materieller Anforderungen auch den Kommunen (regelmäßig den Gemeinden, nicht hingegen den Gemeindeverbänden) überlassen sein. Denn die Gemeinden werden in vielen

---

189 *Grotefels*, in: Hoppe/Bönker/Grotefels, Baurecht, § 15 Rn. 1.

190 *Grotefels*, in: Hoppe/Bönker/Grotefels, Baurecht, § 16 Rn. 1; *Finkelnburg/Ortloff/Otto*, Baurecht, S. 5–6.

191 *Grotefels*, in: Hoppe/Bönker/Grotefels, Baurecht, § 15 Rn. 11; *Finkelnburg/Ortloff/Otto*, Baurecht, S. 12; *Hornmann*, Hessische BauO, Einl. Rn. 9.

192 Vgl. *Hornmann*, Hessische Bauordnung, Einl. Rn. 1–2. Eine prägnante Zusammenfassung des Kreuzberg-Urteils und der anschließenden Rechtsentwicklung findet sich bei *Rott*, NVwZ 1982, 363 (363–364).

193 Zum immissionsschutzrechtlichen Vorsorgekonzept bereits ausführlich unter Teil 3 C. I. 3. c) aa).

194 *Kusche*, Kompetenzen, S. 142.

195 *Kahl/Schmidtchen*, Kommunaler Klimaschutz, S. 216 zu Verunstaltungsverboten in den Landesbauordnungen (z. B. § 11 Abs. 1 BauO BW, § 9 BauO Bln; § 12 Abs. 1 BauO NRW).

196 Vgl. *Decker*, in: *Simon/ Busse*, BayBO, Art. 81 Rn. 7.

197 Das „klassische" Bauordnungsrecht fällt nach allgemeiner Meinung unter die Residualkompetenz der Länder gem. Art 70 Abs. 1 GG, siehe bereits unter Teil 4 A. I.

198 *Longo*, Örtliche Energieversorgung, S. 251; *Manten/Elbel*, LKV 2009, 1 (3–4).

Landesbauordnungen zum Erlass sog. örtlicher Bauvorschriften ermächtigt (II.). Dabei stellt sich bei einigen Regelungen auch die Frage nach dem Verhältnis zum Bundesrecht (III.).

I. Gesetzliche Standards

Gesetzesrecht zur Wärmewende findet sich sowohl in den allgemein gefassten Generalklauseln als auch in den spezielleren Vorgaben der Landesbauordnungen.

1. Rechtsentwicklung und Ziele

Seit Beginn der 1990er Jahre haben Aspekte des Klimaschutzes und der Energieversorgungssicherheit auf unterschiedliche Weise Einzug in die Landesbauordnungen erhalten.[199] Bei dieser Entwicklung lassen sich zwei wichtige Wendepunkte ausmachen. Einen ersten, eher programmatischen Schritt stellte die Musterbauordnung des Jahres 2002 (MBO 2002) dar.[200] Mit § 3 MBO 2002 einigte sich die Bauministerkonferenz erstmals auf eine neue Musterbestimmung für eine bauordnungsrechtlichen Generalklausel. Diese wurde gegenüber den bis dato engeren Fassungen um das Schutzgut der natürlichen Lebensgrundlagen erweitert.[201]

Als zweiten, eher praktischen Schritt lässt sich sodann die Überarbeitung der Musterbauordnung im Jahr 2012 (MBO 2012) ansehen. Bei dieser Überarbeitung ging es um die Verwirklichung der Ziele des Klimaschutzes und der Energieversorgungssicherheit in konkreten Einzelbestimmungen des materiellen und formellen Rechts. So sollten nach der MBO 2012 bspw. Sonderregelungen für bestimmte Photovoltaik- oder Solarthermieanlagen in den Bestimmungen über Abstandsflächen aufgenommen werden (§ 6 Abs. 7 MBO 2012). Ebenso sah die MBO 2012 die Einführung einer weitgehenden Verfahrensfreiheit für solche Anlagen vor (§ 61 Abs. 3 MBO 2012).[202] Auch nach der teilweisen Umsetzung der MBO 2012 in vielen Bundesländern hat eine vollständige Rechtsvereinheitlichung der Bestimmungen über die Energieversorgung von Gebäuden allerdings nicht stattgefunden.

---

199 Ein aktuellerer Überblick findet sich bei *Otto*, ZfBR 2008, 550 (551); ein Überblick über die erste Phase der Rechtssetzung bis zum Jahr 2000 bei *Locher*, NVwZ 2000, 1020 (1021–1022).

200 Musterbauordnungen sind informelles Recht der Bauministerkonferenz der Länder, die dennoch in der Praxis zu einer weitgehenden Vereinheitlichung der Rechtslage in allen Ländern geführt haben und regelmäßig aktualisiert werden. Hierzu *Hornmann*, Hessische BauO, Einl. Rn. 10 und *Finkelnburg/Ortloff/Otto*, Baurecht, S. 4.

201 *Keyhanian*, Instrumente, S. 412;

202 Kritisch zur Verfahrensfreiheit *Kahl/Schmidtchen*, Kommunaler Klimaschutz, S. 216–217, die insoweit eine Verschärfung des Vollzugsdefizits erwarten.

2. *Erfassung von Gebäuden*

Das Landesbaurecht erfasst in seinem sachlichen Anwendungsbereich traditionellerweise bauliche Anlagen und Bauprodukte.[203] Gerade bei den erstgenannten baulichen Anlagen handelt es sich um einen zentralen Begriff der Landesbauordnungen.[204] Bauliche Anlagen sind regelmäßig solche Anlagen, die mit dem Erdboden verbunden und aus Bauprodukten hergestellt sind.[205] Sowohl gesamte Gebäude als auch einzelne Energieversorgungsanlagen im technischen Sinne können je nach Sachverhaltskonstellation daher unter den Begriff der baulichen Anlage fallen.[206] Für Energieversorgungsanlagen folgt dieses Ergebnis im Einzelfall aus der Subsumption unter den Begriff der baulichen Anlage.[207] Für gesamte Gebäude ergibt sich dies bereits aus entsprechenden Legaldefinitionen der Landesbauordnungen. So definiert § Art. 2 Abs. 2 BauO Bay Gebäude als „selbstständig benutzbare, überdeckte bauliche Anlagen, die von Menschen betreten werden können."[208] Für den landesbauordnungsrechtlichen Gebäudebegriff ist die Art der Nutzung eines Gebäudes demgegenüber zunächst nicht von Bedeutung.[209]

Die materiellen Anforderungen der Landesbauordnungen setzen tatbestandlich regelmäßig die Errichtung, Änderung und Nutzungsänderung oder Instandhaltung von baulichen Anlagen voraus.[210] Das Landesbaurecht enthält daher im Kern vorhabenbezogene – und somit anlassabhängige - Anforderungen. Als Vorhaben können sowohl ein vollständiger Neubau eines Gebäudes oder die nachträglichen Installation einer gebäudeseparaten Energieerzeugungsanlage (Errichtung baulicher Anlagen) als auch eine Sanierung an einem bestehenden Gebäude (Änderung baulicher Anlagen) erfasst sein. Dabei unterscheiden die materiellen Standards der Landesbauordnungen grundsätzlich nicht zwischen den jeweiligen Vorhaben.[211]

---

203 § 1 Abs. 1 BauO BW; § 1 Abs. 1 Satz 1 BauO Bln; § 1 Abs. 1 Satz 1 BauO NRW. Zu den Anforderungen an Bauprodukte bereits im Überblick unter Teil 2 B. I. 1.

204 *Grotefels*, in: Hoppe/Bönker/Grotefels, Baurecht, § 15 Rn. 3.

205 Bspw. § 2 Abs. 1 Satz 1 BauO NRW, § 2 Abs. 1 Satz 1 BauO Hessen.

206 *Finkelnburg/Ortloff/Otto*, Baurecht, S. 17–18 mit einzelnen Beispielen.

207 Vgl. zu Photovolatikanlagen VG München, Urt. vom 25. April 2012 (M 9 K 11.3278), juris Rn. 17.

208 Enger sind bspw. § 2 Abs. 2 BauO Bremen oder § 2 Abs. 2 BauO NRW gefasst, die zusätzlich fordern dass bauliche Anlagen dem Schutz von Menschen, Tieren oder Sachen dienen.

209 *Dirnberger*, in: Simon/Busse, Art. 2 Rn. 243.

210 *Hornmann*, Hessische BauO, Einl. Rn. 9;vgl. auch *Lechner*, in: *Simon/ Busse*, BayBO, § 3 Rn. 41; übergreifend zum baurechtlichen Vorhabenbegriff *Reidt*, in: Battis/ Krautzberger/Löhr, § 29 Rn. 1.

211 Vgl. zB. die Gleichstellung von Errichtungs- und Änderungsvorhaben in § 2 Abs. 13 Nr. 1 BauO BW.

3. Allgemeine Bestimmungen

Die Landesbauordnungen enthalten eine bauordnungsrechtliche Generalklausel mit einigen grundsätzlichen Verpflichtungen für die privaten Akteure des Baubereichs.[212]

Nach diesen Generalklauseln sind die Vorhaben der Anordnung, Errichtung, Änderung oder Instandhaltung von baulichen Anlagen bestimmten allgemeinen Anforderungen unterworfen.[213] Solche Generalklauseln finden sich in verschiedenen Variationen tatbestandlicher Fassungen.[214] Einige Generalklauseln verpflichten die Träger von Bauvorhaben in Anknüpfung an die MBO 2002 zum Schutz der natürlichen Lebensgrundlagen bei den oben genannten baulichen Maßnahmen.[215] Neben den Umweltmedien Boden, Flora, Luft, Fauna zählen auch die klimatischen Bedingungen als maßgeblicher Faktor der vorgenannten Umweltmedien zum Schutzgut der natürlichen Lebensgrundlagen.[216]

Einige Generalklauseln setzen tatbestandlich allerdings die Abwehr einer Gefahr im polizeirechtlichen Sinne voraus.[217] Im Rahmen einer solchen Generalklausel ist ein Vorgehen gegen treibhausgastemittierende Gebäude oder Anlagen zum Zwecke des globalen Klimaschutzes tatbestandlich unzulässig. Dies ist weniger damit zu begründen, dass vom Begriff der natürlichen Lebensgrundlagen nur das lokale Mikroklima, nicht aber das Globalklima als Schutzgut gefasst wird.[218] Vielmehr liegt die im Klimawandel begründete Bedrohungslage außerhalb der rechtlichen Grenzen des polizeirechtlichen Gefahrenbegriffs. Eine entsprechende Risikovorsorge muss im Rahmen von landesrechtlichen Gefahrenabwehrpflichten daher nicht stattfinden.[219]

Der Wortlaut anderer bauordnungsrechtlicher Generalklauseln ist noch weiter gefasst. Solche Generalklauseln verpflichten anlässlich der Errichtung oder Änderung baulicher Anlagen zur Schonung der natürlichen Lebensgrundlagen.[220] Diese Bestimmungen verpflichten ihrem Sinn und Zweck nach folglich auch dazu, den Zustand der globalen Klimas als natürlicher Lebensgrundlage nicht weiter zu verschlechtern und somit einen weiteren Treibhausgasausstoß zu vermeiden.[221]

---

212 *Finkelnburg/Ortloff/Otto*, Baurecht, S. 22.

213 Bspw. § 3 Abs. 1 Satz 1 BauO NRW, § 3 Abs. 1BauO Bbg, § 3 Abs. 1 BauO Bln.

214 *Keyhanian*, Instrumente, S. 413.

215 *Otto*, ZfBR 2008, 550 (551) m. w. N aus der Musterbauordnung 2002.

216 Zur Auslegung wortgleicher Tatbestände für den kommunalen Anschluss- und Benutzungszwang BVerwGE 125, 68 (71); zur Auslegung der Landesbauordnugnen *Walsch*, LKRZ 2010, 291 (294) und *Otto*, ZfBR 2008, 550 (551).

217 Bspw. § 3 Abs. 1 BauO Bln oder § 3 Abs. 1 BauO Hessen. § 3 Abs. 1 Satz 1 BauO BW spricht von einer „Bedrohung“.

218 Anders u. U. für das lokale Mikroklima, *Otto*, ZfBR 2008, 550 (552).

219 *Keyhanian*, Instrumente, S. 413.

220 Bspw. § 3 Abs. 1 Nr. 3 BauO Bbg.

221 *Otto*, ZfBR 2008, 550 (552); ähnlich *Keyhanian*, Instrumente, S. 413.

Insofern steht hinter dem Gedanken der Schonung dasselbe Ziel wie hinter dem anders formulierten Konzept der Vorsorge gegen Risiken.

Einige Länder haben die bauordnungsrechtlichen Generalklauseln schließlich noch genauer auf die beiden Säulen der Energieeffizienz und der Erneuerbare-Energien-Nutzung zugeschnitten. So sind etwa nach § 3 Abs. 1 Nr. 4 BauO Saar „Anlagen so anzuordnen, zu errichten, zu ändern und instand zu halten, dass sie die natürlichen Lebensgrundlagen nicht gefährden, insbesondere Möglichkeiten zum sparsamen Umgang mit Energie, [oder] zur Gewinnung erneuerbarer Energien nutzen".[222] Unter die Anforderung des sparsamen Umgangs mit Energie kann grundsätzlich jede Art von Energieeffizienzmaßnahmen subsumiert werden. Auch die Gewinnung erneuerbarer Energien ist ebenfalls explizit aufgeführt. § 3 Abs. 1 Nr. 4 BauO Saar ist damit ein Musterbeispiel für eine programmatische Normierung des Wärmewendekonzeptes im Bauordnungsrecht.[223]

Nicht zu den Generalklauseln, aber dennoch zu den allgemeinen Bestimmungen des Bauordnungsrechts können schließlich solche Vorschriften gezählt werden, die in allgemeiner Weise einer energetischen Beschaffenheit einzelner Gebäudekomponenten fordern. Solche Anforderungen an Gebäudekomponenten gestalten die allgemeinen Bestimmungen der Generalklauseln als Spezialbestimmungen weiter aus.[224] So verpflichten die allermeisten Landesbauordnungen in Anlehnung an die MBO 2002 dazu, dass Gebäude einen „ihrer Nutzung und den klimatischen Verhältnissen entsprechenden Wärmeschutz" haben müssen.[225]

Zwar liegt das traditionelle Ziel der bauordnungsrechtlichen Verpflichtungen zum Wärmeschutz darin, Feuchtigkeitsschäden wie bspw. durch Schimmelbildung zu verhindern und vorhandene Bausubstanz langfristig zu erhalten.[226] Insoweit steht der energetische Aspekt des Wärmeschutzes nicht im Vordergrund. Die Anpassung des Wärmeschutzes an die individuelle Nutzung zielt aber jedenfalls gleichzeitig auch auf eine vermehrte Energieeinsparung ab.[227] Denn gerade ein nicht der Nutzungsintensität entsprechender Wärmeschutz verursacht erhebliche End- oder Primärenergieverluste. Da der jeweilige Eigentümer über die Art und Intensität der Gebäudenutzung entscheidet, geht es solchen bauordnungsrechtlichen Bestimmungen daher um die Sicherstellung eines Mindestmaßes an baulicher

---

222 Ähnlich § 3 Abs. 1 Satz 4 BauO NRW, wonach „mit Energie sparsam umzugehen ist". Zum korrespondierenden Begriff der „rationellen" Energienutzung s. *Kusche*, Kompetenzen, S. 134.

223 Ähnlich § 20 BauO SH, wonach „der Energiebedarf für das Heizen und Kühlen gering und sparsam gehalten und umweltschonend gedeckt" werden muss. Dieses Beispiel führt auch *Otto*, ZfBR 2008, 550 (554) an.

224 *Grotefels*, in: Hoppe/Bönker/Grotefels, Baurecht, § 15 Rn. 10; *Hornmann*, Hessische BauO, § 3 Rn. 4; *Otto*, ZfBR 2008, 550 (553) spricht von einer „Ablösung" der Generalklausel; vgl. auch *Keyhanian*, Instrumente, S. 414.

225 Z. B. § 14 Abs. 3 Bau BW, § 15 Abs. 1 BauO Bln; § 18 Abs. 1 BauO HH.

226 Zu diesem Ziel der Wärmeschutzbestimmungen bereits *Salje*, ET 1982, 674 (677).

227 *Nolte*, in: Simon/ Busse, Art. 13 Rn. 23.

Energieeffizienz.[228] Dieser Gedanke wird auch in einigen Landesbauordnungen besonders deutlich. So verpflichtet z.B. § 18 Abs. 1 BauO NRW explizit zu einem „Energieverbrauch senkenden“ Wärmeschutz.

Sowohl die Generalklauseln als auch die allgemeinen Vorgaben an die Gebäudedämmung sind aufgrund ihrer Konkretisierungsbedürftigkeit allerdings praktisch kaum von Bedeutung.[229] Insoweit lässt sich folgern, dass der Sinn der vorangehend dargestellten Bestimmungen im Wesentlichen darin liegt, Leitbilder für die detaillierteren gesetzlichen Bestimmungen sowie für Konkretisierungen im kommunalen Ordnungsrecht zu liefern.[230]

4. *Spezielle Bestimmungen*

Im Landesbaurecht sind typischerweise drei Arten von Bestimmungen normiert, die für die Beteiligten klare Handlungsanweisungen enthalten und daher ohne eine weitere Konkretisierung zur Anwendung gelangen können.

Eine erste Gruppe solcher Normen findet sich in den materiell-rechtlichen Regelungen der Landesbauordnungen zu Abstandsflächen. Grundsätzlich müssen nach diesen Regelungen bestimmte Flächen zwischen den Außenwänden von Gebäuden und weiteren baulichen Anlagen freigehalten werden.[231] In diesem Kontext lassen einzelne Bestimmungen des Landesrechts allerdings gewisse Unterschreitungen der grundsätzlich vorgeschriebenen Abstandsflächen bei energetischen Baumaßnahmen zu.[232] Solche Ausnahmen beziehen sich zunächst auf Maßnahmen der Wärmedämmung von Außenwänden oder Dächern. Solche Möglichkeiten zur Unterschreitung der Abstandsflächen beziehen sich regelmäßig speziell auf die nachträgliche Wärmedämmung an bestehenden Gebäuden und damit auf Sanierungskonstellationen.[233]

Herauszugreifen ist hierbei § 6 Abs. 6 Satz 3 BauO Hessen. Nach dieser Bestimmung kann eine Unterschreitung der Abstandsflächen bei einer nachträglichen Wärmedämmung nur stattfinden, soweit die bauteilbezogenen Anforderungen

228 Ähnlich *Otto*, ZfBR 2008, 550 (554) sowie *Keyhanian*, Instrumente, S. 415; zweifelnd *Kusche*, Kompetenzen, S. 136.

229 Vgl. *Ekardt/Schmitz/Schmidtke*, ZNER 2008, 334 (336). Auch in der Rechtsprechung lassen sich keine bauordnungsrechtliche Verfügungen mit entsprechendem Inhalt nachweisen. An der rechtsstaatlichen Bestimmtheit der Generalklauseln zweifeln *Kahl/Schmidtchen*, Kommunaler Klimaschutz S. 216.

230 *Finkelnburg/Ortloff/Otto*, Baurecht, S. 23; ähnlich *Kahl/Schmidtchen*, Kommunaler Klimaschutz, S. 216–217.

231 Etwa § 5 Abs. 1 Satz 1 Nr. 1BauO BW, § 6 Abs. 1 Satz 1 BauO Bln, § 6 Abs. 1 Satz 1 BauO NRW.

232 *Knauff*, DV 2016, 233 (235); *Walsch*, LKRZ 2010, 291 (294) sowie *Otto*, ZfBR 2008, 550 (555).

233 § 6 Satz 1 Nr. 3 BauO Bln; nur für Außenwanddämmungen gilt § 6 Abs. 7 Nr. 4 BauO Bbg; differenzierend § 6 Abs. 14 BauO NRW.

der EnEV in der jeweils geltenden Fassung nicht überschritten werden. Die BauO Hessen knüpft daher an die bundesrechtlichen Vorgaben zur Beschaffenheit von Bauteilen der Wärmedämmung in der EnEV an. Die EnEV enthält allerdings keine Vorgaben zur Dicke der Dämmschichten, sondern lediglich Grenzwerte zur Wärmedurchlässigkeit von Bauteilen.[234] Allein die Dicke der Dämmschichten ist aber für die Frage nach der Über- oder Unterschreiten der Abstandsflächen relevant. Insoweit lässt sich § 6 Abs. 3 BauO Hessen sinngemäß dahin auslegen, dass allein die Wahl solcher Bauteile zulässig ist, die zur Einhaltung der EnEV-Mindestwerte zur Wärmedurchlässigkeit zwingend notwendig ist.

Ähnliche Ausnahmebestimmungen beziehen sich auf die Errichtung von energieeffizienten Anlagen oder Erneuerbare-Energien-Anlagen innerhalb der grundsätzlich geltenden Abstandsflächen.[235] Solche Bestimmungen gelten sowohl bei Neubauvorhaben als auch im Fall der nachträglichen Installation solcher Anlagen auf oder neben bestehenden Gebäuden. In solchen Konstellationen können die Abstandsflächen, je nach Landesrecht, z. B. durch gebäudeunabhängige Solarthermieanlagen[236] oder durch Wärmepumpen[237] unterschritten werden. Die ordnungsrechtliche Förderung solcher baulichen Anlagen liegt somit in einer Privilegierung gegenüber anderen Bauteilen.

Eine zweite Gruppe von Regelungen des Landesbaurechts enthält Privilegierungen für bestimmte Maßnahmen der Wärmewende im formellen Genehmigungsrecht. Mittlerweile ist eine Vielzahl von Vorhaben nicht mehr baugenehmigungs- oder anzeigepflichtig, sondern verfahrensfrei.[238] Entsprechende Bestimmungen finden sich regelmäßig für die – wiederum allein nachträgliche – Wärmedämmung von Außenwänden[239], Dachflächen[240] oder für nachträgliche Änderungen an Fenstern und Türen.[241] Verfahrensfrei sind auch Vorhaben zur Installation von Wärmepumpen[242], Solarthermieanlagen auf oder neben Gebäuden[243] sowie in einzelnen

234 Siehe zu den Dämmvorgaben der EnEV bereits unter Teil 3 A. III. 4. a) bb).

235 *Otto*, ZfBR 2008, 550 (556).

236 Bspw. § 6 Abs. 9 Satz 1 Nr. 3 BauO Hessen, § 6 Abs. 7 Satz 1 Nr. 2 BauO HH.

237 So § 6 Abs. 10 BauO SH, dieses Beispiel auch bei *Otto*, ZfBR 2008, 550 (557).

238 Zur Rechtsentwicklung *Finkelnburg/Ortloff/Otto*, Baurecht, S. 84 ff; siehe auch *Otto*, ZfBR 2008, 550, (558–559) mit weitern Beispielsregelungen zu Wärmepumpen und Solaranlagen.

239 Z. B. § 62 Abs. 1 Nr. 11 d) BauO Bln, § 55 Abs. 11 Nr. 2 BauO Bbg.

240 Z. B. § 62 Abs. 1 Nr. 11 e) BauO Bln.

241 Siehe bspw. § 55 Abs. 11 Nr. 1 BauO Bbg.

242 Bspw. § 50 i.V.m. Anhang 1 Nr. 3b) BauO BW, § 66 Nr. 3 BauP NRW, § 55 Abs. 3 Nr. 8 BauO Bbg.

243 Z.B. § 50 Abs. 1 i. V. m. Anhang Nr. 3c) BauO BW, § 62 Abs. 1 Nr. 3a BauO Bln oder § 65 Abs. 1 Nr. 44a BauO NRW. Nach § 65 Abs. 2 Nr. 3 BauO NRW ist auch die eine mit den baulichen Maßnahmen verbundene Nutzungsänderung des Gebäudes von Gesetzes wegen zulässig.

Fällen auch Vorhaben zur Installation von Blockheizkraftwerken.[244] In manchen Landesbauordnungen reicht die Genehmigungsfreistellung noch weiter und erfasst grundsätzlich sämtliche Energieerzeugungs- und Verteilungsanlagen unabhängig von deren energetischen Eigenschaften.[245] Bei den letztgenannten Bauordnungen lässt sich daher kaum noch von einer Privilegierung der Energieeffizienz oder der Erneuerbare-Energien-Nutzung sprechen.

Nach einer dritten Gruppe von Bestimmungen, die ebenfalls die Genehmigungsverfahren betrifft, können schließlich Abweichungen von den materiell-rechtlichen Anforderungen der Landesbauordnungen zugelassen werden. Tatbestandlich wird hierfür regelmäßig vorausgesetzt, dass eine Abweichung mit dem Schutzziel der entsprechenden Anforderung und mit den öffentlichen Belangen oder den nachbarlichen Belangen vereinbar ist.[246] Nach der baden-württembergischen Bauordnung entfällt die Überprüfung der Vereinbarkeit mit dem Schutzziel der jeweiligen Vorschrift, soweit es um Vorhaben „zur Energieeinsparung und zur Nutzung erneuerbarer Energien" geht.[247] Auch insoweit werden solche Vorhaben in verfahrensrechtlicher Hinsicht privilegiert, indem tatbestandliche Anforderungen für die Erteilung solcher Ausnahmen reduziert werden.[248]

5. *Zusammenfassung*

Die Landesbauordnungen enthalten eine Reihe gesetzlicher Bestimmungen, die Vorhaben zur Nutzung erneuerbarer Energien oder energieeffizienter Anlagen zur Wärmeerzeugung in Gebäuden regeln.

In materiell-rechtlicher Hinsicht werden Erneuerbare-Energien-Anlagen zur Wärmeerzeugung sowie energieeffiziente Wärmeerzeugungsanlagen häufig in den Regelungen zu Abstandsflächen privilegiert. Speziell für den Bereich der Bestandsgebäude finden sich solche Privilegierungen auch in den Vorschriften zu Abstandsflächen für Fälle nachträglicher Dämmungsmaßnahmen. Im Übrigen erschöpfen sich die materiell-rechtlichen Standards der Landesbauordnungen in allgemeinen und praktisch kaum relevanten Geboten zur Nutzung erneuerbarer Energien und zur Energieeffizienz, insbesondere zum Wärmschutz.

Konkrete Regelungen zur Wärmewende sind ferner auch im Verfahrensrecht der Landesbauordnungen normiert. So werden Vorhaben zur Errichtung von Erneuerbare-Energien-Anlagen zur Wärmeerzeugung sowie von energieeffizienten

---

244 So § 66 Nr. 2 LBO NRW (für in Serie hergestellte BHKW) oder § 55 Abs. 3 Nr. 7 BauO Bbg (für ortsfeste BHKW).

245 Besonders weitgehend ist § 55 i. V. m. Anlage 2 Ziffer I. Nr. 3 und 4 (Neubau) bzw. Anlage 2 Ziffer II. Nr. 2 (Änderung an bestehenden Gebäuden) der Hessischen BauO. Ähnlich weit ist § 55 Abs. 3 Nr. 1, 3, 4, 5 BauO Bbg gefasst.

246 So § 68 Abs. 1 Satz 1 BauO Bln, § 60 Abs. 1 Satz 1 BauO Bbg oder § 63 Abs. 1 Satz 1 BauO Hessen.

247 Bspw. § 56 Abs. 2 Nr. 3 BauO BW.

248 Mit Blick auf das Ziel der Gefahrenabwehr zweifelnd *Otto*, ZfBR 2008, 550 (555).

Wärmeerzeugungsanlagen über eine weitgehende Verfahrensfreiheit begünstigt. Ähnliches gilt für Vorhaben zur nachträglichen Dämmungsmaßnahmen an bestehenden Gebäuden. Schließlich bestehen bei Baumaßnahmen der Wärmewende mitunter größere behördliche Spielräume bei der Erteilung von Ausnahmen.

II. Örtliche Bauvorschriften

Ein weiterer Ansatzpunkt der Wärmewende sind die sog. örtlichen Bauvorschriften, die auf Grundlage der Landesbauordnungen erlassen werden und gemeindliches Bauordnungsrecht enthalten. Gemeinsam solche Ermächtigungsgrundlagen, dass sie einen allgemeinen Rahmen für mögliche Inhalte des örtlichen Rechts setzen, die weiteren Entscheidungen über das „Ob“ und „Wie“ allerdings den Gemeinden überlassen.[249]

Ähnlich wie im Fall der bundesrechtlichen Verordnungsermächtigungen stellt sich damit die zentrale Frage, welchen Gestaltungsspielraum die Landesgesetzgeber den Gemeinden eingeräumt haben. Eine Antwort hierauf kann nur mit Blick auf die Historie des Landesrechts sowie differenziert für einzelne Bundesländer gegeben werden.

1. Rechtsentwicklung und Ziele

Durch örtliche Bauvorschriften können Gemeinden traditionellerweise Anforderungen zum Schutz einer besonderen örtlichen Baukultur oder eines spezifischen Ortsbildes regeln.[250] Örtliche Bauvorschriften mit entsprechenden Inhalten stellten daher lange Zeit vor allem rechtliche Hindernisse für Vorhaben zur Nutzung erneuerbarer Energien oder der Energieeffizienz dar.[251]

Indes wurden die Anstrengungen zum Klimaschutz mittlerweile auch auf der kommunalen Ebene verstärkt. Einige Bundesländer haben daher im Zuge der Integration des Klimaschutzes in das Bauordnungsrecht spezielle Ermächtigungsgrundlagen zugunsten der Gemeinden in den Landesbauordnungen geschaffen, auf die ein Erlass örtlicher Bauvorschriften mit speziell (wärme)energetischen Anforderungen an Gebäude gestützt werden kann.[252]

---

249 Zu den dogmatischen Unterschieden zwischen Verordnungs- und Satzungsermessen siehe *Ossenbühl*, in: Isensee/Kirchhof, Handbuch des Staatsrechts, Bd. V, S. 372, 377; zu Begriff und Inhalt des Rechtssetzungsermessens im Allgemeinen vgl. *Schmidt-Aßmann*, in: Maunz/Dürig, Art. 19 Abs. 4 Rn. 217.

250 Bspw. § 86 BauO NRW, § 84 BauO SH oder § 81 BauO Bay.

251 *Bürger u. a.*, Klimaschutz im Gebäudebereich, S. 332. In Baden-Württemberg sieht § 74 Abs. 1 Satz 2 BauO BW in diesem Kontext explizit gesetzlich vor, dass ortsgestalterische Satzungen die Nutzung erneuerbarer Energien nicht ausschließen oder unangemessen beeinträchtigen dürfen.

252 Überblick über die Rechtsgrundlagen bis zum Jahr 2010 bei *Kahl*, ZUR 2010, 395 (400–402).

Die zwischenzeitlich nicht unerhebliche Anzahl solcher Rechtsgrundlagen ist allerdings seit dem Jahr 2010 wieder rückläufig. So enthielt bspw. das brandenburgische Recht bis zum Juni 2016 in § 81 Abs. 7 BauO Bbg a. F. eine Ermächtigungsgrundlage für örtliche Bauvorschriften mit Energiebezug. Die Bestimmung wurde anlässlich der jüngsten Novellierung der brandenburgischen Bauordnung im Mai 2016 ersatzlos gestrichen.[253] Die Landesregierung begründete diesen Schritt damit, dass keine brandenburgische Kommune von der vorgenannten Satzungsermächtigung Gebrauch gemacht habe und sich das Instrument der energetischen örtlichen Bauvorschriften damit praktisch nicht bewährt habe.[254]

Sowohl die brandenburgische Landesregierung als auch andere Landesregierungen haben in jüngerer Zeit noch einen weiteren Grund für die Streichung solcher Ermächtigungsgrundlagen angeführt. So seien die bundesrechtlichen Instrumente des Gebäudeeffizienz- Erneuerbare-Energien- und Immissionsschutzrechts im Zusammenspiel mit den kommunalen Steuerungsmöglichkeiten des Bauplanungsrechts ausreichend, um die Ziele des Klimaschutzes und der Energieversorgungssicherheit im Gebäudebereich zu verwirklichen.[255]

Lediglich in Rheinland-Pfalz und im Stadtstaat Bremen[256] existieren weiterhin Ermächtigungen zum Erlass entsprechender kommunaler Satzungen. Bemerkenswert ist dabei, dass der rheinland-pfälzische Landtag die vorgenannte Rechtsgrundlage entgegen dem allgemeinen Trend auf Landesebene erst im Jahr 2015 geschaffen hat. Im Stadtstaat Hamburg können entsprechende örtliche Bauvorschriften in der Form von Rechtsverordnungen erlassen werden.[257] Aufgrund des materiellen Gesetzescharakters unterscheiden sich die beiden vorgenannten Rechtsformen örtlicher Bauvorschriften in ihrer Wirkung auf die Adressaten allerdings weder untereinander noch von den gesetzlichen Standards der Landesbauordnungen.[258]

---

253 Siehe zu dieser Streichung im Rahmen der Historie des Landesrechts unter Teil 4 C. II. 1.

254 LT-Drs. 6/3268 vom 4. Januar 2016, S. 129.

255 Ähnlich argumentierten die Saarländische Landesregierung bei der Aufhebung von § 85 Abs. 2 SaarlBO a. F, siehe LT-Drs. 15/1214 vom 15. Januar 2015, S. 76, und die Hessische Landesregierung bei der (teilweisen) Streichung von § 81 Abs. 2 BauO Hessen a F., siehe LT-Drs. 18/2523 vom 15. Juni 2010, S. 18.

256 Im Stadtstaat Bremen haben sowohl die Stadtgemeinde Bremen als auch die Stadtgemeinde Bremerhaven Kompetenzen zum Erlass von Satzungen, *Kahl/Schmidtchen*, Kommunaler Klimaschutz, S. 211.

257 § 81 Abs. 2 Halbsatz 1 BauO HH.

258 Zum übereinstimmenden materiellen Gesetzescharakter von Rechtsverordnungen und Satzungen im Baurecht *Decker*, in: Simon/Busse, Art. 81 Rn. 29; allgemein zur mittlerweile weitgehenden „Einebnung" der Unterschiede zwischen Satzungen und Rechtsverordnungen in der Rechtsordnung *Ossenbühl*, in: Isensee/Kirchhof, Handbuch des Staatsrechts, Bd. V, S. 369., vgl. auch *Finkelnburg/Ortloff/Otto*, Baurecht, S. 6.

2. *Verfassungsrechtliche Bezüge*

Ebenso wie § 16 EEWärmeG in Fragen des Anschluss- und Benutzungszwangs erweitern die vorgenannten Ermächtigungsgrundlagen des Landesrechts die traditionellen gemeindlichen Gestaltungsmöglichkeiten. Dies erfordert mit Blick auf die Verfassung zwei Klarstellungen.

Aus Sicht der Gemeinden ist ein solcher „bauordnungsrechtlicher gemeindlicher Klimaschutz" mit Blick auf Art. 28 Abs. 2 Satz 1 GG zunächst unbedenklich. Art. 28 Abs. 2 Satz 1 GG garantiert den Gemeinden über den einschlägigen Gehalt der (objektiven) Rechtsinstitutionsgarantie die eigenverantwortliche Wahrnehmung von Angelegenheiten der örtlichen Gemeinschaft.[259] Sieht man im „bauordnungsrechtlichen gemeindlichen Klimaschutz" keine Angelegenheit der örtlichen Gemeinschaft, sondern eine staatliche Angelegenheit,[260] so besteht zwar ein gewisser Bezug zur Diskussion um die Zulässigkeit von staatlichen Aufgabenübertragungen auf die Gemeinden. Ein rein kompetenzerweiterndes Landesrecht gerät aber kaum in einen Konflikt mit dem vorgenannten Schutz.[261] Eine ähnliche Gefahr wie bei der verpflichtenden Aufgabenübertragung durch Landesrecht, bei der möglicherweise gemeindliche Ressourcen für die Wahrnehmung der traditionellen Selbstverwaltungsangelegenheiten ausgehöhlt werden, besteht gerade nicht.[262] Da den Gemeinden lediglich zusätzliche Gestaltungsoptionen zur Verfügung gestellt werden, ohne dass in den Satzungsermächtigungen eine staatlich auferlegte Beeinträchtigung kommunaler Ressourcen angelegt ist, werden solche Rechtsgrundlagen zutreffend als verfassungskonform eingeordnet.[263] Auch anschließende Fragen des Konnexitätsprinzips, nach dem den Gemeinden nach den Landesverfassungen eine korrespondierende Finanzausstattung zu gewähren sein kann, stellen sich daher nicht.[264]

Aus Sicht der Adressaten des gemeindlichen Ordnungsrechts, in erster Linie der Gebäudeeigentümer, konstituieren solche gemeindlichen Rechtsvorschriften

259 Zum Begriff der objektiven Rechtsinstitutionsgarantie *Dreier*, in: Dreier, Bd. II, Art. 28 Rn. 102 und *Lange*, Kommunalrecht, S. 8.

260 Zur dieser Diskussion um die Zuordnung des kommunalen Klimaschutzes *Becker*, in: Hebeler/Hendler/Proelß/Reiff, Kommunaler Umweltschutz, S. 30–31 und ausführlich *Longo*, Örtliche Energieversorgung, S. 157 ff.

261 Zur parallelen Frage beim bundesrechtlichen § 16 EEWärmeG und dem Verhältnis zu Art. 84 Abs. 1 Satz 7 GG bereits unter Teil 2 B. III. 2.

262 Zu dieser Gefahr bei der verpflichtenden Aufgabenübertragung BVerfGE 119, 331 (354); zur Bindung gemeindlichen Ressourcen bei einer solchen Übertragung *Mehde*, in: Maunz/Dürig, Art. 28 Abs. 2, Rn. 100.

263 *Kahl/Schmidtchen*, Kommunaler Klimaschutz, S. 232; *Böhm*, in: Hendler/Marburger/Reiff/Schröder, Jahrbuch Umwelt- und Technikrecht 2009, S. 246; *Kusche*, Kompetenzen, S. 176; vgl. auch BVerwGE 125, 68 (72–73) zu den landesrechtlichen Rechtsgrundlagen des kommunalen Anschluss- und Benutzungszwangs.

264 Zum Konnexitätsprinzip bei einer verpflichtenden Aufgabenübertragung *Schmidt*, in: Hebeler/Hendler/Proelß/Reiff, Kommunaler Umweltschutz, S. 13.

Grundrechtseingriffe.[265] Ein verfassungsautonomes Satzungsrecht, das den Gemeinden den ordnungsrechtlichen Zugriff auf die Grundrechte gestattet, besteht nach allgemeiner Meinung nicht.[266] Darüber hinaus verlangt der rechtsstaatliche Wesentlichkeitsvorbehalt nach einer gesetzlichen Konkretisierung möglicher Satzungsinhalte.[267] Ermächtigungsgrundlagen für energetische örtliche Bauvorschriften schaffen daher verfassungsrechtlich notwendige Grundlagen für Grundrechtseingriffe durch das gemeindliche Ordnungsrecht.

3. *Hessen*

Eine Analyse der Ermächtigungsgrundlagen für örtliche Bauvorschriften kann zunächst kaum ohne einen vergleichenden Blick auf die überholte und aktuelle Rechtslage in Hessen auskommen.

Nach § 81 Abs. 2 BauO Hessen a. F. konnten die hessischen Gemeinden örtliche Bauvorschriften mit energetischen Anforderungen erlassen, soweit dies entweder „nach den örtlichen Verhältnissen zur Vermeidung von Umweltbelastungen" oder „aus Gründen des Wohls der Allgemeinheit zur rationellen Verwendung von Energie geboten" war.[268] Die erstgenannte Variante verlangte daher nach einer Begründung des Ordnungsrechts, das spezifisch an die örtlichen Verhältnisse anknüpfte (z. B. geographisch oder siedlungstechnisch bedingte Gefahren einer erhöhten Schadstoffbelastung). Die zweitgenannte Variante verzichtete hingegen auf ein solches Erfordernis und stellte explizit allein auf die Gebotenheit des Ordnungsrechts zum Allgemeinwohlzweck der rationellen Energieverwendung ab. Aufgrund der globalen Zusammenhänge lässt sich mittlerweile ein dauerhaftes und jederzeitiges Bedürfnis an einer rationellen Energieverwendung kaum leugnen. § 81 Abs. 2 BauO Hessen a. F. ermöglichte den Gemeinden daher nach der herrschenden Meinung einen grundsätzlich von den örtlichen Gegebenheiten losgelösten Erlass von energetischen Bauvorschriften.[269]

Zum vorgenannten Zweck konnten die hessischen Gemeinden die „Verwendung bestimmter Brennstoffe untersagen" oder „bestimmte Heizungsarten vorschreiben". § 81 Abs. 2 BauO Hessen a. F. ermächtigte daher in negativer Hinsicht

---

265 Zu den Gesetzesvorbehalten der Art. 12, 14 GG noch unter Teil 5 B.

266 BVerwGE, 125, 68 (70–71) zu den landesrechtlichen Ermächtigungsgrundlagen für kommunalen Anschluss- und Benutzungszwang ; allgemeiner *Böhm*, in: Hendler/Marburger/Reiff/Schröder, Jahrbuch Umwelt- und Technikrecht 2009, S. 245; *Brüning*, KommJur 2014, 121 (123) sowie *Ossenbühl*, in: Isensee/Kirchhof, Handbuch des Staatsrechts, Bd. V, S. 369.

267 *Schmidt*, in: Hebeler/Hendler/Proelß/Reiff, Kommunaler Umweltschutz, S. 18.

268 *Böhm*, in: Hendler/Marburger/Reiff/Schröder, Jahrbuch Umwelt- und Technikrecht 2009, S. 247; *Kahl/Schmidtchen*, Kommunaler Klimaschutz, S. 223.

269 *Müller*, in: Müller/Oschmann/Wustlich, Einl. Rn. 68; im Ergebnis auch *Kahl/Schmidtchen*, Kommunaler Klimaschutz, S. 234 im Kontext der Diskussion um § 81 Abs. 2 BauO Hessen a. F.; a. A. *Longo*, Örtliche Energieversorgung, S. 325.

zu Brennstoffverboten und in positiver Hinsicht zu Geboten der Verwendung bestimmter Heizungsanlagen. Gerade die zweitgenannten Gebote sollten ihrem Sinn und Zweck nach sowohl den baulich-technischen Aspekt als auch den tatsächlichen Nutzungsaspekt umfassen können.[270] Im Kontext der Landesbauordnungen, die solche Fragen der tatsächlichen Nutzung grundsätzlich nicht regeln, stellte § 81 Abs. 2 BauO Hessen a. F. damit eine bemerkenswerte Besonderheit dar.[271]

Der nicht näher beschränkte Begriff der „Heizungsanlagen" ließ sowohl Gebote zur Nutzung fossiler, energieeffizienter Anlagen (z. B. KWK-Anlagen) als auch zur Nutzung von Erneuerbare-Energien-Anlagen zur Wärmeerzeugung zu.[272] Denn beide Arten von „Heizungsanlagen" sind geeignet, zum Ziel der rationellen Verwendung von Energie beizutragen.[273] § 81 Abs. 2 BauO Hessen a. F. wurde ferner dahin ausgelegt, dass energetische Anforderungen sowohl anlässlich des Neubaus als auch anlässlich der Sanierung von Bestandsgebäuden gestellt werden konnten. Denn in beiden Konstellationen konnte der Zweck der rationellen Verwendung von Energie durch rechtliche Vorgaben gleichermaßen erreicht werden.[274]

Das VG Gießen erklärte im Jahr 2010 im bislang einzigen gerichtlich entschiedenen Rechtsstreit zu kommunalen Klimaschutzsatzungen eine Solarsatzung der Stadt Marburg aus dem Jahr 2008[275] für rechtswidrig. Dabei sah das VG Gießen die Satzung zunächst durch die erste tatbestandliche Variante des § 81 Abs. 2 BauO Hessen a. F. als gedeckt an. Denn nach der Ansicht des VG erforderten die besonderen topographischen Verhältnisse von Marburg einen speziellen Schutz vor Treibhausgasemissionen.[276] Diese Begründung wurde in der Literatur aufgrund der rein globalen Auswirkungen des Kohlendioxidausstoßes zutreffend für wenig überzeugend gehalten.[277]

§ 81 Abs. 2 BauO Hessen a. F. geriet nach der Ansicht des VG allerdings in einen Konflikt (Art. 72 Abs. 1 GG) mit dem zwischenzeitlichen in Kraft getretenen EEWärmeG des Bundes, das seit dem 1. Januar 2009 ordnungsrechtliche Anforderungen an Neubauvorhaben stellte. Im Rahmen einer verfassungskonformen Auslegung von § 81 Abs. 2 BauO Hessen a. F. nahm das VG daher an, dass das

270 *Walsch*, LKRZ 2010, 291 (295).

271 *Walsch*, LKRZ 2010, 291 (295).

272 *Kusche*, Kompetenzen, S. 141.

273 *Walsch*, LKRZ 2010, 291 (294); *Böhm*, in: Hendler/Marburger/Reiff/Schröder, Jahrbuch Umwelt- und Technikrecht 2009, S. 250; zur Nutzung erneuerbarer Energien *Müller*, in: Müller/Oschmann/Wustlich, Einl. Rn. 67.

274 *Böhm*, in: Hendler/Marburger/Reiff/Schröder, Jahrbuch Umwelt- und Technikrecht 2009, S. 248; *Longo*, Örtliche Energieversorgung, S. 327.

275 Satzung der Universitätsstadt Marburg zur verbindlichen Nutzung der Solarenergie in Gebäuden vom 20. Juni 2008, passim bei *Wustlich*, in: Müller/Oschmann/Wustlich, § 3 Rn. 86–87.

276 VG Gießen, Urt. vom 12. Mai 2010 (8 K 4071/08.GI), juris Rn. 129–130.

277 *Kahl*, ZUR 2010, 371 (372).

Landesrecht nur noch Nutzungspflichten für Bestandsgebäude decken konnte.[278] Die satzungsrechtlichen Anforderungen an Sanierungsvorhaben wurden vom VG schließlich mangels Übergangsbestimmungen im Satzungsrecht als Verstoß gegen Art. 14 Abs. 1 Satz 1 GG eingeordnet.[279]

Nach der zwischenzeitlichen Streichung von § 81 Abs. 2 BauO Hessen a. F.[280] stellt sich damit die Frage nach den aktuell verbleibenden Regelungsmöglichkeiten in Hessen. § 81 Abs. 1 Satz 1 Nr. 1 BauO Hessen ist die alleinige Rechtsgrundlage, die für kommunale Satzungen mit baulich-energetischen Anforderungen an Gebäude in Betracht kommt. Nach § 81 Abs. 1 Satz 1 Nr. 1 BauO Hessen können die Gemeinden Vorschriften über „die äußere Gestaltung baulicher Anlagen zur Verwirklichung von Zielen des rationellen Umgangs mit Energie und Wasser in bestimmten, genau abgegrenzten bebauten oder unbebauten Teilen des Gemeindegebietes" erlassen.

Zu klären ist, inwieweit diese Bestimmung den hessischen Gemeinden weiterhin entsprechende Handlungsoptionen eröffnet. Nach § 81 Abs. 1 Satz 1 Nr. 1 BauO Hessen sind Anforderungen an die „äußere Gestaltung" baulicher Anlagen möglich. Mit diesem Wortlaut könnten zunächst Anforderungen an äußerlich sichtbare Bauteile von Gebäuden gemeint sein, womit jedenfalls auch die Wärmedämmung von Außenwänden in Bezug genommen wäre.[281] Gegen ein solches Verständnis spricht allerdings die bereits dargestellte Historie von energetischen Regelungsmöglichkeiten in Hessen. Anlässlich der Streichung von § 81 Abs. 2 BauO Hessen a. F. äußerte sich die Landesregierung eindeutig dahin, dass sie nunmehr die bundesrechtlichen Regelungen zur Wärmedämmung im Gebäudeeffizienzrecht (EnEG und EnEV) für ausreichend und entsprechendes kommunales Recht für überflüssig hielt.[282] Im Rahmen der Streichung von § 81 Abs. 2 BauO Hessen a. F. wurde bewusst von kommunalem Ordnungsrecht mit Regelungen zu erneuerbaren Energien oder Energieeffizienz Abstand genommen. Seit der Streichung von § 81 Abs. 2 BauO Hessen a. F. enthält die Hessische Bauordnung damit im Ergebnis keine Ermächtigungsgrundlagen mehr, die eine kommunale Rechtssetzung zu den Zwecke der Wärmewende ermöglicht.

---

278 VG Gießen, Urt. vom 12. Mai 2010 (8 K 407/08.GI) juris Rn. 114 ff. (119); *Kahl/ Schmidtchen*, Kommunaler Klimaschutz S. 231–232.

279 VG Gießen, Urt. vom 12. Mai 2010, (8 K 407/08.GI) Rn. 132 ff.

280 Zur Streichung im Kontext der bundesweiten Entwicklungen bereits unter Teil 4 C. II. 1.

281 Die Dämmung von Dachflächen erfolgt demgegenüber regelmäßig von der Dachinnenseite. *Walsch*, LKRZ 2010, 291 (294–295) hält beide Arten von Effizienzmaßnahmen für zulässig; ähnlich *Bürger u. a.*, Klimaschutz im Gebäudebereich, S. 332.

282 Gesetzesbegründung der Landesregierung, LT-Drs. 18/2523 vom 15. Juni 2010, S. 18.

4. Rheinland-Pfalz

Nach § 88 Abs. 4 Nr. 3 BauO RP können die Gemeinden durch Satzung bestimmen, dass im Gemeindegebiet oder in Teilen des Gemeindegebiets „im Interesse des Klimaschutzes bei vor dem 1. Januar 2009 errichteten Gebäuden anteilig erneuerbare Energien zu nutzen sind". Damit ist in Rheinland-Pfalz auch im aktuellen Recht eine Ermächtigungsgrundlage für kommunale Erneuerbare-Energien-Satzungen normiert. Diese wurde erst anlässlich einer Novelle der Landesbauordnung im Juni 2015 eingefügt.[283] Den Gemeinden soll nunmehr die Möglichkeit gegeben werden, die ordnungsrechtliche Lücke für den Gebäudebestand im Sinne des § 3 Abs. 4 Nr. 2 EEWärmeG zu schließen.[284] Ähnlich wie bei § 2 Abs. 1 EWärmeG BW spricht die landesgesetzgeberische Absicht einer trennscharfen Erfassung der Bestandsgebäude dafür, auf Grundlage von § 88 Abs. 4 Nr. 3 BauO RP über den Wortlaut der Norm hinaus Anforderungen an alle vor dem 1. Januar 2009 genehmigten Gebäude zuzulassen.[285]

Die möglichen Regelungsinhalte kommunaler Satzungen sind in § 88 Abs. 4 Satz 3 BauO RP allerdings nur grob umrissen. Die explizite Ermächtigung zu Verpflichtungen einer „anteiligen Nutzung erneuerbarer Energien" deckt zunächst die bekannten Erneuerbare-Energien-Nutzungspflichten nach dem Modell des EEWärmeG ab.

Fraglich ist allerdings, ob § 88 Abs. 4 Satz 3 BauO RP auch zur Normierung von Ersatzmaßnahmen ermächtigt. Der insoweit restriktive Wortlaut der Bestimmung spricht zunächst gegen eine solche Auslegung. Andererseits lag die Absicht der Landesregierung bei der Neufassung von § 88 Abs. 4 Satz 3 BauO RP gerade darin, den Gemeinden eine Ergänzung des bundesrechtlichen Modells der Nutzungspflichten zu ermöglichen.[286] Das Konzept der Ersatzmaßnahmen bildet indes, wie bereits gezeigt wurde, einen wesentlichen Bestandteil des bundesrechtlichen Modells sowie sämtlicher bisher realisierter landes- oder kommunalrechtlicher Modelle.[287] In der Gesetzesbegründung finden sich insoweit auch keine Erwägungen dazu, dass die Landesregierung durch § 88 Abs. 4 Satz 3 BauO RP bewusst von dieser Tradition abrücken und den Handlungsspielraum der Gemeinden weiter einengen wollte. Für die Zulässigkeit von Ersatzmaßnahmen spricht schließlich auch der Telos des Klimaschutzes. Denn im Hinblick auf diesen Zweck unterscheidet sich die Nutzung erneuerbarer Energien nicht von der Durchführung von Ersatzmaßnahmen in Form von Energieeffizienzmaßnahmen.

283 Gesetz vom 15. Juni 2015 (GVBl. S. 77).

284 Gesetzesbegründung der Landesregierung, LT-Drs. 16/4333 vom 9. Dezember 2014, S. 57.

285 Zur parallelen Frage bei der Auslegung des § 2 Abs. 1 EWärmeG BW bereits unter Teil 4 B. II.

286 LT-Drs. 16/4333 vom 9. Dezember 2014, S. 57.

287 Zum EEWärmeG Teil 3 B. II. 3. b), zum EWärmeG BW Teil 4 B. III 3. c).

Der Wortlaut der Verordnungsermächtigung ermächtigt schließlich zu eine Verpflichtungen einer „anteiligen Nutzung erneuerbarer Energien". Der rheinland-pfälzische Gesetzgeber hat insoweit darauf verzichtet, die Gemeinden explizit auf die Regelung anlassabhängiger Pflichten im Gebäudebestand zu beschränken. Bei einer alleinigen Betrachtung des weit gefassten Wortlautes könnten im kommunalen Ordnungsrecht daher auch anlassunabhängige Pflichten bzw. echter Sanierungszwang geregelt werden. Dieses Argument kann mit dem Verweis auf die nach dem ehemaligen hessischen Recht regelbaren Brennstoffverbote bekräftigt werden.[288] Auch solche Brennstoffverbote stehen naturgemäß nicht unter dem Vorbehalt der Durchführung eines freiwilligen Vorhabens. Entscheidend gegen die Möglichkeit anlassunabhängiger Pflichten spricht allerdings die bewusste gesetzgeberische Anlehnung des § 88 Abs. 4 Satz 3 BauO RP an das bundesrechtliche Modell des EEWärmeG.[289] Zum Grundkonzept des EEWärmeG gehört es gerade, dass Erneuerbare-Energien-Nutzung allein von der Durchführung freiwilliger Vorhaben abhängig ist.

§ 88 Abs. 4 Satz 3 BauO RP enthält keine genaueren Maßgaben zur Wirtschaftlichkeit von Anforderungen. Mit dem Verzicht auf nähere rechtliche Beschränkungen hat sich der rheinland-pfälzische Gesetzgeber damit von anderen Modellen distanziert, die zu dieser Frage genauere Vorgaben treffen. Dies kann auch als Handlungsanreiz zugunsten der Gemeinden verstanden werden, denen insoweit ein größerer Regelungsspielraum obliegt. Auch aus diesem Grund stellt § 88 Abs. 4 Satz 3 BauO RP eine vergleichsweise weitgehende Ermächtigungsgrundlage für kommunale Satzungen dar.

Als einzige ausdrückliche Maßgabe führt § 88 Abs. 4 Satz 3 BauO RP somit das „Ziel des Klimaschutzes" an. Da durch den Einsatz erneuerbarer Energien bereits per se Klimaschutz betrieben wird, führt die Bindung der Gemeinden an diesen Zweck zunächst zu keiner substanziellen Begrenzung. Fraglich ist damit, ob die rheinland-pfälzischen Gemeinden beim Satzungserlass weiterhin zur Berücksichtigung der örtlichen Gegebenheiten (z. B. Gebäudestruktur, Siedlungsdichte, typischerweise vor Ort genutzte Heizungsanlagen, verfügbare Sonneneinstrahlung und lokale klimatische Bedingungen) verpflichtet sind.

Für eine vollständige Loslösung vom Erfordernis einer solchen Berücksichtigung örtlicher Gegebenheiten spricht die Parallele zur überholten hessischen Rechtslage gem. § 81 Abs. 2 BauO Hessen a. F. Auch nach dieser Rechtsgrundlage konnte kommunales Ordnungsrecht mit dem alleinigen Ziel der rationellen Energieverwendung und losgelöst von spezifisch örtlichen Verhältnissen festgelegt werden.[290] In diese Richtung deutet auch die Gesetzgebungsgeschichte von § 88 Abs. 4 Satz 3 BauO RP. Nach der alten Fassung dieser Bestimmung konnten in Satzungen lediglich Brennstoffverbote „zum Schutz vor Staub, Rauch und Ruß" normiert werden. Klimaschutz

288 Zur Rechtsgrundlage des Brennstoffverbots siehe bereits Teil 4 C. II. 3.

289 LT-Drs. 16/4333 vom 9. Dezember 2014, S. 57.

290 Zur Auslegung von § 81 Abs. 2 BauO Hessen a. F bereits unter Teil 4 C. II. 3.

oder Energieversorgungssicherheit spielten daher im alten Landesrecht keine Rolle.[291] Durch die Neufassung der Bestimmung im Juni 2015[292] wollte die Landesregierung die vorgenannten Restriktionen gerade lösen. Den Gemeinden sollte eine Satzungsbefugnis nunmehr gerade aus Gründen des globalen Klimaschutzes zur Verfügung gestellt werden.[293] Auch dieser Aspekt spricht für eine einfachgesetzliche Loslösung vom Erfordernis einer örtlichen Radizierung.

Auch die verfassungsrechtlichen Maßstäbe für solche Satzungen führen zu keinem anderen Ergebnis. Denn wie bereits geklärt wurde, ist eine örtliche Radizierung kommunaler Satzungsermächtigungen mit Blick auf den Schutz der Gemeinden nach Art. 28 Abs. 2 Satz 1 GG nicht erforderlich.[294] Andererseits sind auch die kommunalen Satzungsgeber beim Erlass von grundrechtseingreifendem Ordnungsrecht weiterhin an die Restriktionen des Verhältnismäßigkeitsgrundsatzes gebunden.[295] Bei der Prüfung des Verhältnismäßigkeitsgrundsatzes kann eine Rechtfertigung des Satzungsrechts anhand der spezifischen örtlichen Verhältnisse durchaus in die Prüfung der Angemessenheit einfließen und zugunsten des Satzungsrechts angeführt werden.[296] Schließlich wird eine Anordnung von Erneuerbare-Energien-Nutzungspflicht im Satzungsrecht ohnehin nur dann zweckmäßig sein, wenn die örtlichen Gegebenheiten im erfassten Ortsbereich bzw. Ortsteil dies sinnvoll erscheinen lassen.[297]

Zusammengefasst enthält die rheinland-pfälzische Bauordnung damit eine Ermächtigungsgrundlage zur Anordnung von Erneuerbare-Energien-Nutzungspflichten im bundesrechtlich nicht geregelten Gebäudebestand. Die kommunalen Spielräume sind großzügig ausgestaltet, weswegen das rheinland-pfälzische Recht insoweit der alten hessischen Rechtslage entspricht.

5. Bremen

Nach § 85 Abs. 2 BauO Bremen können „die Gemeinden[298] durch Satzung bestimmen, dass im Gemeindegebiet oder in Teilen davon die Verwendung bestimmter Brennstoffe untersagt wird, wenn dies aus Gründen der Schonung der natürlichen

291 Aus diesem Grund empfahlen *Kahl/Schmidtchen*, Kommunaler Klimaschutz, S. 225 im Jahr 2013 eine entsprechende Anpassung des Landesrechts.

292 Neue Fassung vom 15. Juni 2015 (GVBl. S. 77).

293 LT-Drs. 16/4333 vom 9. Dezember 2014, S. 57.

294 Siehe zu Art. 28 Abs. 2 Satz 1 GG bereits unter Teil 4 C. II. 2.

295 Auch die Landesregierung, LT-Drs. 16/4333 vom 9. Dezember 2014, S. 57, sah die Wahrung des Verhältnismäßigkeitsgrundsatzes als „wesentliche“ Frage an.

296 Siehe zum Verhältnismäßigkeitsgrundsatz noch ausführlich unter Teil 5. B. I. 3.

297 Wohl in diesem Zusammenhang spricht die Landesregierung, LT-Drs. 16/4333 vom 9. Dezember 2014, S. 57 auch davon, dass die Satzungen „ortsspezifisch ausgestaltet“ werden „können“.

298 Gemeint sind die Stadtgemeinden Bremen und Bremerhaven, *Kahl/Schmidtchen*, Kommunaler Klimaschutz, S. 211.

Lebensgrundlagen, insbesondere zur rationellen Verwendung von Energie, zur Nutzung erneuerbarer Energien oder zur Nutzung von Biomasse, gerechtfertigt ist".

Diese im Jahr 2009 eingeführte[299] Bestimmung ermöglicht - parallel zu § 81 Abs. 2 BauO Hessen a. F. - ein Verwendungsverbot für Brennstoffe. Ein solches Verwendungsverbot erfasst seinem Sinn und Zweck nach sämtliche fossil betriebenen Heizungsanlagen in seinem Geltungsbereich und sanktioniert jeglichen tatsächlichen Betrieb solcher Anlagen. Auch § 85 Abs. 2 BauO Bremen entfernt sich daher weit von den „klassischen" Vorgaben des Bauordnungsrechts.

Das Verwendungsverbot ist in der vorgenannten Variante des § 85 Abs. 2 BauO Bremen zulässig, soweit dies aus Gründen der Energieeffizienz (rationellen Verwendung von Energie) oder zur Nutzung erneuerbarer Energien gerechtfertigt werden kann. Auch die bremische Bauordnung verlangt insoweit keine besondere Rechtfertigung des Ordnungsrechts durch örtliche Besonderheiten.[300] Die vorgenannte Voraussetzung ist grundsätzlich bei jedem Verbot von fossilen Brennstoffen erfüllt. Denn gerade bei einem Verbot fossiler Brennstoffe werden die Adressaten typischerweise eine mögliche Umstellung der Gebäudeheizung auf eine (anteilige) Erneuerbare-Energien-Nutzung sowie die Durchführung von Energieeffizienzmaßnahmen prüfen.

Nicht durch die vorgenannten Ziele rechtfertigen ließe sich hingegen ein Verbot eines „effizienten" Brennstoffs (z. B. Erdgas) unter Auslassung eines gleichzeitigen Verbots der „ineffizienten" Brennstoffe (z. B. Heizöl).[301] Denn bei einer solchen Ausgestaltung des Satzungsrechts entfiele der vorgenannte Handlungsanreiz. Insgesamt setzt die Konzeption des Bremischen Rechts daher auf eine eher mittelbare Förderung durch Verbote und stellt einen Gegenentwurf zum gebotsbezogenen Ansatz der Erneuerbare-Energien-Nutzungspflichten dar.[302]

6. Hamburg

Nach § 81 Abs. 2 Satz 1, 1. Fall BauO HH wird der Hamburger Senat ermächtigt, „durch Rechtsverordnung für bestimmte Gebiete eine bestimmte Heizungsart oder eine Benutzung dieser Einrichtung[en] vorzuschreiben, um Gefahren zu vermeiden oder zur Sicherung der örtlichen Energieversorgung und zur allgemeinen Energieersparnis sowie zum umfassenden Schutz der Umwelt." Das hamburgische Recht weist durch die vorgenannten allgemeinen Zielsetzungen der Wärmewende zunächst keine Besonderheiten gegenüber den übrigen Rechtsgrundlagen des Landesrechts auf.

Im Hinblick auf die möglichen Regelungsinhalte bildet das hamburgische Recht eine „Synthese" aus den Rechtsgrundlagen anderer Bundesländer. Erstens bezieht es sich uneingeschränkt auf „Heizungsarten" und damit sowohl auf fossil betriebene

299 Gesetz vom 6. Oktober 2009 (GBl. S. 401).
300 *Kahl/Schmidtchen*, Kommunaler Klimaschutz, S. 221.
301 Zur Ökologie der Verbrennung von Erdgas und Heizöl bereits unter Teil 1 C. I. 1. a).
302 *Kahl/Schmidtchen*, Kommunaler Klimaschutz, S. 211.

Heizungsanlagen als auch auf Heizungen auf Basis erneuerbarer Energien. Zweitens lässt § 81 Abs. 2 Satz 1, 1. Fall BauO HH sowohl baulich-technische Anordnungen („bestimmte Heizungsart") als auch Nutzungsanordnungen („Benutzung dieser Einrichtung")[303] zu.

Drittens sind die Regelungsmöglichkeiten nach dem Wortlaut der BauO HH – insoweit übereinstimmend mit dem alten hessischen und dem aktuellen rheinland-pfälzischen Recht – uneingeschränkt. Sie lassen damit sowohl Anforderungen an Neubauvorhaben als auch Anforderungen an Bestandsgebäude zu.

Fraglich ist bei den letztgenannten Anforderungen an Bestandsgebäude, ob auch ein echter Sanierungszwang zulässig ist. Hierfür spricht zunächst die Gesetzgebungsgeschichte der Bestimmung. Im Gegensatz zu den Ermächtigungsgrundlagen in Hessen oder Rheinland-Pfalz wurde § 81 Abs. 2 Satz 1, 1. Fall BauO HH bereits im Jahr 2005 und somit ohne Bezug zum bundesrechtlichen EEWärmeG normiert.[304] Daher lässt sich im Falle Hamburgs gerade nicht sagen, dass der Landesgesetzgeber die Pflichten entsprechend dem bundesrechtlichen Vorbild und damit nur anlassabhängig ausgestalten wollte. Für eine solche Auslegung des Hamburgischen Landesrechts spricht auch der systematische Zusammenhang von § 81 Abs. 2 Satz 1, 1. Fall BauO HH zu dem in § 81 Abs. 2 Satz 1, 2. Fall BauO HH geregelten Anschluss- und Benutzungszwang. Denn die Anordnung eines Anschluss- und Benutzungszwangs ist regelmäßig ebenfalls nicht von der Durchführung einer freiwilligen Sanierung abhängig.[305]

Ein Unterschied zum bisher untersuchten Landesrecht liegt schließlich in der Begrenzung von § 81 Abs. 2 Satz 1 BauO HH auf den Aspekt der technischen Erzeugungsseite der Wärmeversorgung. Alleiniger Regelungsgegenstand sind nach dem Wortlaut der Verordnungsermächtigung die „Heizungsanlagen". Durch diese Begrenzung sind Verpflichtungen zu einer anteiligen Nutzung von erneuerbarem Strom ebenso ausgeschlossen wie Verpflichtungen zu einer überobligatorischen Wärmedämmung. Solche Pflichten sind daher sowohl als Primärpflichten als auch als Ersatzmaßnahmen im Sinne der Wärmegesetze unzulässig.[306] Insoweit ist das hamburgische Recht enger gefasst als bspw. das rheinland-pfälzische Recht.

7. Zusammenfassung

Die Betrachtung der landesgesetzlichen Ermächtigungen hat gezeigt, dass in Rheinland-Pfalz, Bremen und Hamburg - trotz eines gegensätzlichen bundesweiten Trends - konkrete und weitgehende Gestaltungsoptionen für energiebezogene örtliche Bauvorschriften bestehen.

---

303 Der Begriff der „Einrichtung" erklärt sich aus dem ebenfalls in der Norm geregelten Anschluss- und Benutzungszwang an Fernwärmenetze (§ 81 Abs. 2 Satz 1, 2. Fall BauO HH).

304 Gesetz vom 14. Dezember 2005 (HmbGVBl. S. 525).

305 Zum Instrument des Anschluss- und Benutzungszwangs bereits unter Teil 2 B. III. 2.

306 *Kahl/Schmidtchen*, Kommunaler Klimaschutz, S. 237.

Regelungsgegenstand können, je nach Landesrecht, sowohl die gebäudetechnischen Anlagen als auch die verwendeten Brennstoffe sein. Allein die Wärmedämmung kann in keiner landesrechtlichen Rechtsordnung von den Gemeinden geregelt werden. Zulässig können sowohl Anforderungen an die Verwendung erneuerbarer Energien und entsprechender Technologien als auch Gebote zur Verwendung energieeffizienter Anlagen sein. Alle Verordnungsermächtigungen eröffnen solche Gestaltungsoptionen explizit für den Wärmeversorgungsbereich. Die vorgenannten Anforderungen können sowohl zur baulich- technischen Installation als auch zur tatsächlichen Nutzung verpflichten. Pflichten können sowohl für Neubauten als auch für den Gebäudebestand eingeführt werden. Im Hinblick auf letzteren sind, je nach Landesrecht, sowohl anlassabhängige als auch anlassunabhängig Anforderungen denkbar. Die einschlägigen Ermächtigungsgrundlagen in allen Bundesländern sind schließlich weitgehend frei von wirtschaftlichen Vorbehalten sowie von Erfordernissen zur Berücksichtigung lokaler Gegebenheiten.

Diese weitgehenden Regelungsmöglichkeiten in Rheinland-Pfalz, Bremen und Hamburg stehen in einem gewissen Kontrast zum allgemeinen Trend einer Streichung entsprechender Rechtsgrundlagen in den übrigen Bundesländern. Sowohl in Hessen als auch in Brandenburg wurden einschlägige Satzungsermächtigungen für die Gemeinden kürzlich aufgehoben. Zudem kann auch in Rheinland-Pfalz, Bremen und Hamburg derzeit kaum von einer hohen praktischen Relevanz entsprechenden gemeindlichen Rechts gesprochen werden.

III. Verhältnis zum Bundesrecht

Soweit die gesetzlichen Regelungen der Landesbauordnungen den kompetenzrechtlichen Boden des Art. 70 Abs.1 GG verlassen, wirft dies Abgrenzungsfragen zu den bundesrechtlichen Rechtsgrundlagen auf.

1. Abstandsflächenregelungen und formelles Bauordnungsrecht

Zunächst entfaltet das Bundesrecht keine Sperrwirkung gegenüber den landesrechtlichen Privilegierungen für nachträglichen Gebäudedämmungen sowie für die Installation von Erneuerbare-Energien-Anlagen im Rahmen der Abstandsflächenregelungen. Denn die Sperrwirkungen des Gebäudeeffizienzrechts sowie des Erneuerbare-Energien-Rechts beziehen sich allein auf Landesrecht, das baulich-technische Anforderungen an die Gebäudegestaltung oder Anforderungen an die Nutzung von Anlagen regelt. Fragen der örtlichen Belegenheit des Gebäudes oder einzelner Anlagen spielen in EnEV und EEWärmeG demgegenüber keine Rolle. Daher sind solche landesrechtlichen Anforderungen nicht gem. Art. 72 Abs. 1 GG gesperrt.

Ähnliches gilt für die formellen Regelungen der Landesbauordnungen, die eine Verfahrensfreiheit bestimmter Vorhaben vorsehen oder behördliche Abweichungen zulassen. Auch solche Regelungen stellen keine gesperrten baulich-technischen Anforderungen oder Nutzungsanforderungen dar.

2. Allgemeine Bestimmungen zur Gebäudedämmung

Ferner ist zu prüfen, ob die bauordnungsrechtlichen Generalklauseln, die die Gebäudeeigentümer zu einer angemessenen Gebäudedämmung verpflichten, durch das Gebäudeeffizienzrecht der EnEV gesperrt sind.

Solche Regelungen des Landesrechts stellen zunächst baulich-technisches, gebäudekomponentenbezogenes Ordnungsrecht dar, das primär der Senkung des Energieverbrauchs in Gebäuden dient. Auch bei solchen Regelungen steht der Aspekt der Verringerung von Emissionen aus den Anlagen in Gebäuden im Hintergrund. Daher fallen solche Generalklauseln, ebenso wie EnEV und EnEG, als wirtschaftslenkende Bestimmungen auf der Stufe des Energieverbrauchs unter den Kompetenztitel des Art. 74 Abs. 1 Nr. 11 GG.

Innerhalb der vorgenannten Materie entfaltet das Verordnungsrecht der EnEV für „weniger strenges" Landesrecht eine Sperrwirkung.[307] In diesem Zusammenhang ist zunächst feststellen, dass sich die landesrechtlichen Generalklauseln zur Gebäudedämmung als baulich-technische Anforderungen an die Gebäudedämmung mit den Regelungen der Gesamtenergieeffizienz in der EnEV überschneiden. Gebäudeeigentümer im Bestand sind bspw. nach §§ 3, 4 EnEV verpflichtet, bei einer bestimmten Sanierungsmaßnahme die bauteilbezogenen EnEV-Standards zur Gebäudedämmung einzuhalten, die in der EnEV durch den Gesamtenergieeffizienz- und Gesamtwärmedurchlässigkeitsansatz ergänzt werden.

Gegenüber diesen detaillierten Begrenzungen stellen die landesrechtlichen Gebote, die lediglich eine nicht näher bestimmte „angemessene" Dämmung fordern, unzweifelhaft „weniger strenges" Recht dar. Hiergegen wird in der Literatur zwar eingewendet, dass die Generalklauseln des Landesrechts allgemein gehalten und ohnehin nicht selbst vollzugsfähig sind, weshalb Kollisionen mit dem Bundesrecht der EnEV nicht drohten.[308] Bei diesem Einwand wird allerdings zum einen übersehen, dass das Eingreifen der Sperrwirkung nach Art. 72 Abs. 1 GG Normkollisionen gerade nicht voraussetzt.[309] Zum anderen könnte die mangelnde Vollzugsfähigkeit durch die Landesverwaltung jederzeit selbst beseitigt werden, bspw. durch den Erlass von Verwaltungsvorschriften.

Landesrechtliche Generalklauseln zur Gebäudedämmung fallen daher nur dann nicht unter die Sperrwirkung der EnEV, soweit sie bundesrechtskonform ausgelegt werden. Solche Bestimmungen können daher allein als Grundlage für verwaltungsrechtlich konkretisiertes, „strengeres" Ordnungsrecht im Sinne der bundesrechtlichen EnEV herangezogen werden.

---

307 Zur Sperrwirkung der EnEV bereits unter Teil 4 A. III.

308 *Kusche*, Kompetenzen, S. 144.

309 Zur diesem Unterschied zu Art. 31 GG bereits unter Teil 4 A. I. 6.

3. Örtliche Bauvorschriften

Im Hinblick auf die Rechtsgrundlagen der örtlichen Bauvorschriften ist zunächst festzustellen, dass diese ein Überschneidungspotenzial zur gemeindlichen Bauleitplanung nach dem bundesrechtlichen BauGB aufweisen. Insoweit stellt sich zwar keine Frage des Verhältnisses zwischen Bundes- und Landesordnungsrecht. Vielmehr geht es um das Verhältnis zwischen dem Planungsrecht des Bundes und dem Landesordnungsrecht der Wärmewende. Diese Frage ist aufgrund der praktischen Bedeutsamkeit der Bebauungsplanung aber dennoch zu klären.

Auffällig ist, dass zwischen den einschlägigen Festsetzungsmöglichkeiten in Bebauungsplänen[310] und den Regelungsmöglichkeiten in örtlichen Bauvorschriften teilweise Überschneidungen bestehen.[311] So können bspw. Verpflichtungen zur Installation von Solarthermieanlagen, die anlässlich von Sanierungsvorhaben im Gebäudebestand eingreifen sollen, sowohl durch Festsetzungen in Bebauungsplänen getroffen werden[312] als auch in örtlichen Bauvorschriften[313] normiert werden.[314] Zwar wurde bereits geklärt, dass parallel nebeneinander bestehende Regelungsmöglichkeiten in ermächtigenden Normen mangels Normenkonkurrenz oder Normenkollision grundsätzlich nebeneinander bestehen können. Konflikte drohen erst auf der Stufe der konkreten rechtlicher Anforderungen im untergesetzlichen Recht.[315] Vorliegend geht es allerdings um ermächtigende Normen im Bundesrecht (BauGB) einerseits sowie im Landesrecht (Landesbauordnungen) andererseits. Es stellt sich wiederum die Frage nach einer Sperrwirkung des Bauplanungsrechts im BauGB für landesrechtliche Satzungsermächtigungen (Art. 72 Abs. 1 GG).[316]

Die Sperrwirkung eines Bundesgesetzes kann allerdings von vorneherein nur solches Landesrecht erfassen, das demselben Kompetenztitel gem. Art. 74 Abs. 1 GG zuzuordnen ist.[317] Nach allgemeiner Meinung fallen die Instrumente der Bauleitplanung unter den Titel des Bodenrechts gem. Art. 74 Abs. 1 Nr. 18 GG.[318] Durch

310 Siehe zum Instrument der Bebauungspläne bereits unter Teil 2 B. III. 1.

311 *Longo*, Örtliche Energieversorgung, S. 252.

312 § 9 Abs. 1 Nr. 23b BauGB.

313 § 88 Abs. 4 Nr. 3 BauO RP.

314 Eine Verpflichtung zu einer tatsächlichen *Nutzung* kann nach h. M. in Bebauungsplänen nicht festgesetzt werden, siehe bereits unter Teil 2 B. III. 1.

315 Vgl zum Verhältnis der Verordnungsermächtigungen in EnEG und BImSchG unter Teil 3 C. I. 3. d).

316 Das BVerwG nahm bspw. im Beschluss vom 31. Mai 2005 (4 B 14/05), juris Rn. 7 eine Sperrwirkung der Bauleitplanung gegenüber örtlichen Bauvorschriften zu KFZ-Stellplätzen an.

317 Zur Reichweite der Sperrwirkung gem. Art. 72 Abs. 1 GG bereits unter Teil 4 A. I. 3.

318 BVerfGE 3, 407 (424) zum Recht der städtebaulichen Planung; speziell zum Bauplanungsrecht BVerfGE 65, 283 (288–289); *Pieroth*, in: Jarass/Pieroth, Art. 74 Rn. 45; *Degenhardt*, in: Sachs, Art. 74 Rn. 74; *Decker*, in: Simon/Busse, § 81 Rn. 8; *Longo*, Örtliche Energieversorgung, S. 251.

die Regelungen zur Bauleitplanung im BauGB, insbesondere zum Erlass von Bebauungsplänen, hat der Bundesgesetzgeber die Materie des Bodenrechts „praktisch erschöpfend" geregelt.[319] Diese zutreffende Zuordnung des Bebauungsplanrechts zu Art. 74 Abs. 1 Nr. 18 GG basiert auch auf dem im BauGB definierten Erfordernis der städtebaulichen Abwägung. Das BauGB und dessen rechtliche Instrumente ermächtigen allein zur Ordnung der Stadtstruktur in planerisch abgewogenen Gesamtkonzepten (Art. 1 Abs. 7 BauGB).[320] Auch durch den mittlerweile normierten Klimaschutzbezug des BauGB wird dieses vorgenannte Erfordernis nicht obsolet.

Demgegenüber verfolgen die Ermächtigungsgrundlagen der Landesbauordnungen primär das Ziel der Klimaschutz- und Energieversorgungssicherheit.[321] Die Regelungsmöglichkeiten des Bauordnungsrechts stehen gerade nicht unter der Bedingung einer abwägenden Planungsentscheidung zum Ausgleich konkurrierender Interessen an der Bodennutzung. Vielmehr müssen sich satzungs- oder verordnungsrechtlichen Vorgaben nach den Landesbauordnungen unmittelbar an den Ziele des Klimaschutzes bzw. der Energieeinsparung ausrichten.[322] Dementsprechend stellen die landesrechtlichen Ermächtigungsgrundlagen, ungeachtet ihrer kompetenzrechtlichen Zordnung, kein „Bodenrecht" im Sinne von Art. 74 Abs. 1 Nr. 18 GG dar, welches durch die Rechtsvorschriften zu Bebauungsplänen im BauGB gesperrt ist.[323] Aus diesem Grund besteht daher auch kein Kompetenzkonflikt mit dem Bundesrecht.

4. *Rheinland-Pfälzische Erneuerbare-Energien-Nutzungsgebote*

Mit Blick auf Einzelregelungen des untersuchten Landesrechts ist zunächst zu klären, ob die Ermächtigungsgrundlage für kommunale Satzungen zur Anordnung von Erneuerbare-Energien-Nutzungspflichten in der rheinland-pfälzischen Bauordnung unter die Sperrwirkung des EEWärmeG fällt.

Nach § 88 Abs. 4 Nr. 3 BauO RP können die Gemeinden durch Satzung bestimmen, dass im Gemeindegebiet oder in Teilen des Gemeindegebiets im Interesse des Klimaschutzes anteilig erneuerbare Energien zu nutzen sind. Tatbestandlich ist der Satzungserlass dabei auch nicht an die Notwendigkeit einer Berücksichtigung örtlicher Verhältnisse geknüpft.[324] Dieser Umstand spricht stark für eine kompetenzrechtliche Zuordnung dieser landesrechtlichen Ermächtigungsgrundlage zu Art. 74 Abs. 1 Nr. 11 GG, auf dem auch das EEWärmeG basiert.

---

319 BVerfGE 77, 288 (301) zu den Regelungen des BBauG; *Wittreck*, in: Dreier, Bd. II, Art. 74 Rn. 81.
320 *Longo*, Örtliche Energieversorgung, S. 251.
321 *Longo*, Örtliche Energieversorgung, S. 251.
322 *Longo*, Örtliche Energieversorgung, S. 251.
323 So auch *Longo*, Örtliche Energieversorgung, S. 251. *Walsch*, LKRZ 2010, 291 (291).
324 Zu dieser Auslegung von § 88 Abs. 4 Nr. 3 BauO RP bereits unter Teil 4 C. II. 4.

Die Satzungsermächtigung gilt aber allein für vor dem 1. Januar 2009 genehmigte Gebäude.[325] Insoweit hat der rheinland-pfälzische Gesetzgeber in trennscharfer Weise die ordnungsrechtliche Lücke geschlossen, die das Bundesrecht für Anforderungen an den Gebäudebestand im Sinne der §§ 3 Abs. 4 Nr. 2; 19 EEWärmeG gelassen hat. § 88 Abs. 4 Nr. 3 BauO RP fällt daher nicht in den vom EEWärmeG gesperrten Neubaubereich im Sinne der §§ 3 Abs. 4 Nr. 2; 19 EEWärmeG.

5. Bremische Brennstoffverbote

Auch das Verhältnis der Bremischen Ermächtigungsgrundlage für satzungsrechtliche Brennstoffverwendungsverbote gem. § 85 Abs. 2 BauO Bremen zum Bundesrecht wirft Fragen auf.

§ 85 Abs. 2 BauO Bremen ermächtigt zur Anordnung von Brennstoffverboten zum Zwecke der rationellen Verwendung von Energie oder der Nutzung erneuerbarer Energien. Sofern Gebäudeeigentümer von Neubauvorhaben im Sinne des EEWärmeG durch Brennstoffverbote auf Grundlage von § 85 Abs. 2 BauO Bremen mittelbar zur Nutzung erneuerbarer Energien gezwungen werden, könnte § 85 Abs. 2 BauO Bremen unter die Sperrwirkung des EEWärmeG für den Neubaubereich fallen.[326] Soweit mittelbar zur energieeffizienten Gestaltung von Gebäuden oder Anlagentechnik gezwungen wird, besteht Klärungsbedarf bezüglich der EnEV.

Mit Blick auf beide bundesrechtlichen Rechtsgrundlagen ist zunächst eine kompetenzrechtliche Zuordnung von § 85 Abs. 2 BauO Bremen zu Art. 74 Abs. 1 Nr. 11 GG erforderlich, da sowohl EEWärmeG als auch die EnEV auf diesem Kompetenztitel basieren.[327] Eine alternative Zuordnung zu Art. 74 Abs. 1 Nr. 24 GG käme hingegen in Betracht, wenn das Landesrecht das Emissionsverhalten der Brennstoffe im tatsächlichen Einsatz regulieren würde und daher seinem Schwerpunkt nach Art. 74 Abs. 1 Nr. 24 GG zuzuordnen wäre. Dies ist bei § 85 Abs. 2 BauO Bremen aber nicht der Fall. Denn die Anordnung der Brennstoffverbote darf gerade nicht mit dem unmittelbaren Ziel einer Emissionsreduzierung erfolgen, sondern nur zum Zweck der rationellen Verwendung von Energie oder der Nutzung erneuerbarer Energien. Insoweit wäre eine Verbotssatzung mit einer vorrangigen Ausrichtung am Emissionsverhalten der verbotenen Brennstoffe auch nicht von § 85 Abs. 2 BauO Bremen gedeckt. Würde hingegen ein von § 85 Abs. 2 BauO Bremen gedecktes Verbot der Heizöl- oder Holzkohlenutzung festgesetzt, so könnten die Gebäudeeigentümer alternativ auf eine gleichermaßen emissionsträchtige Holznutzung ausweichen. Über Brennstoffverbote auf Grundlage von § 85 Abs. 2 BauO Bremen lässt sich das Emissionsverhalten von Heizungsanlagen damit nicht zielgerichtet regulieren. Die Bestimmung ist folglich nicht der Materie des Art. 74 Abs. 1 Nr. 24 GG, sondern dem Schwerpunkt nach Art. 74 Abs. 1 Nr. 11 GG zuzuordnen.

---

325 Zu dieser Auslegung von § 88 Abs. 4 Nr. 3 BauO RP bereits unter Teil 4 C. II. 4.

326 Zur Sperrwirkung des EEWärmeG bereits unter Teil 4 A. II.

327 Zur Zuordnung von EEWärmeG und EnEV bereits unter Teil 4 A. II. 1 und Teil 4 A. III. 1.

Somit kommt es darauf an, ob das Bremische Landesrecht unter die vom EEWärmeG ausgehende Sperrwirkung für den Neubaubereich fällt. Gegen eine solche Sperrwirkung spricht zwar auf den ersten Blick, dass § 85 Abs. 2 BauO Bremen anders als das EEWärmeG keine „positiven" Gebote zur baulich-technischen Installation oder zur tatsächlichen Nutzung von erneuerbaren Energien zulässt. Andererseits können Verbote nach § 85 Abs. 2 BauO Bremen explizit zur Förderung der Erneuerbare-Energien-Nutzung angeordnet werden. Daher ist den Landesgesetzgebern auch eine „qualitative" Ausrichtung der Brennstoffverbote möglich, welche die Gebäudeeigentümer zu Nutzung erneuerbarer Energien im über das EEWärmeG hinausgehenden Mindestumfang zwingt.

Ferner ist die Möglichkeit der Normierung von Brennstoffverboten auch unabhängig vom Inbetriebnahmezeitpunkt der jeweiligen fossilen Heizungsanlagen möglich. Insoweit kann der tatsächliche Betrieb sämtlicher erfasster Anlagen unterschiedslos sanktioniert werden. Auch fossile Anlagen im Neubaubereich im Sinne des EEWärmeG könnten damit vom Satzungsrecht erfasst werden.

Brennstoffverbote nach § 85 Abs. 2 BauO Bremen wären damit, ungeachtet der rechtstechnischen Unterschiede zu Erneuerbare-Energien-Nutzungspflichten, von der weiten Sperrwirkung des EEWärmeG für den Neubaubereich erfasst.[328] Soweit § 85 Abs. 2 BauO Bremen Brennstoffverbote zur Steigerung des Erneuerbare-Energien-Einsatzes auch für den Neubaubereich im Sinne des EEWärmeG zulässt, verstößt die Bestimmung daher gegen Art. 72 Abs. 1 GG.

Allerdings ist, entsprechend der Lösung des VG Gießen im Urteil zur Marburger Solarsatzung,[329] auch eine verfassungskonforme Auslegung von § 85 Abs. 2 BauO Bremen möglich. Soweit eine Erneuerbare-Energien-Förderung bezweckt wird, kann § 85 Abs. 2 BauO Bremen daher nur noch zur Regelung von Brennstoffverboten für Anlagen in Bestandsgebäuden im Sinne des EEWärmeG herangezogen werden.

Soweit Brennstoffverbote zur „rationellen Energienutzung" verpflichten, ist schließlich ein Blick auf die EnEV erforderlich. Diese lässt indes „strengere" Anforderungen des Landesrechts zu. Unter die Öffnungsklauseln des Bundesrechts fallen auch solche Regelungen, die mit dem Recht der EnEV nicht strukturell vergleichbar sind, also keine bestimmten baulich-technischen Vorgaben zur Gebäude- oder Anlagengestaltung oder zur energieeffizienten Nutzung aufstellen.

Bei den Brennstoffverboten handelt es sich gerade um solche Regelungen, die mit dem bisherigen Verordnungsrecht des Bundes in keiner Weise verwandt sind, da sie einen anderen Ansatzpunkt der rechtlichen Regulierung aufweisen. Eine reine Überschneidung von gesetzlichen Zielbestimmungen des Bundes- und Landesrechts reicht, auch in Fällen von sich überschneidendem Ordnungsrecht, aber gerade nicht

328 Ähnlich argumentieren auch *Kahl/Schmidtchen*, Kommunaler Klimaschutz, S. 221 (Fn. 29).

329 Zum Urteil des VG Gießen bereits unter Teil 4 C. II. 3.

zur Begründung einer Sperrwirkung gem. Art. 72 Abs.1 GG aus. Aus diesem Grund hindert das Gebäudeeffizienzrecht des Bundes die Länder nicht am Erlass von Vorschriften wie § 85 Abs. 2 BauO Bremen.

6. *Hamburgische Heizungsartgebote*

Schließlich weisen auch die Ermächtigungsgrundlagen für hamburgische Heizungsartgebote nach § 81 Abs. 2 Satz 1, 1. Fall BauO HH ein Überschneidungspotenzial mit dem Bundesrecht auf. Dies gilt insbesondere für die Tatbestandsvariante, nach der eine bestimmte Heizungsart anlassabhängig oder anlassunabhängig zu den Zwecken der allgemeinen Energieersparnis vorgeschrieben werden kann.

§ 81 Abs. 2 Satz 1, 1. Fall BauO HH ist zunächst der Materie des Art. 74 Abs. 1 Nr. 11 GG zuzuordnen, da über die Bestimmung vorrangig energetische Fragen reguliert werden können. Sofern auf Grundlage des Landesrechts eine Installation und Nutzung von Heizungsanlagen auf Basis erneuerbarer Energien als „bestimmte Heizungsart" angeordnet werden kann, fällt die Bestimmung unter die Sperrwirkung des EEWärmeG. Denn Installations- und Nutzungspflichten gem. § 81 Abs. 2 Satz 1, 1. Fall BauO HH stellen gerade baulich-technische sowie tatsächliche Nutzungsgebote dar, die jedenfalls für den Neubaubereich abschließend im EEWärmeG geregelt sind. Insoweit ist § 81 Abs. 2 Satz 1, 1. Fall BauO HH mit Blick auf Art. 72 Abs. 1 GG, entsprechend den bremischen Brennstoffverboten, verfassungskonform auszulegen.[330]

Mit Blick auf das Gebäudeeffizienzrecht des Bundes, das ebenfalls Gebote zur Nutzung energieeffizienter Heizungsanlagen in Neubau und Bestand zulässt, müssen schließlich auch die Grenzen der Öffnungsklauseln im EnEG beachtet werden. Nach diesen Klauseln sind allein „strengere" Anforderungen als in der aktuellen EnEV zulässig.[331] Auch insoweit muss das Hamburgische Verordnungsrecht damit die Vorgaben der aktuellen EnEV beachten und darf nur über die EnEV hinausgehende Effizienzanforderungen definieren.

IV. Zusammenfassung und Bewertung

Die Landesbauordnungen enthalten eine Reihe unterschiedlicher Regelungen zur Wärmewende. In den allermeisten Bundesländern sind dabei gesetzliche Standards definiert, während in in Rheinland-Pfalz, Bremen und Hamburg auch untergesetzliches Recht zur Wärmewende festgelegt werden kann.

Aktuell lässt sich im Zuge der Umsetzung der Musterbauordnung 2012 ein verhaltener Trend zur Ergänzung der gesetzlichen Standards um relevantes Ordnungsrecht beobachten. So finden sich sowohl materiell-rechtliche energetische Baustandards in Generalklauseln als auch materiell-rechtliche Privilegierungen von

330 Zur Auslegung der Rechtsgrundlagen des Bremischen Landesrechts bereits unter Teil 4 C. II. 5.

331 Zur Sperrwirkung der EnEV bereits unter Teil 4 A. III. 3.

Energieeffizienz- oder Erneuerbare-Energien-Vorhaben im Abstandsflächenrecht. In verfahrensrechtlicher Hinsicht werden entsprechende Vorhaben häufig durch Genehmigungsfreistellungen privilegiert. Auch bestehen bei Baumaßnahmen der Wärmewende mitunter größere behördliche Spielräume bei der Erteilung von Ausnahmen.

Der Bereich des untergesetzlichen Rechts wurde stark durch die Diskussion um die gerichtlich für rechtswidrig erklärte Marburger Solarsatzung und die entsprechende Verordnungsermächtigung in der Hessischen Bauordnung a. F. geprägt. Im Zuge neuerer Gesetzesnovellen zeichnet sich ein – den vorgenannten Entwicklungen des unmittelbaren Gesetzesrechts gegenläufiger - Trend zu einer Konsolidierung der Ermächtigungsgrundlagen für untergesetzliches Ordnungsrecht ab. Entsprechendes Recht kann nur noch in Rheinland-Pfalz, Bremen und Hamburg mit jeweils unterschiedlichen Inhalten (Erneuerbare-Energien-Nutzungsgebote, Brennstoffverbote, Heizungsartgebote) erlassen werden.

Dieser Trend zu einer Beschränkung der gemeindlichen Handlungsmöglichkeiten kann zwar durch die historischen Entwicklungen in Hessen, durch hohen Druck auf gemeindliche Mandatsträger oder durch die partiellen Überschneidungen mit den Steuerungsmöglichkeiten der Bauleitplanung erklärt werden, ist allerdings nicht zu begrüßen. Denn örtliche Bauvorschriften stellen ein spezifisches Wärmewendeinstrument dar, das energetische Gebäudestrukturen gerade auch unter Berücksichtigung der örtlichen Besonderheiten in den Blick nehmen kann. Eine solche Steuerungsleistung kann durch die Bauleitplanung, die zwar auch die örtlichen Gegebenheiten berücksichtigt, indes stets unter dem Vorbehalt einer umfassenden raumbezogenen Gesamtabwägung erfolgen muss, gerade nicht erbracht werden.

Insgesamt ist der Bestand an Ordnungsrecht zur Wärmewende in den Landesbauordnungen deutlich geringer als im einschlägigen Bundesrecht. Dies lässt sich auch auf die verfassungsrechtlich begründete Sperrwirkung des Bundesrechts gem. Art. 72 Abs. 1 GG zurückführen. Eine solche Sperrwirkung geht von den bundesrechtlichen Instrumenten der EnEV und des EEWärmeG in unterschiedlichem Umfang aus und führt in einzelnen Fällen zur Notwendigkeit einer verfassungskonformen Auslegung des Landesrechts.

Dennoch ist die Sperrwirkung auch für das Bauordnungsrecht der Länder nicht umfassend. So können die Regelungen des EEWärmeG oder der EnEV insbesondere für den Bestandsgebäudebereich sinnvoll ergänzt werden, wie das Landesrecht in Rheinland-Pfalz oder Bremen zeigt.

D. Klimaschutzrecht

Die Untersuchung des Landesrechts der Wärmewende wird schließlich durch einen Blick auf die Vorschriften des hamburgischen Klimaschutzrechts vervollständigt. Im Kontext der Klimaschutzgesetzgebung der Länder (I.) nehmen das hamburgische Klimaschutzgesetz (II.) und die hierauf basierende hamburgische Klimaschutzverordnung (III.) eine Sonderrolle ein. Auch in Bezug auf diese Rechtsgrundlagen stellt sich wiederum die Frage nach dem Verhältnis zum Bundesrecht, speziell zur EnEV (IV).

I. Rechtsentwicklung und Ziele

Bereits in den 1990er Jahren wurden in den Bundesländern Bremen[332], Berlin[333] und Hessen[334] auch auf Landesebene sog. Energiespargesetze verabschiedet. Diese enthielten als Querschnittsgesetze unterschiedliche Instrumente zur verstärkten Energieeffizienz wie bspw. Förderbestimmungen, Selbstverpflichtungen der Länder zur Erreichung von Energieeinsparzielen oder eine Einrichtung von Energiebeauftragten bzw. Energiebeiräten.[335]

Gewissermaßen als „zweite Generation" solcher Energiespargesetze haben Nordrhein-Westfalen (KSG NRW)[336], Bremen (BremKEG)[337], Rheinland-Pfalz (KSG RP)[338] sowie Baden-Württemberg (KSG BW)[339] seit Beginn der 2010er Jahre eigene Landes-Klimaschutzgesetze erlassen.[340] Diese Klimaschutzgesetze führen die Tradition der Energiespargesetze fort und enthalten ebenfalls ein breites rechtliches Instrumentarium. Auch die Klimaschutzgesetze verpflichten die Länder regelmäßig zur Erreichung selbst gesteckter Klimaschutzziele.[341] Zur Umsetzung dieser Ziele sehen die Klimaschutzgesetze speziell im Gebäudebereich Sanierungspflichten für den Gebäudebestand der öffentlichen Hand oder Verpflichtungen zur Aufstellung entsprechender Sanierungskonzepte durch die öffentliche Hand vor.[342]

Verpflichtungen der privaten Akteure im Gebäudebereich enthalten die Klimaschutzgesetze derzeit allerdings nicht. Dies gilt vorbehaltlich einer Ausnahme. So verfügt Hamburg bereits seit dem Jahr 1997 über ein eigenes Klimaschutzgesetz (HmbKliSchG) und seit dem Jahr 2008 über eine hierauf basierende Klimaschutzverordnung (HmbKliSchVO). Die besonderen Bemühungen Hamburgs um einen verstärkten Klimaschutz lassen sich nicht zuletzt auf der exponierten Lage des Stadtstaates an der Küste und die entsprechende Bedrohung durch einen steigenden Meeresspiegel zurückführen.[343] Entgegen der Rechtslage in anderen Bundesländern hat Hamburg zur Erreichung seiner Klimaschutzziele, neben Instrumenten wie einem

332 Hessisches Energiespargesetz vom 3. Juli 1985 (GVBl. S. 101).
333 Energiespargesetz des Landes Berlin vom 2. Oktober 1990 (GVBl. S. 174).
334 Energiespargesetz Bremen vom 17. September 1991 (GVBl. S. 235).
335 Ein Überblick über die Inhalte des Landesrechts aus dem Jahr 1998 findet sich bei *Kusche*, Kompetenzen, S. 200–201.
336 Gesetz vom 6. Februar 2013 (GV S. 29).
337 Gesetz vom 24. März 2015 (GVBl. S. 124).
338 Gesetz vom 19. August 2014 (GVBl. S. 188).
339 Gesetz vom 17. Juli 2013 (GBl. S. 229).
340 Zum aktuellen Stand der Klimaschutzgesetzgebung *Knauff*, DV 2016, 233 (235), überblicksartig *Kloepfer*, Umweltrecht, S. 1609–1610.
341 § 1 KSG NRW, § 1 BremKEG, § 1 KSG RP.
342 § 7 KSG NRW, § 8 BremKEG, § 9 KSG RP.
343 *Schröer/Kullick*, NZBau 2012, 154 (154); *Braun*, NordÖR 2008, 253 (253).

speziellen Anschluss- und Benutzungszwang (§ 4 HmbKliSchG), auch eigenständiges Ordnungsrecht für den Gebäudebereich (§§ 3; 5 – 8 HmbKliSchG) normiert.[344]

Dieses Ordnungsrecht weist Besonderheiten gegenüber den bisher untersuchten Rechtsgrundlagen auf und wird im Folgenden dargestellt und eingeordnet.

II. Hamburgisches Klimaschutzgesetz

Die einschlägigen Bestimmungen des HmbKliSchG können in zwei Kategorien, gesetzliche Verbote einerseits und Verordnungsermächtigungen andererseits, eingeteilt werden.

1. *Gesetzliche Verbote*

Zunächst enthält das HmbKliSchG unmittelbar anwendbare und vollzugsfähige gesetzliche Verbote für den Betrieb einzelner Anlagen. So ist der Neuanschluss fest installierter elektrischer Direktheizungen und Nachtstromspeicherheizungen zur Erzeugung von Raumwärme mit mehr als 2 kW Leistung nach § 3 Satz 1 HmbKliSchG grundsätzlich verboten.[345] Dieses Verbot steht nach § 3 Satz 2 HmbKliSchG allerdings unter dem Vorbehalt, dass andere Arten der Raumheizung technisch möglich und wirtschaftlich vertretbar sind.

Der Maßstab für diese Wirtschaftlichkeitsprüfung wird in § 3 Satz 3 HmbKliSchG von Gesetzes wegen konkretisiert. Wirtschaftlich unvertretbar ist eine andere Art der Raumheizung, wenn „die Summe aus den Kapitalkosten, Energiekosten und sonstigen Betriebskosten für diese andere Raumheizungsart zu mehr als 20 vom Hundert über der Kostensumme“ für die grds. verbotene Raumheizung nach § 3 Satz 1 HmbKliSchG liegt.

Dieser speziell definierte Wirtschaftlichkeitsgrundsatz trägt damit der Besonderheit Rechnung, dass nicht – wie im bisher untersuchten Recht – eine energetische Maßnahme ordnungsrechtlich angeordnet wird, sondern vielmehr einzelne geplante Maßnahmen verboten werden. Daher geht es bei § 3 Satz 3 HmbKliSchG nicht um die Betrachtung der Amortisationsfähigkeit einer angeordneten Maßnahme, sondern vielmehr um die Betrachtung der wirtschaftlichen Zumutbarkeit des Verzichts auf einzelne Anlagen.[346]

Bei § 3 Satz 3 HmbKliSchG sind daher die Szenarien einer Installation der verbotenen Anlage einerseits und einer Installation verfügbarer alternativer Anlagen andererseits zu vergleichen. Für diesen Vergleich definiert § 3 Satz 3 HmbKliSchG wiederum die Parameter (zu betrachtende Kosten und Nutzen) und setzt eine relative

344 Auch *Kloepfer*, Umweltrecht, S. 1573, bezeichnet Hamburg als Vorreiter der Landesklimaschutzgesetzgebung.

345 Eine ähnliche Bestimmung ist in § 5 Abs. 1 HmbKliSchG zur Neuinstallation von Klimaanlagen normiert.

346 Vgl. Struktur der Wirtschaftlichkeitsbetrachtung bei gesetzlichen Verboten *Schneider*, Landesenergierecht, S. 75.

Grenze (Überschreitung von 20 %). Auch § 3 Satz 3 HmbKliSchG definiert dabei allerdings – anders als § 5 Abs. 1 EnEG - keinen zeitlichen Parameter für die Betrachtung der Kostenentwicklung. Insgesamt handelt es sich bei § 3 Satz 3 HmbKliSchG damit um einen partiell gesetzlich geregelten speziellen Wirtschaftlichkeitsmaßstab für Betriebsverbote.

2. Verordnungsermächtigungen für Gebäudeeffizienzrecht

Ferner enthalten die §§ 6 – 8 HmbKliSchG detaillierte Verordnungsermächtigungen an den Senat, auf deren Grundlage dieser eigenes Ordnungsrecht mit Energieeffizienzanforderungen an die Gebäudedämmung und Anlagentechnik stellen kann. Ziel dieser Verordnungsermächtigungen ist es, dem Senat eine passgenaue Verschärfung der bundesrechtlichen Anforderungen nach der EnEV zu ermöglichen.[347] Aus diesem Grund sind auch die Verordnungsermächtigungen der §§ 6 – 8 HmbKliSchG weitgehend an die Verordnungsermächtigungen der §§ 1 – 4 EnEG angelehnt.[348]

Im Hinblick auf die zu erfassenden Gebäude sieht § 12 Abs. 2 HmbKliSchG zunächst vor, dass bestimmte Gebäudearten vom Anwendungsbereich des Gesetzes ausgenommen werden können. Dies gilt bspw. gem. § 12 Abs. 2 Nr. 3 HmbKliSchG für Gebäude, die den Heizenergiebedarf überwiegend durch im Inneren des Gebäudes anfallende Abwärme decken. Insoweit weist § 12 Abs. 2 HmbKliSchG Parallelen zu den Ausnahmen im bundesrechtlichen § 1 Abs. 4 EnEV auf.

§ 6 Abs. 2 HmbKliSchG lässt, parallel zu § 1 Abs. 2 EnEG, Anforderungen an die Dämmung neu zu errichtender Gebäude zu. § 7 Abs. 2 HmbKliSchG bildet, parallel zu § 2 Abs. 3 EnEG, die Grundlage für ordnungsrechtliche Anforderungen an zu installierende Anlagen in neuen und bestehenden Gebäuden.

Auch die Ermächtigungsgrundlage für Anforderungen an bestehende Gebäude ist schließlich an das Bundesrecht angelehnt. Nach § 8 Abs. 1HmbKliSchG können, entsprechend § 4 Abs. 2 EnEG, einzelne Anforderungen aus dem Neubaubereich auch beim Anlass „wesentlicher Änderungen“ von bestehenden Gebäuden gestellt werden.

Ferner enthält auch das HmbKliSchG eine § 4 Abs. 3 EnEG nachgebildete Ermächtigungsgrundlage zur Regelung anlassunabhängiger Nachrüst- oder Außerbetriebnahmepflichten. Diese Ermächtigungsgrundlage (§ 8 Abs. 2 HmbKliSchG) ist allerdings gegenüber dem Bundesrecht modifiziert. Der Senat kann hiernach bestimmen, dass für „bestehende Gebäude mit mehr als zwei Wohneinheiten und deren Anlagen oder Einrichtungen einzelne Anforderungen nach den §§ 6 und 7 gestellt werden können, wenn die Maßnahmen generell zu einer Verminderung der Energieverluste und zu einem sparsamen Energieverbrauch beitragen.“ Wie im Bundesrecht dürfen nach § 8 Abs. 2, 1. HS HmbKliSchG daher einzelne anlassunabhängige Anforderungen an die nachträgliche Gebäudedämmung (§ 6 HmbKliSchG)

347 *Stock*, in: Danner/Theobald, EnEV, Einl. Rn. 46.
348 *Kusche*, Kompetenzen, S. 214.

oder an die nachträgliche Installation oder Modifizierung von Anlagentechnik (§ 7 HmbKliSchG) gestellt werden.

Diese Regelungsmöglichkeiten für anlassunabhängige Anforderugen stehen, parallel zu § 4 Abs. 3 Satz 2 Halbsatz 1 EnEG, gemäß § 8 Abs. 2 Halbsatz 2 HmbKliSchG unter dem Vorbehalt einer energetischen Mindesteffizienz. Ebenso wie im Bundesrecht ist daher ein Vergleich zwischen der Durchführung der angeordneten Maßnahme und der Wahrung des Status quo im jeweiligen Gebäude anzustellen. Anders als im Bundesrecht muss die durch den jeweiligen Standard herbeigeführte Energieeinsparung allerdings nicht „wesentlich" sein. Insoweit ist der Senat bei der Gestaltung des Ordnungsrechts freier als die Bundesregierung auf Grundlage des EnEG. Schließlich ist für die anlassunabhängigen Anforderungen im Hamburgischen Recht auch kein strenger Wirtschaftlichkeitsmaßstab entsprechend § 4 Abs. 3 Satz 2 Halbsatz 2 EnEG normiert. Auch insoweit ist der hamburgische Senat lediglich an das allgemein gehaltene Ziel der wirtschaftlichen Vertretbarkeit der Anforderungen (§ 1 HmbKliSchG) gebunden.

Auch im HmbKliSchG sind schließlich Regelungen zur Befreiung von den vorgenannten Standards vorgesehen. § 12 Abs. 1 HmbKliSchG verpflichtet den Senat, Befreiungsmöglichkeiten für Fälle einer unbilligen Härte im Verordnungsrecht zu normieren. Nach § 12 Abs. 3 Satz 1 HmbKliSchG befreit die zuständige Behörde von einzelnen Anforderungen an bestehende Gebäude im Wege einer gebundenen Entscheidung, „wenn und soweit der Befreite durch gleichwertige Maßnahmen anderer Art Energie einspart". Als landesrechtliche Besonderheit sieht § 12 Abs. 3 Satz 2 HmbKliSchG vor, dass die Befreiung durch den Abschluss eines öffentlich-rechtlichen Vertrags erfolgt. Durch diesen Vertrag ist sicherzustellen, dass die gleichwertigen Maßnahmen mindestens zu einer den gesetzlichen Standards entsprechenden Energieeinsparung führen (§ 12 Abs. 3 Satz 4 HmbKliSchG).

Auch § 12 Abs. 3 HmbKliSchG bietet damit einen gezielten Anreiz zur eigenverantwortlichen Prüfung und Durchsetzung wirtschaftlich weniger belastender und energetisch gleichermaßen sinnvoller Maßnahmen. Die spezielle Form des öffentlich-rechtlichen Vertrags gewährleistet eine zusätzliche Flexibilität gegenüber einseitigen behördlichen Entscheidungen.

III. Hamburgische Klimaschutzverordnung

Durch den Erlass der HmbKliSchVO im Jahr 2008 hat der Senat Hamburgs nicht vollumfänglich, jedoch zu einem gewissen Umfang von den Verordnungsermächtigungen des HmbKliSchG Gebrauch gemacht und unmittelbar anwendbares Gebäudeeffizienzrecht normiert.

Nach § 1 Satz 1 HmbKliSchVO ist der Anwendungsbereich der HmbKliSchVO durch einen statischen Verweis mit dem Anwendungsbereich der EnEV in der Fassung des Jahres 2007 harmonisiert. Die Vorgaben der Verordnung gelten somit für dieselben Gebäudearten, die in den Anwendungsbereich der EnEV 2007 einbezogen waren.

§ 2 HmbKliSchVO enthält zunächst Maßgaben für neu zu errichtende Wohngebäude. Hierbei werden insbesondere Grenzwerte für zulässige Transmissionswärmeverluste[349] (§ 2 Abs. 1 HmbKliSchVO) sowie zusätzlich für den zulässigen Jahres-Primärenergiebedarf[350] (§ 2 Abs. 2 HmbKliSchVO) festgelegt. Diese Grenzwerte nehmen auf die korrespondierenden Grenzwerte der EnEV in der Fassung des Jahres 2007 Bezug (§ 1 Satz 2 HmbKliSchVO) und verschärfen diese nach „oben".[351] In ähnlicher Weise regelt § 3 HmbKliSchVO eine (alleinige) Verschärfung der Grenzwerte für Transmissionswärmeverluste bei zu errichtenden Nichtwohngebäuden.[352]

Schließlich enthält § 4 HmbKliSchVO einheitliche Regelungen zur Sanierung von bestehenden Wohn- und Nichtwohngebäuden. Für den Fall von Sanierungsvorhaben in Form bestimmter, im Verordnungstext definierter „Änderungen"[353] an bestehenden Gebäuden sind im Vergleich zur EnEV 2007 strengere Wärmedurchgangskoeffizienten für die jeweiligen Bauteile (Außenwände, Fenster, Dächer und Decken sowie Fußböden und Kellerdecken) definiert.[354]

§ 5 Abs. 1 Satz 1 HmbKliSchVO sieht, entsprechend der Vorgabe des § 12 Abs. 1 HmbKliSchG, eine Befreiungsmöglichkeit für Härtefälle vor. Diese erfasst nach § 5 Abs. 1 Satz 2 HmbKliSchVO vor allem Fälle der wirtschaftlichen Unzumutbarkeit.[355] Eine solche wirtschaftliche Unzumutbarkeit soll vorliegen, wenn die „erforderlichen Aufwendungen innerhalb der üblichen Nutzungsdauer, bei Anforderungen an bestehende Gebäude innerhalb angemessener Frist, durch die Einsparungen nicht erwirtschaftet werden können." Der diesbezügliche Prüfungsmaßstab des hamburgischen Verordnungsrechts ist damit mit dem Prüfungsmaßstab des Bundesrechts inhaltsgleich (§§ 5 Abs. 1 Satz 2 und 3 EnEG i. V. m. § 25 Abs. 1 Sat z 2 EnEV).

Eine weitere Besonderheit enthält das Landesrecht in der Befreiungsmöglichkeit des § 5 Abs. 3 HmbKliSchVO. Hiernach ist im Wege gebundener Entscheidung von einzelnen Anforderungen[356] zu befreien, wenn der Antragsteller nachweist, dass

---

349 Diese Grenzwerte bezeichnen die anhand der gesamten Außengrenzen des Gebäudes bemessene Wärmedurchlässigkeit, siehe bereits zur EnEV unter Teil 3 A. III. 4. a) bb).

350 Diese Grenzwerte bezeichnen den fiktiven Bedarf an Primärenergie für die speziell gewählte Gestaltung des einzelnen Gebäudes, siehe bereits zur EnEV unter Teil 3 A. III. 4. a) aa).

351 *Keyhanian*, Instrumente, S. 420; *Schröer/Kullick,* NZBau 2012, 154 (154); *Braun*, NordÖR 2008, 253 (256).

352 *Braun*, NordÖR 2008, 253 (256).

353 Auch in Bezug auf diese maßgeblichen Änderungen verweist § 4 Abs. 1 Halbsatz 1 HmbKliSchVO auf die auslösenden Tatbestände gemäß der Anlage 3 zur EnEV 2007.

354 *Keyhanian*, Instrumente, S. 420; *Schröer/Kullick,* NZBau 2012, 154 (155); *Braun*, NordÖR 2008, 253 (257).

355 *Braun*, NordÖR 2008, 253 (257).

356 Z. B. Wärmedurchgangskoeffizienten für zu errichtende Nichtwohngebäude gem. § 3 Abs. 2 HmbKliSchVO.

„die Wärmeversorgung des Gebäudes überwiegend auf Basis erneuerbarer Energieträger oder aus der Nutzung eigener Abwärme erfolgt." § 3 Abs. 2 HmbKliSchVO enthält somit auf Grundlage von § 12 Abs. 3 HmbKliSchG die Möglichkeit, eine Geltung der Effizienzstandards durch selbst vorgeschlagene Alternativmaßnahmen abzuwenden. § 3 Abs. 2 HmbKliSchVO sieht als solche Alternativmaßnahmen insoweit auch die (freiwillige) Nutzung erneuerbarer Energien vor. Auch die HmbKliSchVO enthält daher im Rahmen der Befreiungsvorschriften eine Schnittstelle zur Erneuerbare-Energien-Nutzung. Spiegelbildlich zum Bundesrecht des EEWärmeG bildet die Erneuerbare-Energien-Nutzung insoweit eine „Ersatzmaßnahme" zu den Energieeffizienzpflichten des Verordnungsrechts.

IV. Verhältnis zum Bundesrecht

Auch die Inhalte des hamburgischen Landesrechts weisen Abgrenzungsfragen zum Bundesrecht auf. Während mit Blick auf EEWärmeG und BImSchG keine Überschneidungen drohen, ist das Verhältnis zum Gebäudeeffizienzrecht zu betrachten.[357]

EnEG und EnEV lassen „strengere" Anforderungen des Landesrechts zu, anderweitiges Landesrecht ist gem. Art. 72 Abs. 1 GG hingegen gesperrt.[358] Gerade der Erlass solcher strengeren Standards ist auch von §§ 6 – 8 HmBKliSchG vorgesehen, was insoweit keine Bedenken hervorruft.

Problematisch ist allerdings der Blick auf das Verordnungsrecht. Denn die HambKliSchVO verweist bei der Verschärfung der Dämmstandards (§§ 2 Abs. 1; 3; 4 HmbKliSchVO) sowie der Primärenergiebedarfsgrenzwerte (§ 2 Abs. 2 HmbKliSchVO) gegenüber der EnEV statisch auf die EnEV in der Fassung des Jahres 2007 (§ 1 Satz 2 HmbKliSchVO). In diesem Punkt unterscheidet sich das hamburgische Recht auch vom dynamischen Verweis auf die EnEV-Standards im Baden-Württembergischen EWärmeG.[359]

Durch die mehrfachen Novellierungen der EnEV in den Jahren 2009, 2012 und 2014 wurden die entsprechenden Grenzwerte gegenüber der EnEV 2007 auf bundesrechtlicher Ebene deutlich verschärft.[360] Die HmbKliSchVO wurde hingegen seit dem Jahr 2008 nicht mehr novelliert. Damit laufen die Maßgaben der HmbKliSchVO Gefahr, von der Verschärfung der Grenzwerte in der EnEV überholt zu werden. In einem solchen Fall enthielte die HmbKliSchVO nicht länger „strengeres" Landesrecht. Die Öffnungsklauseln des EnEG würden in diesem Fall nicht mehr greifen, weshalb die Inhalte der HmbKliSchVO gem. Art. 72 Abs. 1 GG gesperrt wären und nichtig würden.

357 Auch *Knauff*, DV 2016, 233 (246) weist auf eine – nicht näher bestimmte -Überschneidungsgefahr hin.

358 Zur Sperrwirkung des Gebäudeeffizienzrechts bereits unter Teil 4 A. III.

359 Zum Konzept der EnEV-Übererfüllung als Erfüllungsoption siehe bereits unter Teil 3 B. II. 3. b).

360 Zur Rechtsentwicklung der EnEV bereits unter Teil 3 A. II. 1.

Aktuell ergibt ein beispielhafter Vergleich der HmbKliSchVO-Grenzwerte für die bauteilbezogene Wärmedurchlässigkeit von Fensterflächen zwar noch eine leichte Überschreitung der EnEV-Grenzwerte.[361] Dennoch wird aufgrund des statischen Verweises auf die EnEV 2007 spätestens im Zuge der nächsten Novellierung des Bundesrechts auch eine Überarbeitung der HmbKliSchVO erforderlich.

V. Zusammenfassung und Bewertung

Die Freie- und Hansestadt Hamburg hat als bisher einziges Bundesland ein Klimaschutzgesetz und eine auf diesem Gesetz basierende Klimaschutzverordnung mit Ordnungsrecht im Gebäudebereich erlassen.

Erwähnenswert sind erstens die gesetzlichen Verbote zum Betrieb bestimmter ineffizienter Wärmeerzeugungsanlagen (z. B. elektrischer Direktheizungen). Diese Verbote stehen dabei unter einem speziell gesetzlich ausgestalteten Wirtschaftlichkeitsvorbehalt.

Zweitens enthält das HmbKliSchG umfangreiche, an das EnEG angelehnte Ermächtigungsgrundlagen, die den Hamburger Senat zur Regelung von über die EnEV hinausgehenden Anforderungen ermächtigen.

Eine solche Verschärfung der EnEV-Standards hat der Hamburger Senat partiell in der HmbKliSchVO vorgenommen. Dabei sind die im Jahr 2007 geltenden EnEV-Standards statisch in Bezug genommen. Für die Gebäudedämmung von Neubau- und Sanierungsvorhaben sowie punktuell auch für den Primärenergiebedarf werden vergleichsweise engere Grenzen gezogen. Der vorgenannte statische Verweis auf die Standards der EnEV 2007 wird allerdings im Zuge zukünftiger Novellierungen des Bundesrechts dazu führen, dass die HmbKliSchVO gem. Art. 72 Abs. 1 GG nichtig wird. Insoweit ist eine Überarbeitung des hamburgischen Verordnungsrechts angezeigt.

Insgesamt stellt der Ansatz Hamburgs die bundesweit einzige umfangreichere Ergänzung des Gebäudeeffizienzrechts der EnEV dar. Das hamburgische Recht kann insoweit als spiegelbildlicher Ansatz zum EWärmeG BW gesehen werden, das für den Bereich der Erneuerbare-Energien-Nutzung bundesweit einzigartig ist. Auch das hamburgische Beispiel verdeutlicht, dass der landesgesetzgeberische Spielraum für weitergehende ordnungsrechtliche Ansätze keineswegs ausgeschöpft ist.

---

361 Vgl. die Wärmedurchgangskoeffizienten für transparente Außenbauteile für zu errichtende Nichtwohngebäude gem. § 3 Abs. 1 Nr. 1 HmbKliSchVO einerseits sowie gem. Anlage 2 Tabelle 2 Zeile 2 c) EnEV 2014 andererseits.

Fünfter Teil: Ausblick und Fazit

Die Untersuchung des geltenden Ordnungsrechts der Wärmewende im Gebäudebereich hat ergeben, dass dieses Recht derzeit eine bedeutsame Rolle bei der rechtlichen Steuerung der Wärmewende einnimmt. Dies gilt insbesondere im Neubaubereich, der von einem dichten Netz effizienzrechtlicher, erneuerbare-energien-rechtlicher und vereinzelt auch immissionsschutzrechtlicher Regelungen des Bundes und der Länder erfasst wird.

Im Bereich der Bestandsgebäude fällt indes eine Diskrepanz beim Einsatz von Ordnungsrecht auf. Einerseits sind freiwillige Sanierungsvorhaben von Bestandsgebäuden ebenfalls einer weitgehenden, vornehmlich bundesrechtlichen Regulierung unterworfen, die in ihren Konzepten und Inhalten an die Regulierung des Neubaubereichs angenähert ist. Andererseits finden sich nur sehr punktuelle und beinahe ausschließlich bundesrechtliche Regelungen, die den Gebäudeeigentümern anlassunabhängige Pflichten auferlegen. Soweit Gebäudeeigentümer keine Eigeninitiative zur Durchführung energetischer Sanierungen ergreifen, bleibt der Gebäudebestand weitestgehend ordnungsrechtlich unangetastet.

Dieser Befund begründet als solcher keine „Lücke" in der rechtlichen Regulierung. Er stellt vielmehr die Konsequenz des bewussten Einsatzes anderer rechtlicher Instrumente dar, durch die energetisch sinnvolle und finanziell lohnenswerte Sanierungen angestoßen werden sollen. Als solche Instrumente sind bspw. die vielfältigen, speziell auf Sanierungskonstellationen zugeschnittenen finanziellen Förderprogramme des Bundes[1] sowie das Instrument der Energieausweise für bestehende Gebäude[2] zu nennen. Mit Blick auf die rechtspolitischen Ziele der Wärmewende kann derzeit allerdings noch nicht von einem befriedigenden Gesamtzustand gesprochen werden. Auch aktuell werden die volkswirtschaftlich angestrebten Sanierungsraten im Bestandsgebäudebereich noch nicht erreicht.[3] Dies deutet darauf hin, dass der derzeit gewählte Instrumentenverbund mittel- bis langfristig nicht zur Erreichung der ambitionierten Ziele der Wärmewende ausreichen wird.

Im Folgenden wird daher diskutiert, inwieweit ein punktuell weitergehender Einsatz des Ordnungsrechts zur Erreichung von Verbesserungen der Energiebilanzen im Gebäudebestand rechtlich denkbar ist. Zu diesem Zweck werden aktuelle Vorschläge einer zukünftigen Rechtssetzung auf der bundesrechtlichen Ebene vorgestellt und auf Grundlage der Ergebnisse der Untersuchung an einigen Stellen ergänzt (A.).[4]

---

1 Zu den Förderinstrumenten des Bundes bereits unter Teil 2 B. I. II.

2 Zu den Energieausweisen bereits unter Teil 2 B. IV. 1.

3 Zu diesem Befund bereits unter Teil 1 C. III.

4 Aufgrund der zentralen Rolle des Bundesrechts in der Wärmewende konzentriert sich die Untersuchung im Folgenden auf eine mögliche Ergänzung desselben. Eine Verdichtung des *landesrechtlichen* Ordnungsrechts wäre bei einer Einhaltung des unter Teil 4 A. aufgezeigten kompetenzrechtlichen Rahmens aber ebenfalls denkbar.

Anschließend werden diese Vorschläge an den Vorgaben der Verfassung, insbesondere an den Grundrechten, gemessen (B.). Schließlich wird ein Fazit zur Untersuchung gezogen (C.).

A. Novellierungsvorschläge

Die Mehrzahl der aktuellen Vorschläge zur Erweiterung des Ordnungsrechts setzt auf einen Sanierungsanstoß durch anlassunabhängige Pflichten (I.). Alternativ sind Ansätze denkbar, die das Instrument der Sanierungsfahrpläne ins Zentrum des Ordnungsrechts stellen (II.).

I. Sanierungsanstoß durch anlassunabhängige Tatbestände

Bereits in der Diskussion um Erneuerbare-Energien-Nutzungspflichten im Vorfeld des Erlasses des EEWärmeG verwiesen *Fischer* und *Klinski* im Jahr 2007 auf einen möglichen Bedarf an ergänzendem anlassunabhängigem Ordnungsrecht, das neben die anlassabhängigen Erneuerbare-Energien-Nutzungspflichten des EEWärmeG treten sollte. Denn eine alleinige Regulierung freiwilliger Sanierungsvorhaben barg nach Ansicht von *Fischer* und *Klinski* das Risiko, dass Gebäudeeigentümer mögliche Modernisierungen aufgrund der Angst vor zusätzlichen Investitionskosten bewusst aufschieben könnten. Eine mögliche Lösung zur Vermeidung eines solchen Sanierungsstaus sahen Fischer und Klinski darin, die Gebäudeeigentümer über eine novellierte 1. BImSchV anlassunabhängig zum Austausch technisch überholter Heizungsanlagen zu verpflichten. Durch einen solchen Schritt sollten daher in bestimmten Fällen auch die materiellen Sanierungsstandards des EEWärmeG ausgelöst werden können.[5]

Diese Idee wurde nach Inkrafttreten des EEWärmeG im Rahmen einer wissenschaftlichen Studie zur Weiterentwicklung des Gesetzes aufgegriffen und vertieft. Die Autoren dieser Studie lösten sich indes vom Gedanken des Rückgriffs auf die 1. BImSchV und schlugen einen im EEWärmeG geregelten „Kombinationstatbestand“ vor. Nach diesem Kombinationstatbestand sollten die ordnungsrechtlichen Standards zur Erneuerbare-Energien-Nutzung sowohl in Fällen freiwilliger Sanierungen als auch in Fällen technisch veralteter Heizungsanlagen gelten. Um letztere zu erfassen, sollten dabei entweder gesetzliche Höchstbetriebsdauern oder alternativ gesetzliche Stichtage zur Außerbetriebnahme bestimmter Anlagentypen normiert werden.[6]

Allerdings ist der Fokus auf veraltete Heizungsanlagen als tatbestandliche „Auslöser“ von Sanierungspflichten ebenso wenig zwingend wie der Fokus auf die Rechtsfolge von Verpflichtungen zur Erneuerbare-Energien-Nutzung. Denkbar

5 *Fischer/Klinski*, ZUR 2007, 8 (10).

6 *Nast u. a.*, Untersuchungen zum EEWärmeG, S. 51; ähnlich auch die Erwägungen von *Milkau*, EE im Wärmemarkt, S. 207 und von *Kahl/Schmidtchen*, Kommunaler Klimaschutz S. 102.

wären bspw. auch gesetzliche Anforderungen, die in Abhängigkeit vom Alter der Gebäudedämmung oder vom Zeitpunkt der Errichtung einer Immobilie zur Durchführung energetischer Sanierungen verpflichten. Als Sanierungsstandards könnten auf Rechtsfolgenseite sowohl anlagen- oder gebäudehüllenbezogene Energieeffizienzgrenzwerte als auch Gesamtenergieeffizienzwerte für Gebäude definiert werden. Sowohl auf tatbestandlicher Seite als auch auf Rechtsfolgenseite könnten schließlich immissionsschutzrechtliche Treibhausgasgrenzwerte für die im Gebäude installierten Heizungsanlagen eine Rolle spielen.[7]

Eine Studie des Umweltbundesamtes erwog im Jahr 2013 auf der Rechtsfolgenseite anlassunabhängiger Sanierungspflichten eine Reihe von Kombinationen zwischen materiellen Sanierungsstandards und ergänzenden ökonomischen Instrumenten. So wurden bspw. die Einführung eine Ausgleichsabgabe in einen Förderfonds angedacht, die alternativ zur Erfüllung einer Sanierungspflicht vorgesehen werden könnte. Ferner wurde auch die Einführung eines Gutschriftenhandels in die Diskussion eingebracht, bei dem im Falle einer Übererfüllung von anlassunabhängig vorgeschriebenen Sanierungsstandards handelbare Zertifikate erworben werden könnten.[8]

Auch *Pehnt* schlug jüngst eine neue Variante für einen neuen Sanierungszwang vor und konkretisierte dabei die materiellen Standards, die im Fall der Sanierungspflicht greifen sollten. So sollte im Immissionsschutzrecht zunächst eine anlassunabhängige Pflicht zum Austausch fossiler Heizkessel nach 30 Jahren Betriebszeit normiert werden. Beim Kesselaustausch sollte dann eine rechtliche Verpflichtung zum anteiligen Erneuerbare-Energien-Einsatz in der Wärmeversorgung greifen, die allerdings um das bekannte Modell der Ersatzmaßnahmen zu ergänzen sei. Als solche Ersatzmaßnahmen sollte einerseits die Übererfüllung von Grenzwerten zum Primärenergieverbrauch nach der EnEV zulässig sein. Andererseits sollte auch eine anteilige Erfüllung der Nutzungspflicht durch die Vorlage eines Sanierungsfahrplans ermöglicht werden. Diese Regelungen sollten schließlich durch eine Beratungspflicht im Zuge des Kesselaustauschs vervollständigt werden.[9] Bei Betrachtung dieser fein ausdifferenzierten Rechtsfolgen werden Parallelen des Vorschlags zum bislang anlassabhängigen Modell des EWärmeG Baden-Württemberg deutlich.[10]

Zusammengefasst setzen solche Vorschläge auf einen Sanierungsanstoß durch bestimmte anlassunabhängige Tatbestände. Diese Tatbestände, wie bspw. der Ablauf einer Höchstbetriebszeit einer Heizungsanlage, sind dabei nicht vom individuellen Willen der Gebäudeeigentümer abhängig und werden somit bisher rechtlich

---

7 Zu den Potenzialen der Treibhausgasemissionsgrenzwerte bereits unter Teil 3 C. I. 3. c) bb). Zu den tatbestandlichen Spielräumen bei der Ausgestaltung neuer Sanierungspflichten siehe die von *Bürger u. a.*, Klimaschutz im Gebäudebereich, S. 53 vorgeschlagenen Modelle.

8 Zu beiden Vorschlägen *Bürger u. a.*, Klimaschutz im Gebäudebereich, S. 54–55.

9 *Pehnt*, Kurzstellungnahme vor dem Wirtschaftsausschuss des BT zum Stand des EE-Wärmeausbaus, BT-Drs. 18(9)684 vom 15. Februar 2016, S. 3–4.

10 Siehe zu den Ersatzmaßnahmen des EWärmeG BW bereits unter Teil 4 B. III. 3. c).

erfassten Konstellationen einer „freiwilligen" Sanierung normativ gleichgestellt. Insofern betonen die Vorschläge die besondere Steuerungsleistung des Ordnungsrechts zur Überwindung energetisch und ökonomisch irrationaler Verhaltensweisen.[11]

II. Sanierungsanstoß durch Sanierungsfahrpläne

Eine andere Herangehensweise könnte in einer zunehmenden ordnungsrechtlichen Einbindung von Sanierungsfahrplänen liegen, die ins Zentrum der ordnungsrechtlichen Regulierung gestellt werden könnten.

1. Sanierungsfahrpläne als Ersatzmaßnahmen

Der wesentliche Vorteil von Sanierungsfahrplänen liegt in der Möglichkeit einer langfristigen Koordinierung gebäudeindividuell möglicher Sanierungsschritte. Durch eine solche Koordinierung können die speziellen Potenziale eines jeden Gebäudes energetisch sowie ökonomisch optimal genutzt werden.[12]

Diesen Vorteil hat auch die Bundesregierung erkannt. So haben gebäudeindividuelle Sanierungsfahrpläne nach Ansicht der Bundesregierung das Potenzial, viele der bestehenden und zukünftigen Instrumente zu bündeln und aufeinander abzustimmen. Dementsprechend hat die Bundesregierung für den Fall der „Marktreife" der Sanierungsfahrpläne bereits eine weitergehende rechtliche Verzahnung derselben mit den übrigen Instrumenten des Gebäudebereichs angekündigt.[13]

Wenngleich der genaue Weg dieser zukünftigen Verzahnung bisher offengeblieben ist, so zeichnet sich doch eine baldige bundesrechtliche Einführung von Sanierungsfahrplänen als Ersatzmaßnahmen im bundesrechtlichen Ordnungsrecht ab.[14] Denn eine solche, dem Vorbild des EWärmeG BW folgende Regulierung würde eine Ergänzung des bisherigen Ordnungsrechts darstellen. Sie könnte die Vorteile von Sanierungsfahrplänen nutzbar machen und würde gleichzeitig die wesentlichen Grundzüge des bisherigen Ordnungsrechts – insbesondere den Fokus auf anlassabhängige Sanierungsstandards –unberührt lassen.

Ein solches zukünftiges Bundesrecht bedarf zu seiner Funktionsfähigkeit, entsprechend dem Vorbild des EEWärmeG BW, zunächst detaillierter Bestimmungen zu Form, Inhalt, und Kommunikation der Sanierungsfahrpläne sowie begleitender Regelungen zur fachlichen Qualifikation und Unabhängigkeit der ausstellungsberechtigten Energieberater. Zudem bietet sich die Normierung eines gesetzlich klar definierten Wirtschaftlichkeitsmaßstabs (berücksichtigungsfähige Aufwendungen / Nutzen und Amortisationszeiträume) an, welcher bei der Erstellung der einzelnen

---

11 Zu den Steuerungseigenschaften des Ordnungsrechts bereits unter Teil 2 C.

12 Zu Sanierungsfahrplänen im EWärmeG BW bereits unter Teil 4 B. III. 3. d).

13 *Bundesregierung*, Energieeffizienzstrategie Gebäude, S. 83; ähnlich bereits die Erwägungen im Energiekonzept 2010, S. 27.

14 Ein solcher Vorschlag wurde bereits von der Bundestagsfraktion von Bündnis 90/ die Grünen eingebracht, BT-Drs. 18/6885 vom 2. Dezember 2015, S. 5.

Sanierungsvorschläge im Sanierungsfahrplan zugrunde zu legen ist. Denn eine solche bundeseinheitliche Präzisierung des Wirtschaftlichkeitsmaßstabs könnte der praktischen Uneinheitlichkeit des bisherigen Gesetzesvollzugs entgegensteuern und somit einen wichtigen Streitpunkt der bisherigen rechtlichen Regulierung auflösen.[15]

2. *Anlassunabhängige Verpflichtung zu Sanierungsfahrplänen*

Sollten sich Sanierungsfahrpläne in der Praxis bewähren, so wäre zukünftig auch eine anlassunabhängige Verpflichtung zur Erstellung von Sanierungsfahrplänen für bestimmte Immobilien, bspw. ausgewählten Gebäudeklassen älteren Baujahres, denkbar. Eine solche Verpflichtung könnte zukünftig neben die bestehenden ordnungsrechtlichen Standards treten. Anders als im bisherigen Recht würden Sanierungsfahrpläne in einem solchen Modell nicht als bloße Ersatzmaßnahmen normiert, sondern stünden vielmehr im Zentrum des Ordnungsrechts. Gebäudeeigentümer würden – ähnlich wie im Falle der Verpflichtung zur Ausstellung von Energieausweisen – durch das Ordnungsrecht zur Nutzung eines Planungs- und Informationsinstruments[16] verpflichtet.[17] Im Falle einer – weiterhin freiwilligen – Umsetzung der im Sanierungsplan vorgeschlagenen Maßnahmen kämen dann die derzeit geregelten materiellen Sanierungsstandards zur Geltung.

3. *Erweiterte Verpflichtung zur Umsetzung von Sanierungsfahrplänen*

Ein noch weitergehender Regelungsansatz könnte schließlich darin liegen, anlassunabhängige Verpflichtungen zur Aufstellung eines Sanierungsfahrplans um eine zusätzliche Pflicht zur Umsetzung einzelner Maßnahmen aus dem Sanierungsfahrplan zu ergänzen. Maßnahmen aus dem Sanierungsfahrplan müssten bei einem solchen Ansatz innerhalb einer gewissen Anschlussfrist nach der Erstellung des Sanierungsfahrplans geplant und durchgeführt werden. Bei mehrstufigen, komplexeren Sanierungfahrplänen kämen hierfür insbesondere Maßnahmen in Betracht, die im Sanierungsfahrplan auf „erster Stufe" definiert sind, während eine Umsetzung der Folgestufen weiterhin optional bleiben könnte. Hierdurch würde bei mehrstufigen Sanierungsfahrplänen weiterhin ein Anreiz zu überobligatorischen Maßnahmen gesetzt.[18]

Die Durchsetzung der vorgenannten Pflichten würde über Anzeigepflichten, Vollzugsinstrumente und Sanktionen ordnungsrechtlich sichergestellt. Ein solches

---

15 Zum Wirtschaftlichkeitsgrundsatz im EnEG bereits unter Teil 3 A. II. 4. b) gg).

16 Zur Einordnung der Sanierungsfahrpläne unter den rechtlichen Instrumentenbegriff *Frenz*, in: *Frenz/Lülsdorf*, EnEV, § 1 Rn. 15.

17 Dieser Vorschlag wurde auch von *Müller*, Schriftliche Stellungnahme vom 16. Februar 2016, S. 8 gemacht.

18 Zur Notwendigkeit solcher Anreize bereits unter Teil 2 C. II.

Modell könnte mittels der Anstoßfunktion des Ordnungsrechts gerade eine Ausschöpfung der gebäudeindividuellen Energiesparpotenziale sicherstellen.

Bei einem solchen Ansatz sollten dem Gebäudeeigentümer nach (oder in während) der Erarbeitung des Sanierungsfahrplans durch die Energieberater weitgehende Wahlmöglichkeiten zwischen unterschiedlichen Sanierungsschritten oder zwischen „Pfaden" aufeinander aufbauender Sanierungsschritte eingeräumt werden, soweit diese energetisch gleichwertig sind. Zudem wären besonders bei einem solchen Ansatz detaillierte und gleichzeitig klare gesetzliche Vorgaben notwendig, die sowohl Mindestgrenzen für die zu erzielenden Energieeinsparungen durch die einzelnen Sanierungsvorschläge im Fahrplan definieren würden als auch deren Wirtschaftlichkeit sicherstellen. Gerade die Faktoren der Wirtschaftlichkeitsbetrachtung wären noch klarer zu regeln als im bisherigen Recht.[19] Denn durch die Festlegung der Vorschläge in den Sanierungsfahrplänen würden den Gebäudeeigentümern die Risiken bei der tatsächlichen Umsetzung der vorgeschlagenen Maßnahmen auferlegt. Aus diesem Grund wäre auch eine behördliche Bestätigung des Sanierungsfahrplans notwendig, durch die die Rechtmäßigkeit der Pläne zum Zeitpunkt ihrer Aufstellung per Verwaltungsakt festgestellt werden könnte. Ein solcher Ansatz würde den Normunterworfenen gleichzeitig die korrespondierende Möglichkeit der Überprüfung der Sanierungsfahrpläne im Wege des Rechtsschutzes ermöglichen.[20]

Die Fehleranfälligkeit von Sanierungsfahrplänen steigt mit zunehmender Kompexität der Sachverhalte. Dies gilt ebenso für den administrativen Aufwand, der durch die Einbindung der Verwaltung entstehen würde. Daher bietet es sich ohne weiteres an, ein solches Modell zunächst für „einfach gelagerter" Fälle, also für ältere Gruppen von Bestandsgebäuden mit einer rudimentären Gebäudestruktur und dementsprechend naheliegenden Sanierungsvorschlägen zu verwirklichen. Außerdem müssten sowohl von der ersten Stufe einer gesetzlichen Verpflichtung zur Fahrplanerstellung als auch von der zweiten Stufe einer gesetzlichen Verpflichtung zur Umsetzung des Fahrplans Ausnahmen und Befreiungen erteilt werden können, da sich die gesetzlichen Regelungen, wie üblich, am generellen Maßstab ausrichten würden.

III. Zusammenfassung

In der aktuellen Diskussion wird vermehrt ein Einsatz anlassunabhängigen Ordnungsrechts erwogen. So werden verschieden Varianten des erweiterten Sanierungszwangs für Heizkessel in unterschiedlichen Rechtsgrundlagen angedacht.

---

19 Zu den Problemen des Wirtschaftlichkeitsgebots auf Rechtsanwendungsebene siehe Teil 3 A. IV.

20 Auch *Bürger u. a.*, Klimaschutz im Gebäudebereich, S. 53, 196, halten es bei ihren Vorschlägen für notwendig, gebäudeenergetische Merkmale vor dem Einsatz von Sanierungspflichten durch Behörden oder geeignete Sachverständige feststellen und ggf. gerichtlich prüfen zu lassen.

Ein solcher erweiterter Sanierungszwang könnte die bereits geregelten Sanierungsstandards auslösen, ohne dass an diesen Standards selbst umfangreiche Änderungen durchzuführen wären.

Eine andere Herangehensweise könnte darin liegen, das Instrument der Sanierungsfahrpläne in den Vordergrund des Ordnungsrechts zu stellen. Sanierungsfahrpläne können gerade den gebäudeindividuellen Umständen energetisch und ökonomisch Rechnung tragen. Denkbar wären unterschiedliche Varianten einer solchen rechtlichen Regulierung. Mit wenig Aufwand könnten Sanierungsfahrpläne als Erfüllungsoptionen oder Ersatzmaßnahmen ins aktuelle Recht der Wärmewende eingegliedert werden. Darüber hinausgehend wäre auch eine neu zu regelnde, anlassunabhängige Pflicht zur Erstellung von Sanierungsfahrplänen und ggf. zur Umsetzung von Sanierungsfahrplaninhalten denkbar. Gerade eine solche letztgenannte Pflicht könnte zunächst in einfach gelagerten Fällen vorhandene energetische Potenziale zielgerichtet ausschöpfen.

B. Grundrechtliche Grenzen

Mögliche Regelungen weitergehenden Ordnungsrechts, insbesondere die vorangehend dargestellten Vorschläge, sind am Maßstab des Verfassungsrechts zu messen. Daher werden im Folgenden verfassungsrechtliche Hürden für eine Umsetzung der Vorschläge aufgezeigt.

Besondere kompetenzrechtliche Probleme werfen die Vorschläge zur Weiterentwicklung des Ordnungsrechts nicht auf. Vielmehr kann der Bund beim Erlass ordnungsrechtlicher Regelungen in der Wärmewende von seinen bereits dargestellten Zuständigkeiten zur Gesetzgebung gem. Art. 72 Abs. 1 GG Gebrauch machen. Je nach Ausgestaltung der erweiterten Pflichten könnte der inhaltliche Schwerpunkt eines zukünftigen Ordnungsrechts dabei einerseits auf der baulich-technischen Optimierung der dezentralen Energieerzeugung, des dezentralen Energietransports oder der dezentralen Energienutzung in Gebäuden liegen. Andererseits könnte allerdings auch das (Treibhausgas)Emissionsverhalten der Gebäudeanlagen in den Vordergrund der Regulierung gestellt werden. Beim erstgenannten Schwerpunkt wäre ein solches Ordnungsrecht nach den bereits bekannten Zuordnungskriterien dem Titeln des Art. 74 Abs. 1 Nr. 11 GG zuzuordnen. Im zweitgenannten Fall wäre hingegen der Titel des Art. 74 Abs. 1 Nr. 24 GG einschlägig. Auch die Erforderlichkeit einer bundeseinheitlichen Regelung gem. Art. 72 Abs. 2 GG könnte sichergestellt werden.[21] Grundsätzlich könnte eine Weiterentwicklung des Ordnungsrechts damit auf Bundesebene kompetenzgemäß erfolgen.

Von größerer Bedeutung ist demgegenüber die Frage nach dem Schutz der Grundrechtsträger vor zusätzlichen Sanierungsstandards. Die Grenzen für eine

---

21 Siehe zur Erforderlichkeit von EEWärmeG und EnEG bereits unter Teil 4 A. II. 2. Und Teil 4 A. III. 2.

Umsetzung der Vorschläge werden im Folgenden herausgearbeitet.[22] Zentrale Bedeutung kommt hierbei dem Schutz des Eigentums nach Art. 14 Abs. 1 GG zu (I.). Aber auch auf die ebenfalls tangierten Bestimmungen der Art. 12 Abs. 1 GG (II.), Art. 3 Abs. 1 GG (III.) sowie Art. 2 Abs. 1 GG (IV.) ist ein Blick zu werfen.

I. Art. 14 Abs. 1 GG

Von zentraler Bedeutung für den Schutz vor einem erweiterten Ordnungsrecht ist die Eigentumsgarantie nach Art. 14 Abs. 1 GG.

1. Schutzbereich

Gemäß Art. 14 Abs. 1 Satz 1 Halbsatz 1 GG wird „das Eigentum" verfassungsrechtlich „gewährleistet". In ihrer subjektiv-rechtlichen Ausprägung als Abwehrrecht schützt die Eigentumsgarantie bestimmte Positionen vor einem staatlichen Zugriff. Geschützt ist „das Eigentum". Ein solcher Schutz setzt damit zunächst einen verfassungsrechtlichen Kernbegriff von Eigentum voraus.[23] Nach der Rechtsprechung des Bundesverfassungsgerichts bilden dabei solche vermögenswerten Rechtspositionen Eigentum, die den Grundrechtsträgern von der Rechtsordnung privatnützig zur alleinigen und selbstbestimmten Verfügung zugewiesen sind.[24] Solche Rechtspositionen unterliegen dann dem Schutz von Art. 14 Abs. 1 Satz 1 GG, wenn sie zum maßgeblichen Zugriffszeitpunkt des Staates auf Seiten des Eigentümers[25] bereits vorhanden sind, nicht hingegen wenn sie erst zukünftig erworben werden sollen.[26]

Nach Art. 14 Abs. 1 Satz 2 GG werden „Inhalt und Schranken des Eigentums" ferner „durch Gesetz bestimmt". Der verfassungsrechtliche Eigentumsschutz ist in Begründung und Umfang somit auch von den Regeln des einfachen Rechts abhängig und wird im Einzelnen erst durch Normen des einfachgesetzlichen Privatrechts sowie des einfachgesetzlichen öffentlichen Rechts ausgeformt.[27] Inhalts- und Schrankenbestimmungen i. S. v. Art. 14 Abs. 1 Satz 2 GG legen somit generell und abstrakt die Rechte und Pflichten hinsichtlich derjenigen Rechtspositionen fest, die

---

22 Unterschiede zwischen den einzelnen Vorschlägen sowie zwischen unterschiedlichen Varianten einzelner Vorschläge werden inzident besprochen.

23 So muss auch nach dem „Nassauskiesungsbeschluss" des BVerfG der „Begriff des von der Verfassung gewährleisteten Eigentums aus der Verfassung selbst gewonnen werden", BVerfGE 58, 300 (335).

24 BVerfGE 69, 272 (300); 79, 174 (191); 134, 242 (291); *Wendt*, in: Sachs, Art. 14 Rn. 5.

25 Der persönliche Schutzbereich der Eigentumsgarantie richtet sich nach allgemeinen Grundsätzen, insbesondere können auch inländische juristische Personen des Privatrechts (wie Unternehmen der Immobilienwirtschaft) nach Art. 19 Abs. 3 GG geschützt sein, BVerfGE 134, 242 (288).

26 BVerfG NJW-RR 2001, 751 (752); BVerfGE 134, 242 (291); *Jarass*, in: Jarass/Pieroth, Art. 14 Rn. 19.

27 BVerfG, Urt. vom 06. Dezember 2016 (1 BvR 2821/11 u. a.), juris Rn. 218.

als verfassungsrechtliches Eigentum zu verstehen sind.[28] Art. 14 Abs. 1 GG schützt damit (nur) solche Rechtspositionen, die erstens die Merkmale des verfassungsrechtlichen Kernbegriffs des Eigentumsschutzes erfüllen und zweitens zum Zeitpunkt des staatlichen Zugriffs durch die jeweils geltenden Inhalts- und Schrankenbestimmungen auch als ein solches Eigentum ausgestaltet sind.[29]

Speziell im Gebäudebereich haben sich mit Blick auf den historisch gewachsenen, typischen Schutz des einfachen Rechts bestimmte dogmatische Begrifflichkeiten zur Umschreibung von verfassungsrechtlich geschützten Eigentumspositionen etabliert. So schützt Art. 14 Abs. 1 GG nach der herrschenden Meinung erstens die sog. allgemeine Baufreiheit. Hierbei handelt es sich um das Recht des Eigentümers von Grundstücken, seine Grundstücke sowie zugehörige Immobilien nach seinem eigenen Willen im Rahmen der jeweils geltenden Gesetze baulich zu gestalten.[30] Die allgemeine Baufreiheit betont somit eine Garantie des freien „Ausnutzendürfens" von Grund- und Immobilieneigentum.[31] Durch den Begriff der sog. negativen Baufreiheit wird zweitens das Recht des Eigentümers umschrieben, im Rahmen der jeweils geltenden Gesetze gerade keine Baumaßnahmen an Grundstücken oder Immobilien entgegen seinem Gestaltungswillen durchführen zu müssen.[32] Die negative Baufreiheit ist somit eine spezielle Ausprägung der verfassungsrechtlichen Garantie des „bloßen Habens" von Eigentum.[33] Neben dem Schutz der baulichen Nutzung von Grundstücken gewährleistet das einfache Recht schließlich auch die tatsächliche Nutzung von bebauten Grundstücken und errichteten Immobilien nach dem Willen des Eigentümers.[34]

Das Bundes- und Landesrecht der Wärmewende konturiert die allgemeine Baufreiheit derzeit auf umfangreiche Art und Weise aus. So müssen die Gebäudeeigentümer bei der freiwilligen Planung und Durchführung baulicher Sanierungsvorhaben umfangreiche anlassabhängige Standards beachten. Hierzu zählen bspw. die Verpflichtungen zur Einhaltung von Erneuerbare-Energien-Nutzungsquoten (EWärmeG BW)[35] oder Primärenergiebedarfswerten (EnEV).[36] Sie können daher

---

28 BVerfGE 58, 300 (330); *Jarass*, in: Jarass/Pieroth, Art. 14 Rn. 33;.

29 BVerfG NVwZ 2010, 771 (772).

30 Zur Freiheit BVerfG, NVwZ 2001, 424 (424); zum Begriff *Böhm*, in: Hendler/Marburger/Reiff/Schröder , Jahrbuch Umwelt- und Technikrecht 2009, S. 239; *Longo*, Örtliche Energieversorgung, S. 208–209; *Milkau*, EE im Wärmemarkt, S. 130–131.

31 Zur „Garantie des Ausnutzendürfens" *Wendt*, in: Sachs, Art. 14 Rn. 41.

32 Zur Freiheit BVerfG NVwZ 2005, 203 (204); zum Begriff BVerwG, NVwZ-RR 1998, 543 (543).

33 Zur „Garantie des Habens" *Wendt*, in: Sachs, Art. 14 Rn. 41.

34 BVerfG, Urt. vom 06. Dezember 2016 (1 BvR 2821/11 u. a.), juris Rn. 228; in diese Richtung BVerfGE 101, 54 (75); *Müller*, in: Müller/Oschmann/Wustlich, Einl. Rn. 120; *Blasberg*, Inhalts- und Schrankenbestimmungen, S. 11–12; *Wendt*, in: Sachs, Art. 14 Rn. 45.

35 Zum den Pflichten des EWärmeG BW bereits unter Teil 4 B. III.

36 Zu den Primärenergiebedarfsgrenzwerten der EnEV bereits unter Teil 3 A. III. 4. b) aa).

bereits nach dem geltenden Recht ihr Grundstücks- oder Immobiliareigentum nicht frei bebauen oder ändern, sondern sind weitgehend eingeschränkt. Die negative Baufreiheit ist demgegenüber nach geltendem Recht weitgehender. Denn im aktuellen Ordnungsrecht sind allein in § 10 EnEV punktuelle anlassunabhängige Sanierungspflichten für Heizungsanlagen oder Leitungsrohre vorgesehen.[37] Zudem bestehen auf landesrechtlicher Ebene in einzelnen Fällen Möglichkeiten zur Einführung solcher Pflichten durch die Gemeinden.[38]

2. *Eingriffe*

a) *Enteignungen*

Im Kontext des Eigentumsschutzes im Gebäudebereich könnten sich die Vorschläge zur Erweiterung des Ordnungsrechts zunächst als Enteignungen darstellen

Nach Art. 14 Abs. 3 Satz 2 Halbsatz 1 GG sieht das Grundgesetz neben administrativen auch gesetzliche Enteignungen vor. Dabei gilt ein enger Enteignungsbegriff, der sich in der mittlerweile gefestigten Rechtsprechung des Bundesverfassungsgerichts herausgebildet hat. Hiernach liegt eine Enteignung nur dann vor, wenn den betroffenen Eigentümern geschützte Rechtspositionen mit dem Zweck entzogen werden, diese nach dem Entzug zugunsten des Wohls der Allgemeinheit zu verwenden.[39]

Die allermeisten der Vorschläge für ein erweitertes, anlassunabhängiges Ordnungsrecht entziehen den Gebäudeeigentümern aktuell rechtlich geschützte Positionen. Dies gilt für neue anlassunabhängige Verbote des Weiterbetriebs bestehender Anlagen, neue Gebote zur Durchführung eines Austauschs von Anlagen oder Gebäudesubstanz oder neue Gebote zur Umsetzung von Sanierungsfahrplänen. Diese würden den Schutzumfang der aktuellen negativen Baufreiheit der Eigentümer verkürzen.

Etwas anderes gilt indes für die Einführung von Sanierungsfahrplänen als Ersatzmaßnahmen zur Erfüllung bereits bestehender, anlassabhängiger Erneuerbare-Energien-Nutzungs- oder Energieeffizienzpflichten. Solche Gesetzesänderungen entziehen keine derzeit geschützen rechtlichen Positionen. Denn im Fall einer entsprechenden Novellierung würde die maßgebliche „Belastung“ gerade nicht in der neuen, zusätzlich geschaffenen Erfüllungsoption, sondern vielmehr in den bereits geltenden Verpflichtungen zur Einhaltung von Erneuerbare-Energien-Nutzungsquoten

37 Zu den anlassunabhängigen Pflichten der EnEV bereits unter Teil 3 A. III. 4. b) dd).

38 Zu den Regelungsmöglichkeiten für örtliche Bauvorschriften bereits ausführlich unter Teil 4 C. II.

39 Ausführlich zum Erfordernis der Güterbeschaffung zugunsten der öffentlichen Hand BVerfG, Urt. vom 06. Dezember 2016 (1 BvR 2821/11 u. a.), juris Rn. 246 ff.; so bereits BVerfGE 102, 1 (15–16); 104, 1 (9–10); 134, 242 (289); dieser engen Auslegung stimmt auch *Kloepfer*, Umweltrecht, S. 143, zu.

(EEWärmeG) oder Primärenergiebedarfswerten (EnEV) liegen. Diese Pflichten definieren aber bereits aktuell den Schutzbereich des Eigentums.

Auch eine gesetzliche Verpflichtung zur Erstellung von Sanierungsfahrplänen ohne Umsetzungspflicht würde keine bestehenden eigentumsrechtlich geschützten Positionen entziehen. Wenngleich Sanierungsfahrpläne die Substanz und Nutzung von Gebäuden und Anlagen zum Gegenstand haben, so lässt die bloße Aufstellung eines Sanierungsfahrplans die Substanz von Gebäuden und deren Nutzung noch unberührt. Durch eine solche Pflicht würden zwar unter Umständen das Vermögen der Eigentümer (bspw. durch Kosten für die Beauftragung eines Energieberaters), nicht hingegen die durch Art. 14 Abs. 1 GG geschützten Positionen angetastet.

In keinem der Vorschläge ist schließlich eine Enteignung zu sehen. Denn dem Entzug der geschützten Rechtspositionen entspricht gerade kein „Zuwachs" von Rechtspositionen auf Seiten des Staates oder der Allgemeinheit. Vielmehr sollen ausgetauschte oder ersetzte Anlagen oder Gebäudekomponenten gerade nicht weiter genutzt werden. Der Schutz dieser Rechtspositionen würde mit Wirkung für und gegen jedermann vollständig aufgehoben. Auch das Ziel der Wärmewende stellt als solches keinen, vom engen Enteignungsbegriff umfassten, greifbaren Zuwachs an Rechtspositionen auf Seiten der Allgemeinheit dar. Aus diesem Grund ist der Enteignungsbegriff des Art. 14 Abs. 3 Satz 2, 1. HS GG nicht einschlägig.

b) Inhalts- und Schrankenbestimmungen

Die vorgeschlagenen Erweiterungen des Ordnungsrechts könnten jedoch Eingriffe in Form von Inhalts- und Schrankenbestimmungen des Eigentums gem. Art. 14 Abs. 1 Satz 2 GG darstellen. Denn wenn ein zum Zugriffszeitpunkt geltender Schutzumfang des einfachen Rechts durch neue Inhalts- und Schrankenbestimmungen zulasten des Eigentümers verändert wird, so ist gerade in dieser Änderung der maßgebliche Grundrechtseingriff zu sehen.[40]

Der derzeit geltende, einfach-gesetzlich definierte Umfang der negativen Baufreiheit würde durch neue anlassunabhängige Verbote des Weiterbetriebs bestehender Anlagen oder neue Gebote zur Durchführung eines Austauschs von Anlagen oder Gebäudesubstanz reduziert und für die Zukunft in verringertem Umfang abstrakt-generell neu definiert. Solche Regelungen stellen damit Eingriffe in Form neuer Inhalts- und Schrankenbestimmungen zum Eigentum dar.[41]

Auch neue Gebote zur Aufstellung und Umsetzung von Sanierungsfahrplänen wären als Inhalts- und Schrankenbestimmungen einzuordnen. Dabei würde auch nicht erst eine behördliche Festsetzung im Einzelfall, sondern bereits die gesetzliche Regelung als solche den maßgeblichen Eingriff darstellen. Denn mit dem

40 BVerfGE 58, 300 (336); *Jarass*, in: Jarass/Pieroth, Art. 14 Rn. 33; *Milkau*, EE im Wärmemarkt, S. 130.

41 So allgemein zu neuen anlassunabhängigen Sanierungspflichten *Bürger u. a.*, Klimaschutz im Gebäudebereich, S. 123.

Inkrafttreten des Gesetzes stünden bereits alle wesentlichen Voraussetzungen für den späteren Vollzug verbindlich fest, das Eigentum wäre somit abstrakt belastet.

c) Perspektive

Von Bedeutung ist schließlich die perspektivische Frage, welche zusammenhängenden Normen als Eingriff in die Eigentumsgarantie zu betrachten wären. Diese Frage stellt sich insbesondere bei den Vorschlägen, die energetische Sanierungen im Wege der Kombination verschiedener, jedoch ineinandergreifender gesetzlicher Handlungspflichten aus unterschiedlichen Rechtsgrundlagen regeln sollen (z. B. bei einer Einführung einer gesetzlichen Pflicht zur Außerbetriebnahme von Heizkesseln bei einer gleichzeitigen Fortgeltung der anlassabhängigen Sanierungsstandards).

Diese Frage ist zunächst mit Blick auf den klassischen Eingriffsbegriff der Grundrechtsdogmatik zu beantworten. Klassische Eingriffe durch Gesetz liegen demnach vor, wenn Normen einem Grundrechtsträger einzelne Verhaltenspflichten imperativ auferlegen.[42] Ordnungsrechtlich sanktionierte Verbote sowie Gebote stellen gerade klassische Eingriffe im vorgenannten Sinne dar.[43] Anknüpfungspunkt des klassischen Eingriffsbegriffs sind insoweit einzelne gesetzliche Handlungs- oder Unterlassungspflichten.[44] Denn jede einzelne Pflicht verkürzt grundsätzlich selbstständig die Möglichkeiten zur Ausübung des grundrechtlich geschützten Verhaltens. Erlegen Regelungen den Adressaten hingegen unterschiedliche Handlungs- oder Unterlassungspflichten auf, so konstituieren solche einzelne Pflichten auch bei einem etwaigen regelungstechnischen oder finalen Zusammenhang unterschiedliche Grundrechtseingriffe.

Eine von diesem Grundsatz abweichende Perspektive wird in der Literatur allerdings unter dem Begriff des sog. „additiven" oder „kumulativen" Grundrechtseingriffs diskutiert.[45] Eine Relevanz der Figur wird auf der Ebene des Grundrechtseingriffs allerdings nur mit Blick auf sehr spezifische Sachverhaltskonstellationen erwogen. So besteht ein Bedürfnis an einer Ausweitung des Eingriffsbegriffs nach allgemeiner Meinung dort, wo zwei einzelne Eingriffe bei isolierter Betrachtung noch nicht die jeweils maßgebliche Belastungsschwelle zum Grundrechtseingriff überschreiten.[46]

Nach teilweise vertretener Ansicht soll die Figur des kumulativen Grundrechtseingriffs auch über die vorgenannte Konstellation hinaus zur Beurteilung einer

---

42 Zu diesem klassischen Verständnis des legislativen Eingriffs bspw. *Baer*, Verhaltenssteuerung, S. 81 und *Lücke*, DVBl. 2001, 1469 (1470).

43 *Di Fabio*, in: Maunz/Dürig, Art. 2 Abs. 1 Rn. 48.

44 *Jesse*, Instrumentenverbund, S. 166; *Lee*, Instrumentenmix, S. 104; *Klement*, AöR 2009, 36 (43).

45 Die Begrifflichkeiten werden nicht einheitlich verwendet, näher *Klement*, AöR 2009, 36 (41–42). Ausgangspunkt der Diskussion war der Aufsatz von *Kloepfer*, VerwArch 1983, 201 (210).

46 *Klement*, AöR 2009, 36 (62–63).

besonderen „Schwere" von zusammenwirkenden Handlungs- oder Unterlassungspflichten herangezogen werden können.[47] Eine solche perspektivische Ausweitung des Eingriffsbegriffs wird allerdings zurecht abgelehnt. Denn einzelne Ge- oder Verbote, die bereits bei isolierter Betrachtung die Schwelle zum Grundrechtseingriff überschreiten, sind auch ohne eine solche Modifikation des Eingriffsbegriffs justiziabel. Die Betrachtung des „Regelungsumfeldes" von Geboten oder Verboten muss somit ein Aspekt der Rechtfertigungsebene und der Prüfung der Verhältnismäßigkeit bleiben.[48]

Auch die ordnungsrechtlichen Ver- oder Gebote eines erweiterten Ordnungsrechts müssen im Ausgangspunkt isoliert voneinander betrachtet werden. Anlassunabhängige Verpflichtungen zur Außerbetriebnahme von Anlagen einerseits sowie anlassabhängige Sanierungsstandards andererseits sind daher jeweils separate Inhalts- und Schrankenbestimmungen zum Eigentum. Gleiches gilt für anlassunabhängige Verpflichtungen zur Aufstellung von Sanierungsfahrplänen einerseits und hierauf aufbauenden Verpflichtungen zur Durchführungen von in den Fahrplänen festgelegten Vorschlägen andererseits. Selbst wenn die erstgenannten Verpflichtungen zum regulatorischen Zweck einer „Auslösung" der zweitgenannten Verpflichtungen normiert werden, sind beide Verpflichtungen dennoch separat zu betrachten. Den Besonderheiten des Zusammenwirkens der Regelungen ist bei der Prüfung der verfassungsrechtlichen Rechtfertigung Rechnung zu tragen.

3. *Verfassungsrechtliche Rechtfertigung*

Die dargestellten Inhalts- und Schrankenbestimmungen eines erweiterten Ordnungsrechts sind schließlich verfassungsrechtlich zu rechtfertigen.

Art. 14 Abs. 1 Satz 2 GG stellt einen Gesetzesvorbehalt für (neue) Inhalts- und Schrankenbestimmungen auf, der durch formelles Bundesrecht erfüllt werden kann.

Darüber hinaus sieht Art. 14 GG keine weiteren Anforderungen an die Rechtfertigung von Inhalts- und Schrankenbestimmungen vor. Daher kommt es in entscheidender Weise auf die Wahrung des Verhältnismäßigkeitsgrundsatzes an.

47 In diese Richtung lässt sich ein Aufsatz von *Lücke* verstehen (DVBl 2001, 1469 (1474)), der darauf abstellt, dass additive Grundrechtseingriffe „gesetzesübergreifend" aus dem „Zusammenspiel" mehrerer Gesetze „erwachsen" könnten.

48 *Jesse*, Instrumentenverbund, S. 172–173; *Lee*, Instrumentenmix, S. 142–143; *Klement*, AöR 2009, 36 (71). Auch das BVerfG (BVerfGE 112, 304 (319–320)) behielt bei der Betrachtung zusammenwirkender Eingriffe durch mehrere strafprozessuale Überwachungsmaßnahmen eine solche Perspektive bei, wie von *Lee*, Instrumentenmix. S. 103, aufgezeigt wird.

a) *Legitimität*

Die Verhältnismäßigkeit gesetzlicher Regelungen setzt zunächst die Legitimität der gesetzgeberischen Ziele voraus, die allein im Fall der (wenig relevanten) verfassungsrechtlichen Verbote gesetzlicher Ziele abzulehnen ist.

Mit Blick auf die Ziele der Wärmewende ist zunächst feststellen, dass das Ziel der Energieversorgungssicherheit durch ein erweitertes Ordnungsrecht zwar kurzfristig und geringfügig beeinträchtigt, langfristig jedoch zweifellos verbessert wird.[49] Nach teilweise vertretener Ansicht wird die Energieversorgungssicherheit, da sie eine menschenwürdige Existenz gewährleiste, auch als Ziel von Verfassungsrang eingeordnet.[50] In jedem Fall legitimiert das Ziel einer Verbesserung der Energieversorgungssicherheit die Vorschläge eines erweiterten Ordnungsrechts.

Ferner steht auch das Ziel des Klimaschutzes hinter den beiden Säulen einer ordnungsrechtlich vorgeschriebenen Erneuerbare-Energien-Nutzung oder Energieeffizienz.[51] Der Klimaschutz stellt aus zwei Gesichtspunkten ein legitimes Ziel dar.

Erstens schützt der Staat nach Art. 20a GG „auch in Verantwortung für die künftigen Generationen die natürlichen Lebensgrundlagen im Rahmen der verfassungsmäßigen Ordnung durch die Gesetzgebung“. Art. 20a GG enthält eine objektiv-rechtliche Staatszielbestimmung.[52] Zur Realisierung dieses Staatsziels ist eine verfassungsrechtliche Handlungsdirektive an den Gesetzgeber normiert.[53] Soweit sich aus Art. 20a GG Handlungspflichten ergeben, kann eine solche Pflicht von Verfassungsrang daher ohne weiteres zur Rechtfertigung von Eingriffen in Grundrechte herangezogen werden.[54]

Gegenstand des Schutzauftrags nach Art. 20a GG sind die natürlichen Lebensgrundlagen. Diese umfassen die bekannten Umweltgüter (Luft, Wasser, Boden).[55] Insbesondere zukünftige mittel- und langfristige Veränderungen des globalen Klimas wirken sich mit einer hohen Wahrscheinlichkeit belastend auf diese natürlichen Lebensgrundlagen aus.[56] Daher verpflichtet Art. 20a GG den Gesetzgeber, ungeachtet

---

49 Zum Zielkonzept der Wärmewende und der Versorgungssicherheit bereits unter Teil 1 D. II. 1. a).

50 Ähnlich BVerfGE 134, 242 (304) zur fossilen Rohstoffgewinnung als zulässigem Rechtfertigungsgrund für Enteignungen; *Altenschmidt*, NVwZ 2015, 595 (561) geht sogar von einem Verfassungsrang des Ziels aus.

51 Zur dominanten Rolle des Klimaschutzes im Zielkonzept der Wärmewende unter Teil 1 D. II. 1. c).

52 *Kusche*, Kompetenzen, S. 196.

53 BVerfGE 118, 79 (110); *Blasberg*, Inhalts- und Schrankenbestimmungen, S. 45; *Gärditz*, in: Landmann/Rohmer, GG, Art. 20a Rn. 56; *Milkau*, EE im Wärmemarkt, S. 29. *Voßkuhle*, NVwZ 2013, 1 (8) spricht insoweit von einer „schwachen staatlichen objektiven Handlungsverpflichtung“.

54 BVerfGE 102, 1 (18); *Gärditz*, in: Landmann/Rohmer, GG, Art. 20a Rn. 67 ; *Voßkuhle*, NVwZ 2013, 1 (5); *Schröder*, DV 2013, 183 (202–203); *Groß*, NVwZ 2011, 129 (131).

55 *Blasberg*, Inhalts- und Schrankenbestimmungen, S. 49; *Voßkuhle*, NVwZ 2013, 1 (4).

56 Zu den derzeitigen wissenschaftlichen Prognosen bereits unter Teil 1 D. II. 1. c).

einer großen Einschätzungsprärogative bei der Pflichterfüllung, dem Grunde nach zu aktiven Maßnahmen des Klimaschutzes.[57] Das BVerfG hat diese Verpflichtung ausdrücklich dahin präzisiert, dass der Gesetzgeber von Verfassung wegen dazu angehalten sei, weitere Reduktionen beim Treibhausgasausstoß zu erreichen.[58] Dies ist nicht zuletzt durch den steigenden Handlungsdruck zu erklären, der vom fortschreitenden Klimawandel als solchem ausgeht.[59]

In Rechtsprechung und Literatur ist ferner anerkannt, dass aus der objektivrechtlichen Funktion der Grundrechte ebenfalls Handlungspflichten des Staates in Form von Schutzpflichten folgen. Solche Schutzpflichten können gerade auch im Bereich der Risikovorsorge greifen.[60] Speziell das Recht auf körperliche Unversehrtheit gem. Art. 2 Abs. 2 Satz 1 GG kann den Staat zur Handlung im Bereich der Risikovorsorge verpflichten.[61] Dem Verfassungsrecht ist die einfachgesetzliche Unterscheidung zwischen Gefahrenabwehr und Risikovorsorge insoweit fremd. Vielmehr ist bei einem allein verfassungsrechtlich zu bestimmenden Gefährdungsniveau ein staatliches Einschreiten geboten.[62] Mit Blick auf die Grundrechte der aktuell lebenden Bevölkerung, die wahrscheinlich den spürbaren Folgen des Klimawandels ausgesetzt sein wird, kann die grundsätzliche Existenz staatlicher Schutzpflichten kaum in Zweifel gezogen werden.[63] Auch aus diesem Gesichtspunkt ist ein erweitertes Ordnungsrecht der Wärmewende daher legitimiert.

b) Geeignetheit

Die Vorschläge eines erweiterten Ordnungsrechts müssten ferner geeignet sein, die gesetzgeberischen Ziele für den Gebäudebereich zu erreichen. Eine Eignung im Sinne des Verhältnismäßigkeitsgrundsatzes ist gegeben, wenn die getroffenen Maßnahmen diese gesetzgeberischen Ziele fördern können.[64] Allgemein wird

---

57 *Böhm*, in: Hendler/Marburger/Reiff/Schröder, Jahrbuch Umwelt- und Technikrecht 2009, S. 239; *Kusche*, Kompetenzen, S. 196; *Schröder*, DV 2013, 183 (187); *Groß*, ZUR 2009, 364 (366).

58 BVerfGE 118, 79 (110) zu Modernisierungsanreizen im Kontext der Zuteilung von Emissionszertifikaten.

59 Zu diesem Handlungsdruck *Hofmann*, DV 2014, 349 (350); zu den naturwissenschaftlichen Zusammenhängen bereits unter Teil 1 D. II. 1. c).

60 BVerfGE 49, 89 (140); *Di Fabio*, in: Maunz/Dürig, Art. 2 Abs. 2 Satz 1 Rn. 90; *Dietlein*, in: Landmann/Rohmer, BImSchG, § 5 Rn. 43; *Gärditz*, in: Landmann/Rohmer, GG, Art. 20a Rn. 82.

61 *Di Fabio*, in: Maunz/Dürig, Art. 2 Abs. 2 Satz 1 Rn. 90; *Murswiek*, in: Sachs, Art. 2 Rn. 181; *Dietlein*, in: Landmann/Rohmer, BImSchG, § 5 Rn. 43; *Kahl/Schmidt/Gärditz*, Umweltrecht, S. 79–80.

62 *Gärditz*, in: Landmann/Rohmer, GG, Art. 20a Rn. 87.

63 Vgl. *Ekardt*, NVwZ 2013, 1105 (1109), allerdings mit abweichender Abwägungsdogmatik.

64 *Jarass*, in: Jarass/Pieroth, Art. 14 Rn. 37.

dem Gesetzgeber bei der Beurteilung der Eignung eine großzügige Einschätzungsprärogative zugestanden.[65]

Bei einem solchen Prüfungsmaßstab ist eine Eignung von anlassabhängigen oder anlassunabhängigen Geboten zur Sanierung zur Erreichung der vorgenannten Ziele regelmäßig zu bejahen. Dies gilt jedenfalls dann, wenn der Gesetzgeber im Rahmen seiner Einschätzungsprärogative zum Ergebnis gelangt, dass innerhalb einer typischen wirtschaftlichen Lebensdauer der vorgeschriebenen Sanierungsmaßnahme überhaupt Energieeinsparungen erzielt werden können.[66] Ist dies sichergestellt, trägt das Ordnungsrecht zur Erreichung der Energieeinspar- und der Klimaschutzziele für den Gebäudebereich bei.[67]

c) *Erforderlichkeit*

Die Regelungsvorschläge müssten zur Erreichung der gebäudebereichsspezifischen Einsparziele ferner erforderlich sein. Dies ist der Fall, wenn dem Gesetzgeber keine alternativen, die Gebäudeeigentümer weniger belastenden Instrumente gleicher Eignung zur Verfügung stehen.[68] Auch im Rahmen der Beurteilung der Erforderlichkeit besteht eine entsprechende Einschätzungsprärogative des Gesetzgebers.[69]

Bei der Prüfung der Erforderlichkeit ist ein Blick auf einen möglichen Einsatz der alternativen Instrumente des Instrumentenverbundes im Gebäudebereich angezeigt.[70] Insoweit kann argumentiert werden, dass der Einsatz zusätzlicher Finanzmittel zum Anreiz von Sanierungen regelmäßig von geringerer Belastung für die Gebäudeeigentümer ist. Diesem Argument kann allerdings in zweierlei Hinsicht entgegengetreten werden. Erstens zeigen die vergangenen Erfahrungen, dass auch ein intensivierter Einsatz von Fördermitteln nicht notwendigerweise zu einer energiepolitisch hinreichenden Sanierungsrate geführt hat.[71] Zweitens kann eine finanzielle Förderung gerade nicht in jedem möglichen und sinnvollen Fall energetische Sanierungen herbeiführen. Eine solche Anstoßfunktion vielmehr

---

65 Großzügig in Bezug auf die Eignung rechtlicher Anforderungen zum Klimaschutz bspw. BVerwGE 125, 68 (74–76), das zur Begründung eines kommunalen Anschluss- und Benutzungszwangs allgemeine Ausführungen zu den treibhausgasmindernden Wirkungen der dezentralen Versorgung ausreichen ließ; zusammenfassend zur weiten Einschätzungsprärogative auch *Jarass*, in: Jarass/Pieroth, Art. 14 Rn. 36.

66 *Schröder*, DV 2013, 183 (203–204) mit Verweis auf § 4 Abs. 3 Satz 2 EnEG.

67 Auch *Milkau*, EE im Wärmemarkt, S. 215 hat insoweit keine Zweifel an der Geeignetheit der Erfüllungsoptionen des EEWärmeG.

68 *Jarass*, in: Jarass/Pieroth, Art. 14 Rn. 38.

69 So im Ergebnis auch *Schröder*, DV 2013, 183 (204), der allerdings wohl von einer wissenschaftlich begründeten Einschätzungsprärogative in Bezug auf die Risiken des Klimawandels ausgeht.

70 *Jesse*, Instrumentenverbund, S. 174; *Lee*, Instrumentenmix, S. 148–149; *Milkau*, EE im Wärmemarkt, S. 215.

71 Zu diesem Befund bereits einleitend unter Teil 2 C. IV.

gerade die Besonderheit des ordnungsrechtlichen Zwangs.[72] Wenngleich von einer verstärkten finanziellen Förderung eine geringere Belastung auf die Eigentümer ausgeht, so ist dieses alternative Instrument zur Erreichung der gesetzlichen Ziele daher regelmäßig nicht gleich geeignet.

d) Angemessenheit

Schließlich müsste ein erweitertes Ordnungsrecht angemessen ausgestaltet werden. Das Gebot der Angemessenheit verlangt, dass die Schwere, Intensität und Tragweite der Grundrechtsbeeinträchtigungen nicht außer Verhältnis zu den Zielen des Grundrechtseingriffs stehen. Der Gesetzgeber hat ein ausgewogenes Verhältnis zwischen den Interessen der betroffenen Eigentümer und den Belangen des Gemeinwohls herzustellen.[73]

Zugeschnitten auf das erweiterte Ordnungsrecht geht es darum, ein ausgewogenes Verhältnis zwischen dem Nutzen, der durch Sanierungen im Gebäudebereich erreicht werden kann, und den Einschnitten, die mit den Sanierungen für die Gebäudeeigentümer einhergehen, sicherzustellen.[74] Die Angemessenheitsprüfung erfordert daher eine Abwägung zwischen Eingriffs- und Erhaltungsinteresse.[75] Dabei muss es dem Gesetzgeber notwendigerweise um abstrakte, gesamtgesellschaftliche Relationen, nicht hingegen um die Betrachtung von Einzelfällen gehen.[76]

Eine finale Abwägung kann im Hinblick auf die skizzierten Vorschläge kaum unabhängig von Reichweite, Inhalt und Umfang der potenziellen Sanierungsstandards vorgenommen werden. Dennoch können erstens die einzelnen rechtlichen und tatsächlichen Aspekte des Eingriffs- und Erhaltungsinteresses genauer definiert werden. Zweitens kann auch herausgearbeitet werden, inwieweit diese Aspekte jeweils für oder gegen die einzelnen Vorschläge angeführt werden können.

aa) Energetischer Ertrag

Erster Aspekt ist der energetische Ertrag, der durch die jeweiligen Sanierungsstandards herbeigeführt werden kann. Denn das Maß der erzielbaren Energieeinsparung ist Ausdruck des Beitrags, den der jeweiligen Standard zur Verfolgung der gesetzlichen Ziele des Umwelt- und Klimaschutzes und der Energieversorgungssicherheit leisten kann. Dieser Aspekt ist damit für die Bestimmung des Eingriffsinteresses

---

72 Zu den Steuerungseigenschaften von Ordnungsrecht siehe bereits unter Teil 2 C. I.

73 *Jarass*, in: Jarass/Pieroth, Art. 14 Rn. 39.

74 Zu solchen Bezugspunkten der grundrechtlichen Abwägung *Schröder*, DV 2013, 183 (187). BVerwGE 69, 37 (44) verwendet für Eingriffe des Immissionsschutzrechts die Formel, dass diese „nach Umfang und Ausmaß dem Risikopotential der Immissionen, die sie verhindern sollen, proportional sein müssen".

75 *Lee*, Instrumentenmix, S. 150–151; *Blasberg*, Inhalts- und Schrankenbestimmungen, S. 122.

76 *Bürger u. a.*, Klimaschutz im Gebäudebereich, S. 128. *Ossenbühl*, NVwZ 1986, 161 (167–168) spricht von einem „großen Verhältnismäßigkeitstest".

zentral. Je höher die durch die Sanierung zu erzielenden Einsparungen sind, desto größer ist folglich auch das Gewicht dieses Arguments in der Abwägung.[77]

Nach *Schröder*, welcher an die einfachgesetzliche Maßgabe des § 4 Abs. 3 Satz 2 EnEG anknüpft, muss der erzielbare Ertrag von anlassunabhängigem Ordnungsrecht regelmäßig erheblich sein.[78] Wenngleich das einfache Recht die verfassungsrechtlichen Anforderungen nicht determinieren kann, so ist zutreffend, dass nicht jegliche erzielbare Einsparung zur Rechtfertigung intensiver Grundrechtseingriffe ausreichen kann.

Mit Blick auf die Vorschläge für ein erweitertes Ordnungsrecht ergibt sich, dass gerade eine Pflicht zur stufenweisen Umsetzung von Sanierungsfahrplänen solche wesentlichen Einsparungen erwarten lässt. Denn Sanierungsfahrpläne stellen auch unter dem Aspekt der erzielbaren Energieeinsparungen eine gebäudeindividuelle Optimierung der Sanierungen sicher. Auch bei den übrigen Vorschlägen ist die Erzielung solcher wesentlichen Einsparungen allerdings nicht per se ausgeschlossen.

bb) Sozialbindung des Eigentums an Immobilien und Anlagen

Ferner lässt sich das Argument der Sozialbindung des Eigentums gem. Art. 14 Abs. 2 GG in die Waagschale werfen. Denn der jeweilige Grad an Sozialbindung der betroffenen Eigentumsposition ist auch ein anerkannter Aspekt der Abwägung für oder gegen eine staatliche Inanspruchnahme. Je stärker der soziale Bezug des geschützten Eigentumsbestands ist, desto eher sind auch staatliche Eingriffe zugunsten der Allgemeinheit gerechtfertigt.[79] Das BVerfG spricht in diesem Zusammenhang auch von der Situationsgebundenheit des Eigentums.[80]

In der Literatur wurde zutreffend herausgearbeitet, dass Grund- und Immobilieneigentum in Fragen der Energieversorgung – und damit vorliegend auch in Fragen der Wärmeversorgung – regelmäßig eine erhöhte Sozialbindung aufweist. Denn die Energieversorgung von Gebäuden erfolgt in den allgemeisten Fällen kaum „autark“, sondern über mannigfaltige Rechtsbeziehungen der Gebäudeeigentümer zu Außenstehenden.[81] Lediglich bei größeren industriellen Komplexen mit einem internen Wärmeversorgungssystem ist dies anders zu beurteilen. Dementsprechend liegt auch die Schwelle für die Rechtfertigung von Eingriffsmaßnahmen zugunsten der Allgemeinheit in Fragen der Energieversorgung regelmäßig niedriger.[82] Zu solchen Eingriffsmaßnahmen, die damit tendenziell leichter zu rechtfertigen sind, zählen auch energetische Sanierungen.

---

77 *Bürger u. a.*, Klimaschutz im Gebäudebereich, S. 129.

78 *Schröder*, DV 2013, 183 (205).

79 *Wendt*, in: Sachs, Art. 14 Rn. 111; *Kahl/Schmidt/Gärditz*, Umweltrecht, S. 93; *Milkau*, EE im Wärmemarkt, S. 144; *Fischer/Klinski*, ZUR 2007, 8 (11).

80 BVerfGE 100, 226 (242)

81 In diese Richtung auch *Bürger u. a.*, Klimaschutz im Gebäudebereich, S. 127 und *Longo*, Örtliche Energieversorgung, S. 217.

82 Allgemein zu Maßnahmen des Umweltschutzes *Milkau*, EE im Wärmemarkt, S. 140.

Auch das Argument der Sozialbindung kann damit zugunsten der Angemessenheit der Vorschläge angeführt werden. Mit Blick auf die einzelnen Vorschläge ergeben sich bei diesem Argument keine grundsätzlichen Unterschiede.

cc) Gestaltungsspielräume des Eigentümers

Einen wesentlichen Faktor zur Bewertung der Eingriffsintensität stellen die Gestaltungsspielräume der Eigentümer bei der Erfüllung der Sanierungsanforderungen dar. Werden dem Adressaten einer ordnungsrechtlichen Verpflichtung verschiedene gleichwertige Optionen zur Erfüllung der Pflicht angeboten, so minimiert ein solches Vorgehen die Intensität der Beeinträchtigung der Entscheidungsfreiheit der Adressaten.[83]

Dieses Argument hat unter dem Begriff des sog. Austauschmittels eine lange polizeirechtliche Tradition und wird auch zur Rechtfertigung der Anforderungen an Sanierungsvorhaben im geltenden Recht herangezogen.[84] So stellen die Regelungen zu den anlassabhängigen Erneuerbare-Energien-Nutzungspflichten im EEWärmeG den Gebäudeeigentümern verschiedenste Erfüllungsoptionen und Ersatzmaßnahmen zur Auswahl.[85] Gleiches gilt für die anlassabhängigen Standards des geltenden Gebäudeeffizienzrechts, die lediglich einen Rahmen für die Wärmedurchlässigkeit der gesamten Übertragungsfläche bzw. Primärenergiebedarfsgrenzwerte für das spätere Gesamtgebäude aufstellen und den Gebäudeeigentümern innerhalb dieser Grenzen jegliche Umsetzung ermöglichen.[86] Solche Gestaltungsspielräume sprechen damit für eine Angemessenheit der Vorschläge.

Auch im Rahmen von weitergehenden anlassunabhängigen Verpflichtungen zu Sanierungen kann sich ein solcher Gestaltungsspielraum gewährleistet werden. Problematische Einschränkungen kann der Gestaltungsspielraum allein im vorgeschlagenen Modell einer ordnungsrechtlichen Verpflichtung zur Erstellung und Umsetzung von gebäudeindividuellen Sanierungsfahrplänen erfahren. Denn das Modell von Sanierungsfahrplänen basiert darauf, dass gegenüber dem Eigentümer konkrete, im jeweiligen Gebäude sinnvolle Sanierungsschritte behördlicherseits festgelegt werden müssen. Dieser Verlust an Entscheidungsfreiheit sollte daher möglichst durch Wahloptionen des Gebäudeeigentümers im Rahmen der gemeinsamen Erstellung der Fahrpläne, z. B. über den zeitlichen Ablauf und den Umfang

---

83 *Bürger u. a.*, Klimaschutz im Gebäudebereich, S. 129; *Lübbe-Wolff*, NVwZ 2001, 481 (483–484).

84 Zu den Wahlmöglichkeiten der EnEV *Stock*, in: Danner/Theobald, EnEV, § 9 Rn. 7; zu Wahlmöglichkeiten im EEWärmeG *Müller*, in: Müller/Oschmann/Wustlich, Einl. Rn. 126.

85 *Kahl/Schmidtchen*, Kommunaler Klimaschutz, S. 241;vgl. auch *Koch*, NVwZ 2011, 641 (653).

86 *Lee*, Instrumentenmix, S. 190; zur Wahrung des Handlungsspielraums der Gebäudeeigentümer durch den EnEV-Ansatz *Meyer*, Die EnEV, S. 5–6 sowie *Frenz*, in: Frenz/Lülsdorf, Einf. Rn. 26.

der einzelnen Sanierungsschritte, ausgeglichen werden. Insoweit würde die Flexibilität jedenfalls auf einer „vorgelagerten" Stufe der behördlichen Festsetzungen gewährleistet.

dd) Anlass(un)abhängigkeit

Im Hinblick auf alle Vorschläge stellt sich die Frage nach der verfassungsrechtlichen Bewertung der Anlassunabhängigkeit bzw. der Anlassabhängigkeit von Standards. Diese Frage ist von der Frage nach der Bedeutung des Bestands- und Vertrauensschutzes zu trennen, bei der es um ein besonderes Gewicht des Schutzes von Vorhandenem geht. In Bezug auf die Anlass(un)abhängigkeit ist demgegenüber zu klären, wie es sich auswirkt, dass die Eigentümer über den Zeitpunkt der Durchführung von Sanierungen nicht eigenverantwortlich entscheiden können.[87]

Neben dem Entzug der Entscheidungsfreiheit über den Zeitpunkt liegt die wesentliche Folgebelastung von anlassunabhängigem Ordnungsrecht in dem Umstand, dass die Dauer der Vorbereitung für Sanierungen nicht den Eigentümern überlassen ist. Dies kann sich sowohl auf die energetische Sinnhaftigkeit der Sanierung als solche als auch auf den praktisch bedeutsamen Aspekt der Aufbringung ausreichender Finanzmittel auswirken.[88]

Eine solche Anlassunabhängigkeit ist im Falle aller Vorschläge aber unverzichtbar. Dieses Merkmal spricht daher abstrakt gegen die Angemessenheit der Vorschläge.[89]

ee) Höhe der Investitionskosten

Auch die Frage nach der Höhe der aufzubringenden Investitionskosten spielt für die Angemessenheit des Ordnungsrechts eine Rolle. Regelmäßig sind Sanierungen im Altbau kostenintensiv. Die Höhe der Investitionskosten kann daher auch für die verfassungsrechtliche Abwägung Bedeutung haben.[90]

Je nach Umfang dem Standards kann die korrespondierende Kostenintensität mehr oder weniger stark gegen die Angemessenheit des Standards sprechen. Vor allem größere Sanierungen, wie bspw. im Fall der Pflicht zur Erarbeitung und vollständigen Umsetzung von mehrstufigen Sanierungsfahrplänen, sind kostenintensiv und geraten damit in Konflikt mit dem Erhaltungsinteresse. Auch insoweit sind beim Modell des Sanierungsfahrplans Lösungen zu bevorzugen, die nur zu einer teilweisen Umsetzung verpflichten und darüber hinausgehende Anreize zu einer optionalen Verwirklichung weiterer Schritte setzen.

---

87 Ausführlich zu diesem Kriterium *Bürger u.a.*, Klimaschutz im Gebäudebereich, S. 123–124.

88 Vgl. *Böhm/Schwarz,* NVwZ 2012, 129 (132).

89 Zu Ausgleichsmöglichkeiten noch unter Teil 5 B. I. 3. d) ii).

90 Zur Kostenintensität bereits unter Teil 1 C. III.

ff) Blick auf weitere rechtliche Instrumente

Ferner ist zu klären, inwieweit im Rahmen der Angemessenheitsprüfung ein Blick auf das Regelungsumfeld der Vorschläge geworfen werden kann. Dies gilt sowohl für entlastende rechtliche Instrumente als auch für belastende Instrumente, deren Wirkungen sich mit den neuen ordnungsrechtlichen Pflichten überschneiden

Über die Voraussetzungen für eine solche Betrachtung hat sich in der Literatur zum kumulativen Grundrechtseingriff[91] mittlerweile ein einheitliches Meinungsbild gefestigt. So soll eine zusammenschauende Betrachtung mehrerer Handlungs- oder Unterlassungspflichten möglich sein, wenn die Eingriffe zeitgleich erfolgen, demselben Gesetzgeber zuzurechnen sind und ferner dieselbe Zielrichtung verfolgen oder eine ähnliche Wirkung auf denselben Adressaten entfalten.[92] Diese Kriterien stellen eine hinreichende Begrenzung der Figur sicher, ihnen ist zuzustimmen.

Im Hinblick auf die Vorschläge lässt sich erstens festhalten, dass eine mögliche Einführung einer anlassunabhängigen Sanierungspflicht über die Kombination zweier unterschiedlicher rechtlicher Instrumente (z. B. immissionsschutzrechtliche, anlassunabhängige Verpflichtungen zur Außerbetriebnahme von Heizkesseln und anlassabhängige Sanierungsstandards des Gebäudeeffizienzrechts einerseits) eine solche Belastungskumulation herbeiführt. Die belastenden Wirkungen der neuen Außerbetriebnahmepflichten, die den zu überprüfenden Grundrechtseingriff darstellen, werden durch die belastende Wirkung der geltenden anlassabhängigen Sanierungsstandards zielgerichtet verstärkt. Durch diese kumulative Wirkung wird damit weitgehend in die Rechte der Eigentümer eingegriffen.

Anschließend sind die übrigen Instrumente im (wohl) auch zukünftigen „dualen System von Anreizen und Zwang“[93] zu betrachten. So existieren seit dem Jahr 2015 umfangreiche Finanzierungsinstrumente des Bundes.[94] Über diese können regelmäßig Mittel für Anfangsinvestitionen der Eigentümer mobilisiert werden. Dies gilt nach dem geltenden Recht allerdings nur, soweit die geplante Sanierung letztlich überobligatorisch ist und ein „Mehr“ an Energieeinsparungen gegenüber einer Sanierung nach Minimalanforderungen bringt.[95] Für den Standardfall des Grundrechtseingriffs steht demgegenüber gerade keine finanzielle Entlastungsmöglichkeit zur Verfügung. Wenngleich dieser Umstand sowohl haushaltsrechtlich als auch durch das umweltrechtliche Verursacherprinzip zu erklären ist,[96] bleibt es aus Sicht der verpflichteten Eigentümer damit regelmäßig bei der hohen Intensität

---

91 Siehe bereits im Rahmen der Eingriffsprüfung unter Teil 5 B. I. 2. c).

92 *Lee*, Instrumentenmix, S. 143–146; *Klement*, AöR 2009, 36 (43); *Kirchhof*, NJW 2006, 732 (734); Lücke, DVBl. 2001, 1469 (1470); explizit für die Betrachtung von Begünstigungen *Michael*, in: Hoffmann-Riem/Schmidt-Aßmann/Voßkuhle, Verwaltungsrecht, Bd. II, S. 1678.

93 *Schröder*, DV 2013, 183 (190).

94 *Schröder*, DV 2013, 183 (217).

95 Zum Förderausschluß bei einer Sanierung nach Mindestanforderungen bereits unter Teil 2 B. II. 1.

96 Zu den haushaltsrechtlichen Bindungen bereits unter Teil B II. 2.

der Grundrechtseingriffe. Zum selben Ergebnis kommt eine Begründung, die das Bestehen eines Rechtsanspruches auf Förderung für notwendig hält, um diese in die Angemessenheitsbetrachtung einzubeziehen.[97] Rechtsansprüche sind aus den derzeitigen Förderrichtlinien und Programmen (MAP, CO_2-Gebäudesanierungsprogramm, Anreizprogramm Energieeffizienz) auch i. V. m. Art. 3 Abs. 1 GG, regelmäßig nicht herzuleiten.[98]

Eine verringerte Eingriffsintensität ist damit lediglich bei den Vorschlägen gegeben, die Sanierungspflichten mit separaten eigenständigen ökonomischen Anreizen wie einem Zertifikatehandel verknüpfen.[99]

Von entlastender Wirkung sind schließlich für Fälle von vermietetem Wohnraum die privatrechtlichen Umlagemöglichkeiten für die Investitionen der Eigentümer anzuführen.[100] Je günstiger die Rahmenbedingungen zur mietrechtlichen Umlagefähigkeit solcher Investitionen sind, desto geringer ist damit die Eingriffsintensität der Sanierungspflichten.[101] Mit Blick auf die aktuelle Rechtslage, die den Eigentümern nicht nur Amortisations- sondern sogar Gewinnerzielungsmöglichkeiten eröffnet,[102] ergibt sich daher für Fälle des vermieteten Wohnraums eine verringernde Wirkung auf die Eingriffsintensität der Sanierungspflichten.[103]

gg) Wirtschaftlichkeit

Als Argument im Kontext der ökonomischen Rahmenbedingungen für Sanierungen wird häufig auch die Wirtschaftlichkeit von Sanierungsstandards – also die Amortisationsfähigkeit der Investitionskosten über die wirtschaftliche Lebensdauer der Sanierungsmaßnahme – angeführt.[104]

Die Rentabilität der abverlangten Aufwendungen ist nach allgemeiner und zutreffender Meinung dabei ein zulässiges Abwägungskriterium bei der Beurteilung von Grundrechtseingriffen.[105]

Nach teilweise vertretener Ansicht setzt die Wirtschaftlichkeit den Sanierungsstandards noch weitergehend eine absolute verfassungsrechtliche Grenze. Könnten die Kosten einzelner Sanierungen nicht wenigstens mittel- oder langfristig über

---

97 So *Bürger u. a.*, Klimaschutz im Gebäudebereich, S. 130.

98 Vgl. *Wustlich*, in: Danner/Theobald, EEWärmeG; § 13 Rn. 15–16 zur Förderung nach dem MAP

99 *Bürger u. a.*, Klimaschutz im Gebäudebereich, S. 123.

100 Vgl. *Frenz*, in: Frenz/Lülsdorf, EnEG, § 4 Rn. 32 zur Eingriffsintensität von § 4 EnEG.

101 So bereits *Heye*, Treibhausgasreduktion, S. 54 zur mietrechtlichen Lage im Jahr 2004.

102 Zur Umlagefähigkeit von Investitionskosten über das Mietrecht siehe bereits unter Teil 2 B. V.

103 Zur Perspektive der Mieter siehe noch unter Teil 5 B. IV. 2.

104 Zur hohen Praxisbedeutung dieser Frage *Nusser*, ZUR 2014, 67 (67).

105 *Lee*, Instrumentenmix, S. 190; *Schneider*, Landesenergierecht, S. 84; *Schröder*, DV 2013, 183 (206); vgl. auch *Ingold/Schwarz*, NuR 2010, 308 (308).

verringerte Energiebezugspreise ausgeglichen werden, so sei den Eigentümern eine Sanierung auch aus grundrechtlichen Gesichtspunkten regelmäßig unzumutbar.[106] Das Wirtschaftlichkeitsgebot sicherere daher die Angemessenheit der Grundrechtseingriffe in die Rechte der Eigentümer ab.[107]

Durch die entsprechende Sicherstellung der Wirtschaftlichkeit im Rahmen der dargestellten Vorschläge ist diese Auffassung vorliegend von geringerer Bedeutung. Realistischerweise wird der Gesetzgeber auch in Zukunft ohnehin nicht vom Wirtschaftlichkeitsgebot abrücken. Denn dieses Gebot lässt sich nach dem geltenden Recht als wärmeversorgungsspezifische Ausprägung des zentralen energiepolitischen Ziels einer Preiswürdigkeit der Energieversorgung begreifen.[108] Auch mit Blick auf die Vorschläge kann die Unwirtschaftlichkeit von Standards regelmäßig nicht gegen deren Angemessenheit angeführt werden. So würde insbesondere im Konzept zur Erstellung und Umsetzung von Sanierungsfahrplänen detaillierte gesetzliche Regelungen aufgenommen, die die Wirtschaftlichkeit der vorgeschlagenen Sanierungsmaßnahmen sicherstellen.

Dennoch ist eine solche absolute Grenze anzuzweifeln. Zum einen ist die Wirtschaftlichkeit von Sanierungsstandards eine Frage der Prognosen künftiger, ggf. zeitlich weit entfernter Kostenentwicklungen, bspw. der Energiepreise am Weltmarkt, und somit zur Beurteilung der Grundrechtskonformität von gesetzlichen Standards wenig geeignet.[109] Selbst wenn sich allerdings bereits zum Zeitpunkt der Erarbeitung von Standards eine prognostische Unrentabilität[110] abzeichnen sollte, so muss dies nicht ohne weiteres zur Unangemessenheit der Standards führen. Denn die Angemessenheit von Grundrechtseingriffen ist nur durch abwägende Betrachtung aller Aspekte des Eingriffs- und Erhaltungsinteresses zu ermitteln und daher keinen fixen numerischen Grenzen zugänglich.[111] Zutreffend argumentieren einige Stimmen auch mit der Altlastenrechtsprechung des Bundesverfassungsgerichts, wonach im Bodenschutzrecht sogar erhebliche finanzielle Einbußen als

---

106 *Böhm/Schwarz*, NVwZ 2012, 129 (131); ähnlich *Ziaja*, in: Frenz/Lülsdorf, EnEV, § 9 Rn. 7; *Pielow*, ZUR 2010, 115 (121) fordert für Bestandsgebäude sogar einen strengeren Wirtschaftlichkeitsmaßstab als für Neubauvorhaben.

107 *Heye*, Treibhausgasreduktion, S. 52; *Pielow*, ZUR 2010, 115 (120–121) *Salje*, ET 1982, 674 (675).

108 Zu diesem Verständnis des Wirtschaftlichkeitsgebots bereits unter Teil 3 A. II. 4. b) gg).

109 Auf dieses Problem deutet auch *Longo*, Örtliche Energieversorgung, S. 234–235 hin.

110 Eine solche Prüfung wird von *Longo*, Örtliche Energieversorgung, S. 236–237 vorgeschlagen.

111 Sehr deutlich bei *Bürger u. a.*, Klimaschutz im Gebäudebereich, S. 126; dieser Ansicht sind auc h *Kahl/Schmidtchen*, Kommunaler Klimaschutz, S. 242; im Ergebnis auch *Schröder*, DV 2013, 183 (209).

mit Art. 14 Abs. 1 GG vereinbar angesehen werden.[112] Einfachgesetzlich definierte Wirtschaftlichkeitsgebote sind somit kein Ausdruck verfassungsrechtlich zwingender Wertungen.

hh) Bestandsschutz

Eine wesentliche Hürde für die Einführung eines anlassunabhängigen, erweiterten Ordnungsrechts stellt schließlich der Bestandsschutz dar.

Die rechtsdogmatische Figur des Bestandsschutzes betrifft Sachverhalte, in denen Gebäudeeigentümer Immobilien und Anlagen nutzen, die auf Grundlage des jeweils einschlägigen einfachgesetzlichen Rechts formell und (bzw. oder) materiell rechtmäßig errichtet wurden.[113] Ein solcher einfachgesetzlich vermittelter Bestandsschutz führt auch aus verfassungsrechtlicher Sicht zu einer verfestigten Rechtsposition, die den Eigentümern einen Schutz von besonderem Gewicht gegenüber einem staatlichen Entzug durch neues Gesetzesrecht gewährleistet.[114] Solcher Bestandsschutz wird auch als passiver Bestandsschutz bezeichnet.[115]

Argumentative Grundlage des Bestandsschutzes ist im Kern das Vertrauen, welches die Gebäudeeigentümer zum Zeitpunkt der Schaffung von Gebäude- oder Anlagensubstanz in den Fortbestand der Rechtslage haben.[116] Der Sache nach geht es beim Bestandsschutz damit um eine spezifische Ausprägung des rechtsstaatlichen Gebots des Vertrauensschutzes[117] und des korrespondierenden Rückwirkungsverbots.[118] Das Gewicht des Bestandsschutzes steigt dabei in Abhängigkeit von Faktoren

---

112 BVerfGE 102, 1 (20); *Bürger u. a.*, Klimaschutz im Gebäudebereich, S. 127; *Kahl/Schmidtchen*, Kommunaler Klimaschutz, S. 58–59.

113 Siehe BVerfG NVwZ 2001, 424 (424) zur Anknüpfung an das Bestandsschutzkonzept des Baurechts; BVerfG NVwZ 2010, 770 (774) zur Anknüpfung an das Bestandsschutzkonzept des Immissionsschutzrechts; zusammenfassend *Jarass*, in: Jarass/Pieroth, Art. 14 Rn. 46 und *Papier*, in: Maunz/Dürig, Art. 14 Rn. 84.

114 *Milkau*, EE im Wärmemarkt, S. 139; vgl. auch *Ekardt/Schmitz/Schmidtke*, ZNER 2008, 334 (340) zum Schutz vor Bebauungsplanfestsetzungen.

115 *Schröder*, DV 2013, 183 (198); *ähnlich Papier*, in: Maunz/Dürig, Art. 14 Rn. 84–85 in Abgrenzung zum aktiven Bestandsschutz.

116 BVerfGE 58, 300 (351) spricht vom „Vertrauen auf den Fortbestand wohlerworbener Rechte". Vertrauensschutz gilt gegenüber Anfordungen zur Risikovorsorge, *Ossenbühl*, NVwZ 1986, 161 (168).

117 BVerfG NVwZ 2010, 770 (774); *Wendt*, in: Sachs, Art. 14 Rn. 88; *Knauff*, DV 2014, 407 (426).

118 BVerfG NVwZ 2010, 770 (775–776); *Jarass*, in: Jarass/Pieroth, Art. 14 Rn. 46; *Schröder*, DV 2013, 183 (213) sowie *Moser*, Energieeinsparverordnung, S. 82 ff, welche die Pflicht zur Außerbetriebnahme von Nachtspeicherheizungen nach § 10 EnEV a. F. am Verbot unechter Rückwirkungen misst.

wie der Höhe von Investitionen, die auf Grundlage des Vertrauens in den Fortbestand der Rechtslage getätigt wurden.[119]

Bestandsschutz liegt bei der Umsetzung aller diskutierten Vorschläge nicht nur ausnahmsweise, sondern gerade im Regelfall vor. Es kann davon ausgegangen werden, dass die allermeisten Gebäude sowie die zum Gebäude gehörigen Bestandteile und Anlagen formell oder materiell rechtmäßig bestehen.

Allerdings ist anerkannt, dass auch der eigentumsrechtliche Bestandsschutz nicht uneingeschränkt gilt. Durchbrechungen des Bestandsschutzes sind nicht notwendigerweise unverhältnismäßig.[120] Im Rahmen der Rechtssetzung ist Bestandsschutz ebenfalls nur ein – allerdings starkes – Argument im Rahmen der grundrechtlichen Abwägung. Mit den Worten des Bundesverfassungsgerichts ausgedrückt, gebietet es die Eigentumsgarantie insoweit nicht, Inhabern öffentlich-rechtlicher Erlaubnisse stets einen unbedingten Bestandsschutz einzuräumen.[121]

Nach der zutreffenden Ansicht von *Schröder* ist eine Durchbrechung des Bestandsschutzes im Falle von Sanierungspflichten vor allem in Konstellationen möglich, in denen der hinter dem Bestandsschutz stehende Vertrauensschutz reduziert ist. Dies gilt bspw. für Sachverhalte, in denen die Gebäudeeigentümer Gelegenheit zu vollständigen Amortisation der Investitionen für die jeweils ordnungsrechtlich adressierten Anlagen oder Gebäudekomponenten hatten.[122] Mit einer solchen vergangenheitsbezogenen Betrachtung der ökonomischen Umstände argumentierte auch der VGH München in Bezug auf einen Heizkessel, der zum Zeitpunkt einer Verschärfung immissionsschutzrechtlicher Anforderungen vom Eigentümer bereits seit mehreren Jahrzehnten genutzten worden war.[123] Wenngleich der Umfang des immissionsschutzrechtlichen und des baurechtlichen Bestandsschutzes im einfachen Recht nicht deckungsgleich sind, so lässt sich das Argument einer solchen Reduzierung des Bestandsschutzes auch auf den baurechtlichen Bestandsschutz übertragen. Problematisch sind demgegenüber Anforderungen, die kurz nach der Errichtung eines Gebäudes oder der Installation einer Anlage greifen.[124]

---

119 Ausführlich zum impliziten Investitionsschutz durch Art. 14 Abs. 1 GG BVerfG, Urt. vom 06. Dezember 2016 (1 BvR 2821/11 u. a.), juris Rn. 371 ff., *Longo*, Örtliche Energieversorgung, S. 231; *Milkau*, EE im Wärmemarkt, S. 44; vgl. auch Burgi, JZ 2013, 745 (751).

120 *Bürger u. a.*, Klimaschutz im Gebäudebereich, S. 125; *Kahl/Schmidtchen*, Kommunaler Klimaschutz, S. 239; *Milkau*, EE im Wärmemarkt, S. 142; *Nusser*, ZUR 2014, 67 (68);

121 BVerfG, NVwZ 2010, 771 (774); ähnlich bereits BVerfGE 58, 300 (351).

122 *Schröder*, DV 2013, 183 (198); ähnlich *Friauf*, in: Bachof/Heigl/Redeker, Verwaltungsrecht, S. 217; zu Investitionen im Immissionsschutzrecht vgl. auch *Enders*, LKV 2007, 193 (197, insb. Fn. 36).

123 VGH München, NJW 2005, 1450 (1451).

124 *Schröder*, DV 2013, 183 (214).

Zweitens lässt sich in Bezug auf Durchbrechungen des Bestandsschutzes auch auf das vom Bundesverwaltungsgericht aufgestellt „Konzeptgebot“ zurückzukommen.[125] Konkret bedeutet dies, dass Eingriffe in Vertrauenstatbestände eher als verhältnismäßig anzusehen sind, wenn auf einem koordinierten und langfristigen Konzept basieren, das staatliches Handeln vorhersehbar macht.[126] Ein solches Argument lässt sich auch bei der vorliegenden Fragen einer möglichen Reduzierung des Vertrauensschutzes heranziehen. Soweit sich ordnungsrechtliche Anforderungen im Rahmen frühzeitig veröffentlichter politischer Konzepte bewegen, die gerade auch dem Bestandsgebäudebereich quantifizierte Einspargrößen zuweisen, kann der Vertrauensschutz daher reduziert sein. Durch solche Schritte würde eine frühzeitige Ankündigung der anstehenden Verschärfungen des Ordnungsrechts stattfinden.[127]

Solche Konzepte liegen derzeit allerdings noch nicht vor. Die politischen Planungen der Bundesregierung setzen ausweislich der aktuellen Strategien für den Bestandsgebäudebereich überwiegend auf finanzielle Sanierungsanreize.[128] Sollte eine Umsetzung der vorgenannten Vorschläge anvisiert werden, ist daher eine frühstmögliche Ankündigung solcher Schritte unter Angabe der entsprechenden Einsparpotenziale in zukünftigen Plänen und Konzepten zu empfehlen.

ii) Sicherung durch Übergangsbestimmungen

Kann die Angemessenheit von Eingriffen in die Eigentumsgarantie nicht ohne weiteres gewahrt werden, so ist anerkannt, dass dem Gesetzgeber die Möglichkeit der Schaffung von Übergangsbestimmungen offensteht.[129]

Im Rahmen der Vorschläge für ein erweitertes, anlassabhängiges Ordnungsrecht könnten Übergangsbestimmungen geschaffen werden, in denen ein zeitlicher Aufschub für das Eingreifen der Sanierungsstandards nach dem Inkrafttreten des jeweiligen Gesetzes gewährt wird.

Solche Übergangsbestimmungen im Sinne von Fristenregelungen könnten in zweierlei Hinsicht verfassungsrechtliche Wirkung entfalten. Erstens mildern sie die Eingriffsintensität in den Bestandsschutz ab.[130] In Bezug auf die von anlassunabhängigen Sanierungspflichten erfassten Anlagen oder Gebäudeteile haben die

125 Zum Konzeptgebot im Immissionsschutzrecht bereits unter Teil 3 C. I. 3. c) cc).
126 Vgl. *Ossenbühl*, NVwZ 1986, 161 (169).
127 Diese Forderung nach einer möglichst frühzeitigen Ankündigung findet sich auch bei *Schröder*, DV 2013, 18 (216).
128 Zur Energieeffizienzstrategie Gebäude bereits unter Teil 1 D. III. 2.
129 BVerfG, NVwZ 2010, 770 (775–776); VG Gießen, Urt. vom 12. Mai 2010 (8 K 4071/08. GI), juris Rn. 114 ff. zur Marburger Solarsatzung; *Jarass*, in: Jarass/Pieroth, Art. 14 Rn. 47; *Wendt*, in: Sachs, Art. 14 Rn. 88.
130 *Milkau*, EE im Wärmemarkt, S. 144.

Eigentümer die Gelegenheit, aus einer zeitlich beschränkten, weiteren Nutzung noch hinreichend finanzielle Vorteile zu ziehen.[131]

Zweitens können solche Fristen im Hinblick auf die anstehenden Maßnahmen ein ausreichendes Zeitfenster zur Planung und Finanzierung der anstehenden Schritte schaffen.[132] Sie mildern insoweit die Eingriffsintensität, die in der Anlassunabhängigkeit der vorgenannten Vorschläge begründet ist.

Dementsprechend sind solche Fristen zur Wahrung der Angemessenheit dem jeweiligen Sanierungsstandard und den Eigenheiten der betroffenen Gebäude anzupassen. Zutreffend wird in der Literatur darauf hingewiesen, dass bei umfangreichen Investitionspflichten entsprechend langfristige Zeiträume anvisiert werden müssen.[133]

jj) Sicherung durch Härtefallbestimmungen

Schließlich bedingt der generelle Maßstab der Rechtssetzung im Bundesrecht, dass in einzelnen Fällen weiterhin unzumutbare Belastungen für die Eigentümer einzelner Immobilien entstehen. Entsprechend dem geltenden Recht sind für solche Konstellationen daher gesetzliche Härtefallregelungen zu schaffen, die die Erteilung von behördlichen Ausnahmen ermöglichen.[134]

Härtefallregelungen müssen gerade die Fälle erfassen können, in denen bspw. die konkrete Höhe der Investitionskosten ein untragbares Ausmaß erreicht.[135] Alternativ sind Fälle denkbar, in denen sich zum geforderten Sanierungszeitpunkt bereits im Wege der Prognose eine eindeutige Unwirtschaftlichkeit der Anforderungen abzeichnet, die derart schwer wiegt, dass sie von vornehinein eine Unangemessenheit der Belastung auslöst.[136]

kk) Sicherung durch Ausgleichspflichten

Zur Sicherstellung der Vermeidung unangemessener Belastungen hat sich im Bereich des Eigentumsgrundrechts schließlich die Figur der sog. ausgleichspflichtigen Inhalts- und Schrankenbestimmungen etabliert.[137] Solche Regelungen kommen in Betracht, wenn Inhalts- und Schrankenbestimmungen in ihren belastenden

---

131 Zum Schutz der Investitionen durch Übergangsbestimmungen siehe BVerfGE 58, 300 (351); *Longo*, Örtliche Energieversorgung, S. 243;ähnlich *Jarass*, in: Jarass/Pieroth, Art. 14 Rn. 53.

132 VG Gießen, Urt. vom 12. Mai 2010 (8 K 4071/08.GI), juris Rn. 145.

133 *Bürger u. a.*, Klimaschutz im Gebäudebereich, S. 129–130.

134 *Bürger u. a.*, Klimaschutz im Gebäudebereich, S. 129; allgemein zum Erfordernis von Härtefallregelungen *Kahl/Schmidt/Gärditz*, Umweltrecht, S. 93.

135 *Schröder*, DV 2013, 183 (209–210).

136 *Kahl/Schmidtchen*, Kommunaler Klimaschutz, S. 243–244.

137 *Jarass*, in: Jarass/Pieroth, Art. 14 Rn. 53.

Wirkungen einer Enteignung gleichkommen.[138] Eine Ausgleichspflicht kommt daher vor allem als Alternative zur Normierung von Härtefallklauseln für Ausnahmefälle in Betracht.[139]

Indes bietet sich die Normierung einer Ausgleichspflicht im vorliegenden Fall nicht an. Denn im Rahmen des geltenden Rechts ist aufgrund der haushaltrechtlichen Rechtslage sowie mit Blick auf das umweltrechtliche Verursacherprinzip gerade keine Kostentragung des Staates für die Umsetzung der Sanierungspflichten angezeigt.[140] Insoweit ist bei der Normierung eines erweiterten Ordnungsrechts die alternative Lösung über eine Normierung von Härtefallklauseln naheliegender.

4. *Zusammenfassung*

Die Eigentumsgarantie des Art. 14 Abs. 1 GG wird durch die Vorschläge zur Weiterentwicklung des Ordnungsrechts in ihrem Schutzgehalt der negativen Baufreiheit betroffen. Dieser garantiert den Eigentümer von Grundstücken und Immobilien, im Rahmen des derzeit geltenden Rechts energetische Sanierungen grundsätzlich nicht durchführen zu müssen. Die Vorschläge stellen neue Inhalts- und Schrankenbestimmungen zum Eigentum dar.

Eine verfassungsrechtliche Rechtfertigung ist durch eine grundrechtskonforme Ausgestaltung der Vorschläge möglich. Von zentraler Bedeutung ist die Sicherstellung der Angemessenheit des erweiterten Ordnungsrechts.

Zugunsten einer Angemessenheit der vorgenannten Vorschläge können – je nach deren konkreter Ausgestaltung – der erzielbare energetische Ertrag, die Sozialbindung des jeweiligen Grund- und Immobilieneigentums sowie die Flexibilisierung des Ordnungsrechts durch großzügige Gestaltungsspielräume bei dessen Umsetzung anführen.

Die Anlassunabhängigkeit von Anforderungen beeinträchtigt hingegen die Entscheidungsfreiheit der Eigentümer über den Zeitpunkt der Durchführung von Sanierungen und kann generell gegen eine Angemessenheit ordnungsrechtlicher Standards angeführt werden.

Ambivalent ist der Blick auf die übrigen rechtlichen Instrumente im Regelungsumfeld des zukünftigen Ordnungsrechts, insbesondere auf die ökonomischen Instrumente. Einerseits ist die Verfügbarkeit von zusätzlichen Finanzmitteln zur Ergänzung von Investitionskosten zwar für überobligatorische Sanierungen, nicht hingegen für den Regelfall gewährleistet. Andererseits wirkt sich bspw. die derzeit weitgehende Umlagemöglichkeit von Investitionskosten im Falle des vermieteten Wohnraums zugunsten der Eigentümer aus.

---

138 BVerfGE 100, 226 (244); *Jarass*, in: Jarass/Pieroth, Art. 14 Rn. 53.

139 *Kahl/Schmidtchen*, Kommunaler Klimaschutz, S. 89.

140 *Bürger u. a.*, Klimaschutz im Gebäudebereich, S. 129. *Longo*, Örtliche Energieversorgung, S. 244–245 vertritt für das kommunale Satzungsrecht die gegenteilige Auffassung, ohne aber auf diesen Aspekt einzugehen.

Die denkbare Unwirtschaftlichkeit von Standards – also die mangelnde Amortisationsfähigkeit der Investitionskosten – kann ferner gegen die Angemessenheit der Standards sprechen, setzen diesen aber ebenso wie die übrigen Abwägungsgesichtspunkte keine absolute Grenze.

Das Argument des Bestandsschutzes, das für das Eigentumsgrundrecht bereichsspezifischen Vertrauensschutz garantiert und in Fällen formell und bzw. oder materiell rechtmäßig errichteter Immobilien und Anlagen greift, kann ebenfalls gegen die Angemessenheit eines erweiterten Ordnungsrechts sprechen. Dies gilt vor allem in Fällen, in denen die hinter dem Vertrauensschutz stehenden Investitionen in die vorhandene Substanz sich noch nicht amortisiert haben. Dies gilt ebenfalls, wenn der Vertrauensschutz nicht im Rahmen langfristig geplanter Konzepte mit speziellen Einsparzielen für den Bestandsgebäudebereich verringert wird.

Insgesamt kann die Angemessenheit der Vorschläge eines erweiterten Ordnungsrechts daher gewahrt werden, wobei regelmäßig eine Sicherstellung über Übergangs- und Ausnahmebestimmungen, nicht hingegen über finanzielle Entschädigungsbestimmungen notwendig wird.

Insbesondere Verpflichtungen zur Erstellung und Teilumsetzung von Sanierungsfahrplänen sind, eine entsprechende Ausgestaltung nach den aufgezeigten Maßstäben vorausgesetzt, auch ohne eine ergänzende Kompensation denkbar. Dies gilt, wenn sich solche Pflichten auf einfach strukturierte Gebäude beschränken, durch die vorgeschlagenen Sanierungsschritte im Fahrplan ein hoher energetischer Ertrag erzielt werden kann, Wahlmöglichkeiten bei der Erfüllung der Verpflichtungen geschaffen werden, die Wirtschaftlichkeit der Sanierungssschritte sichergestellt wird, hinreichende Vorlaufzeiten gewährt und frühzeitige Ankündigungen in den politischen Konzepten stattfinden.

II. Art. 12 Abs. 1 GG

Art. 12 Abs. 1 Satz 2 GG schützt die Berufsausübungsfreiheit als Teil der Berufsfreiheit[141], worunter auch der Schutz beruflicher Erwerbsvorgänge fällt.[142]

Dieser Schutz kann auch bei einer Umsetzung der Vorschläge relevant werden. So kann durch ein erweitertes anlassunabhängiges Ordnungsrecht die Berufsausübungsfreiheit der jeweiligen Gebäudenutzer[143] tangiert sein, wenn in Immobilien Tätigkeiten ausgeübt werden, welche die Merkmale des grundrechtlichen Berufsbegriffs erfüllen.

Als Eingriffe in die Berufsausübungsfreiheit sind in der verfassungsgerichtlichen Rechtsprechung auch mittelbare Eingriffe anerkannt, sofern solche Eingriffe aufgrund

141 BVerfGE 7, 377 (402).
142 BVerfGE 22, 380 (384); 121, 317 (318); *Milkau*, EE im Wärmemarkt, S. 136.
143 Auch inländische juristische Personen genießen unter den Voraussetzungen von Art. 19 Abs. 3 GG regelmäßig den Schutz der Berufsausübungsfreiheit, siehe BVerfG, NJW 2016, 930 (931).

ihrer Intensität eine objektiv berufsregelnde Tendenz aufweisen.[144] Da Sanierungspflichten für die zur Berufsausübung genutzten Gebäude allein das äußere Umfeld beruflicher Tätigkeiten betreffen, kann auch dem erweiterten Ordnungsrecht aber nur in Ausnahmefällen eine objektiv berufsregelnde Tendenz zukommen. Dies ist, je nach Standard und betroffenem Gebäude, nicht ausgeschlossen, z.B. bei umfangreichen Dämmstandards für völlig unsanierte, gewerblich genutzten Hallen kleinerer Handwerksbetriebe.[145]

Im Rahmen der Verhältnismäßigkeitsprüfung sind an die Vorschläge eines erweiterten Ordnungsrechts allerdings keine hohen Anforderungen zu stellen. Soweit nicht die Freiheit der Berufswahl, sondern alleine die Freiheit der Berufsausübung in Rede steht, reichen vernünftige Erwägungen des Gemeinwohls regelmäßig zur Eingriffsrechtfertigung aus.[146] Planvolle und koordinierte Anstrengungen zur Verbesserung von Klimaschutz und Energieversorgungssicherheit lassen sich als solche verünftigen Erwägungen ansehen. Solche Aspekte des Allgemeinwohls stehen im Recht der Wärmewende deutlich im Vordergrund.[147] Aus diesem Grund können energetische Anforderungen an die bauliche Beschaffenheit von beruflich genutzten Immobilien mit Blick auf die Berufsausübungsfreiheit regelmäßig gerechtfertigt werden.[148]

III. Art. 3 Abs. 1 GG

Auch der allgemeine Gleichbehandlungsgrundsatz gem. Art. 3 Abs. 1 GG ist ein Maßstab für die Weiterentwicklung des Ordnungsrechts.

Art. 3 Abs. 1 GG verlangt vom Gesetzgeber, wesentliche Gleiches gleich sowie wesentlich Ungleiches ungleich zu behandeln.[149] Trotz wesentlicher Vergleichbarkeit vorgenommene Ungleich- oder Gleichbehandlungen sind daher rechtfertigungsbedürfig. Der Maßstab für die Anforderungen an eine solche Rechtfertigung ist nach der Rechtsprechung des BVerfG gleitend und reicht vom bloßen Willkürverbot bis hin zu einer strikten Verhältnismäßigkeitsprüfung.[150] Eine Verhältnismäßigkeitsprüfung wird bspw. erforderlich, wenn sich die Ungleichbehandlung auf die Ausübung von grundrechtlich geschützten Freiheitsrechten auswirkt.[151]

---

144 BVerfGE 13, 181 (185–186); BVerfGE 37, 1 (18) spricht synonym von einer „berufspolitischen Wirkung".

145 In diese Richtung auch *Bürger u. a.*, Klimaschutz im Gebäudebereich, S. 119.

146 BVerfGE 7, 377 (405–406); *Kahl/Schmidt/Gärditz*, Umweltrecht, S. 95; auch nach *Kloepfer*, Umweltrecht, S. 144 sind die meisten umweltbezogenen Begrenzungen beruflicher Tätigkeit als Berufsausübungsregelungen einzuordnen.

147 Zum Zielkonzept der Wärmewende bereits ausführlich unter Teil 1 D. II. 1.

148 So auch *Milkau*, EE im Wärmemarkt, S. 214 zu den Nutzungspflichten des EEWärmeG.

149 Zum Begriff der „Wesentlichkeit" bspw. BVerfGE 118, 79 (104).

150 BVerfGE 118, 79 (100); 133, 1 (13).

151 BVerfGE 121, 317 (371); 133, 1 (14).

Dies ist bei den Vorschlägen aufgrund der Relevanz für die Ausübung der Eigentumsfreiheit nach Art. 14 Abs. 1 GG der Fall.[152] Eine eigentumsspezifische Prüfung des allgemeinen Gleichbehandlungsgebotes wird auch unter dem Begriff des Grundsatzes der Belastungsgleichheit diskutiert.[153]

Die Ansatzpunkte für Differenzierungen bei der Ausgestaltung des erweiterten Ordnungsrechts sind vielfältig. Differenzierungen können bspw. bei Anlagenstandards nach der jeweiligen Energieeffizienz oder dem Treibhausgasemissionsverhalten[154] oder bei Gebäudestandards nach dem Primärenergie- oder Endenergieverbrauch stattfinden.

Wesentlich bei der Auswahl der Differenzierungsmerkmale ist das Gebot der Folgerichtigkeit, nach welchem sich die Zielsetzungen des verschärften Ordnungsrechts – also die Verbesserung des Klimaschutzes und der Energieversorgungssicherheit – auch in den jeweiligen Differenzierungen widerspiegeln müssen.[155]

IV. Art. 2 Abs. 1 GG

Als letztes Grundrecht kann schließlich die von Art. 2 Abs. 1 GG geschützte allgemeine Handlungsfreiheit von Relevanz sein.

1. Lenkung des Technologiemarktes

Dies gilt zunächst für den speziellen Schutzgehalt der Wettbewerbsfreiheit.[156] Unzweifelhaft beeinflusst das Ordnungsrecht im Gebäudebereich das Verhalten der betroffenen Teilnehmer am Technologiemarkt.[157] Einer vermehrter Einsatz von energieeffizienten Technologien sowie einer dezentralen Wärmeerzeugung auf Basis erneuerbarer Energien ist gerade das Ziel der unterbreiteten Vorschläge.

---

152 So allgemein zu anlassunabhängigen Pflichten *Bürger u.a.*, Klimaschutz im Gebäudebereich, S. 121.

153 Zum Grundsatz der Belastungsgleichheit in Fragen des Gebäudeeffizienzrechts vgl. *Stock*, in:Danner/Theobald, EnEV, § 25 Rn. 2.

154 Vgl. VG Gießen, Urt. vom 12. Mai 2010 (8 K 4071/08.GI), juris Rn. 151 ff. zur Fehlerhaftigkeit einer Differenzierung zwischen unterschiedlichen Vorhaben in Bezug auf die CO_2-Äquivalenz. Zur Forderung nach einer CO_2-Äquivalenz im Rahmen des Ordnungsrechts siehe auch *Kahl/Schmidtchen*, Kommunaler Klimaschutz, S. 247.

155 *Bürger u.a.*, Klimaschutz im Gebäudebereich, S. 121–122; allgemein zur Bedeutsamkeit dieses Gebotes bei Differenzierungen im Klimaschutzrecht *Klinski*, NVwZ 2015, 1473 (1475).

156 *Murswiek*, in: Sachs, Art. 2 Rn. 54. Das BVerfG ordnet diesen Aspekt hingegen der Berufsausübungsfreiheit zu (BVerfGE 32, 311 (317)), was zunächst klar definierbarer Berufsgruppen i.S.v. Art. 12 Abs. 1 GG voraussetzt, im Rahmen der Rechtfertigung aber nicht zu unterschiedlichen Ergebnissen führt.

157 Zum EEWärmeG *Müller*, in: Müller/Oschmann/Wustlich, Einl. Rn. 28.

Beabsichtigt ist auch die Marktlenkung, die damit einhergeht.[158] Marktteilnehmer, die auf konventionelle und ineffiziente Technologien setzen, sollen vom Markt zurückgedrängt werden.[159]

Eingriffe in die Wettbewerbsfreiheit unterliegen indes keinen hohen Rechtfertigungsanforderungen. Als wichtigstes Erfordernis gilt bei Eingriffen in Art. 2 Abs. 1 GG wiederum der Verhältnismäßigkeitsgrundsatz.[160] Eine Marktlenkung durch ein verschärftes Ordnungsrecht wird sich regelmäßig verhältnismäßig ausgestalten lassen. Kritisch wären aber bspw. Ausschlüsse einzelner Technologien aus den Erfüllungsoptionen der ordnungsrechtlichen Verpflichtungen zu sehen, die ähnliche Energieeinsparungen gewährleisten wie die gesetzlich zugelassenen Technologien.[161] Insoweit bietet sich auch bei der Fortentwicklung des Ordnungsrechts eine möglichst technologieoffene Ausgestaltung nach dem Vorbild des geltenden Rechts an, um wettbewerbsverzerrenden Effekten entgegenzusteuern.[162]

2. Vermögen der Mieter

Schließlich stellt sich die Frage, ob Sanierungspflichten, die sich an den Eigentümer von überlassenem Gewerbe- oder Wohnraums richten, gleichzeitig einen Eingriff in die Grundrechte der Mieter darstellen können.

Einschlägig könnte insoweit der Vermögensschutz der Mieter sein, der über den Schutz der wirtschaftlichen Handlungsfreiheit nach Art. 2 Abs. 1 GG gewährt wird.[163] Denn in der Anordnung von Sanierungszwang gegenüber den Eigentümern eines Gebäudes ist nach der derzeitigen Rechtslage im Mietrecht, die eine weitgehende Umlagefähigkeit der Sanierungskosten auf die Mieter vorsieht, eine finanzielle Zusatzbelastung der Mieter „angelegt".

Ein solches Verständnis würde allerdings selbst den bei Art. 2 Abs. 1 GG geltenden, weiten Eingriffsbegriff überdehnen. Denn auch bei einem weiten Eingriffsbegriff muss auf das jeweilige rechtliche Instrument abgestellt werden, das eine freiheitsverkürzende Wirkung herbeiführt. Die Kostenbelastung der Mieter

---

158 Zum Ziel der Technologieförderung siehe bspw. § 1 Abs. 1 EEWärmeG.

159 Vgl. *Müller*, in: Müller/Oschmann/Wustlich, Einl. Rn. 137; der die Regelungen des EEWärmeG allerdings im Rahmen der Berufsausübungsfreiheit prüft. Auch *Burgi*, JZ 68 (2013), 745 (751) stellt für den Strombereich eine marktbeeinflussende Wirkung des Förderrechts im EEG fest.

160 *Murswiek*, in: Sachs, Art. 2 Rn. 101.

161 Vgl. *Holtmeier/Rasbach*, in: Säcker, Bd. II, EEWärmeG, Einl. Rn. 41.

162 Zur bewusst technologieoffenen Ausgestaltung des EEWärmeG zwecks einer Vermeidung von Wettbewerbsverzerrungen siehe *Wustlich*, in: Danner/Theobald, EEWärmeG; Einl. Rn. 58a.

163 BVerfGE 128, 193 (206). Auch das *Besitzrecht* der Mieter wird durch Art. 14 Abs. 1 GG geschützt und kann durch die Durchführung von Sanierungen vorübergehend betroffen sein (*Bürger u. a.*, Klimaschutz im Gebäudebereich, S. 119). Indes liegt das Problem gerade in den finanziellen Zusatzbelastungen.

resultiert aber alleine aus den Umlagemöglichkeiten, die in den gesetzlichen Regelungen des Mietrechts normiert sind, welche die privatrechtlichen Beziehungen zwischen Bestandsmietern und Vermietern ausgestalten.

Damit greifen die Vorschläge nicht in die wirtschaftliche Handlungsfreiheit der Mieter nach Art. 2 Abs. 1 GG ein. Dieses Ergebnis entbindet den Gesetzgeber freilich nicht von der Aufgabe, mit Blick auf das Sozialstaatsprinzip des Art. 20 Abs. 1 GG auch zukünftig ausgewogene Lösungen zur Kostentragung im Miet- sowie ggf. im Sozialrecht zu erarbeiten.[164]

V. Zusammenfassung

Die Umsetzung eines erweiterten Ordnungsrechts ist im Rahmen der grundrechtlichen Beschränkungen des Gesetzgebers möglich. Weder die Freiheit der Berufsausübung gem. Art. 12 Abs. 1 GG noch die allgemeine Handlungsfreiheit in Art. 2 Abs. 1 GG in ihren speziellen Ausprägungen als Wettbewerbs- und wirtschaftlicher Handlungsfreiheit noch der allgemeine Gleichbehandlungsgrundsatz gem. Art. 3 Abs. 1 GG stehen einer solchen Fortentwicklung von vorneherein entgegen.

Als zentrale grundrechtliche Hürde erweist sich die Eigentumsgarantie des Art. 14 Abs. 1 GG. Durch die Vorschläge zur Weiterentwicklung des Ordnungsrechts wird der subjektiv-rechtliche Schutzgehalt der Eigentumsfreiheit nach Art. 14 Abs. 1 Satz 1 GG in der speziellen Ausprägung der negativen Baufreiheit betroffen. Als Inhalts- und Schrankenbestimmungen zum Eigentum i. S. v. Art. 14 Abs. 1 Satz 2 GG bedürfen die vorgeschlagenen Erweiterungen des Ordnungsrechts einer verfassungsrechtlichen Rechtfertigung. Je nach Ausgestaltung der rechtlichen Regelungen können die Erfordernisse des Verhältnismäßigkeitsgrundsatzes gewahrt werden. Von zentraler Bedeutung ist die Sicherstellung der Angemessenheit eines erweiterten Ordnungsrechts. Hohe Investitionskosten sowie zu weitgehende Eingriffe in den Bestandsschutz können gegen eine Angemessenheit sprechen. Als wesentliche Gesichtspunkte zugunsten einer Angemessenheit lassen sich hingegen hohe energetische Erträge eines Standards sowie Flexibilitätsspielräume bei der Erfüllung des Ordnungsrechts anführen.

C. Fazit

Die Untersuchung eines Ausschnitts der rechtlichen Regelungen zur Energiewende hat gezeigt, dass auch in Fragen der Wärmeversorgung von Gebäuden – der sog. Wärmewende – mittlerweile ein dichtes Netz an rechtlicher Regulierung besteht. Dieses Netz ist in seinen groben Zügen unionsrechtlich determiniert und in den Detailfragen überwiegend bundesrechtlich ausgeformt, während dem Landesrecht eine eher ergänzende Funktion zukommt.

---

164 Zu den Instrumenten des Mietrechts bereits unter Teil 2 B. V.

Innerhalb des untersuchten Normenbestandes haben sich verschiedene rechtliche Konzepte zur Steigerung der Energieeffizienz und der Erneuerbare-Energien-Nutzung entwickelt, die sowohl im Großen (Gesamtenergieeffizienz) als auch im Kleinen (Wirkungsgrade von Anlagen) ansetzen können und durch – mitunter strenge – Wirtschaftlichkeitsmaßstäbe die ökonomische Vertretbarkeit des Ordnungsrechts wahren. Insoweit kann die einleitend angeführte These einer „Renaissance des Ordnungsrechts“[165] auch im vorliegend untersuchten Gebäudebereich vollumfänglich bestätigt werden.

Trotz dieses Befundes ist die mittel- und langfristige Erreichung der energiepolitischen Ziele gefährdet. Insbesondere hat es der „Instrumentenmix“ im Gebäudebereich bislang nicht geschafft, die energetische Sanierungsrate von Bestandsgebäuden in ausreichendem Maße zu steigern.[166] Die Ergebnisse der Untersuchung legen nahe, dass dies auch an einer gewissen Aussparung einer ordnungsrechtlichen Regulierung des Bestandsgebäudebereichs liegt.

Die Bundesregierung hat erkannt, dass ein Bedarf an der Weiterentwicklung des Ordnungsrechts besteht. Derzeit deutet sich eine umfangreiche Novelle des untersuchten Bundesrechts an. Die Absicht zu dieser Novelle ist auch in § 1 Abs. 1 Satz 4 EnEV gesetzlich niedergelegt, wonach die Bundesregierung „eine grundlegende Vereinfachung und Zusammenführung der Instrumente, die die Energieeinsparung und die Nutzung erneuerbarer Energien in Gebäuden regeln“ anstrebt. Mögliche Inhalte einer solchen Novelle sind noch unbekannt.

Der geplanten Novelle kann aus dreierlei Gründen mit großem Interesse entgegengesehen werden. Erstens stellt sich die Frage, ob sich der aktuelle Instrumentenmix zukünftig in Richtung eines „Mehr“ an Ordnungsrecht verändern und sich der Trend einer Renaissance des Ordnungsrechts weiter verfestigen wird. Zweitens bleibt zu beobachten, inwieweit sich das aktuelle Kompetenzgefüge in der Wärmewende noch weiter zugunsten des Bundes verschiebt. Der zurückhaltende Gebrauch der landesgesetzgeberischen Kompetenzen außerhalb Baden-Württembergs und Hamburgs könnte auf eine solche Föderalisierung hindeuten. Schließlich gilt es drittens, die Entwicklungen um die – wohl bedeutsamste – Frage nach einer möglichen Lückenschließung des Ordnungsrechts im Bestandsgebäudebereich im Auge zu behalten. Die vorliegende Arbeit plädiert dafür, eine solche Lückenschließung in maßvoller Weise vorzunehmen.

165 Zu dieser These einer Renaissance einleitend unter Teil 1 A. II.
166 Zu diesem Ausgangsbefund unter Teil 1 C. III.

Literaturverzeichnis

Abend, Kerstin, Neues Unionsrecht für die Vermarktung von Bauprodukten, EuZW 2013, S. 611–617

Altenschmidt, Stefan, Die Versorgungssicherheit im Lichte des Verfassungsrechts, NVwZ 2015, 559–562.

Busse, Jürgen/Simon, Alfons (Begr.), Kommentar zur Bayrischen Bauordnung (Loseblatt), Stand 122. EL, Januar 2016

Baehr, Thomas, Verhaltenssteuerung durch Ordnungsrecht, Osnabrück 2004

Barczak, Tristan, Normenkonkurrenz und Normenkollision, JuS 2015, S. 969–977

Battis, Ulrich/Kersten, Jens/Mitschang, Stephan, Rechtsfragen der ökologischen Stadterneuerung, 2010

Battis, Ulrich/Krautzberger, Michael/Löhr, Rolf-Peter, Baugesetzbuch, 13. Aufl., München 2016

Beaucamp, Guy/Beaucamp, Ralph, Überblick zur neuen Energieeinsparverordnung, NZM 2002, S. 323–326

Becker, Florian, Handlungsfelder für kommunalen Umweltschutz, in: Hebeler, Timo/ Hendler, Reinhard/Proelß, Alexander/Reiff, Peter, 30. Trierer Kolloquium zum Umwelt- und Technikrecht, Kommunaler Umweltschutz, 2015, S. 27–51

Behnke, Anja, Novellierung der Verordnung über kleine und mittlere Feuerungsanlagen – Neue Regelungen für Kaminöfen und Holzheizkessel, März 2010

Blasberg, Daniela, Inhalts- und Schrankenbestimmungen des Grundeigentums zum Schutz der natürlichen Lebensgrundlagen – Das Verhältnis von Art. 14 Abs. 1 und 2 GG zu Art. 20a GG, Berlin/Heidelberg 2008

Böhm, Monika, Umweltschutz durch Baurecht – kommunale Solarsatzungen auf dem Prüfstand, in: Hendler, Reinhard/Reiff, Peter, Jahrbuch des Umwelt- und Technikrechts 2009, S. 238–252

Böhm, Monika/Schwarz, Philipp, Möglichkeiten und Grenzen bei der Begründung von energetischen Sanierungspflichten für bestehende Gebäude, NVwZ 2012, S. 129–135

Braun, Annette, Die hamburgische Klimaschutzverordnung – Die Freie und Hansestadt Hamburg als Vorreiter im Bereich der effektiven Wärmeenergienutzung in Gebäuden, NordÖR 2008, S. 253–257

Breuer, Rüdiger, Zunehmende Vielgestaltigkeit der Instrumente im deutschen und europäischen Umweltrecht – Probleme der Stimmigkeit und des Zusammenwirkens, NVwZ 1997, S. 833–845

Britz, Gabriele, Zur Effektivität der Energiesparinstrumente des BImSchG, UPR 2004, S. 55–61

Brüning, Christoph, Energieintelligente Steuerung mittels (sonstiger) Satzungen und Abgaben?, KommJur 2014, S. 121–126

Bürger, Veit/Hermann, Andreas/Keimeyer, Friedhelm/Brunn, Christoph/Klinski, Stefan, Konzepte für die Beseitigung rechtlicher Hemnisse des Klimaschutzes im Gebäudebereich, Dessau-Roßlau 2013

Bundesregierung, Energiekonzept vom 28. September 2010

Bundesregierung, Nationaler Aktionsplan Energieeffizienz (NAPE), Dezember 2014

Bundesregierung, Energieeffizienzstrategie Gebäude – Wege zu einem nahezu klimaneutralen Gebäudebestand 2050, November 2015

Bundesregierung, Zweiter Erfahrungsbericht zum Erneuerbare-Energien-Wärmegesetz – Die Entwicklung des Wärme- und Kältemarktes in Deutschland November 2015

Burgi, Martin, Die Energiewende und das Recht, JZ 2013, S. 745–753

Calliess, Christian/Ruffert, Matthias (Hrsg.), Das Verfassungsrecht der EU mit Europäischer Grundrechtecharta, 5. Aufl. 2016

Cziesielski, Erich/Belaschk, Hendrik, Umsetzung der EU-Richtlinie „Gesamtenergieeffizienz von Gebäuden" – Was ändert sich an der EnEV?, DS 2005, S. 126–128

Danner, Wolfgang/Theobald, Christian (Hrsg.), Energierecht (Loseblatt), Stand 89. EL Mai 2016

Danwitz, Thomas von, Die Gestaltungsfreiheit des Verordnungsgebers – Zur Kontrolldichte verordnungsgeberischer Entscheidungen, Berlin 1989

Di Fabio, Udo, Die Verfassungskontrolle indirekter Umweltpolitik am Beispiel der Verpackungsverordnung, NVwZ 1995, S. 1–8

Di Fabio, Udo, Gefahr, Vorsorge, Risiko – Die Gefahrenabwehr unter dem Einfluß des Vorsorgeprinzips, JURA 1996, S. 566–574

Dietrich, Sascha, Das Energieverbrauchsrelevante-Produkte-Gesetz – Deutscher Rechtsrahmen für europäische Ökodesign-Vorschriften, NVwZ 2012, S. 598–604

Dreier, Horst (Hrsg.), Grundgesetz, Band II, 3. Aufl. 2015

Eisenberg, Claudius, Das neue Bauproduktenrecht, Bekanntes, Neues, Ungeklärtes, NZBau 2013, S. 675–681

Ekardt, Felix, Umweltverfassung und „Schutzpflichten" – Zugleich zu Nachhaltigkeit, Recht, Verhältnismäßigkeit und Abwägung, NVwZ 2013, S. 1105–1110

Ekardt, Felix/Heitmann, Christian, Energetische Sanierung im Altbestand und das EE-WärmeG – Kann das Investor-Nutzen-Dilemma ökologisch-sozial aufgelöst werden?, RdE 2009, S. 118–131

Ekardt, Felix/Schmitz, Bernhard/Schmidtke, Patrick Kim, Kommunaler Klimaschutz durch Baurecht – Rechtsprobleme der Solarenergie und der Kraft-Wärme-Kopplung, ZNER 2008, S. 334–342

Enders, Christoph, Die Inkorporation des Emissionshandels in das deutsche Luftreinhaltungsrecht – normativer Rahmen und aktuelle Rechtsprobleme, LKV 2007, S. 193–200

Ennuschat, Jörg, Erdgas in der deutschen Energiewende und europäischen Energie, NVwZ 2015, 1553–1559

Erbguth, Wilfried/Schlacke, Sabine, Umweltrecht, 6. Aufl., Baden-Baden 2016

Erdmann, Georg/Zweifel, Peter, Energieökonomik – Theorie und Anwendungen, Berlin 2008

Eusterfeldhaus, Marcel, Gebäude- und produktbezogenes Energieeffizienzrecht, Berlin 2013

Feldhaus, Gerhard (Hrsg.), Bundesimmissionsschutz-Gesetz – Kommentar, 2. Aufl. 2014

Finkelnburg, Klaus/Ortloff, Karsten-Michael, Otto, Christian-W., Öffentliches Baurecht – Band II: Bauordnungsrecht, Nachbarschutz, Rechtsschutz, 6. Aufl. 2010

Fischer, Jochen/Klinski, Stefan, Modelle für eine Förderung erneuerbarer Energien im Wärmemarkt aus rechtlicher Sicht, ZUR 2007, S. 8–16

Fleindl, Hubert, Das geplante Mietrechtsreformgesetz – Ein Überblick über die wesentlichen Änderungen, NZM 2012, S. 57–67

Franzius, Claudio, Regulierung und Innovation im Mehrebenensystem – Was kann und muss europäisches Energie- und Klimaschutzrecht leisten und welche Handlungsfreiheiten brauchen die Mitgliedstaaten?, Die Verwaltung 2015, S. 175–201

Frenz, Walter, Das Niedrigstenergiehaus, NZBau 2015, S. 8–10

Frenz, Walter/Lülsdorf, Tanja, Wohngebäude als zentraler Begriff der EnEV, DS 2014, S. 306–310

Frenz, Walter/Lülsdorf, Tanja (Hrsg.), Kommentar zu Energieeinsparungsgesetz, Energieeinsparverordnung, 1. Aufl. 2015

Friauf, Karl Heinrich, Bestandsschutz bei gewerblichen Anlagen, in: Bachof/Heigl/Redeker (Hrsg.), Verwaltungsrecht zwischen Freiheit, Teilhabe und Bindung, 1978, S. 217–231

Gärditz, Klaus Ferdinand, Einführung in das Klimaschutzrecht, JuS 2008, S. 324–329

Gawel, Erik, Die Zukunft der Energiewende in Deutschland, ZUR 2014, S. 219–226

Gehrke, Thomas/Brehsan, Godo, Genießt der baurechtliche Bestandsschutz noch Bestandsschutz?, NVwZ 1999, S. 932–937

Giesberts, Ludger/Reinhardt, Michael (Hrsg.), Beck'scher Onlinekommentar Umweltrecht, Stand 41. Edition, November 2016

Grabitz, Eberhardt/Hilf, Meinhard/Nettesheim, Martin (Hrsg.), Das Recht der EU (Loseblatt), Stand 58. EL Januar 2016

Groß, Thomas, Welche Klimaschutzpflichten ergeben sich aus Art. 20a GG?, ZUR 2009, S. 364–368

Groß, Thomas, Die Bedeutung des Umweltstaatsprinzips für die Nutzung erneuerbarer Energien, NVwZ 2011, S. 129–133

Guckelberger Annette, Tiefengeothermie – manchmal eine umstrittene Energieform, NuR 2015, 217–226

Hahne, Erich, Technische Thermodynamik – Einführung und Anwendung, 5. Aufl., München 2010

Halama, Jan Thomas, Rechtsprobleme der Energieeffizienz am Beispiel der Gebäudesanierung, Köln 2014

Härtel, Ines, Energiewende durch Energieeffizienz, in: Hendler, Reinhard/Hecker, Bernd/Proelß, Alexander, Reiff, Peter (Hrsg.), Jahrbuch des Umwelt- und Technikrechts 2012, S. 27–62

Hänsel, Tobias/Flache, Christian, Die neue Energieeinsparverordnung (EnEV), NJW-Spezial 2009, S. 332–333

Hansmann, Klaus, Vorsorge gegen Lufdtverunreinigungen nach Umsetzung der Industrie-Emissionsrichtlinie, in: Kirchhof, Paul/Paetow, Stefan/Uechtritz, Michael (Hrsg.), Festschrift für Klaus-Peter Dolde zum 70. Geburtstag, 2014, S. 91–109

Hertel, Christian, Energieausweis für Bestandsgebäude, DtNotZ 2007, S. 486

Heye, Hendrik, Rechtliche Instrumente zur Reduktion der Treibhausgasemissionen 2004

Hinz, Werner, Minderungsausschluss und Modernisierungsmieterhöhung nach der Mietrechtsänderung, NZM 2013, S. 209–228

Hoffmann-Riem, Wolfgang/Schmidt-Aßmann, Eberhard/Voßkuhle, Andreas (Hrsg.), Grundlagen des Verwaltungsrechts, Band 1 (2. Aufl. 2012), Band 2 (2. Aufl. 2012)

Hofmann, Ekkehard, Das Recht der Energiewende als Transformationskonzept: Beschleunigung um jeden Preis oder alles nur eine Frage der Zeit?; DV 2014, S. 349–376

Hoppe, Werner/Bönker, Christian/Grotefels, Susan, Öffentliches Baurecht – Raumordnungsrecht, Städtebaurecht, Bauordnungsrecht, 4. Aufl., München 2010

Hornmann, Gerhard, Kommentar zur Hessischen Bauordnung, 2. Aufl., München 2011

Hutsch, Justine, Klimaschutz im Anlagenrecht – eine kritische Analyse, 2014

Ingold, Albert/Schwarz, Tim, Städtebau- und Energiefachrecht, NuR 2010, S. 308–316

IPCC, Fünfter Sachstandsbericht – Synthesebericht, Bonn 2014

Isensee, Josef/Kirchhof, Paul (Hrsg.), Handbuch des Staatsrechts der Bundesrepublik Deutschland, Band IV (3. Aufl. 2006), Band V (3. Aufl. 2007)

Jarass, Hans D., Bundes-Immissionsschutzgesetz – Kommentar, 11. Aufl., München 2015

Jarass, Hans D./Pieroth, Bodo, Grundgesetz, 14. Aufl., München 2016

Jarass, Lorenz, Energienachfrage, wirtschaftliche Entwicklung und Preise – Systemanalytische Einführung in die Energieökonomie, Wiesbaden 1988

Jesse, Sven, Instrumentenverbund als Rechtsproblem am Beispiel effizienter Energienutzung, Tübingen 2014

Kahl, Wolfgang, Alte und neue Kompetenzprobleme im EG-Umweltrecht – Die geplante Richtlinie zur Förderung erneuerbarer Energien, NVwZ 2009, S. 265–269

Kahl, Wolfgang, Klimaschutz durch Kommunen – Möglichkeiten und Grenzen, ZUR 2010, S. 395–403

Kahl, Wolfgang, Zur Rechtmäßigkeit der Marburger Solarsatzung, ZUR 2010, S. 371–374

Kahl, Wolfgang, Kommunaler Anschluss- und Benutzungszwang an Fernwärmenetze aus Klimaschutzgründen – Die Auswirkungen von § 16 EEWärmeG auf das Landesrecht insbesondere in Baden-Württemberg, VBlBW 2011, S. 53–59

Kahl, Wolfgang/Bews, James, Rechtsfragen der Energiewende, JURA 2014, S. 1004–1017

Kahl, Wolfgang/Schmidt, Reiner, Gärditz, Ferdinand, Umweltrecht, 9. Aufl., München 2014

Kahl, Wolfgang/Schmidtchen, Marcus, Kommunaler Klimaschutz durch erneuerbare Energien, Tübingen 2013

Keller, Karsten, Immissionsschutzrechtliche Instrumente – Bestand, Bewertung und Optimierung, 2015

Keyhanian, Cimin, Rechtliche Instrumente zur Energieeinsparung – Insbesondere in den Bereichen Industrie, Gebäude und Straßenverkehr, Baden-Baden 2008

Kirchhof, Gregor, Kumulative Belastung durch unterschiedliche staatliche Maßnahmen, NJW 2006, S. 732–736

Klement, Jan Henrik, Die Kumulation von Grundrechtseingriffen im Umweltrecht, AöR 2009, S. 36–81

Klemm, Andreas, Das Erneuerbare-Energien-Wärmegesetz, CuR 2008, S. 124–128

Klinski, Stefan, Klimaschutz versus Kohlekraftwerke – Spielräume für gezielte Rechtsinstrumente, NVwZ 2015, 1473–1480

Kloepfer, Michael, Belastungskumulationen durch Normenüberlagerungen im Abwasserrecht – Nebeneinander von Abwasserabgaben, Wasserverbandsbeiträgen und wasserrechtlichen Einleitungsbegrenzungen, VerwArch 1983, S. 201–224

Kloepfer, Michael, Umweltrecht, 4. Aufl., München 2016

Kloepfer, Michael/Kröger, Heribert, Zur Konkretisierung der immissionsschutzrechtlichen Vorsorgepflicht, NuR 1990, S. 8–16

Knauff, Matthias, Energieeffizienz als Verwaltungsaufgabe, DV 2014, S. 407–434

Knauff, Matthias, Klimaschutzgesetzgebung auf Landesebene – Placebo oder effektives Instrument des Klimaschutzes durch Recht?, DV 2016, S. 233–260

Koch, Hans Joachim, Aktuelle Probleme des Immissionsschutzrechts, 1998

Koch, Hans Joachim, Klimaschutzrecht, NVwZ 2011, S. 641–654

Koch, Hans Joachim, Umweltrecht, 4. Aufl., München 2014

Koch, Hans Joachim/Welss, Daniel, Aktuelle Entwicklungen des Immissionsschutzrechts, NVwZ 2015, S. 633–644

Koch, Hans Joachim/Wieneke, Annette, Klimaschutz durch Emissionshandel – Das europäische und deutsche Anlagengenehmigungsrecht als Ordnungsrahmen, DVBl 2001, S. 1085–1095

Köck, Wolfgang, Immissionsschutzrechtliche Störfallvorsorge vor den Herausforderungen der Anpassung an den Klimawandel, ZUR 2011, S. 15–22

Kusche, Hans Christian, Gesetzgebungs- und Verwaltungskompetenzen der Bundesländer für die Umsetzung einer klimaschutzorientierten Energiepolitik, Heidelberg 1998

Landmann, Robert von/Rohmer, Gustav (Begr.), Umweltrecht (Loseblatt), Stand 80. EL Mai 2016

Lange, Klaus, Kommunalrecht, 2013

Lee, Eun-Kyung, Umweltrechtlicher Instrumentenmix und kumulative Grundrechtseinwirkungen – Überlegungen am Beispiel des Energierechts, Tübingen 2013

Lehnert, Wieland/Vollprecht, Jens, Neue Impulse von Europa: Die Erneuerbare-Energien-Richtlinie der EU, ZUR 2009, S. 307–317

Locher, Barbara, Energiesparend bauen in 16 Bundesländern – Zur Genehmigung von Bauvorhaben nach den Landesbauordnungen, NVwZ 2000, S. 1020–1022

Longo, Fabio, Neue örtliche Energieversorgung als kommunale Aufgabe – Solarsatzungen zwischen gemeindlicher Selbstverwaltung und globalem Klima- und Ressourcenschutz, 2010

Lotakow, Katharina/Götz, Sarah, Rechtsfragen von kommunalen Nahwärmenetzen KommJur 2016, 121–126

Lücke, Jörg, Der additive Grundrechtseingriff sowie das Verbot der übermäßigen GEsamtbelastung des Bürgers, DVBl. 2001, S. 1469–1478

Lübbe-Wolff, Gertrude, Instrumente des Umweltrechts – Leistungsfähigkeit und Leistungsgrenzen, NVwZ 2001, S. 481–493

Lustermann, Henning, Klimaschutz durch integrierte Produktpolitik – die neue EuP-Richtlinie, NVwZ 2007, S. 895–900

Manten, Georg/Elbel, Daniel, Möglichkeiten und Grenzen des kommunalen Klimaschutzes in den neuen Bundesländern, LKV 2009, S. 1–9

Maunz, Theodor/Dürig, Günter (Begr.), Grundgesetz (Loseblatt), Stand 78. EL September 2016

Mechel, Friederike, Immobilien und Klimaschutz – Wärmeschutz und erneuerbare Energien, ZUR 2011, S. 184–190

Meyer, Dirk, Die EnEV – Eine ordnungspolitische Analyse – Diskussionspapier, 2003

Meyer-Harport, Dirk, Fernwärme statt Gasetagenheizung – Zum Modernisierungsbegriff in § 554 Absatz 2 BGB (Theorie der Endenergieeinsparung), NZM 2006, S. 524–527

Milkau, Alexander, Bundeskompetenzen für ein Umweltenergierecht – dargestellt am Beispiel des Erneuerbare-Energien-Wärmegesetzes, ZUR 2008, S. 561–567

Milkau, Alexander, Ansätze zur Förderung der erneuerbaren Energien im Wärmemarkt, 2009

Ministerium für Klimaschutz, Umwelt, Landwirtschaft, und Verbraucherschutz des Landes Nordrhein-Westfalen, Klimaschutzplan Nordrhein-Westfalen, Düsseldorf, Dezember 2015

Moser, Corinna, Klimaschutz durch die Energieeinsparverordnung, Baden-Baden 2011

Müller, Thorsten, Schriftliche Stellungnahme zur öffentlichen Anhörung des Bundestagsausschusses für Wirtschaft und Energie v. 16. Februar 2016

Müller, Thorsten/Oschmann, Volker/Wustlich, Guido (Hrsg.), Erneuerbare-Energien-Wärmegesetz, 2010

Mutschler, Wolfram, Einsatz erneuerbarer Energien im Wohnungseigentum – ein lösbares Problem?, ZWE 2010, S. 392–394

Nast, Michael/Schulz, Wolfgang/Steinbach, Johann/Bürger, Veit, Klinski, Stefan, Ergänzende Untersuchungen und vertiefende Analysen zum EEWärmeG – Endbericht 2010

Nusser, Jens, Zwei Jahre EBPG – Erste Erfahrungen mit der Umsetzung der Ökodesign-Richtlinie, ZUR 2010, S. 130–136

Nusser, Jens, Die EnEV 2014 – Wesentliche Neuerungen, offene Rechtsfragen und praktische Auswirkungen, ZUR 2014, S. 67–74

Nusser, Jens/Reintjes, Norbert, Das neue Recht der Energieverbrauchskennzeichnung für energieverbrauchsrelevante Produkte, EuZW 2012, S. 446–451

Ossenbühl, Fritz, Vorsorge als Rechtsprinzip im Gesundheits-, Arbeits- und Umweltschutz, NVwZ 1986, S. 161–171

Otto, Christian, Klimaschutz und Energieeinsparung im Bauordnungsrecht der Länder, ZfBR 2008, S. 550–560

Pielow, Johann-Christian, Effektives Recht der Energieeffizienz?, ZUR 2010, S. 115–123

Pilz, Stefan, Die Novellierung des EU-Energieeffizienzkennzeichnungsrechts, EuZW 2015, S. 693–696

Rebentisch, Manfred, Umsetzung der Industrie-Emissionsrichtlinie im Immissionsschutzrecht, in: Kirchhof, Paul/Paetow, Stefan/Uechtritz, Michael (Hrsg.), Festschrift für Klaus-Peter Dolde zum 70. Geburtstag, 2014, S. 71–91

Reese, Moritz, Leitbilder des Umweltrechts – Zur Zukunftsfähigkeit leitender Schutzkonzepte, ZUR 2010, S. 339–346

Reimer, Franz, Juristische Methodenlehre, Baden-Baden 2016

Reimer, Franz/Tölle, Susanne, Ressourceneffizienz als Problembegriff, ZUR 2013, S. 589–598

Ringel, Christina/Bitsch, Christian, Die Neuordnung des Rechts der erneuerbaren Energien in Europa, NVwZ 2009, S. 807–811

Röckinghausen, Marc, Die neue Verordnung über kleine und mittlere Feuerungsanlagen (1. BImSchV), ZUR 2011, S. 65–71

Rott, Joachim, 100 Jahre "Kreuzberg-Urteil" des PrOVG, NVwZ 1982, S. 363–364

Sachs, Michael (Hrsg.), Grundgesetz, 7. Aufl. 2014

Säcker, Franz (Hrsg), Berliner Kommentar zum Energierecht, Band 2, 3. Aufl. 2014

Sailer, Frank, Klimaschutzrecht und Umweltenergierecht – Zur Systematisierung beider Rechtsgebiete, NVwZ 2011, S. 718–723

Salje, Peter, Energieeinsparung als rechtliches Ordnungsproblem, ET 1982, S. 674–685

Schladebach, Marcus, Landesgesetzgebung im Recht der Energieeinsparung, RdE 1998, S. 138–141

Schmidt, Andrea, Die Nutzung von Solarenergie, Hamburg 2014

Schmidt, Jan-Hendrik, Erfüllung der Pflicht zur Dämmung der obersten Geschossdecke beim nachträglichen Dachgeschossausbau zu Wohnzwecken, ZWE 2015, S. 309–315

Schmidt, Marlene, Energieeffizienz im Mietrecht – Der neue Energieausweis, ZUR 2008

Schmidt, Thorsten Ingo, Verfassungs- und europarechtliche Grundlagen für kommunalen Umweltschutz, in: Hebeler, Timo/Hendler, Reinhard/Proelß, Alexander/Reiff, Peter (Hrsg.), 30. Trierer Kolloquium zum Umwelt- und Technikrecht, Kommunaler Umweltschutz, Berlin 2015, S. 11 – 26

Schmidt-Futterer, Wolfgang (Begr.), Großkommentar des Wohn- und Gewerberaummietrechts, 12. Aufl., München 2015

Schneider, Jens-Peter, Landesenergierecht und Grundgesetz, Baden-Baden 1997

Schönthaler, Konstanze et al., Monitoringbericht 2015 zur deutschen Anpassungsstrategie an den Klimawandel – Bericht der Interministeriellen Arbeitsgruppe Anpassungsstrategie der Bundesregierung, 2015

Schomerus, Thomas, Rechtliche Instrumente zur Verbesserung der Energienutzung, NVwZ 2009, S. 418–423

Schröder, Meinhard (Hrsg.), Klimavorhersage und Klimavorsorge – Mit 5 Tabellen, Berlin 2002

Schröder, Meinhard, Klimaschutz, Bestandsschutz, Vertrauensschutz – Grenzen der Sanierungspflicht für bestehende Gebäude, DV 2013, S. 183–219

Schrödter, Wolfgang (Begr.), Baugesetzbuch, 8. Aufl. 2015

Schröer, Thomas/Kullick, Christian, Klimaschutz an der Küste: Das Hamburger Modell, NZBau 2012, S. 154–155

Seiler, Christoph Martin, Die Rechtslage der nicht genehmigungsbedürftigen Anlagen im Sinne von §§ 22 ff. Bundes-Immissionsschutzgesetz, 1985

Sösemann, Fabian, Art. 74 Abs. 1 Nr. 24 GG als Kompetenzgrundlage für EEG und EEWärmeG, ZNER 2008, S. 137–140

Sparwasser, Reinhard/Engel, Rüdiger/Voßkuhle, Andreas, Umweltrecht – Grundzüge des Öffentlichen Umweltschutzrechts, 1. Aufl. 2003

Steinwachs, Dorothea, Das novellierte Erneuerbare-Wärme-Gesetz Baden-Württemberg (EWärmeG), BWGZ 2015, S. 1072–1075

Streinz, Rudolf (Hrsg.), Kommentar zu EUV/AEUV, 2. Aufl., München 2012

Suilmann, Martin, Blockheizkraftwerk und Gestaltung der Teilungserklärung, ZWE 2014, S. 302–308

Teyssen, Johannes, Die deutsche Energiewende als industriegesellschaftliches Projekt, EurUP 2013, S. 211–213

Umweltbundesamt (Hrsg.), Der Weg zum klimaneutralen Gebäudebestand, Dessau-Roßlau 2014

Verheyen, Roda, Die Bedeutung des Klimaschutzes bei der Genehmigung von Kohlekraftwerken und bei der Zulassung des Kohleabbaus, ZUR 2010, S. 403–411

Voßkuhle, Andreas, Umweltschutz und Grundgesetz, NVwZ 2013, S. 1–8

Voßkuhle, Andreas/Wischmeyer, Thomas, Grundwissen Öffentliches Recht – Die Rechtsverordnung, JuS 2015, S. 311–315

Walsch, Beate Uta, Regelungsmöglichkeiten der Länder hinsichtlich erneuerbarer Energien und Energieeffizienz am Beispiel Hessens, LKRZ 2010, S. 291–297

Weigand, Bernhard/Köhler, Jürgen/Wolfersdorf, Jens von, Thermodynamik kompakt, Berlin, Heidelberg 2008

Wesselak, Viktor/Schabbach, Thomas, Energie, Erfurt 2011

Wirth, Hans-Rainer, Die Auswirkungen der neuen EU-BauPV in der Praxis, NZBau 2013, S. 193–198

Wolf, Rainer, CSS, Anlagengenehmigungsrecht und Emissionshandel, ZUR 2009, S. 571–579

Wüstemann, Nadja Sue, Die Vorgaben der EU im Bereich der Energieeffizienz, Baden-Baden 2011

Wustlich, Guido, Die Atmosphäre als globales Umweltgut – Rechtsfragen ihrer Bewirtschaftung im Wechselspiel von Völker- Gemeinschafts und nationalem Recht, Berlin 2003

Wustlich, Guido, Energieeffizienz – Recht zwischen Ökologie und Ökonomie?, ZUR 2007, S. 281–283

Wustlich, Guido, Erneuerbare Wärme im Klimaschutzrecht, ZUR 2008, S. 113–121

Ziehm, Cornelia, Vollzugsdefizite im Bereich des Klimaschutzrechts, ZUR 2010, S. 411–418

Zippelius, Reinhold, Juristische Methodenlehre, 11. Aufl., München 2012